华融国际信托有限责任公司
HUARONG INTERNATIONAL TRUST CO.,LTD.

阳光 · 信任 · 创新 · 务实

公司与中国北车唐车公司签订合作框架协议

华融国际信托有限责任公司成立于1987年1月，是国内最早经营信托业务的公司之一，注册资本15.18亿元，公司第一大股东为中国华融资产管理股份有限公司，持股比例为97.50%。

华融信托服务于投资者利益最大化，为高净值客户创造了182亿元的投资回报，综合平均收益率超过8%，远高于全行业平均水平。华融信托遵循政策要求，优化资产配置，85%以上的信托资产投向实体经济，有力支持了交通、水利、电力、现代物流等多个关系国计民生重大产业的发展。华融信托2013年实现净利润8.01亿元，同比增长22.95%，净资产收益率为26.18%，自重组以来累计创利24.91亿元，实现了“四年再造一个华融信托”。

近年来，华融信托先后获得银监会授予的“全国银监会系统先进集体称号”和“中国最具成长性信托公司”、“优秀金融服务品牌奖”、“优秀理财管理团队”、“金牛集合信托公司奖”等多项行业大奖,发展成果得到广泛认可。

未来，华融信托将充分依托股东优势，充分发挥专业、客户和团队优势，依法合规、稳健经营，专心致力于信托主业，不断提升公司市场竞争力、风险控制能力、业务创新能力和运营管理能力，将公司建设成为“治理优良、经营规范、创新突出、特色明显，风险管控能力强，主要经营业绩达到信托行业前列”的国内一流信托公司。

兴业信
INDUSTRIAL TRUST

兴业国际信托有限公司
CHINA INDUSTRIAL INTERNATIONAL TRUST LIMITED

兴业国际信托有限公司成立于2003年3月，注册地为福建省福州市，现有注册资本为人民币25.76亿元。2011年1月，经国务院同意以及中国银行业监督管理委员会批准，兴业国际信托有限公司由兴业银行股份有限公司控股，成为经国务院特批的我国第三家银行系信托公司；同时也是我国第一批引进境外战略投资者的信托公司。公司股东实力雄厚，可持续发展前景良好。公司现有股东中既有中资主流商业银行，又有国际知名外资银行及大型国有企业等实力强大的股东。

兴业国际信托有限公司紧紧围绕建设“综合性、多元化、有特色的全国一流信托公司”的战略目标，坚持依法经营、稳健经营，不断夯实业务基础和客户基础，着力提升业务发展和创新能力，致力于成为国内优秀的综合信托金融服务提供商。截至2013年末，兴业国际信托有限公司固有资产总额为53.84亿元，管理的信托资产规模达5632.86亿元，信托资产规模位居行业前列。

按照建设全国一流信托公司的战略定位，目前兴业国际信托有限公司已设立了11个综合管理部门、在全国设立了8个区域信托业务总部、3个直属专业事业部、1个财富管理总部，在全国主要省、市、区设立了业务和客户服务网络，具备了全国化经营与服务能力。同时，兴业国际信托有限公司参股重庆机电控股集团财务有限公司、紫金矿业集团财务有限公司、华福证券有限责任公司；并设立了全资私募股权投资子公司兴业国信资产管理有限公司。在全国优秀信托公司评选活动中，兴业国际信托有限公司先后荣获“卓越信托公司”、“中国优秀信托公司”、“最佳信托公司”、“中国最具实力信托机构”、“最佳市场竞争力信托公司”、“最受欢迎信托公司”、“最具创新力金融服务企业”、“中国最佳证券类信托管理机构”、“最佳品牌奖”、“最佳高端客户投资渠道奖”等多项荣誉。

总裁 周全锋

方正东亚信托有限责任公司，是经中国银监会于2010年1月23日批准重组成立的非银行金融机构，2010年11月26日正式开业营运，目前，注册资本金为12亿元。

成立三年来，方正东亚信托始终坚持“稳健创新、规范进取”的经营理念和“宁失效益、不失风控”的风险管理原则，积极应对复杂多变的市场变化和激烈的市场竞争，创造性地运用多种金融工具积极支持国家、地方基础设施和重点工程建设。

方正东亚信托尊重智慧的力量，并始终以智慧之力诠释专业的内涵与价值。公司以具有竞争力的薪酬体系、全面的福利保障、良好的职业规划及高效的运行机制吸引了众多专业人才的加入，拥有一支富有朝气、勇于开拓、善于创新的专业财富管理团队，并以武汉为基础，建立了覆盖北京、上海、广州、郑州、重庆、青岛、深圳、宁波、苏州、杭州等全国经济发达地区的业务网络，依托“方兴”、“东兴”、“金兴”、“神龙”等系列化产品，稳健、高效地为机构客户和个人高端客户提供优质的理财服务和专业化的资产管理服务。

方正东亚信托相信智慧的力量，并始终以智慧之力演绎着信任的丰满与华丽。截至2013年12月底，公司累计发行619个信托项目、管理信托资产规模突破2000亿元，累计清算信托财产1006亿元，全部按期实现了信托财产的保值增值，稳健发展的经营风格赢得了客户的充分信任及业界的良好口碑。

智在今日，自在未来。

方正东亚信托将继续秉承和践行“方方正正做人，实实在在做事”的核心价值观，以智取胜，以信致远，坚定地迈向“做受人尊敬的信托公司”的征途，为中国信托业的繁荣发展奉献自己的力量！

四川信托
川滙滄海 信達天下
川信大厦
CHUANXIN MANSION
FENDI
GUCCI
遵纪守法
文明礼让

四川信托有限公司

SICHUAN TRUST CO., LTD.

四川信托有限公司经中国银监会批准、四川省工商行政管理局登记注册，于2010年11月28日正式成立。公司注册资本20亿元人民币，现有员工400余人，以西部金融中心——成都为大本营，服务中心遍及西部和华北、华东、华南等片区，积极开辟周边省份、城市的信托业务，经营触角延伸至全国各地。

开业以来，四川信托通过全面实施管理体系改革，以市场为导向、以风险控制为核心、以稳健传统业务发展为基础、以创新业务模式为强劲动力，实现了受益人、股东、合作伙伴、员工和企业共同进步、和谐发展，先后获得“诚信托⊠行业新秀奖”、“成长优势奖”、“年度最佳理财服务品牌”、“年度最佳信托公司”、“年度最佳集合信托公司”、“最受欢迎信托公司”、“四川百强企业”、“四川省纳税大户”等殊荣，赢得了社会的信任和赞誉，锻造了优质的理财服务品牌。

四川信托以“机制与管理并行，风险与发展并重，合规与拓展并存，创新与监管相融”为指导思想，秉承“川汇沧海，信达天下”的企业文化，恪守“实现受益人利益最大化，为股东创造财富，为社会做出贡献，为员工创造价值”的经营宗旨，稳健开展信托业务，准确把握市场规律，持续深化学习创新。截至2013年底，公司管理信托资产规模突破2000亿元，实现营业收入逾20亿元，全年累计为投资者创造收益逾150亿元，各项风险控制指标均达到银监会关于信托公司净资本管理的要求。

展望未来，挑战与机遇并存，竞争与发展同行！四川信托将继续坚持“风险第一、效益第二”的经营理念，以“竞争中求发展，创新中求卓越”的企业精神，唱响改革创新的发展主旋律，准确把握经济大势，积极探索持续、健康、稳定增长的发展引擎，建立属于自己的核心能力和竞争优势，按照“强化管理、转型升级、服务发展”工作方针，奋力拼搏、勇于创新，在错综复杂的环境中发展“川信模式”、建设“川信文化”、锻造“川信品牌”，力争在5年内建设成为业务经营能力、资产管理水平、风险控制、创新能力、品牌声誉、盈利能力等综合实力国内领先的信托公司，精心打造富有川信特色的信托模式，走出一条市场化经营金融企业的成功之路！

网站：www.schtrust.com

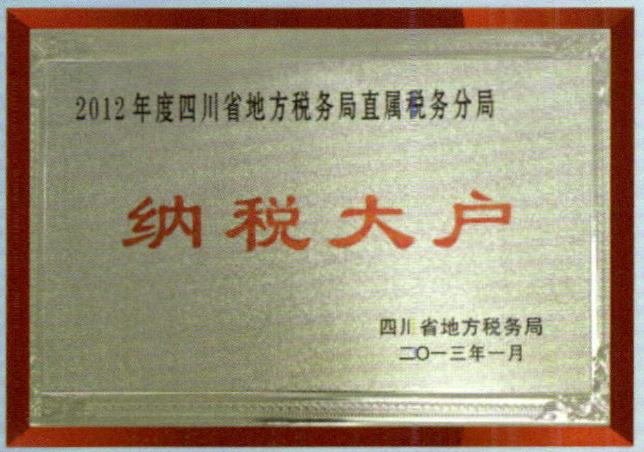

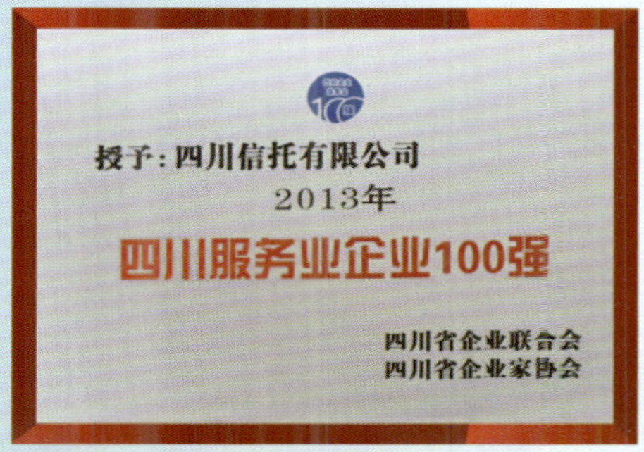

华宸信托有限责任公司简介

2013年是华宸信托有限责任公司股权调整和完善法人治理的关键之年。在内蒙古自治区国资委的正确领导下，在各股东单位的大力支持下，公司经营班子继续坚持股权调整和业务发展两手抓、两不误的原则，以稳中求进为指导思想，本着对公司稳定发展大局负责、对全体员工负责的精神，带领全体员工努力克服了外部宏观经济增长放缓、竞争加剧，内部业务人才流失严重的重重困难，取得了良好的经营业绩。

2014年将是公司全面贯彻落实“十八届三中全会”精神和内蒙古自治区“8337”工作思路的重要之年，也是完成“十二五”规划的攻坚之年，更是信托业务转型发展的关键之年。为此，公司新组建的“三会一层”在充分融合后，将团结一心、同舟共济、精诚合作，带领全体员工，提高资本实力、创新开拓市场，将公司的资源整合能力和综合管理能力提升到一个新水平，逐步打造公司自身的核心竞争力，使公司继续沿着科学发展的轨道运行。

股权结构

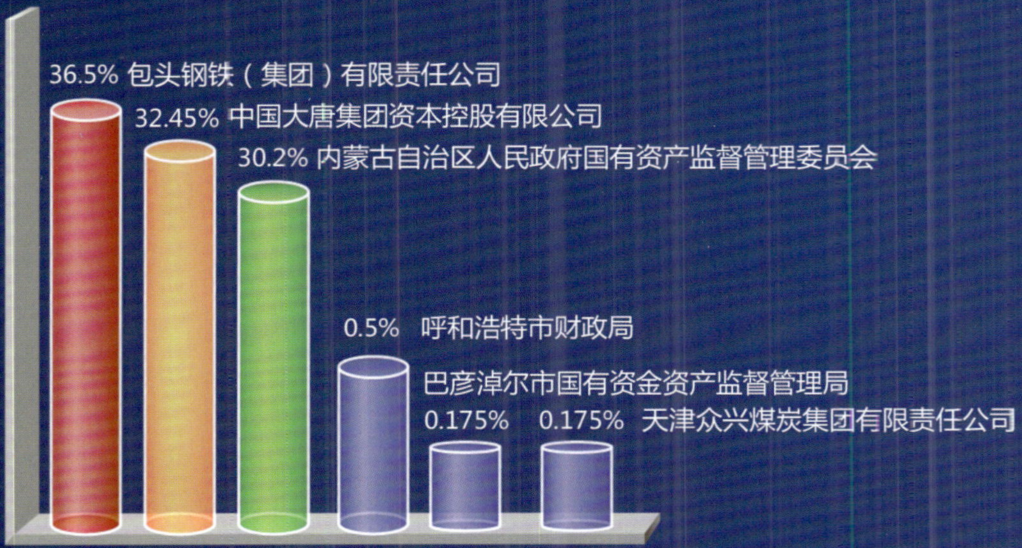
36.5% 包头钢铁（集团）有限责任公司
32.45% 中国大唐集团资本控股有限公司
30.2% 内蒙古自治区人民政府国有资产监督管理委员会
0.5% 呼和浩特市财政局
巴彦淖尔市国有资金资产监督管理局
0.175%
0.175% 天津众兴煤炭集团有限责任公司

大 厦

上海国际信托有限公司

上海国际信托有限公司（以下简称“上海信托”）成立于1981年，注册资本金人民币25亿元。上海信托自成立以来，始终坚持稳健经营、规范管理，不断推进科学发展、自主创新，在市场上树立了品牌形象，赢得了良好信誉，综合实力居全国信托公司前列。

上海信托曾被国务院指定为全国对外融资十大窗口之一；获地方金融机构最高信用评级（穆迪Baa2、标普BBB-）；被指定为非银行业金融机构中首家合规试点单位；被推举为中国会计学会信托分会会长单位；发起设立中国第一家信托登记机构——上海信托登记中心，并被推选为理事长单位；被推选为中国信托业协会理事和副会长单位。近年来，上海信托先后荣获多个权威媒体评选出的多项大奖，公司产品和业务屡获上海市政府颁发的金融创新奖，公司财富中心荣获上海金融系统五星级“优质服务网点”称号，获得行业内外广泛好评。

上海信托长期致力于推进产品创新，现已获得资产证券化业务、代客境外理财（QDII）等多项业务资格，并在全国率先推出“优先劣后”受益权的结构性信托产品，在证券投资、不动产和股权投资领域，逐渐形成产品特色，打造了“蓝宝石”、“红宝石”、“紫晶石”、“白金”、“明珠”、“现金丰利”等系列品牌，为不同风险偏好和理财需求的投资者提供产品选择和服务。近年来，上海信托相继推出业内首个QDII产品、首个以大类资产配置为导向的伞形配置自主管理信托产品和首个受托人自主管理的PIPE基金，并推出“香花石”艺术品投资信托等另类投资信托产品。

2013年，上海信托积极推进业务转型，努力培育主动管理能力，不断创新业务及管理模式，基金化业务取得显著成效；积极探索信托融资渠道多元化，引入国内一线险资企业作为投资人，探索重大产业项目信托对接险资模式；相继成功中标各类机构的信贷资产证券化受托人资格。其中，上海信托开发的外资特有的国际成熟的产品结构和租赁双SPV交易所上市模式，进一步丰富了公募受托业务品牌。与此同时，上海信托不断优化自有资金配置，将投资集中于金融类公司股权投资和金融产品投资，拥有浦发银行、上投摩根、华安基金、上海证券、申银万国等公司的优质金融股权资产，着力提高公司整体资产的安全性和流动性，强化自有资金与信托业务的联动效应，有力地支持了信托主业创新和发展。

中江国际信托股份有限公司

中江国际信托股份有限公司（简称中江信托或中江国际）成立于1981年6月，是经中国银监会批准的非银行金融机构。2003年3月由原江西省国际信托投资公司、江西省发展信托投资股份有限公司、江西赣州地区信托投资公司以新设合并方式组建。2012年10月由江西国际信托股份有限公司更名为中江国际信托股份有限公司，注册资本人民币11.56亿元。

中江国际坚持"发挥信托功能、服务经济发展"的经营宗旨，先后为省内外各级政府、上市公司、大中型企业提供信托融资2000多亿元。

自2004年以来，中江国际先后推出了信证合作、银信合作、企信合作、信政合作、信保合作等业务模式，业务遍及全国。截至2013年末，累计管理信托财产突破4985.23亿元，累计交付信托财产3316亿元，全部按期实现了信托财产的保值增值，体现了稳健发展的经营风格。

中江国际治理规范，建立了"五个两、十环节"的内部控制和风险决策体系，拥有一支具有信托、证券、保险、商业银行、投资银行、基金管理等资深从业背景的专业团队，构建了以北京、上海、深圳、浙江、江苏、福建、四川、陕西、辽宁、山东、河北等48个金融研发中心为依托的全国性业务布局、资源网络和营销体系，可根据客户的资产状况、风险偏好，利用信托独特的制度优势和功能，为客户提供跨越多个金融市场、多个行业、多个地域的专业化、综合型金融服务。

中江国际致力于金融控股集团的构建，通过兼并重组和投资设立，发展成为一家集信托、证券、保险、期货、基金等为一体的综合性金融集团。至2013年末，集团总资产突破240亿元，净资产突破100亿元。

中江国际作为"受人之托、代人理财"的专业化理财机构，以"为了共同利益观"为核心价值观，以"忠诚拼搏、艰苦创业"为核心理念，以"简单直接"为管理理念，以"风险第一、效益第一"为经营理念，以"热情、快捷、细致、高效的服务"为核心竞争力，在支持政府融资、企业发展、不断满足投资者理财需求的过程中获得快乐，获得成长。

公司网址：www.zjgjxt.com

中江国际信托股份有限公司董事长裘强

江西省政府副省长李炳军（右二）莅临公司视察指导工作

公司办公大楼

陆家嘴国际信托有限公司
Lujiazui International Trust Co., Ltd.

陆家嘴信托董事长 常宏

陆家嘴国际信托有限公司是上海陆家嘴金融发展有限公司控股的信托机构，2012年2月经中国银监会批准重新登记，注册资本为10.68亿元，并计划逐步增资至30亿元，不断增强资金实力、主业协同和风险缓冲能力。公司注册地为青岛，在上海设立管理总部，在部分城市设立业务团队。

公司秉持“心所善，可信托”的价值文化，不断追求卓越，赢得市场信赖；倡导“高起点，可持续”的经营理念，发挥后发优势，实现跨越发展；实施“业务+产品双轮驱动”的经营策略，力争在三至五年内成为稳健经营、规范管理、业绩卓著、持续发展的信托公司，并最终将自身打造成为国内一流的致力于资产管理与财富管理的专业金融机构。

2013年是公司复业以来第二个经营年度，在以开业首年取得良好开局的基础上，公司经营业绩继续实现大幅增长。截至2013年末，公司信托业务收入5.03亿元，较上年同比增长89.96%；存续信托计划169个，存续信托规模672.56亿元，较上年同比增长142.56%。

展业以来，公司审时度势，顺应监管导向，贴近市场需求，业务发展迅速，业务涵盖基础产业、工商企业、股权收益权、房地产投融资、组合投资类信托等。公司还积极探索各类业务模式，争取业务品种多元化，正在对主动管理的信托基金、产业基金、资本市场业务等加强研究，积极探索公司业务长线布局。公司建立起了完善的内控机制，组建了专业的业务团队，导入了科学的管理工具，实施了先进的信息系统，为进一步培育核心竞争力、实现稳健成长奠定坚实基础。

根据公司“双轮驱动”经营策略，一方面将继续夯实传统信托业务，不断扩大信托业务规模，巩固陆家嘴信托品牌影响力；另一方面将着力提升产品能级，努力构建多领域的投资能力和产品研发能力，不断增强公司的资产配置能力与财富管理专业能力。

公司依托公司治理优势及资源优势，围绕建设上海国际金融中心和山东半岛蓝色经济区的国家战略，立足区域经济建设，辐射长三角、山东半岛等广阔区域。陆家嘴信托，以追求卓越的信托价值为己任，服务社会，造福民生，为客户创造价值。

精进勤勉，笃行致远，开启资产管理财富管理双轮。

——心所善，可信托

公司网址：http://www.ljzitc.com.cn

中航信托股份有限公司

中航信托股份有限公司（简称“中航信托”）的前身是江西江南信托股份有限公司，于2009年12月28日经中国银监会批准设立的股份制非银行金融机构，是经中国商务部核准的外商投资企业。公司由国内大型国有企业中国航空工业集团公司、中国航空技术深圳有限公司等及引进的战略投资者“新加坡华侨银行”共同发起设立，注册地为江西南昌市红谷滩新区赣江北大道1号中航国际广场。

公司总部设有信托业务中心、投资管理部、财富管理中心、固定收益部、风险管理部、计划财务部、综合管理部、稽核审计部、信息科技部等部门，目前已在北京、上海、深圳、重庆、昆明、沈阳等驻有业务团队。

中航信托以“打造细分市场资产管理核心能力，成为专业化的一流金融服务商”为发展愿景，确立“高起点、高境界、可持续、快发展”的经营方针，坚持走“差异化、专业化”经营道路，立足江西，依托航空，面向全国，借助强大的股东背景和地方资源优势，力争创建一流公司、建设一流团队、创建一流业绩、实现一流管理、争做一流员工。与客户携手，分享丰硕成果！

网址：www.sctic.com

中铁信托有限责任公司
CHINA RAILWAY TRUST CO.,LTD.

中铁信托有限责任公司（简称中铁信托，原名为衡平信托有限责任公司）是经中国银行业监督管理委员会批准，由世界企业500强第112位、中央企业第6位的特大型央企中国中铁控股，以金融信托为主营业务的非银行金融机构，注册资本20亿元。公司总部位于四川成都，在北京、上海、广州、深圳、武汉、重庆设有业务团队。

2012年，中铁信托恪守“创新、服务、可持续”的经营理念，按照现代金融企业的要求，着力进行管理创新和业务创新，全力打造“营销+风控”的双核竞争力，专业管理水平和综合理财能力进一步提升，信托资产规模首次突破1000亿元，产品到期兑付率100%；获批设立四川省内金融机构首家博士后创新实践基地，获得银行间市场交易商协会会员资格；与四川省慈善总会共同发起设立了“中铁信托爱心基金”，爱心基金首期认捐规模达400余万元，彰显了央企社会责任。同时，连续三年蝉联“中国优秀信托公司”称号，荣获了“年度最佳信托公司”、“年度最佳理财服务品牌”、“最佳研发团队”等荣誉，成功进入四川服务业企业50强。

信任源于专业，专业创造价值。中铁信托将致力于成为行业一流现代金融综合服务企业，坚持以客户为中心，铭记使命、珍惜托付，为广大企业客户提供更加优质、更加高效、更加低成本的全面金融服务，为广大投资客户提供安全稳健、丰富便捷、尊享专属的理财服务。

◎ 网址/ www.crtrust.com　www.4008085085.com

中铁信托博士后创新实践基地挂牌成立

中铁信托连续三年蝉联“中国优秀信托公司”

中铁信托渠道合作研讨会在北京召开

“四川省慈善总会·中铁信托爱心基金”启动仪式

中国人民大学中国财政金融政策研究中心系列报告

中国信托业发展报告

(2014)

中国人民大学信托与基金研究所 著

中国经济出版社
CHINA ECONOMIC PUBLISHING HOUSE

北 京

图书在版编目（CIP）数据

中国信托业发展报告.2014/中国人民大学信托与基金研究所著.

北京：中国经济出版社，2014.3

ISBN 978-7-5136-3093-1

Ⅰ.①中… Ⅱ.①中… Ⅲ.①信托业—研究报告—中国—2014 Ⅳ.①F832.49

中国版本图书馆 CIP 数据核字（2014）第 027552 号

责任编辑 彭彩霞

责任审读 贺 静

责任印制 马小宾

封面设计 任燕飞装帧设计室

出版发行 中国经济出版社

印 刷 者 北京科信印刷有限公司

经 销 者 各地新华书店

开 本 787mm×1092mm 1/16

印 张 22.5

字 数 360 千字

版 次 2014 年 3 月第 1 版

印 次 2014 年 3 月第 1 次

书 号 ISBN 978-7-5136-3093-1

定 价 150.00 元

中国经济出版社 网址 www.economyph.com 社址 北京市西城区百万庄北街 3 号 邮编 100037

本版图书如存在印装质量问题，请与本社发行中心联系调换（联系电话：010-68319116）

王　毅
大业信托有限责任公司　总经理

陈　军
四川信托有限公司　总裁

周全锋
方正东亚信托有限责任公司　总裁

常　宏
陆家嘴国际信托有限公司　董事长

景开强
中铁信托有限责任公司　总经理

裘　强
中江国际信托股份有限公司　董事长

薛季民
陕西省国际信托股份有限公司　董事长

邹　俊
华融国际信托有限责任公司　总经理

杨华辉
兴业国际信托有限公司　董事长

姚江涛
中航信托股份有限公司　总裁

董永成
大连华信信托股份有限公司　董事长

甄学军
华宸信托有限责任公司　总裁

潘卫东
上海国际信托有限公司　董事长

专家委员会主任：

夏　斌
国务院发展研究中心金融研究所　所长

王丽娟
中国信托业协会　专职副会长

专家委员会成员：（按姓氏笔画）

王　毅	大业信托有限责任公司	总经理
邹　俊	华融国际信托有限责任公司	总经理
陈　军	四川信托有限公司	总　裁
杨华辉	兴业国际信托有限公司	董事长
周全锋	方正东亚信托有限责任公司	总　裁
姚江涛	中航信托股份有限公司	总　裁
常　宏	陆家嘴国际信托有限公司	董事长
董永成	华信信托股份有限公司	董事长
景开强	中铁信托有限责任公司	总经理
甄学军	华宸信托有限责任公司	总经理
裘　强	中江国际信托股份有限公司	董事长
潘卫东	上海国际信托有限公司	董事长
薛季民	陕西省国际信托股份有限公司	董事长

前 言

中国人民大学信托与基金研究所是依托中国人民大学成立，我国迄今唯一一家信托基金专业研究机构，长期专注和致力于国内外信托业的理论与实践的研究，深度参与和见证了中国信托业的发展与信托制度建设历程。

迄今中国人民大学信托与基金研究所已于2004—2014年连续11年出版《中国信托业发展报告》。以其翔实的数据和权威的观点，成为信托业监管、业者经营投资以及信托研究最重要的决策参考资料，受到普遍与热烈的欢迎。在充分总结前几部《中国信托业发展报告》编著与出版经验的基础上，中国人民大学信托与基金研究所继续推出了这部《中国信托业发展报告（2014）》。本报告沿袭了中国人民大学信托与基金研究所一贯秉承的以事实案例和数据统计为根据的研究理念，高度贴近市场与实践，以专业的高度、公正的观点，全面分析了2013年信托业发展的现状，总结存在的问题，提出可操作的方案，并对2014年中国信托业的发展前景和趋势作出预测。报告的研究范围涵盖2013年信托业发展的热点和难点问题，牢牢把握住"创新发展与风险控制并举"这一主线，从行业分析、信托公司、信托产品、信托市场、法规与政策、焦点问题等几个方面，对2013年和2014年的中国信托业进行了全景式的回顾、总结、解析与展望，提出了一系列既具理论高度又有操作价值的思路、观点和理念，是一部十分难得、极具学术价值和实用价值的行业性发展报告。

本报告的主要编写人员为：周小明、邢成、赵廉慧、张雅楠、王玉国、和晋予、陈建超、吴书瑶、李云萍等。其中郭庆旺、周小明、邢成负责创意和总纂；邢成独立及与吴书瑶、李云萍、张雅楠、王玉国等共同撰写完成第一、二、四、六章；张雅楠、和晋予、陈建超等撰写完成第三章；赵廉慧撰写第五章。本报告在编写过程中，有关数据得到中国银行监督管理委员会非银部和中国信托业协会的大力支持，报告中部分资料参考引用了有关专家、机构和网站的数据和观点。在此我们表示衷心感谢。

中国人民大学信托与基金研究所

2014年2月

目　　录

图目录

表目录

第一章

2013 年中国信托业回顾与展望

1. 宏观经济金融形势

1.1 GDP 继续保持平稳增长态势，房地产投资贡献度依然居首

2012—2013 年 GDP 走势极其平稳，呈现几乎平行的一条直线。如果从图形趋势分析，2014 年将可能仍然延续着一态势。

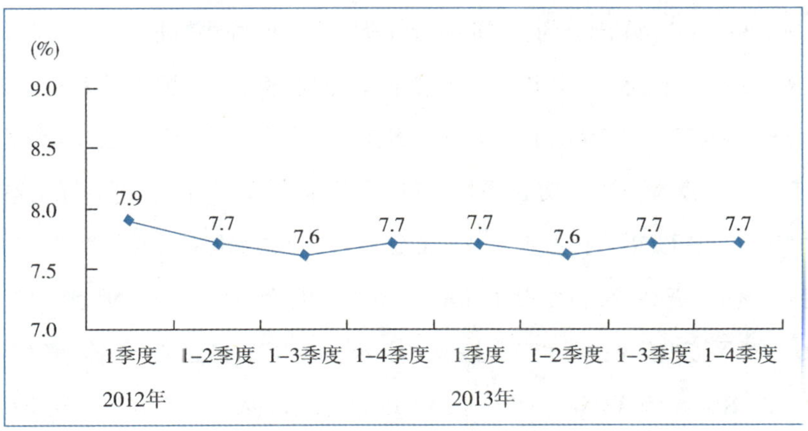

图 1-1 国内产生总值增长速度（累计同比）

2013 年信贷总额增量为 8.89 万亿元，比 2012 年多增 6879 亿元，略低于 2009 年时达到的 9.59 万亿元，从货币量来分析，央行表达出"保持适度流动性"的意向，按照 2013 年的基础货币信贷增量数据分析，2014 年将保持在这一水平附近，因而从这一数据看，不会导致 GDP 出现大幅下滑。2013 年 12 月末，人民币贷款余额 71.9 万亿元，人民币存款余额 104.38 万亿元。全年新增人民币贷款 8.89 万亿元，比上年多增 6879 亿元，新增人民币存款 12.56 万亿元，比上年多增 1.74 万亿元。存款增量高于贷款增量，为商业银行提供了持续贷款源泉。

诸多行业对 GDP 的贡献度仍然参差不齐，从 2013 年贡献度结构分析，可以

看到，房地产投资依然保持强劲增长势头，对2013年GDP的稳定增长发挥了中坚力量。

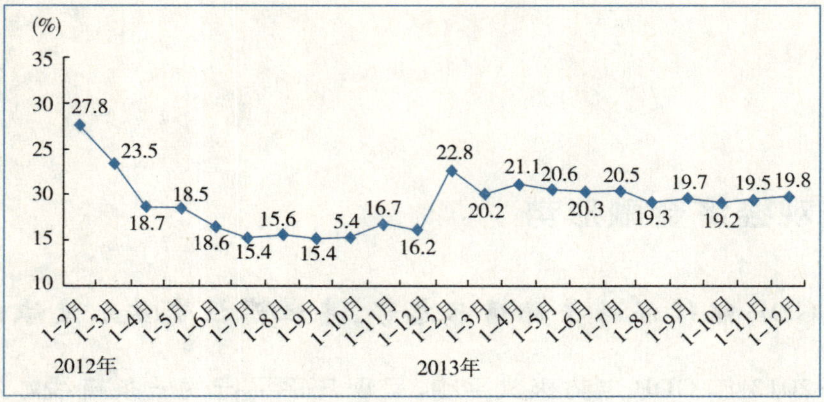

图1-2 房地产开发投资增速（累计同比）

从图1-2中可以看出，到目前为止，房地产投资增速非常稳定，几乎没有任何大的起伏和波动，虽然没出现过热增长，但也没出现剧烈滑坡。2013年我国GDP中房地产占据了相当大的比例，是贡献度最大的一个行业。伴随新一轮“新型城镇化”浪潮，对房地产投资的需求有增无减，虽然个别地区的房价中出现了较大的泡沫，但未来预期两亿多农民工进城产生的需求，仍然是房地产投资的动力。在房地产投资内部，虽没有确切数据，但保障房、公租房、棚户区改造投资开始加大，商品房投资可能减少。另外，东部固定资产投资增长率为17.9%，中部为22.8%，西部为23%，投资地区受国家政策引导，正发生着一些微妙的变化。

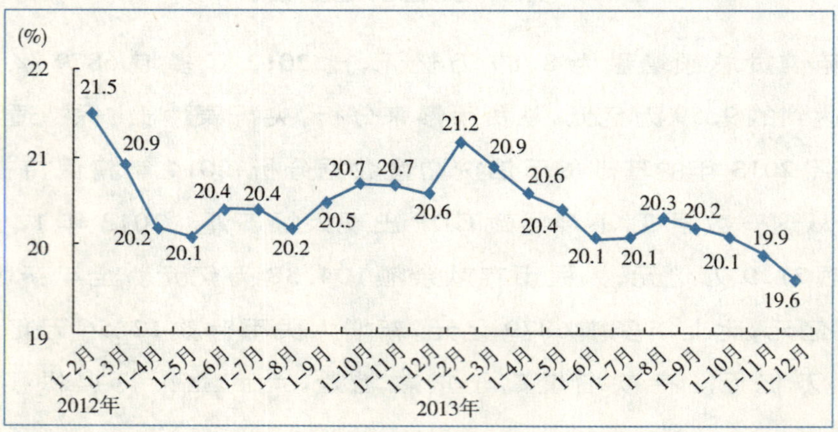

图1-3 固定资产投资（不含农户）增速（累计同比）

2013 年我国总固定资产投资增速是呈下降的，这主要是因为东部地区已经基本接近完成城市化目标有关。同时，压缩产能过剩行业投资，也会导致固定资产投资下降，属于正常浮动。

2013 年我国服务业规模首次超过工业。这表明经济转型开始显现效果，在国家继续加大对服务业的支持，特别是“上海自贸区”建立后，李克强总理又在天津首次提出尽快在天津建立更加高层次的“投资与服务便利化综合改革创新试验区”的目标，这意味着我国未来服务业规模将继续超过第二产业，从而能够弥补固定资产投资下降导致的 GDP 下滑，也从结构上改善了 GDP 构成不合理的状况。

1.2 CPI 增幅低位盘整，通缩预期有所加强

2013 年全年物价指数 CPI 增长 2.6%，基本消除了通胀预期。2014 年，有机构分析预测 GDP 可能定调为 7%，这样一来，CPI 将因此略微下降，且从固定资产投资走势图中也不难发现由固定资产投资引发的通胀正在走下坡路，因而我们判断，2014 年 CPI 可能维持目前的通缩状态。

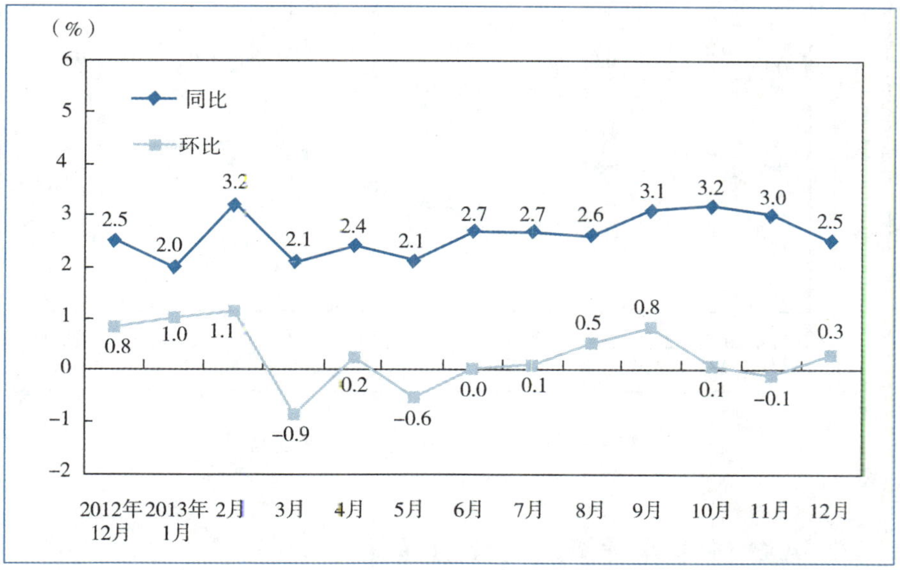

图 1-4 全国居民消费价格涨跌幅

1.3 PPI水平基本持稳，向上趋势依然强劲

2013年我国工业品出厂价格指数（PPI）走势基本持稳，且有向上冲高的可能，但是否能够冲高，一是取决于国家政策，二是取决于科技创新能否给工业企业注入有效的活力。目前为止，私人部门的创造力逐渐赶上并有可能开始超过国有企业。表明由于体制原因，国有企业活力减弱而私人部门的活力逐渐开始显现。从长远看，国有企业必须不断改变机制，深化改革，在所有制结构上不断扩大混合所有制成分的比例，注入市场活力，不断靠近市场，按照市场规则办事。这是符合我国第二轮市场化改革的趋势和要求的，混合所有制将提高生产力水平，有利于在资源成本仍较高的情况下，消化成本因素，从而保持PPI继续向上突破。PPI恢复正值的时候，工业企业也将为GDP作出更多的贡献。

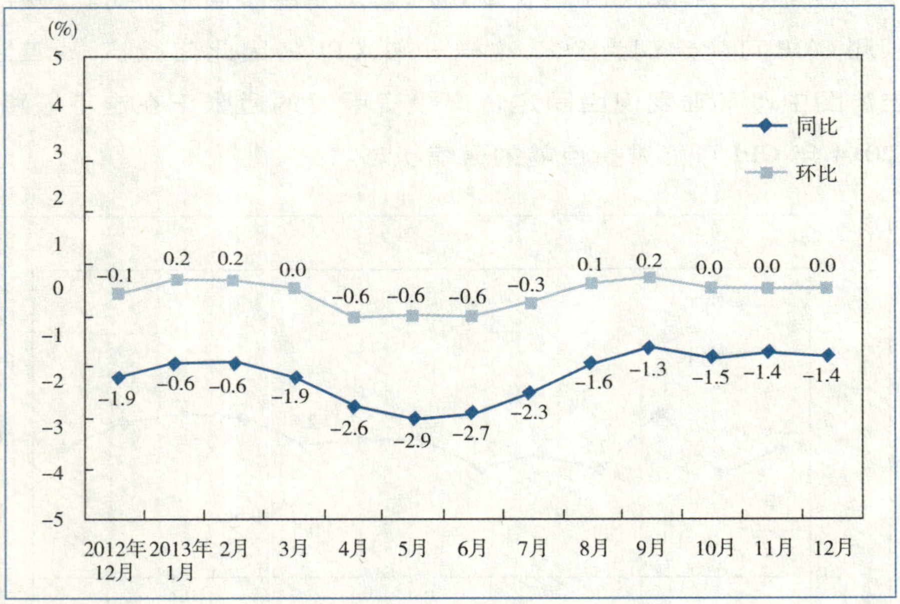

图1-5 工业生产者出厂价格涨跌幅

1.4 宏观经济基本平稳，风险因素不可小觑

截止到2013年末，中国城市化率为53.7%，基尼系数为0.473，而在2012年，城市化率为51.6%，一年提高了2%，如果按照60%的城市化率来计算，房地产仍需4年的时间，但按照80%来计算，房地产投资远没有结束，需要14年时间才能结束，但过快上涨的房价已经影响了消费水平的提高，房价若得不到遏制，

经济转型也难以实现。基尼系数仍居高不下，表明了普通大众消费水平仍然较低，消费水平的提高具有不可持续性，要降低基尼系数，必须遏制房价，并同时提高居民收入水平。

综上分析，风险因素也不可小视，主要集中于房价上涨过快所产生的泡沫被刺破带来的风险，人均收入增速远低于房价上涨增速，这导致购买力减弱，土地价格上涨速度开始大于房价上涨速度，可能导致成本上涨过快，从而导致开发商投资减少，这些是泡沫破裂的最直接因素。地方政府债务规模较大，离开房地产投资，地方政府债务将“得不偿失”或“入不敷出”，存在违约可能，影子银行存在失控可能，以及银行不良资产上升较快等等，是主要风险源，在 GDP 定调继续下调预期下，这些风险源的风险级别可能上升。

展望 2014 年，2014 年乃至未来数年主要依靠深化改革，强化市场机制。产能过剩问题仍然需要解决，短期内对宏观经济产生负面影响，但却有利于宏观经济结构改善。进行建立自贸区，提升了服务业在 GDP 中的占比。进行国企改革、力促新兴产业以及大力支持科技创新等，对企业转型以及提升企业创新能力极为有利。央行向资产证券化方向迈出的每一步，都有利于央行调控方式的转型，由“一刀切”式的调控，向着微观灵活调控方向转型，不过，在资产证券化没有完全出台之前，关注货币政策取向，对判断未来宏观经济走向仍具有关键性作用。利率、汇率改革等也有待于加快步伐。中国深层次的第二轮改革任重道远，宏观经济仍然存在诸多不确定性。

2014 年的宏观经济既不能盲目乐观，也无须过分悲观。

2. 2013：我国信托业现状与特征分析

2.1 经济下行周期中稳步发展，行业资产规模再创新高

次贷危机与欧债危机相继爆发后，我国受外需大幅减少的影响，进出口面临着巨大压力，同时国内消费动力明显不足，投资也出现减速态势。在复杂多变的内外部环境下，我国经济结束了近 30 年几乎高达 10% 的高速增长期，开始步入经济增速放缓的下行周期。2013 年全年国内生产总值 56884 亿元，按可比价格计算，同比增长 7.7%。其中，一季度同比增长 7.7%，二季度增长 7.5%，三季度增长 7.8%，四季度增长 7.7%。分产业看，第一产业增加值 56957 亿元，增长 4.0%；第二产业

增加值 249684 亿元，增长 7.8%；第三产业增加值 262204 亿元，增长 8.3%。从环比看，四季度国内生产总值增长 1.8%。GDP 单季同比增速见图 1－6。

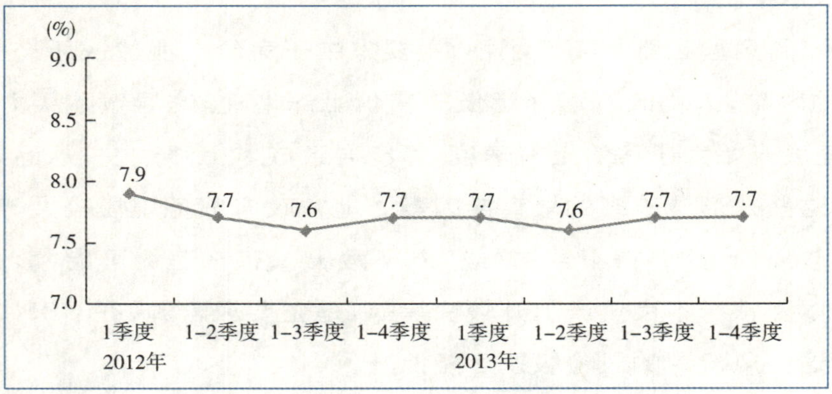

图 1－6　国内生产总值增长速度（累计同比）

9 月份社会消费品零售总额 20653 亿元，同比名义增长 13.3%。其中，限额以上企业（单位）消费品零售额 10526 亿元，增长 12.4%。前三季度，社会消费品零售总额 168817 亿元，同比名义增长 12.9%（扣除价格因素实际增长11.3%），增速比上半年加快 0.2 个百分点，消费增速走势较为平稳（见图 1－7）。

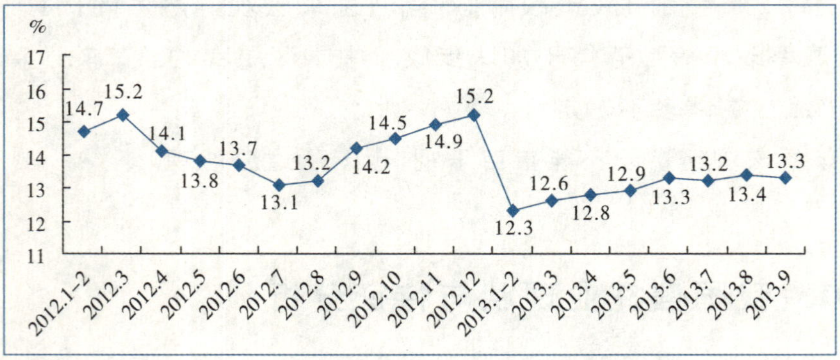

图 1－7　社会消费品零售总额名义增速（月度同比）

前三季度，进出口总额 30604 亿美元，同比增长 7.7%，增速比上半年回落 0.9 个百分点；出口 16149 亿美元，增长 8.0%，回落 2.4 个百分点；进口 14455 亿美元，增长 7.3%，加快 0.6 个百分点。进出口相抵，顺差 1694 亿美元。9 月份，进出口总额 3561 亿美元，同比增长 3.3%；其中出口 1856 亿美元，下降 0.3%；进口 1704 亿美元，增长 7.4%。整体上看，我国出口增速有所回落，进口增速则略有加快，但整体仍将继续处于低位。

投资方面，固定资产投资增长较快，而房地产投资增速则有所回落。前三季度，固定资产投资（不含农户）309208 亿元，同比名义增长 20.2%，增速比上半年加快 0.1 个百分点；全国房地产开发投资 61120 亿元，同比名义增长 19.7%，增速比上半年回落 0.6 个百分点（见图 1－8）。

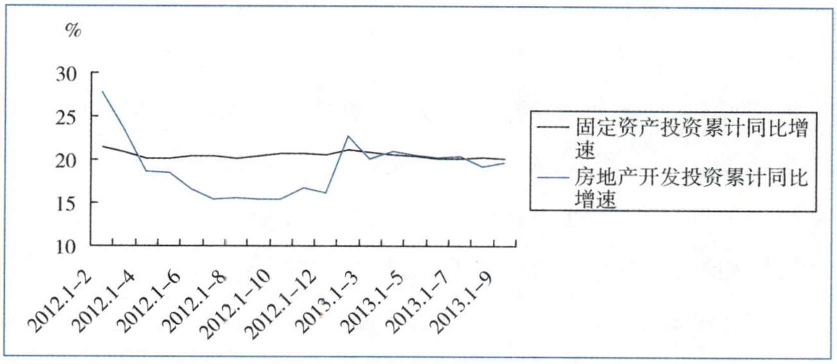

图 1－8　固定资产和房地产投资累计同比增速（2009.1—2013.9）

2013 年 6 月以来，银行间市场陷入"钱荒"局面，大型商业银行加入借钱大军，隔夜头寸拆借利率飙升至 578 个基点，达到 13.44%，商业银行流动性趋紧，管理面临挑战，紧张情绪也迅速蔓延至基金、券商、保险、信托等金融机构。而我国仍保持稳健的货币政策，合理保持货币总量，"用好增量，盘活存量"，并未给市场注入流动性，让银行业金融机构主动进行结构调整，实体经济缺钱局面愈发明显，5 月份 PPI 同比下降 2.9%，创下近 8 个月的新低，负增长仍在持续。PPI 涨跌幅情况见图 1－9。

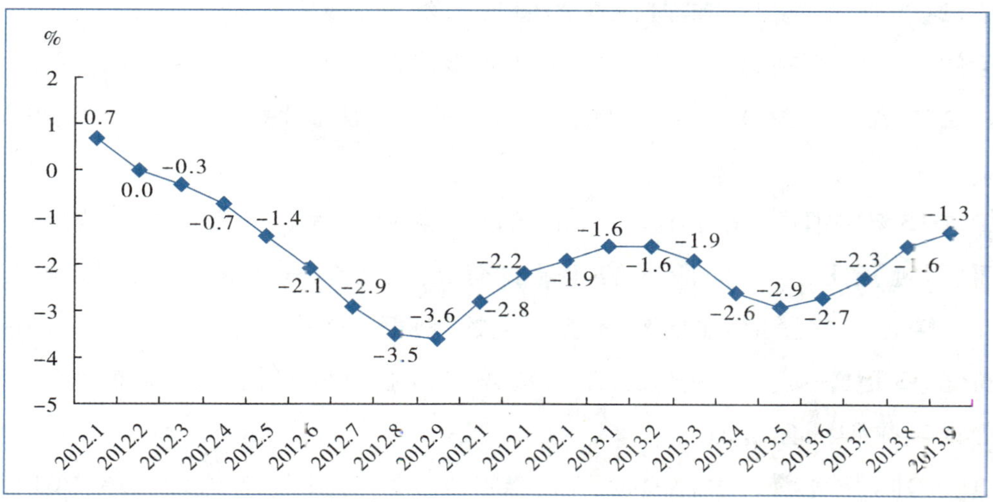

图 1－9　工业生产者出厂价格涨跌情况（月度同比）

在经济增速偏低趋稳的走势下，信托业的发展会受到一定的影响，如银行为缓解资金紧张发行的短期高收益理财产品会对信托产品产生挤压，资金池业务面临挑战等。而从发展数据来看，虽然信托业面临着较大压力，但并无系统性风险，在下行周期中实现了平稳发展，增速有所放缓。

总体来看，2013 年宏观经济正逐步走出了 2008 年经济危机以来的经济下行阴影，表现出稳中向好的形势。这不仅给信托业发展提供了一个良好的外部发展环境，还为信托业注入了新的增长动力。首先，国民经济的稳步发展，也推动了我国交通、能源、电力等基础设施的快速建设和发展；而基础设施的建设和发展，需要投入大量的资金，这也需要信托这样的工具撬动社会闲散资本为我国基础设施建设和发展提供资金支持和保障，这为我国信托的发展提出了现实需求。并且经过数十年的发展我国信托产品已经覆盖房地产、三农、文化创意产业、环境保护、民生工程、小微企业贷款等诸多领域，2013 年我国农业、工业以及固定资产投资的快速增长，无疑为 2013 年信托产品发展打下了坚实基础。其次，中国金融市场的不断完善深化和持续创新，将为信托业提供更为广阔的发展空间。2012 年以来尤其是三季度以来，我国财政部等四部委、银监会、证监会以及保监会针对资产管理市场密集地出台了一系列“新政”，这表明“泛资产管理时代”已经到来。金融同业资产管理业务的“松绑”对信托业的发展不仅是挑战，也是机遇。最后，经过改革开放 30 多年的高速发展，人民收入水平不断提高，个人财富快速增长，根据最新数据显示 2012 年我国城乡居民储蓄接近 40 万亿元。社会大量的闲置资本迫切需要信托这样的工具为其提供丰富多彩、个性化的理财产品，这为信托提供了实实在在的供给。然而，我国包括信托公司在内的理财服务供给则仅仅在近 10 年间才得以初步发展，还远远不能满足巨大的理财需求。这决定了包括信托业在内的理财行业必将长期保持高速增长的发展速度。

在 2013 年中国信托业年会上，中国证监会领导对信托业取得的成就给予了高度评价，他指出：这个阶段的信托至少有五大功绩，一是拓宽了人民群众的财产性收入渠道，二是舒缓了宏观经济调整的周期性波动，三是推动了人民币的利率市场化，四是繁荣了金融市场，五是树立了行业形象。这五大功绩体现了信托业的历史存在和社会价值。

基于中国经济增长的大前提和资产管理市场近几年来的大发展，2013 年全行业信托资产规模继续保持持续高增长态势，截至 2013 年末，中国信托业资产规模累积余额已达 109071.11 亿元，同比增长 46%，再创历史新高，接近 11 万亿元。信托业的资产规模实现了连续的爆发性增长，拉开了与保险业的距离，进一步巩固了其仅次于商业银行的第二大金融业态地位。2007—2013 年度信托业资产规模见图 1－10。

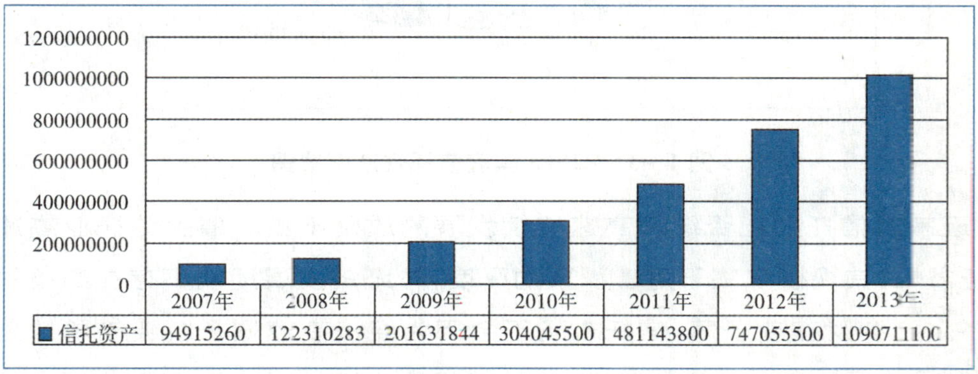

图 1－10　2007—2013 年度信托业资产规模（万元）

中国信托业协会数据显示，2013 年度资产规模环比增长 7.66%，较三季度 7.16% 的增长水平又增长了 0.5 个百分点，从 2013 年起，全行业信托资产规模环比增速一直呈现下降趋势，信托业资产规模增速"拐点"隐现。从信托财产来源看，单一资金信托占比继续提高，首次超过了 70%，达到 71.28%，其中低端客户驱动的银信合作单一信托占比继续下降为 21.39%，高端客户驱动的非银信合作单一信托占比继续提升为 49.89%；集合资金信托占比 23.28%，与二季度占比基本相当，中端客户继续成为信托增长的第二动力；管理财产信托占比为 5.44%，相比一季度的 6.21% 和二季度的 5.80%，占比略有下降。

从信托资产配置领域来看，工商企业自 2012 年二季度开始至今一直领先于基础设施信托比例，成为资金信托的最重要配置领域。截至 2013 年末，投向该领域的余额为 29004.55 亿元，占比达 28.14%，相比三季度末的 29.49% 占比小幅回调，这也是信托业顺应国家政策、加大支持实体经济的必然结果；基础设施信托占比次之，截至 2013 年末投向该领域余额为 26028.55 亿元，占比达到 25.25%；金融机构余额达到 12369.92 亿元，占比 12%，超过证券市场成为第三大配置领域；而证券市场占比 10.35%，位次有所下降；而房地产信托 2013 年末占比 10.03%，占比幅度没有太大变化。2013 年度信托资产配置见图 1－11。

面对当前复杂多变的市场环境，信托业资产规模虽然继续增长，但增速有所

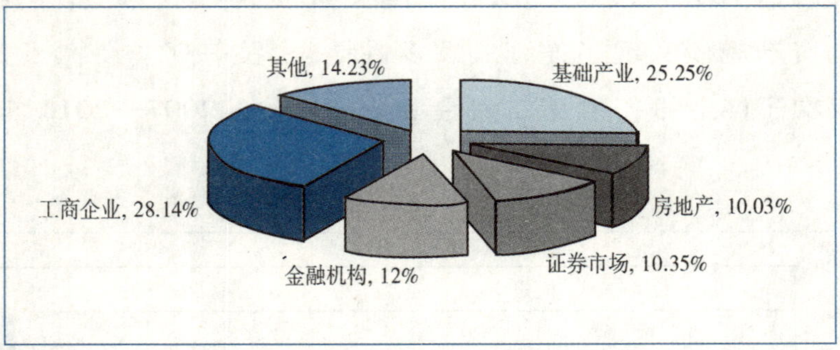

图 1－11　2013 年度信托资产配置图

减缓，近来对信托业能否继续高速持续发展的质疑不断。催生信托业高速增长的信托市场，其规模取决于财富积累的厚度，与经济发展周期不存在简单的正相关关系。社会财富底子薄，信托市场不会因为经济高速增长就会简单扩大其规模，这就是我国改革开放后最初 20 年虽然经济高速增长也没有形成深厚信托市场的原因。相反，社会财富底子厚，信托市场也不会因为经济发展处于弱周期就简单缩减其规模，当社会财富积累到相当程度后，经济下滑反而会更加催生人们通过信托等方式进行理财，从而实现财富保值增值的强烈需求，[①]我国现阶段已形成深厚的社会财富，存在巨大的信托需求，而理财服务的供给才刚刚起步，远远不能满足需求。在经济下行周期中，理财供给依然不足，这使得包括信托业在内的理财行业的发展拐点还远未到来。因此，近年来信托资产规模持续、高速的增长基本是健康、可持续的，并将继续保持这一增长态势。

2012 年下半年开始，有关监管机构全面放开了资产管理市场，允许证券公司、保险公司、基金管理公司等资产管理机构开展与信托公司同质化的资产管理业务。2012 年 9 月 26 日，证监会发布了新的《基金管理公司特定客户资产管理业务办法》，并于同年 10 月 31 日配套发布了《证券投资基金管理公司子公司管理暂行规定》；2012 年 10 月 12 日，保监会发布实施了《关于保险资产管理公司有关事项的通知》《关于保险资金投资有关金融产品的通知》《基础设施债权投资计划管理暂行规定》和相应的实施细则，“泛资产管理时代”的竞争新格局正式开始。证监会和保监会开始从产品到渠道逐步放开资管限制，允许证券公司、保险公司、证券投资基金管理公司等资产管理机构开展与信托公司同质化的资产管理业务，对信托行业造成明显的“挤出”效应。2013 年上半年，为规避监管，

① 周小明：“逆周期增长下的结构之变”，中国信托协会网站。

大量的银信、银证、银基、银保合作机会催生了单一信托的火爆。然而,受监管层政策导向影响,特别是针对影子银行以及银行与非银金融机构合作等政策陆续出台,通道型的"银信合作"和"非银机构"单一类项目可能大量被"银证合作"和"银基合作"所取代。从 2013 年的数据看,在全行业 10.91 万亿信托资产规模累积余额中,集合资金信托规模为 27154.81 亿元,占比为 24.90%;银信合作单一资金信托规模 21852.33 亿元,占比为 20.03%;非银信合作单一资金信托规模 54078.15 亿元,占比为 49.52%,二者合计即为单一资金信托产品总规模 75930.48亿元,占比高达 69.62%;其他来源信托规模占比为 5.49%,以银行通道类项目为主的单一信托增速显著放缓,而规范银信合作的监管措施仍将持续实施,加之"钱荒"危机的影响,银信合作信托规模占比还将进一步下降;而受"8 号文"的影响,未来非银信单一资金项目仍是资金信托,乃至整个信托行业资产增长的主要来源。这也标志着信托客户结构开始从低端的银行理财客户向高端的机构和个人转变。

2.2 信托业拐点隐现,转型问题再度聚焦

资产规模持续增长,环比增速连续下降

虽然信托资产总规模继续创新高,但季度环比增速已经连续 3 个季度下降。在整个 2012 年度,季度环比增速除个别季度外,一直呈现稳步上升趋势 2012 年一季度为 10.19%,二季度为 4.46%,三季度为 14.12%,四季度为 18.20%。但是,自 2013 年起,全行业信托资产规模季度环比增速一直呈现下降趋势 2013 年一季度为 16.86%,相比 2012 年四季度 18.2% 的环比增速,下降了 1.34 个百分点;2013 年二季度为 8.30%,相比一季度更是大幅下降了 8.56 个百分点;2013 年三季度为 7.16%,相比二季度又下降了 1.14 个百分点;2013 年四季度为 7.66%,环比小幅上涨 0.5 个百分点。

其次,在 2010 年三季度至 2013 年一季度之间的两年多时间,除个别季度外,全行业季度新增信托资产规模①一直表现为正增长趋势。而进入 2013 年二季度,新增信托资产进入下降趋势。

① 计算公式:新增信托资产规模 = 本季度末全年新增总规模 - 上季度末全年新增总规模。

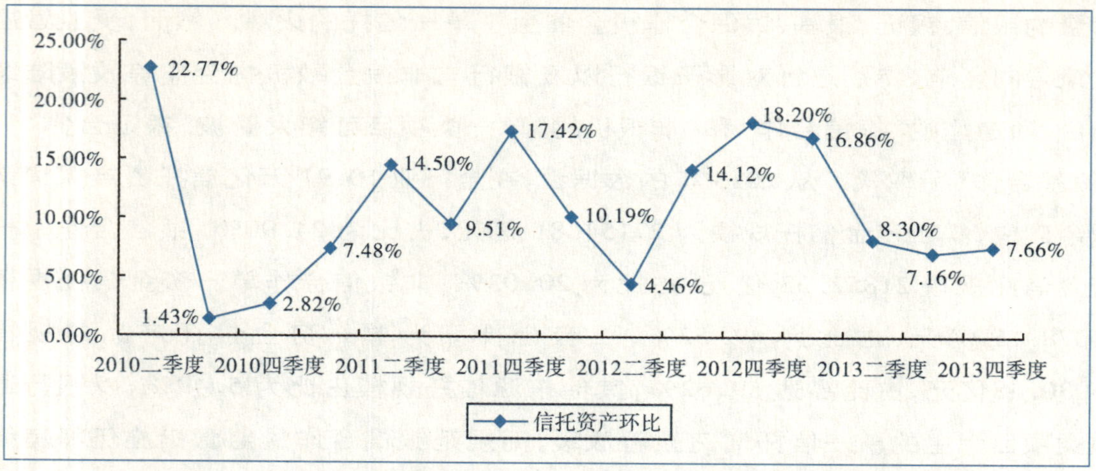

图 1－12　资产规模环比走势图①

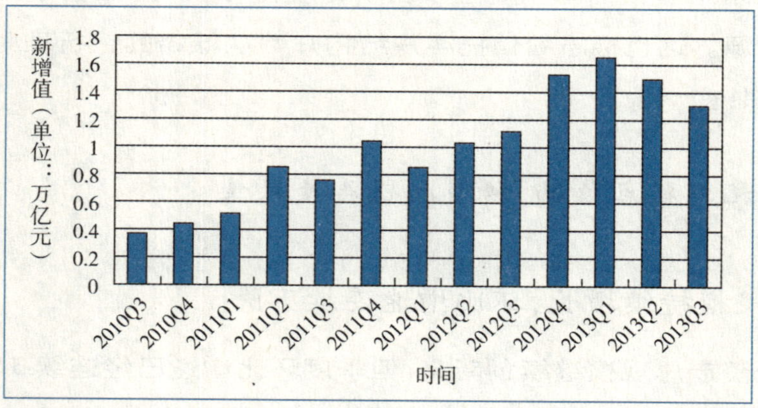

图 1－13　新增资本走势图

2010 年三季度新增 0.37 万亿元，四季度新增 0.44 万亿元；2011 年一季度新增 0.52 万亿元，二季度新增 0.85 万亿元，三季度新增 0.76 万亿元，四季度新增1.04万亿元；2012 年一季度新增 0.85 万亿元，二季度新增 1.03 万亿元，三季度新增 1.12 万亿元，四季度新增 1.53 万亿元，2013 年一季度新增 1.65 万亿元。从 2013 年二季度开始，首次出现了连续两个季度的负增长：二季度新增 1.50 万亿元，相比一季度减少 0.15 万亿元；三季度新增 1.31 万亿元，相比二季度又减少了 0.19 万亿元。

此外，从三季报可以看到，陕国投（000563. SZ）、安信信托（15.38，0.49，3.29%）（600816. SH）、爱建信托（600643. SH）和经纬纺机（8.88，0.17，1.

① 数据来源：中国信托业协会http://www.xtxh.net/sjtj/16924.html。

95%）（000666.SZ）旗下的中融信托这 4 家信托公司盈利增速均出现不同程度的下滑。其中，陕国投三季度归属于上市公司股东的净利润同比下降 49.75%；经纬纺机三季度手续费及佣金收入 10.21 亿元，同比下滑 20%，而在 2013 上半年，这项指标同比增速曾高达 50% 以上。全国共有 67 家信托公司，或许这 4 家上市公司的业绩不能代表全部，却也从一定程度上反映了如今整个信托行业所面临的难题。收益方面，9 月集合信托平均预期收益率为 8.77%，较 8 月下降 0.07 个百分点，是继 7 月份以来的持续下跌。现在很多资管产品的预期收益高于信托产品，这对信托来说竞争压力空前。

由此可见，信托业“拐点”压力不容忽视。我国信托业资产规模的增长主要归功于银信合作的推动、刺激财政政策下基础产业类信托和信政合作的发展以及货币从紧环境下的融资需求。但是 2012 年接连出台三项政策对我国信托业发展造成较大影响。2012 年底，四部委出台规范地方政府融资行为的“463 号文”在一定程度上束缚了信托公司“政信合作”的手脚，“8 号文”的出台以及银行试点资管业务更是使得信托公司相关业务面临严峻挑战；新国五条出台对房地产信托也造成很大影响，尤其是 2013 年末，国务院办公厅出台了《国务院办公厅关于加强影子银行监管问题的有关通知》（以下简称“107 号文”），在官方文件中首次提出影子银行的概念和范围，明确提出：加强信托公司回归信托主业，运用净资本管理约束信贷类业务，信托公司不得开展非标准化理财资金池等具有影子银行特征的业务，建立完善信托产品登记信息系统，探索信托受益权流转等内容，使得信托公司业务转型问题再次成为迫在眉睫的焦点。除上述利空因素之外，兑付高峰的来临更是让一些信托公司“如履薄冰”，煤矿、艺术品和房地产三大领域被认为是超敏感地区。从 2012 年开始的政策取向调整和经营环境的变化，意味着信托业再也不能简单依赖过去机会驱动的私募融资信托经营模式，而要紧紧抓住成长市场中的巨大的未来发展机会。在 2013 年在中国信托业年会上，中国证监会有关领导尖锐指出：“很多人认为信托产品有问题，这既与社会上的舆论宣传和一些评述有关，也与信托自己的角色定位有关，习惯性地把自己当‘托儿’。信托的‘托儿’字，字典有六种解释，其中有五种解释是动词，只有一种解释为名词‘托儿’，结果大家那么多动词都没选，就选了当‘托儿’。如果信托总去当‘托儿’，怎么能有自己独立的社会形象呢？”换言之，如果信托公司仅仅靠给其他金融机构当“托儿”，由此换来 10 万亿规模的虚假繁荣，肯定是难以为继的昙花一现。

主要监管政策分析

近半年来，对信托行业影响较大的监管政策主要是《关于制止地方政府违法违规融资行为的通知》（财预〔2012 年〕463 号文）及银监会《中国银监会关于规范商业银行理财业务投资运作有关问题的通知》（银监发〔2013〕8 号文）。

《关于制止地方政府违法违规融资行为的通知》（以下简称“463 号文”）被认为是对政信合作业务的一记重拳，然而 2013 年二季度末的数据表明政信合作业务不降反升，占比达到 8.51%。这主要是由于“463 号文”本身并非直接禁止政信合作业务，而只是起到规范作用。该文对政信合作业务的影响仅局限于通过 BT（建造移交）方式为法律和国务院允许之外的政府项目融资、通过信托方式为法律和国务院允许之外的公益性项目融资以及禁止政府违规担保。而事实上，政府的大量项目并非属于 BT 项目，也非纯粹的公益性项目，信托公司涉足其中并无法律和政策上的障碍。此外，政府的持续融资需求、投资意愿并未改变，也是促使政信合作业务增长的重要原因。

“463 号文”针对地方政府融资行为的主要要求如表 1-1 所示。

表 1-1 “463 号文”针对地方政府融资行为的主要要求

序号	要求
1	严禁直接或间接吸收公众资金违规集资进行公益性项目建设，不得对机关事业单位职工及其他个人进行摊派集资或组织购买理财、信托产品，不得公开宣传、引导社会公众参与融资平台公司项目融资。
2	切实规范地方政府以回购方式举借政府性债务行为，对符合法律或国务院规定可以举借政府性债务的公共租赁住房、公路等项目，确需采取代建制建设并由财政性资金逐年回购（BT）的，必须根据项目建设规划、偿债能力等，合理确定建设规模，落实分年资金偿还计划。
3	加强对融资平台公司注资行为管理，不得将政府办公楼、学校、医院、公园等公益性资产作为资本注入融资平台公司。严格执行《土地管理法》等有关规定，地方政府将土地注入融资平台公司必须经过法定的出让或划拨程序。以出让方式注入土地的，融资平台公司必须及时足额缴纳土地出让收入并取得国有土地使用证；以划拨方式注入土地的，必须经过有关部门依法批准并严格用于指定用途。融资平台公司经依法批准利用原有划拨土地进行经营性开发建设或转让原划拨土地使用权的，应当按照规定补缴土地价款。地方各级政府不得将储备土地作为资产注入融资平台公司，不得承诺将储备土地预期出让收入作为融资平台公司偿债资金来源。

续表

序号	要求
4	进一步规范融资平台公司融资行为，符合条件的融资平台公司因承担公共租赁住房、公路等公益性项目建设举借需要财政性资金偿还的债务，除法律和国务院另有规定外，不得向非金融机构和个人借款，不得通过金融机构中的财务公司、信托公司、基金公司、金融租赁公司、保险公司等直接或间接融资。
5	坚决制止地方政府违规担保承诺行为，应严格按照《担保法》等有关法律法规规定，不得出具担保函、承诺函、安慰函等直接或变相担保协议，不得以机关事业单位及社会团体的国有资产为其他单位或企业融资进行抵押或质押，不得为其他单位或企业融资承诺承担偿债责任，不得为其他单位或企业的回购（BT）协议提供担保，不得从事其他违法违规担保承诺行为。

而银监会《中国银监会关于规范商业银行理财业务投资运作有关问题的通知》（以下简称“8 号文”）的发布从“总量控制”的层面，对信托业整体银信合作规模并不会产生明显影响，仅可能部分公司需要在局部做出调整，对资产管理计划分账核算和风险管理的要求则对信托业的管理可以起到很好的促进作用，很多公司也在积极推进相关工作。银监会还下发通知对信托公司开展房地产、证券等敏感类业务进行风险提示和规范，要求各银监局重视信托公司的流动性风险，从建立健全房地产贷款审批标准、操作流程和风险管理政策方面，对信托公司提出了更高的要求。

“8 号文”规范银行理财业务投资运作的具体内容如表 1－2 所示。

表 1－2　“8 号文”针对银行理财业务投资运作的主要要求

序号	内容
1	非标准化债权资产是指未在银行间市场及证券交易所市场交易的债权性资产，包括但不限于信贷资产、信托贷款、委托债权、承兑汇票、信用证、应收账款、各类受（收）益权、带回购条款的股权性融资等。
2	商业银行应实现每个理财产品与所投资资产（标的物）的对应，做到每个产品单独管理、建账和核算。单独管理指对每个理财产品进行独立的投资管理；单独建账指为每个理财产品建立投资明细账，确保投资资产逐项清晰明确；单独核算指对每个理财产品单独进行会计账务处理，确保每个理财产品都有资产负债表、利润表、现金流量表等财务报表。
3	商业银行应向理财产品投资人充分披露投资非标准化债权资产情况，包括融资客户和项目名称、剩余融资期限、到期收益分配、交易结构等。理财产品存续期内所投资的非标准化债权资产发生变更或风险状况发生实质性变化的，应在 5 日内向投资人披露。

续表

序号	内容
4	商业银行应比照自营贷款管理流程,对非标准化债权资产投资进行投前尽职调查、风险审查和投后风险管理。
5	商业银行应当合理控制理财资金投资非标准化债权资产的总额,理财资金投资非标准化债权资产的余额在任何时点均以理财产品余额的35%与商业银行上一年度审计报告披露总资产的4%之间孰低者为上限。
6	商业银行应加强理财投资合作机构名单制管理,明确合作机构准入标准和程序、存续期管理、信息披露义务及退出机制。商业银行应将合作机构名单于业务开办10日前报告监管部门。
7	商业银行代销代理其他机构发行的产品投资于非标准化债权资产或股权性资产的,必须由商业银行总行审核批准。
8	商业银行不得为非标准化债权资产或股权性资产融资提供任何直接或间接、显性或隐性的担保或回购承诺。

从表1－2可以看出,该规范首先把所有不在银行间以及交易所的资产统统归为非标准化债券资产,基本把信托、券商、基金、产权类交易所挂牌的所有产品纳入管理,圈定范围之广前所未有;其次,该规范要求对非标准化债权分开建账、单独管理,这使得银行对各种产品进行独立测试,提升了产品的投资透明度,这为信托产品等进入资金池增加了很大难度,同时要求将非标准化债权投资情况披露给投资人,也在一定程度上限制了银行滥设产品;再次,该规范通过量化规定的方式,控制了商业银行理财资金投资非标准化债权资产的总额,即:理财资金投资非标准化债权资产的余额在任何时点均以理财产品余额的35%与商业银行上一年度审计报告披露总资产的4%之间孰低者为上限,原有模式受到"双红线"掣肘,控制了商业银行在理财业务方面的风险敞口,也反映了监管层对于影子银行类业务的管理幅度。

而还需注意的是,除强化对同业与理财资金的监管外,不同牌照机构间的跨业监管机制也已开始搭建。2013年8月20日,国务院批复同意人民银行牵头建立金融监管协调部际联席会议制度,联席会议由人民银行牵头,成员单位包括银监会、证监会、保监会、外汇局,必要时可邀请发展改革委、财政部等有关部门参加。

在联席会议将负起的六大协调职责中,交叉性金融产品以及跨市场金融创新的协调亦在其中,而该监管范围或直指当下的"银行影子"系统。而该会议制度的建立，意味着监管层对"银行影子"类的跨行业链条的监管效率正在不断提高，以后的通道业务可能越来越难做了。在多方监管政策的倒逼下，CLO（信贷资产证券化）或被正式摆在银行面前，以通过证券化的方式解决超出额度的非标债权。

挑战大于机遇，业务转型迫在眉睫

目前，券商定向资产管理计划、基金专户及子公司的产品投资方向非常宽松，形成与信托产品的正面交锋 各部门政策规定也对政信合作、银信合作带来一定的影响；2013 年 10 月 18 日，首批 11 家银行同时试点债权直接融资工具和银行资产管理计划，信托通道业务将受重创。整体来看，在"大资管"时代的竞争中，信托业面临的挑战大于机遇，新的政策环境也紧逼信托业进行业务大转型。随着金融脱媒、利率市场化深入和社会财富管理需求的提升，从银行分流的项目和资金虽足以支撑资产管理领域的大发展，资产管理之争势必压缩信托公司的利润和发展空间，信托公司必须提高其资产管理和服务水平，或者更专注于部分细分领域。

首先，券商、基金和保险在监管、渠道、资产管理水平等方面具备相对优势，而债券市场也将对信托的项目来源产生冲击。在金融脱媒初期，银行贷款客户是资产管理项目的主要来源，而银行存款客户则是财富管理资金的主要渠道，其他金融机构发展很大程度上取决于银行的策略及银监会的导向。由于券商基金和保险的监管机构不同，投资方向可能会比信托灵活，特别是在银监会限制的房地产投资等领域。此外，债券融资成本远低于信托融资，随着债市扩容，也将对信托项目来源产生不小的冲击。但金融机构的参与对信托产品也有积极影响。目前信托产品投资者比较单一，主流的单一信托主要客户为银行，集合信托则主要销售给高净值人士。保险等资金的引入也将优化投资者结构，促使信托公司开发更加多元化的产品。

其次，"8 号文"规范银行理财"非标准化债权资产"投资对以信托为代表的影子银行产生重大影响，或将改变金融产品市场格局。信托资产中绝大部分是与银行合作开发的"非标准化债权"。银信合作主要的业务模式有四种：一是传统的银信理财合作，通过理财资金直接对接信托产品；二是 SOT 模式，即银行理财通过委托券商定向资管计划认购单一信托的银证信合作业务；三是买入返售模式，银行通过自有资金或自营资金购买信托或信托受益权；四是银行推荐项目并代销集合信托。“8号文”将首先打击传统的银信合作模式以及通过券商进行的SOT模式；但“买入返售”模式通过银行自有资金或自营资金进行，不受“8号文”限制且比较隐蔽，可以预见，“107号文”的出台，基本宣告了此类业务的终结；银行推荐项目并代销集合信托的模式或将受益，集合信托发行量可能上升。

再次，银行获得理财资管业务试点资格，宣告了银行业正式进军大资管领域，对信托业造成极大的冲击，首当其冲影响的就是信托公司的通道业务。信托公司近年来快速发展的前提是信托制度赋予了信托公司直接债权融资功能。商业银行由于贷款的出表冲动，曾借信托公司的通道大量发行理财产品对接企业融资项目，并在2010年7月份将银信合作通道项目业务“冲到”2万亿元天量。随后，监管层对通道类银信合作业务出台了严格的限制措施，银信合作“显性”合作明显减少，但是“隐性”合作却仍是信托业发展的重要支柱。因此，商业银行此次获准试点资产管理计划肯定将对信托业造成一定程度的影响。倘若“试点”变为“常规”，在其他金融行业冲击下，银行信托间本已日渐脆弱的“通道”将更无生存土壤，今后信托融资类与通道类产品的市场空间将被大幅压缩。但从另一方面来看，商业银行进军“大资管”也会促进信托业“良性变革”。此次银行资管业务试点的放开，会在很大程度上倒逼信托业加快转型的步伐，使得信托公司逐渐摆脱靠依赖通道业务扩张资产规模的模式，通过主动调整业务结构，提升自主管理能力，向投资类与事务管理类产品转型，而信托公司业务模式也将由被动管理向主动管理转变。从这点上来看，对信托业的长远发展是有利的，而这也是信托业未来发展的必然趋势。

在融资类与通道类产品市场空间不断缩小的背景下，信托公司需要尽快寻找高收益资产的领域，让信托产品继续对投资者保持吸引力，以抵消竞争中的不利影响，保持信托业的稳定发展。信托业未来几年业务将集中转向以下领域：

①投资类产品。从债权人转型为股权投资人，做真正的投资类产品，已经成为不少信托公司未来的业务发展重点之一。一方面，投资类产品可以真正让投资人分享到项目的收益，信托公司的报酬率也会提升；另一方面，投资类产品也是打破目前行业隐性刚性兑付的途径之一。

②并购信托。目前我国的国企、央企、民企都存在产能过剩和结构优化问题，最直接的结构优化方式就是并购。而在其中，信托公司扮演的角色，既可以是协助企业客户去并购，也可以是并购后进行经营管理，为投资者创造收益。

③家族式财富管理。家族式财富管理不仅仅只是财富的委托传承，还包括

财产权、企业经营管理权等方面的委托代理，而且后者可能是国内信托公司更好的介入机会。目前平安信托等公司已经开始这方面的探索。

④信贷资产证券化。2013 年 8 月底，国务院常务会议提出要进一步扩大信贷资产证券化试点。在前期开展的资产证券化业务中，还是以银行为主导，信托公司处于配合的角色。信贷资产证券试点进一步扩大之后，随着更多的中小银行进入试点，信托公司作为特定目的信托受托人参与证券化业务的收入也能随着总规模增长而有所上升。虽然信贷资产证券化业务对信托公司而言盈利空间较小，试点的扩大对信托行业本身规模和盈利的增长贡献有限，但对信托业而言，信贷资产证券化的扩容有利于其盘活存量资金，在一定程度上优化信托业整体环境。信贷资产证券化的基本要求是实现资产与贷款机构的分离，相对来说信托在资产和风险的隔离方面是最彻底的，这也是信托公司开展资产证券化的核心优势。因此，在国家政策的引导下，信托业今后将进一步转向信贷资产证券化业务。

⑤土地流转信托。新型城镇化是下一轮中国经济增长的主要动力，信托公司在这个过程中，除了继承传统的“供血”功能外，还可以更多地承担优化投资管理的职能。目前，一些信托公司开始注意到土地流信托这一未开垦的“处女地”，将农村集体建设用地、宅基地、农业用地、农村公共用地的经营使用权归集成立信托计划，由信托公司经营管理分配收益。2013 年 10 月，中信信托的土地经营权流转信托计划获得监管层批准正式成立，成为全国第一单土地流转信托，成为土地流转信托领域有益的一个尝试和摸索。

⑥掘金民生领域。随着人们生活水平的提高，老龄化社会的到来，医疗、养老等关系国计民生的领域越来越成为社会的“刚需”。随着相关政策的放开，具备资金优势的商业金融机构也将成为这些领域的主要力量。政策限制相对较少的养老社区，不少保险公司已经开始介入，它们的优势在于资金，而信托公司则具有整合养老产业链条相关各方面的能力，目前有一些信托公司也开始尝试。

2.3 逐鹿“泛资管”时代，信托业监管期待新变革

自 2012 年下半年，银监会、证监会及保监会针对资产管理市场的“新政”层出不穷，旨在给信托公司以外的其他金融机构资产管理业务进行“松绑”。如果说 2012 年的“新政”预示着“泛资产管理时代”即将到来，那么 2013 年以来的监

管新动向则意味着信托业已经进入"群雄并起"的竞争时代。无疑"泛资产管理时代"将给对信托公司发展和监管带来严峻挑战。

2013年监管新政引领竞争时代

继2012年以来，2013年中央政府及地区不断推出新的监管政策，给信托业发展带来新挑战。

表1-3　2013年推出的监管政策

政策出台部门	政策内容
中国人民银行	2013年7月19日，央行发布《中国人民银行关于进一步推进利率市场化改革的通知》，决定自2013年7月20日起全面放开金融机构贷款利率管制。
	2013年8月21日，央行发布通知，按照《征信业管理条例》的相关要求，人民银行决定将信托公司贷款信息全面纳入金融信用信息基础数据库，并对其提供信用信息服务。
审计署	审计署将组织全国审计机关于8月1日起对政府性债务进行审计全面展开。全国审计机关将对中央、省、市、县、乡五级政府性债务进行彻底摸底和测评。
国务院	2013年8月15日，《国务院关于同意建立金融监管协调部际联席会议制度的批复》(国函〔2013〕91号)正式同意建立金融监管协调部际联席会议制度。
	8月28日，国务院召开常务会议，决定在严格控制风险的基础上，进一步扩大信贷资产证券化试点。
银监会	8月30日，银监会发布《银行业消费者权益保护工作指引》针对侵害银行业消费者权益的行为提出了八项禁止性规定。
	9月16日银行业要实施风险隔离，稳妥开展综合化经营，遵循"栅栏"原则，审慎推进金融产品创新。
	银监会将建立风险项目责任人及交易对手案底制度。
上交所&深交所	8月19日、8月20日，上交所和深交所分别发布《关于为资产管理计划份额提供转让服务的通知》和《深圳证券交易所资产管理计划份额转让业务指引》，证券公司、基金管理公司及其专门从事资管业务的子公司，可申请将其资管计划份额通过交易所向其他投资者转让。
地方银监局	9月中旬，地方银监局向辖属信托公司发文，要求大力压缩通道类业务，严禁资金池业务对接高风险项目，以及不得新增名单内地方融资平台贷款规模。

续表

政策出台部门	政策内容
江苏地区相关政府机构	9 月 24 日，江苏省财政厅、省国土资源厅、中国人民银行南京分行、中国银监会江苏监管局联合下发《关于核定土地储备融资规模有关问题的意见》，以规范和强化土地储备监管，将土地储备融资限定在地方政府性债务的合理和可控范围内，防范金融风险。
国务院	12 月 10 日国务院办公厅出台了《国务院办公厅关于加强影子银行监管问题的有关通知》（107 号文），在官方文件中首次提出影子银行的概念和范围，明确提出，加强信托公司回归信托主业，运用净资本管理约束信贷类业务，信托公司不得开展非标准化理财资金池等具有影子银行特征的业务，建立完善信托产品登记信息系统，探索信托受益权流转等内容

第一，央行政策动向。全面放开贷款利率管制后，金融机构与客户协商定价的空间将进一步扩大，有利于促进金融机构采取差异化的定价策略，同时企业也可以根据自身条件选择不同的融资渠道，降低企业融资成本。此外，将信托贷款数据纳入征信系统，一方面可解决信托业数据滞后的问题，有利于监管机构更全面监控，适时决策；另一方面也有利于信托公司查询交易对手的资信情况，提高风险防控能力。

第二，审计署政策动向。审计署此次进行全面性的地方政府债务审计，可以理解为中央政府摸清家底、清理旧账的举措，对于包括银行、信托公司在内的众多金融机构来说，既是危机也是机遇。“危”在于此前的众多项目是否能承受压力，“机”则在于此次债务审计结果可为大家提供明晰的判断依据，将来项目选择会更加慎重。

第三，国务院政策动向。首先，联席会议制度中除了货币政策等金融监管政策的协调外，还包括交叉性金融产品和跨市场金融创新的协调，以及金融信息共享和金融业综合统计体系的协调等内容。联席会议制度的建立，或在一定程度上促进监管的改革，这也意味着原来游离在监管空白地带的业务将会逐渐纳入体系中来。其次，进一步扩大信贷资产证券化试点坚持真实出售、破产隔离；总量控制，扩大试点；统一标准，信息共享；加强监管，防范风险；不搞再证券化。此外，“107 号文”中央重点防范影子银行风险，加强影子银行监管，其规范重点是宽口径范围影子银行的相关机构，包括传统银行体系之外的信用中介机构和某些不规范业务及监管盲区。

第四，银监会政策动向。信托公司问责机制建立，有利于信托公司业务进一步规范发展，未来如果建立类似保荐代表人一样的准入与责任制，项目风险直接影响信托经理的职业生涯，或许也能提升信托业的风险防控。《指引》充分体现了“预防为先、教育为主、依法维权、协调处置”的银行业消费者权益保护工作原则，填补了国内银行业消费者权益保护制度方面的空白。特别是对于误导销售、夸大收益、信息泄露等问题作出了明确规定。

第五，上交所与深交所政策动向。交易所为资管计划提供转让服务，目的是提高其流动性，业内甚至期待其“转标”，但实际效果并非如此。一方面，根据规定资管计划只能在同一家券商内部的客户之间进行转让。另一方面，即使资管产品进入交易所进行份额转让，银监会也不认可为“标准化”债权。

第六，区域政策动向。银监会发文要求各银行控制地方平台贷款总量，实施平台层级差异化管理优化结构，不得新增融资平台贷款规模。同时将融资平台非贷款渠道融资纳入监测，实行全口径管理，包括信托融资。但未明确信托公司地方平台贷款规模不得新增。江苏省 91 家进入国家名录的土地储备机构，全部隶属于省各级国土资源管理部门，即只有这 91 家机构凭融资卡才能向金融机构申请贷款，且所获融资必须用于收储本身，专款专用、封闭管理、严格监管，不得用于城市建设以及其他与土地储备业务无关的项目。

“泛资管时代”信托业监管面临新挑战

监管环境相对严格。资产管理“新政”在监管上赋予其他资产管理机构更加宽松的环境，相对而言，信托公司监管则较为严格、规范，一定程度上影响了公平竞争。一是合格投资者标准更高。信托公司集合资金信托业务实行严格的“合格投资者”规定，将 300 万元以下的合格自然人投资者人数限定在 50 人以下。二是受益权流动性较低。信托公司集合资金信托计划受益权虽然允许转让，但限制机构所持有的受益权向自然人转让和拆分转让，允许的拆分转让也不得向自然人转让。三是净资本管理更严。信托公司信托业务实行严格的净资本管理，且净资本占用比例较高。以融资类银信理财合作业务为例，信托公司风险资本系数高达 10.5%。四是渠道建设限制较多。信托公司目前尚不允许设立分支机构，其资产管理子公司的设立也属严格限制之列。五是信托资产清算交付压力较大。当信托财产因种种原因发生损失时，监管部门倾向于要求信托公司及时采取缓释、处置、弥补等措施，保证受益人的基本利益，维护社会稳定；信托公司为了维护行业声誉和自身形象，出于公司生存的本能反应，也愿意最大限度保证信托财产的完整性和清算给付的及时性。

削弱了监管政策效果。以银信合作业务为例，银行为规避监管，借道信托公司将信贷资产、票据资产转移出表外，或将理财资金投向限制性领域。鉴于此，银监会对银行和信托公司双管齐下，出台相关应对措施予以规范，效果较为明显。资产管理"新政"实施后，银信合作逐步为银证、银保、银基、信证、信保、信基等两方或三方合作所取代，增加了理财资金的监测难度、检查难度，部分规避了银信合作相关规定，使监管效果大打折扣。

增加了监管协调难度。理论上，同类业务需遵循相同的监管规则。然而，分业监管使各类金融机构资产管理业务受不同的法律、法规及规章制度的约束，监管标准也千差万别。如果说在市场准入、投资范围、运作模式等方面通过协商达成一致还相对容易，但在持续监管方面，各监管主体受对宏观调控政策的把握不同、风险监管理念不同、部门利益不同等因素制约，对资产管理行业监管协调的难度和成本更大。

使信托公司处境不利。资产管理"新政"旨在放松管制、鼓励创新，为证券、设立、"刚性兑付"等方面创造更加宽松的条件，风险监管也较为简单、粗放。上述监管优势将化为其他资产管理机构的竞争优势，使信托公司处于相对的竞争劣势之中，加剧了信托公司的竞争压力。

监管变革新方向

中国信托业自 2001 年完成第五次清理整顿和重新核准登记后，已逐渐形成目前"一法三规"——《信托法》《信托公司管理办法》《信托公司集合资金信托计划管理办法》《信托公司净资本管理办法》为主的监管法规体系。

实际上，信托关系普遍存在于金融机构的多种业务之中，适用范围不限于信托公司，特别是近年来，随着财富管理行业蓬勃发展，基金公司、保险公司、证券公司等金融机构纷纷在此领域"跑马圈地"，由于绝大部分的财富资产管理是一种信托关系，本质上都运用了信托原理，但是上述机构却不受《信托法》约束，反而比信托公司有了更多的空间和自由度。由此，信托监管在以下三个方面应当实现实质性改革：

统一监管标准。一是完善信托立法。对《信托法》进行修订，增加"信托经营"内容，对信托经营的条件、机构、原则等内容进行详尽描述和规范，让各类资

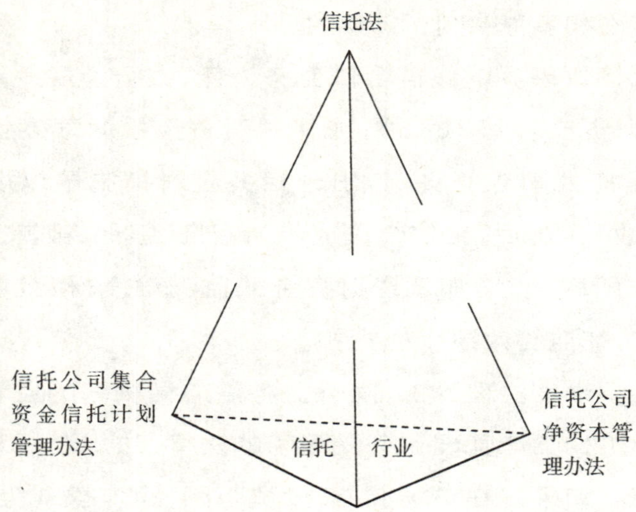

图 1-14　信托公司管理办法

产管理机构在《信托法》的规范下开展信托业务，逐步形成全国统一的信托服务市场。二是统一制度安排。由国务院层面出台《信托经营机构管理条例》，对信托财产登记、信托产品注册、受托人职责、净资本管理等方面进行详尽规范，让各类资产管理机构在统一的制度安排下公平竞技，共享资产管理市场发展机遇，并最终将其上升为更高立法层次的《信托业法》。

加强监管协调。在资产管理行业持续监管方面，充分利用国务院批准建立的金融监管协调部际联席会议制度，加强在交叉性金融产品、跨市场金融创新等方面的监管政策协调，针对资产管理市场出现的违规行为、风险苗头、发展障碍等问题统一出台相关政策措施，共同规范资产管理市场，避免出现监管真空、标准不一和监管套利等现象，促进资产管理行业健康发展。

完善信托监管。一是进一步厘清和细化受托人职责，在信托公司科学履职尽责的前提下，真正实现信托产品“买者自负”。二是积极创造条件，完善信托财产登记制度，确保信托财产的独立性和破产隔离机制能够真正实现。三是加强信托产品流动性相关制度及设施建设，促进信托产品的标准化，探索建立全国统一的信托受益权转让市场。四是完善和调整净资本监管方法。对不同业务种类的风险系数以及风险资本的计算口径，进一步科学、精准、客观和国际化，与时俱进，动态调整。五是逐步构建基金化的信托业务交易结构和信托产品设计结构，使信托产品逐步标准化、规模化、长期化、证券化、流动化，形成全新的风险化解机制、转移机制、缓释机制和处置机制，最终实现“买者自负”，还原信托本质，进一步促进信托业健康发展和成熟规范。

2.4 楼市价格温和回升，房地产信托风险可控

宏观调控维稳，房价温和回升

2013 年三季度，在维持房地产调控政策总体平稳的同时，中央着力建立房地产调控的长效机制，土地制度改革进度加快，保障安居工程持续推进，差别化信贷政策继续实施。与此同时，由于“国五条”后各地房地产市场分化日益加剧，多个城市根据当地市场形势微调限购等行政性手段，调整方向有紧有松。在总体平稳但不同城市略有差异的大环境下，中国房地产市场量价在第三季度逐渐走出二季度受压的态势。

新建商品房价格方面，百城均价绝对水平创新高，三季度同环比涨幅均持续扩大，9 月环比涨幅再度突破 1%，不同城市价格继续分化，北京、广州、深圳等十大城市上涨尤为突出。成交方面，前三季度重点城市住宅成交量达近四年同期最高，其中三季度逐渐企稳回升，8—9 月增幅逐步扩大，多数城市“金九”成交量显著增长，一线城市回升力度尤为强劲。供应方面，企业纷纷借助“金九”加大推盘，推动 2013 年以来累计新批上市面积创下 2010 年来新高；多数城市销供比在 1 以内继续下行，市场库存水平小幅回升，出清周期略有延长，但总体仍处于 2012 年来的较低水平。全国来看，商品房销售面积和销售额增幅持续收窄，但规模仍创历史同期新高，一线城市增幅收窄幅度最大，但仍为最高；投资、新开工反弹势头不稳，受 2012 年基数较高影响各项指标增速均收窄。

二手房的价格涨幅略有扩大，成交量止跌后 7—9 月持续反弹。价格方面，2013 年前三季度十大城市主城区二手房价格累计上涨 14.8%，三季度累计涨幅较二季度扩大 0.74 个百分点，9 月均价创历史新高。成交方面，三季度十大城市共成交 22.94 万套，环比基本持平，同比增长 17.5%；具体到不同月份，成交量在 6 月触底后连续 3 个月反弹，市场需求明显恢复，其中 9 月同环比分别增长 31.7% 和 5.8%。

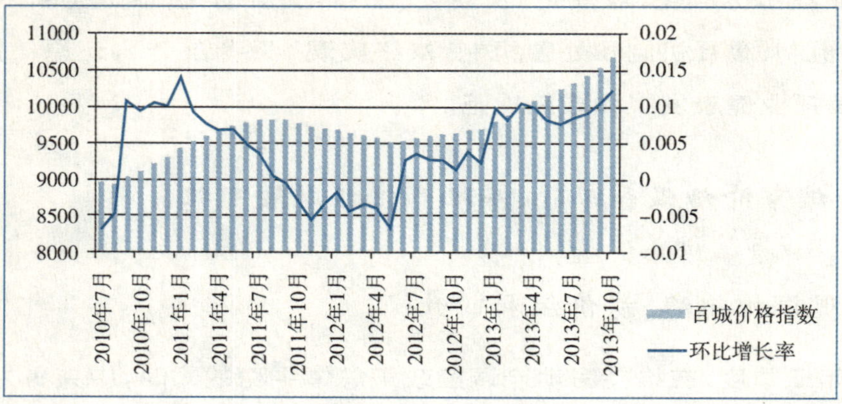

图 1-15　百城住房均价及环比变化①

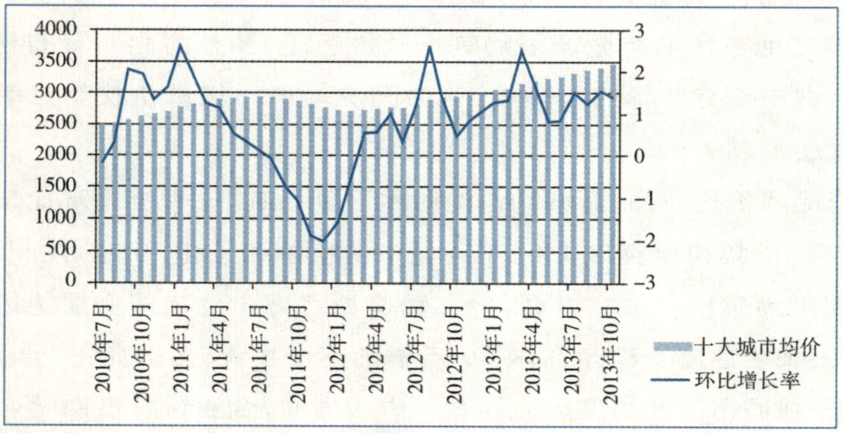

图 1-16　十大城市二手房成交价环比走势②

土地的楼面价创新高，溢价率继续上扬，一二线城市竞争更趋激烈。供求方面，2013 年三季度，全国 300 个城市住宅用地推出及成交量同比分别增长 13.2%、21.2%，受价格推动，成交金额同比大增 73.3%，增速明显高于成交量；价格方面，全国 300 个城市住宅用地楼面均价创新高，同比上涨 45.4%，溢价率达 24.1%。房企加大一二线热点城市布局推动各地地王频现。销售方面，2013 年三季度，在企业主动加大推盘和市场活跃度再度上升的促进下，万科等十家代表企业销售业绩较 2012 年同期全部显著提升，销售额环比增长 4.4%，同比增长 31.3%，9 月份达到历史最高水平。拿地方面，十家代表企业前三季拿地金额已超 2012 年全年，一二线城市为重点布局区域，但拿地成本较以往明显增加。资

① 数据来源：搜房网http://fdc.soufun.com/data/。

② 数据来源：搜房网http://fdc.soufun.com/data/。

金方面，企业的大规模拿地使得资金压力有所上升，但融资渠道的多样性会帮助品牌房企摆脱短期压力，大型企业负债水平仍处于合理区间。

■ 开发商资金链好转，房地产信托规模回暖

随着楼市重新回暖，开发商的资金链相继有所好转。开发商新增资金累计增速经历了 2011 年一轮高速增长之后，在 2012 年 2 月达到最大值累计增长66.3%，然后掉头向下回落 2012 年 12 月至底，累计增长 15.5%。此后开始一路上扬，2013 年 2 月份累计增长 36.7%，3 月份小幅震荡，继而开始好转，逐步显现回升趋势。

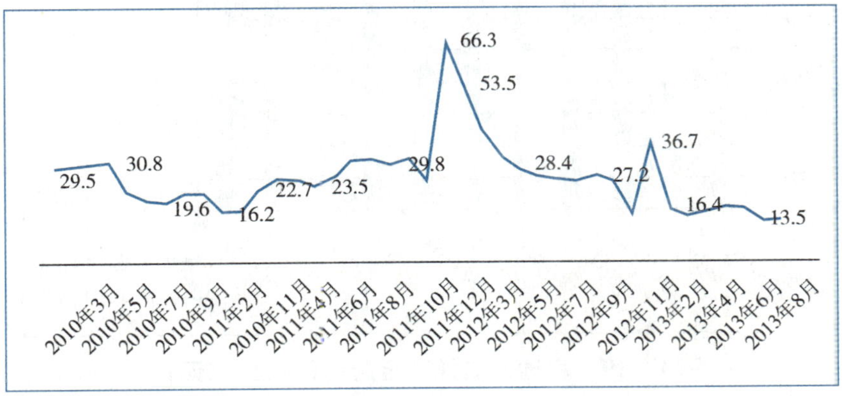

图 1-17　房地产开发新增固定资产投资累计增长率趋势①

2013 年与 2012 年的占比情况基本相同。开发商资金来源的主要途径变化不大，依然是国内贷款、利用外资、自筹资金和其他资金等四大块。

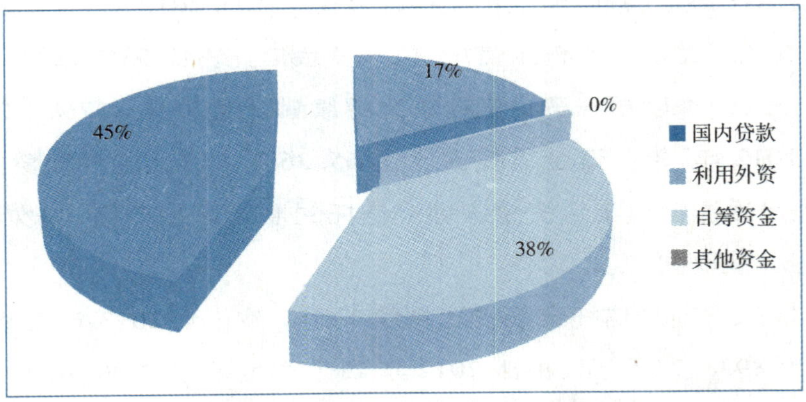

图 1-18　2013 年前三季度开发商资金来源主要途径②

① 数据来源：http://data.stats.gov.cn/。
② 数据来源：http://data.stats.gov.cn/。

其中国内贷款是房地产开发商资金的最主要来源占总额的45%，而国内贷款又分为银行机构贷款和非银行机构贷款。房地产信托则是非银行机构贷款的重要组成部分。2013年第三季度房地产开发商新增资金53636.45亿元，其中房地产信托8938.72亿元，占比16%。从房地产信托历年发展情况来看，房地产信托一直保持良好的增长态势。

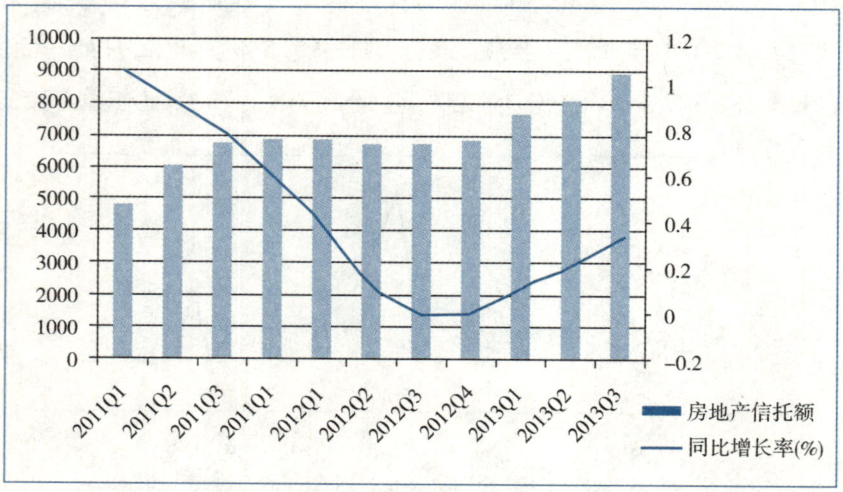

图1-19 房地产信托资金走势(单位:亿元)①

自2012年第三季度以来，房地产信托总额呈现逐步递增趋势，相比2012年同期增长幅度逐渐加大。从房地产信托构成来看，自2012年房地产信托结构发生变化以来，单一资金信托变成了房地产信托的主要形式。从2010年三季度以来，集合资金信托都是房地产信托的主要形式。然而2012年二季度，单一资金信托两年来首次超过了集合资金信托，单一资金信托占比53%，成为房地产信托的主要形式；三、四季度单一资金信托占比继续攀升至55%、57%。2013年一季度依旧延续2012年，单一资金信托占比达65.36%。导致这种现象的原因主要有两个，首先是银监会对集合资金房地产信托的监管更加严格，其次说明大资金对房地产行业持乐观态度。

2013年以来房地产信托余额占比持续下滑。截止到2013年三季度末，房地产信托余额为8938.72亿元，相比2012年四个季度明显增加；房地产信托余额占比为9.33%。相比巅峰时期2011年三季度末，余额增长显著，占比下降非常明显，从2011年三季度末的17.24%降至目前的9.33%，下降了7.91个百分点。

① 数据来源：中国信托协会http://www.xtxh.net/。

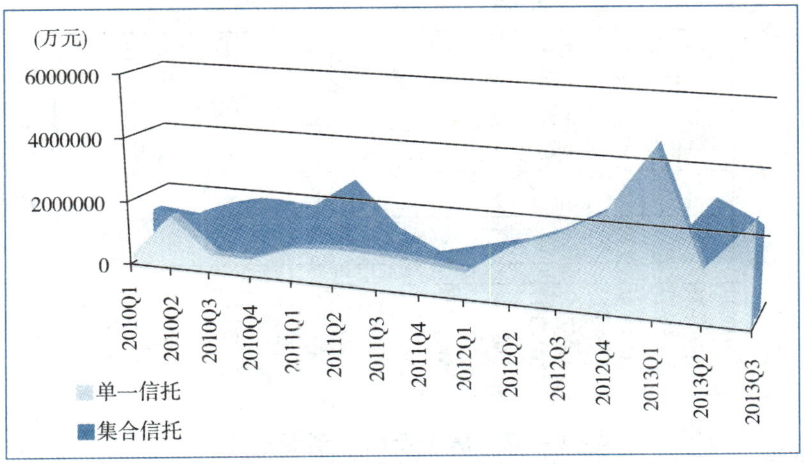

图 1－20　房地产信托构成情况①

从房地产信托余额占比持续下降，可以看出房地产信托的风险正在逐渐释放。但是房地产信托余额仍然处于历史高位，而 2013 年依然是兑付高峰，兑付规模甚至大于 2012 年。因此对于房地产信托，仍然要保持高度警惕。

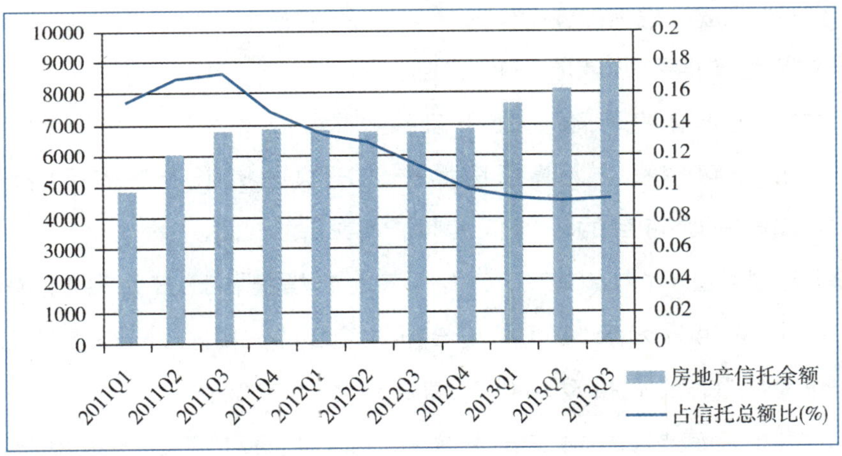

图 1－21　房地产信托占比走势

从 2012 年开始，房地产信托到期规模迅速增加，进入兑付密集期。最新数据显示，2011 年、2012 年、2013 年集合资金房地产信托到期规模分别是 544 亿元、1573 亿元、1974 亿元。2013 年仍然是房地产信托的兑付高峰期，值得庆幸的是楼市有所回暖，降低了违约的风险。

① 数据来源：中国信托协会http://www.xtxh.net/。

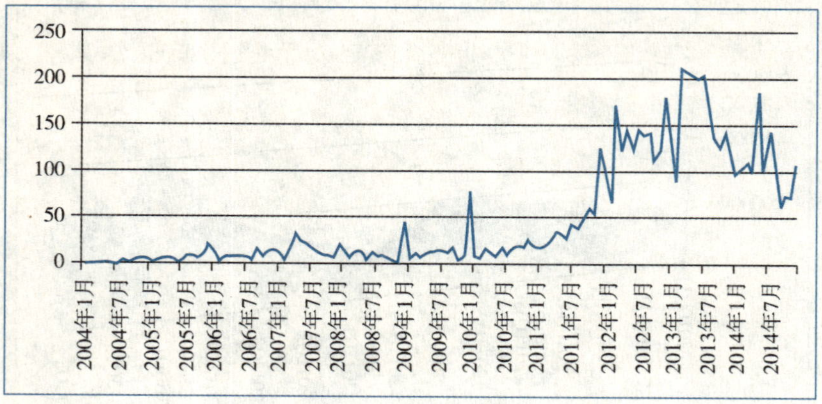

图 1－22　房地产信托到期规模①

房地产信托风险可控，稳中求变促发展

展望未来，房价走势依然具有非常大的不确定性，房价泡沫也很难准确判断，因为房租走势很难判断。虽然房价走势很难判断，但是从社会稳定、经济平稳发展的角度来考虑，温和上涨是房价最理想的运行方式。而目前房价的确已经止跌回升，房地产信托的风险有所缓解。

虽然目前房地产信托风险仍处于可控状态，但是在快速扩张的房地产信托背后的风险依旧不可忽视。为降低房地产信托快速扩张带来的系统风险及兑付压力，各信托公司开始有目的地降低房地产信托的占比。

投中集团数据显示，自 2012 年开始，房地产信托占比开始降到 10% 以下，并退居到资金信托的第五大配置领域。值得注意的是，目前，已有多家信托公司在研究通过“基金化”的方式推动房地产信托业务的转型。

自 2013 年 6 月底起，万向信托共发行了三款房地产信托基金产品。其中，“万信－房地产信托基金－1 号”共募资 1.29 亿元，属于一般信托计划；“万信－房地产信托基金－2 号”将投向浙江祥生房地产，持有祥生百越 19% 的股权与 1.46亿元的应收款债权；“万信－房地产信托基金－3 号”将募资 1 亿元，属于私募基金。

目前，中国在“刚性兑付”的背景下，信托公司往往通过延期兑付、第三方接盘，甚至自有资金接盘等方式化解风险。此外，深受房地产调控的影响，房地产

① 数据来源：用益信托工作室。

融资渠道不畅问题困扰着信托公司。而引入房地产信托基金（REITs）不仅能为房地产业的发展提供银行外的融资渠道，而且对为投资者提供具有稳定收入、风险较低的股权类投资产品有着重要意义。

首先，引入房地产投资信托基金有利于完善中国房地产金融架构。房地产信托投资基金在国外既参与房地产一级市场金融活动，也参与二级市场活动，是房地产金融发展的重要标志，也是促进房地产金融二级市场的重要手段。房地产信托投资基金直接把市场资金融通到房地产行业，是对以银行为手段的间接金融的极大补充。因此，推出房地产投资信托基金，将大大地提高房地产金融的完备性，是房地产金融走向成熟的必然选择。

其次，引入房地产投资信托基金有助于分散与降低系统性风险，提高金融安全。从房地产金融的角度来看，引进具有市场信用特征的房地产信托基金，将一定程度提高房地产金融当期的系统风险化解能力，提高金融体系的安全性。

再次，引入房地产投资信托基金有助于疏通房地产资金循环的梗阻。房地产投资信托基金的引入，可以避免单一融通体系下银行相关政策对房地产市场的硬冲击，减缓某些特定目的的政策对整个市场的整体冲击力度，有助于缓解中国金融体系的错配矛盾。房地产的固有特性决定了房地产投资信托基金具有保值增值的功能，因此房地产投资的收益相对比较稳定。

2.5 风险与监管难挡诱惑，政信合作逆势猛增

政信合作信托产品的快速发展始自 2012 年，在“稳增长”等政策背景下，基础建设项目纷纷上马，带来了巨大的融资需求。一边是地方政府为拉动区域经济稳增长急需大量资金，大批基建项目求钱若渴，传统银行渠道却继续受限；另一方面，存量债务规模惊人，日渐逼近的偿债压力，已经让地方政府及平台公司负重前行。而信托特有的期限灵活、资金匹配度更好、监管审批时限更为迅速等优势，使其成为地方政府的救火队，甚至成了一些县级平台的救命稻草，不少基建项目选择通过信托渠道进行融资。虽然政信信托产品，在有地方政府隐性担保的背景下，风险点相对于其他领域确实是比较低的。但是，并不能代表没有风险，尤其是对于信托公司而言，政府破产法是不可能出台的，此类产品的风险都是由信托公司自担。

地方政府的债务问题逐渐严重，中央政府越来越重视其风险。在 2013 年末中国社科院举办的地方政府信用评级研讨会上，有关专家估计，目前地方债

务“黑洞”已经突破20万亿元。地方政府债务已经处于失控状态。一方面，债务“黑洞”越滚越大，另一方面，地方政府手里也没有一本明白账。2012年以后，由于重新把“稳增长”提到最重要的位置，所以信用扩张重新进入新一轮杠杆加速上升的过程。而且，2012年中国整体债务率上升了16个点。预计2013年地方政府性债务余额要突破20万亿元。其中，银行平台信贷9.7万亿元，银行通过各种通道影子投放地方政府债务4万亿～5万亿元；地方政府BT代建和打白条欠企业的各种债务6万亿～7万亿元。日经新闻报道，截至2013年12月中旬，2013年中国地方政府利用下属投资公司发行债券及商业票据合计达到人民币9679亿元，约合1590亿美元，相当于企业债券市场总规模的20%以上，刷新了2012年的记录9500亿元。而在2013年12月30日审计署发布公告显示，截至2013年6月底，地方政府负有偿还责任的债务108859.17亿元，负有担保责任的债务26655.77亿元，可能承担一定救助责任的债务43393.72亿元。

2012年12月底，财政部等四部委联合发布《关于制止地方政府违法违规融资行为的通知》（财预〔2012年〕463号文，以下简称“463号文”），明令要求地方政府融资平台公司因承担公共租赁住房、公路等“公益性项目”建设举借需要财政性资金偿还的债务，除法律和国务院另有规定外，不得向非金融机构和个人借款，不得通过金融机构中的财务公司、信托公司、基金公司、金融租赁公司、保险公司等直接或间接融资。这一要求直指政信类信托，即要求政信合作项目禁止政府违规担保，规范通过BT方式为法律和国务院允许之外的政府项目融资等。由此，信托公司在发行政信类产品时，更是少了一层保护膜。尽管如此，似乎这些并不妨碍信托公司对发行政信类产品的热情，而地方融资平台在巨额的融资冲动下，也不可能放弃这样一种更为便捷的举债方式。2012年3月前后，政信合作在全国范围内开始又一次升温。尽管2012年底政府出台了一系列加强监管的政策文件，但也未能阻止征信业务一路走高的脚步。

至2013年二季度，政信合作业务资金余额达8041.88亿元，相比一季度末的6548.14亿元，增长22.81%，同比增长147.11%；相比2012年底的5015.50亿元，增幅则高达60.34%。第三季度由于受地方债务审计的影响，政信合作业务略有下降为7789.0465亿元，环比下降约3个百分点，第四季度政信合作余额回升至9607.37亿元，占比8.81%，规模比上季度增长16.61%，总体走势依旧强劲。

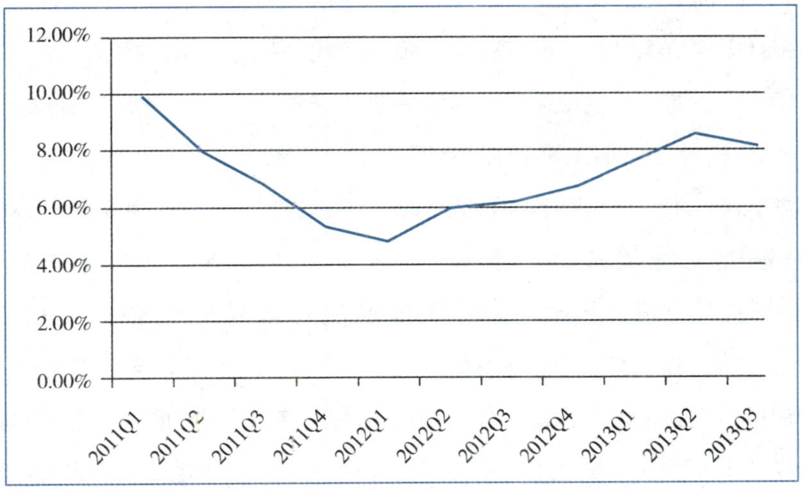

图 1－23 政信业务占比走势图[①]

政信合作业务在 2013 年伊始获得较大发展，得益于三个因素：一是政府的持续性融资需求。中国的经济发展结构在相当长的时间内离不开政府的投资功能，而金融压抑下的政府融资渠道则受到巨大限制，越抑制，需求越旺盛，由此政府将长期为信托公司提供巨大的融资市场。二是“463 号文”本身并非直接禁止政信合作业务，而是规范。该文对政信合作业务的影响仅局限于通过 BT 方式为法律和国务院允许之外的政府项目融资、通过信托方式为法律和国务院允许之外的公益性项目融资以及禁止政府违规担保。而事实上，政府的大量项目并非属于 BT 项目，也非纯粹的公益性项目，信托公司涉足其中并无法律和政策上的障碍。三是信托公司适时的产品创新。对于具有直接经济效益的政府项目，信托公司通过加强项目的风险管理，本身就可以减少对政府信用的依赖；对于兼具经济效益和社会效益的政府项目，信托公司也可以透过整合市场资源、政府资源和寻找期限、收益匹配的投资者来减少对政府信用的直接依赖；而对于纯粹依赖政府信用的公益性项目，本身就非信托公司关注的重点。

随着政信合作的新一轮大幅增长，平台债务的累积以及地方融资平台债务风险重新被市场关注。2013 年 3 月 27 日，银监会下发《关于规范商业银行理财业务投资运作有关问题的通知》（下称“8 号文”）。除了重申地方政府融资平台贷款要“控制总量”外，该文还明确提出“隔离风险”的监督思路——要求监管部门和各家银行均要建立包括银行贷款、企业债券、中期票据、短期融资券、信托计

① 数据来源：中国信托业协会http://www.xtxh.net/index.html。

划、理财产品等在内的全口径融资平台负债统计制度，严防地方融资平台变相融资。此外，上海银监局暂停了上海信托和华澳信托的政信合作项目，7 月 28 日审计署表示将组织全国审计机关对政府性债务进行审计。接连的负面消息，让市场对信托公司融资平台项目风险的担忧骤然升温。

此外，政信信托存在流动性风险也成为关注焦点。自 2012 年以来，“应收账款”抵押成为基础设施信托的主要操作模式，其中，不乏地方政府“借新债还旧债”。地方政府主导的基础设施项目很多是没有效益的纯公益项目，需要依靠借新还旧维持资金流，但是银行贷款条件苛刻且监管严格，很难施以“援手”，地方政府只能向制度灵活的信托公司寻求帮助。这使得地方政府“借新债还旧债”成为必然。7789.04 亿元的政信合作余额中，很大一部分是 2012 年发行的产品，如果以其平均 2 年左右的产品期限来计算，2013 年底、2014 年初就将迎来一波兑付“洪峰”，加上信托产品动辄 10% 以上的资金成本，届时能否如期兑付以及违约风险隐患有多大，是当前市场各方最为关注的。

但是就我国目前政信合作项目发展情况来看，政信信托以地方投融资平台作为发行主体，负债人是地方政府的信托种类，虽然其发行主体不是政府，但主要用途是地方基础设施建设或公益性项目，由政府财政偿还债务，也被视作地方政府债务的一部分。因此，政信信托的整体风险并不大。长期以来，地方性债务问题的根本不是融资渠道的问题，从银行贷款到债券融资，从债券融资到信托融资，再到最近兴起的信托外壳的P2P融资，其问题不在于融资方式，而在于地方举债的效率和还债的能力及意愿。所以，分析政信合作产品的安全性实质上是分析地方债务的安全性问题。而从目前情况来看，地方性债务是安全的，因为从法律根据上看，目前我国并没有政府破产的机制。我们的破产法是《企业破产法》，没有规定地方政府破产事项，而《预算法》也没有对地方政府破产作出规定，地方政府申请破产需要哪些调整、申请破产之后需要怎么紧缩预算和增加税收等基本问题都不清楚，在这样的背景下，地方政府破产是不可想象的。目前的地方债务实质上都是由中央政府提供隐性担保——这也是中央政府一直重视地方债务问题的直接原因。

从中央政府的态度上看，地方债务的政策趋严，显示了总体态势仍在中央控制之中，债务平台不至于失控。监管意在规范，而非禁止，体现出监管层把控风险的信心。从目前的经济形式及宏观政策来看，经济快速衰退并诱发债务问题的可能性较小。虽然经济新政的主要特征在于去杠杆，但去杠杆一般有三个阶段：金融部门去杠杆，私人部门去杠杆，政府部门去杠杆。政府部门真正去杠杆应该在两到三年以后，这对于投资者而言有一个缓冲期。并且，经济数据的低迷，已经使中央采取了缓和的调控手法，如提出“适时适度进行预调和微调，稳中有为”、推进民生工程、提出经济增长下限等，这会使经济增速不至于过慢，政府财政收入不至于减少过快，从而减少债务问题发生的可能性。

虽然政信合作总体风险可控，但是在业务开展的前中后期，信托公司仍应注意把握风险，一定要注意关注第一还款来源。不仅要对项目资质、项目现金流进行详尽的考察，留足余量，同时也要对交易对手的实力，包括财政收入规模、政治级别、地方 GDP 比例进行规定，符合一定标准才能开展合作。除此之外，信托公司还可利用其他手段减少地方政府的违约的可能性，增大其违约成本。具体来说，在实践中信托公司发行集合信托要求当地认购一部分是一个行之有效的手段。对于政信合作业务的风险控制，要从政治和经济两重角度出发，多管齐下，以最大限度地保证投资人的资产安全和收益。

2.6 银信合作终回暖，推陈出新赢优势

银信业务规模首现回升

我国银信合作始于 2002 年“一法两规”的出台，第一款银信合作产品于 2005 年发行。随后银行与信托公司的合作不断深入，银信合作由开始的简单“打新股”向票据、地产等各个领域深入。自 2007 年始，银行与信托公司大力开展业务合作，银信合作业务迅速发展，并在 2010 年创下高峰，银信理财合作总规模达到 3 万亿元。但是由于银信合作业务报酬率较低，占用信托公司风险资本较大，严重影响信托公司净资本风险控制指标。自 2010 年 7 月起银监会通过一系列手段限制银信合作业务，券商及基金子公司在 2012 年开始争抢通道业务，近几年银信合作类业务增长势头受到明显抑制，银信业务从 2010 年末的 54.61% 一路下挫，骤降到 2013 年第三季度末的 21.39%。2013 年 3 月 25 日银监会《关于规范商业银行理财业务投资运作有关问题的通知》（以下简称《通知》）一出台，更是显示出其强大威力。《通知》规定，商业银行代销代理其他机构发行的产品投资于非标准化债权资产或股权性资产的，必须由商业银行总行审核批准。信托公司的通道业务和单一信托对接银行理财资金池的业务都受到较大冲击。

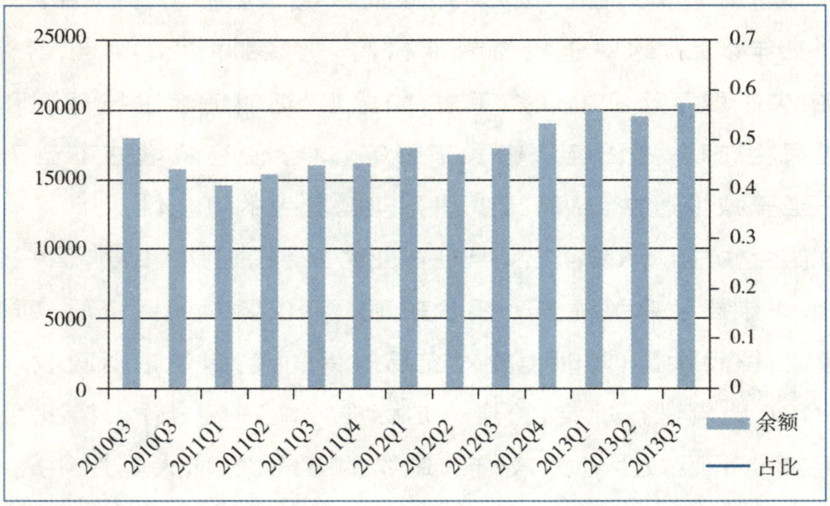

图 1-24　银信业务走势①

自 2010 年 7 月份以来，信银合作持续走低，至 2013 年三季度末银信占比又创新低，但值得注意的是，2013 年银信发展在 5 月份首度出现回暖迹象。据银信合作产品不完全统计数据显示，1—5 月份公布发行规模的产品数量分别为 902、678、768、552 和 738 只；产品规模分别为 9664.93 亿、7909.25 亿、9536.35 亿、5935.97 亿、8302.06 亿元；估计当月发行规模分别为 14411.68 亿、10650.66 亿、14366.61 亿、11076.18 亿、12070.61 亿元。数据显示，无论是发行产品数量、产品规模还是估计当月发行规模，都只经历了 4 月份短暂下滑，5 月则快速回暖，各项指标均基本恢复到《通知》公布前的正常水平。

虽然银信业务出现回暖迹象，但其前景依旧不容乐观。2013 年 20 月首批银行资产管理计划面世。来自工商银行、交通银行、兴业银行、浦发银行的资产管理计划纷纷开卖，上限合计 116 亿元。该计划将直接冲击 2 万亿银信合作业务，银行机构直接操作，或明显改写资产管理领域通道业务格局。

■ 政策环境不容乐观

2013 年 3 月，中国银监会下发《关于规范商业银行理财业务投资运作有关问题的通知》（银监发〔2013〕8 号）。“8 号文”的核心是要求理财产品均须与其所投资资产（标的物）相对应，做到每个理财产品单独管理、建账和核算。《通

① 数据来源：中国信托业协会http://www.xtxh.net/。

知》规定，对于本通知印发前已投资的达不到“一一对应”要求的非标债权资产，商业银行应比照自营贷款，按照《商业银行资本管理办法（试行）》要求，于 2013 年底前完成风险加权资产计量和资本计提。自通知印发之日起，如果银行不能实现“一一对应”要求，银监会将不再允许其新增非标债权资产业务。根据要求，银行要对已经投资的产品进行整改、梳理，使理财产品与跟投资品一一对应起来，如果实在做不到，则必须在 2013 年底前计提资本。尽管理财投资属于银行的表外资产，但是在实际的操作中，一些银行事实上承担了潜在的代偿风险。而按照有关规定，这部分风险需要在第二支柱下计提资本。这种计提是风险转表而非会计转表，因而不会挤压银行表内的信贷资产。2012 年以来，商业银行理财直接或通过非银行金融机构、交易平台等间接投资于非标债权资产业务增长迅速。一些商业银行在业务开展中，通过跨业交易、跨机构合作进行风险资产腾挪或转移，规避了贷款管理和相关监管要求，可能对冲了国家宏观调控政策及货币政策的力度，这也是银监会下重拳治理这类理财产品的最直接目的。为了防止业务规模过快扩张而引发系统性风险，《通知》要求商业银行合理控制理财资金投资非标债权资产的总额，理财资金投资非标债权资产的余额在任何时点均以理财产品余额的 35% 与商业银行上一年度审计报告披露总资产的 4% 之间孰低者为上限。这一规定的实质是从银行对“资产负债规模管控的匹配程度”及“对理财业务的把控程度”两者谁更审慎的角度做出的。由于通知将自印发之日起执行，因此，将有一部分银行的持有规模超限。对于这部分存量超限资产，银监会也给予了比较灵活的政策。如果超出根据孰低原则计算的规模后，将不能新增非标债权资产，但可以进行结构调整。投资品种更审慎、风险值更低的客户将成为银行保留的首选。在此次《通知》规范的非标债权资产中，通过银证、银信通道操作的业务赫然在列，但仅仅规范通道业务是不能够解决问题的。银行可以不通过通道进行投资，因而银监会要规范的是银行直接或间接投资非标债权资产的行为，而不是简单地限制通道。银监会希望解决的问题是银行的理财产品必须投向清晰，标的明确，这也有助于防范理财产品形成“资金池”，从而达到防范风险的目的。此外，银行代销代理其他机构发行产品投资非标债权或股权性资产的审批权限，必须上收总行。真实理财产品必须坚持“买者自负、卖者有责”原则。《通知》也要求商业银行向投资人充分披露投资非标债权资产的情况，如果存续期内投资非标债权的资产发生变更或风险状况发生实质性变化，必须在 5 日内向投资人进行披露。

2013 年 12 月国务院办公厅出台的《国务院办公厅关于加强影子银行监管

问题的有关通知》（以下简称“107 号文”），明确对银行同业业务、非标业务等作出了较详尽的规定。该文规定要加强信托公司回归信托主业，运用净资本管理约束信贷类业务，不得开展非标准化理财资金池等具有影子银行特征的业务，建立完善信托产品登记信息系统，探索信托受益权流转。

表 1－4　银信合作法规核心规范内容

发文时间	文号	文件名称	出台背景	核心内容
2009 年 12 月	银监发〔2009〕111 号	关于进一步规范银信合作有关事项的通知	针对当时部分已经严重异化的所谓银信合作业务和开始背离银信合作规范模式及创新方向的违规操作苗头，再次提出警示和加以政策引导，助推银信合作模式全面实现升级和转型	禁止商业银行发行理财产品购买本银行自身的信贷资产。同时对银信间真实贷款转让也作出更严格界定，要求信托公司亲自履行管理职责，禁止将资产管理职能转交给银行或第三方
2009 年 12 月	银监发〔2009〕113 号	中国银监会关于规范信贷资产转让及信贷资产类理财业务有关事项的通知	规范业务流程，进一步强调真实性	防止信托公司管理不尽职，及信贷资产与产品期限错配，造成无法合理计算成本收益
2010 年 8 月	银监发〔2010〕72 号文	关于规范银信理财合作业务有关事项的通知	部分商业银行和信托公司置“83 号文”、“111 号文”有关政策规定于不顾，甚至“顶风”突击开展“踩线”业务，引致中国银监局通过窗口指导，口头暂时限制以规避当前信贷政策为主要目的、信托公司被动管理型、贷款融资类的所谓银信合作业务，即所谓“平台型”业务	新发行的信贷类理财产品首先要遵循信托公司在银信合作业务中自主管理的原则，在开展银信理财合作业务过程中，信托公司应体现主动管理能力，严格履行项目选择、尽职调查、投资决策、后续管理等主要职责，不得开展通道类业务；信托公司融资类银信理财合作业务余额占银信理财合作业务余额的比例不得高于 30%；银信理财合作产品不得运用于风险较高的非上市公司股权投资

续表

发文时间	文号	文件名称	出台背景	核心内容
2011 年 8 月	银监发〔2011〕7 号文	中国银监会关于进一步规范银信理财合作业务的通知	进一步贯彻落实“72 号文”等通知规定	强化商业银行银信合作业务，表外资产转入表内的规定
2013 年 3 月	银监发〔2013〕8 号文	关于规范商业银行理财业务投资运作有关问题的通知	规范银行直接或间接投资非标债权资产的行为，防范理财产品形成“资金池”，以防止业务规模过快扩张而引发系统性风险	商业银行应实现每个理财产品与所投资资产（标的物）的对应，做到每个产品单独管理、建账和核算；应向理财产品投资人充分披露投资非标准化债权资产情况；应合理控制理财资金投资非标准化债权资产总额，理财资金投资非标准化债权资产的余额在任何时点均以理财产品余额的 35% 与商业银行上一年度审计报告披露总资产的 4% 之间孰低者为上限；不得为非标准化债权资产或股权性资产融资提供任何直接或间接、显性或隐性的担保或回购承诺
2013 年 12 月	国务院办公厅（107 号文）	《关于加强影子银行监管问题的有关通知》	是在中央重点防范影子银行风险，加强影子银行监管的大背景之下制定出台的，因此其规范重点是宽口径范围影子银行的相关机构，包括传统银行体系之外的信用中介机构和某些不规范业务及监管盲区	对银行同业业务、非标业务等作出了较详尽的规定。对信托公司规定要加强信托公司回归信托主业，运用净资本管理约束信贷类业务，信托公司不得开展非标准化理财资金池等具有影子银行特征的业务，建立完善信托产品登记信息系统，探索信托受益权流转

银行代销信托或被分化，需探索新型合作模式

银行曾经是信托产品销售的最主要渠道，近年来，虽然信托直销以及第三方代销对这一渠道有分化作用，但是银行仍然是很多信托产品最重要的销售途径。尤其是 2013 年年初以来，多家银行对代销金融产品加强了监管，信托产品因其较高的收益率，颇受银行客户的青睐，因此，银行对代销风控较好的信托产品的需求仍然很大。

而“8号文”的出台提高了商业银行代销金融产品的审批要求，主要表现在第七条：“商业银行代销代理其他机构发行的产品投资于非标准化债权资产或股权性资产的，必须由商业银行总行审核批准”，这对部分主要通过银行销售信托产品的公司有较大的影响。专家指出，审核的程序必将更严，耗费的时间更多，这样一来，银行这条代销通道对于信托公司来说就不会那么顺畅，会在一定程度上迫使信托公司提升直销能力或转向第三方理财等其他途径进行销售。

（1）第三方理财机构迅速崛起，削弱银行传统代销优势

2011年10月，银监会发布《关于规范信托产品营销有关问题的通知》，规定“非金融机构可以向信托公司推荐合格投资者，但不得以提供咨询、顾问、居间等方式，直接或间接推介信托产品”，这在某种程度上认可了第三方理财机构的存在。

与其他营销渠道相比，第三方理财机构有其自身优势。首先，第三方理财机构能够全市场帮助客户选择产品，真正做到资产合理配置。目前，我国的财富管理市场仍然是产品驱动型：哪里的产品最丰富、资质最好，哪里就能获得最多的投资者。而信托公司直销中心只能代销所在信托公司产品；拥有20万网点的银行虽然是天然的渠道，但由于华夏银行事件，银行开始偏保守，对包括信托在内的理财产品普遍持审慎态度；券商、保险的财富管理业务则处于试点阶段，多是定点采购有股东关系的信托公司产品。相比之下，只有实力雄厚的第三方理财机构目前能广泛地选择产品。其次，第三方理财机构具有专业风险控制能力和资产管理能力，能够帮助客户进行风险管理，尽可能减少风险或者在出现风险事件时能够站在客户的角度与信托公司交涉。同时，三方机构的快速反应能力和流畅的运营体系能够帮助客户随行就市地选择产品。目前大型的第三方理财机构都建立了较为强大的运营体系，产品从采集到审批上线，包括三级风控的审批，实现电子化、信息化。而金融机构系的财富管理机构层层报备，要么审批缓慢，要么流程尚在梳理过程中。再次，第三方理财除了为客户配置信托外，还按照客户的生命周期需求，为客户提供全方位的理财服务，注重建立长期稳定、相互信任的客户关系。从发展历程来看，第三方理财先后赶上了公募基金、阳光私募、信托PE的牛市，成为唯一一个横跨各类理财市场的财富管理机构。而金融机构系的财富管理中心普遍存在偏向“主业”的惯性，如银行在为客户提供产品时往往倾向于将资金留在银行内，券商和公募基金往往倾向于二级市场，并不能在各种理财产品间游刃有余地转换。

据不完全统计，目前第三方理财机构市场规模已达到上万家，业务从投资咨

询到各类产品配置各有不同，销售业绩中有近八成是信托产品。但整个行业仍处于发展初期，存在良莠不齐的现象，在信托销售过程中可能有不规范的地方。从整体来看，第三方理财机构正在各种政策法规的引领下抓住机遇迅速崛起，给传统的银行代销信托产品渠道带来巨大的挑战与压力。

然而，2013 年 12 月国务院办公厅《国务院办公厅关于加强影子银行监管问题的有关通知》的出台，则极有可能使得上述迅猛发展的势头戛然而止，甚至灰飞烟灭。在该《通知》中，明确指出了影子银行包括的范围，其中第一类即指："不持有金融牌照，完全无监管的信用中介机构，包括新型网络金融公司、第三方理财机构等"。这就意味着长期游走于"灰色地带"，利用特定时期的监管空白区和监管"死角"的间隙，开展类金融业务的第三方理财机构，今后要么面临全面禁止，被逐出金融业务市场；要么被严格纳入相关监管领域，沿革遵守监管法律法规，按照监管部门的"游戏"规则，规范开展业务。

（2）银信合作新型模式探索

面对监管层的政策压力及第三方理财机构带来的渠道分化挑战，银信合作业务亟须探索新的合作模式，以应对当前的不利局面。事实上，银信业务合作的需求依然存在。首先，市场闲置资金量较大，负利率情况未得到有效解决，客户对高收益理财产品的需求旺盛；其次，作为吸收客户和派生存款的手段，银行对银信理财产品的依赖较强；此外，银行高资产净值人士（high net worth individual，HNWI）具有较强的风险识别和承担能力，使得高收益银信理财成为资产配置的重要组成部分。

随着银信业务监管的日趋严格，银信合作模式应逐步实现颠覆性变化，在银信合作的整体过程中，信托公司应逐步转换角色，成为银信合作理财产品的主导者，从项目选择、产品开发、期间管理、价格制定、交易结构设计、风险控制、制度安排甚至客户来源方面承担主要责任，坚持信托公司主动管理的原则，优化产品的收益性和交易结构的组合性，增强产品的竞争力，彰显信托公司资产管理能力和投资决策能力。而商业银行则运用其网络优势、营销优势、客户优势和社会公信力优势，更多地充当营销平台、服务平台、推介平台的角色，与信托公司的政策优势、制度优势、操作优势和工具优势进行对接，逐渐形成两类金融机构稳定的、相对均衡的合作业务模式。

家族财富信托：私人银行 + 个人信托

私人银行客户群体由于其自身职业背景、财富规模、财富积累方式等的不同特点，导致其金融需求迥异于普通个人客户。与普通个人客户主要以单个、独立的产品消费为主明显不同的是，私人银行客户则更多要求金融机构能够为其本人、家庭及相关企业提供全方位、定制化的综合金融服务。如基于80%国内私人银行客户均有企业家背景这一基本事实，大多数私人银行客户在日常的资金结算、财富管理业务需求之外，还存在为其所控制的企业发展壮大需要的融资、咨询等多种需求。这就要求商业银行不仅能够提供个人财富管理服务，同时还要具备公司业务乃至投资银行服务能力。从我国目前私人银行发展现状分析，与外资银行开展的私人银行业务相比而言，中资银行的私人银行业务不但在境外资产配置方面的能力较弱，对超高净值客户进行定制化服务的能力也有限。随着国内私人银行客户的逐步崛起，财富传承和税务规划等需求也日益增强，这就要求我们在普通的财富管理服务之外，还需提供包括综合规划、法律咨询等多项服务。随着经济金融全球化进程的加快，私人银行客户海外资产配置的需求也趋于明显，此时我们不仅需要为客户进行国内资产配置，同时还要有熟悉国外金融法规和监管环境的团队提供专属的海外资产配置服务。因此就上述要求而言私人银行业务已不再仅仅是银行的专属领域。

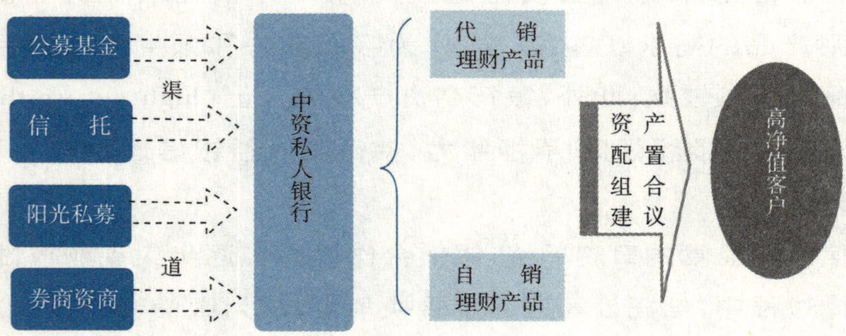

图1－25　中资银行私人银行开放式产品平台模式

信托公司作为金融产品生产商，并以其混业平台优势，有望能够充分解决上述问题。信托的优势就在于能够以生产商的标准去采购金融产品，为投资人提供最完整的服务。信托凭借混业平台功能，能够随着经济周期的变化，在不同条件下提供当时最高的回报；而其他机构在不属于自身周期时往往是无能为力的。

随着银行业正式进军大资管领域，曾经如火如荼的银信合作正面临拐点，原有合作模式受到前所未有的考验。对于信托公司而言，在感慨“狼来了”的同时，当下最紧迫的莫过于找到能够填补银信合作将丢失的市场份额。在大力引入更多机构资金的同时，信托公司也瞄准了国内庞大的高净值人群。“银信连接财富管理业务”或称“银信连接私人银行业务”将是下一步银信合作的最佳切入点。2007 年以来，内资银行纷纷推出贵宾理财服务为主导的私人银行业务试点，但信托在我国的私人银行中的作用仍处于萌芽状态。私人银行是为拥有大量资产的高资产净值人士（HNWI）提供专业、个性的财富管理服务的机构。服务内容主要包括资产保护服务、投资增值服务、税收筹划服务、财产分配与传承服务等。在我国金融服务业全面对外开放的条件下，我国信托公司应积极开展与国内外先进私人银行机构的合作，合作开展私人银行业务，充分借鉴国际私人银行机构客户管理、产品设计和流程管理等业务模式的先进经验，结合我国具体环境，逐步形成具有我国特色的私人银行信托服务模式。

私人银行业务与信托公司个人信托业务的结合，将会迸发出巨大的动能，使银信合作理财产品的科技含量大幅度提升，跃上一个全新的高度，使商业银行的客户资源优势与信托公司的制度安排优势得到极大程度的整合与发挥，从而为两类金融机构所拥有的高端客户在财产保护、财富增值以及财产传承等诸多方面提供全面和极具个性化的综合性金融服务。在此基础上，商业银行的私人银行业务会在同业竞争中，特别是在和外资银行在该类业务的竞争中，体现出鲜明的产品特色，大大增强市场竞争力；同时信托公司也增加了一大类创新信托业务门类，填补了信托公司产品链中的空白，通过与商业银行私人银行业务对接开展难以复制的财产保护信托、子女教育信托、婚姻财产信托、财产传承信托等系列个人信托业务，在夯实银信合作业务模式的同时，逐步形成自身的核心竞争力以及专业化经营特色。由于信托独有的制度优势，在为高净值个人客户提供服务的基础之上，多家信托公司相继联手银行推出了家族信托的业务。

继 2013 年 1 月平安信托发售国内首款家族信托产品之后，已有 4 家银行携手信托公司开展家族信托业务。

表 1－5　银行与信托公司合作开展家族信托业务情况

平安信托家族信托	平安财富·鸿承世家系列单一万全资金信托，起步金额为 5000 万元，不设具体投资收益目标，而是根据客户的风险偏好和需求选择性，配置市场上各类投资产品，合同期限长达 50 年。在产品存续期间，资产配置方式和策略亦根据委托人的实际情况和风险承受能力进行灵活调整。根据约定，信托委托人参与平安信托共同管理这笔资产。

招商银行家族信托	2013 年 5 月招行正式签约首单财富传承家族信托，其信托计划为单一定制信托，受托资产门槛为 5000 万元，期限为 30～50 年。客户要满足 1 亿元以上的金融资产、5 亿元以上的财富。目前招行成立的家族信托管理的范围以金融资产为主，包括部分股权，但并不包括房地产。招行在其中承担财务顾问与托管角色，但并未透露与其合作的信托公司名单。7 月招商银行又进一步推出了细分领域的"财富传承家庭工作室"，针对超高净值家庭提供定制化的财富保障与传承方案，包括家族信托、税务筹划、法律咨询等。
北京银行家族信托	北京银行家族信托为单一信托，委托人限单个自然委托人，受托人为北京信托，北京银行担任信托财产托管银行及财务顾问角色，受益人可由委托人事先指定。受托资产门槛为 3000 万元，存续期限 5 年以上，为不可撤销信托。初期受托的资产类型限于现金存款，未来将有望逐步引入股权、房产等作为委托财产。主要满足超高净值客户公益慈善、姻缘及血缘风险管理、私人与法人财产分隔三类需求。
中国银行家族信托	9 月 2 日，中国银行私人银行在广州正式宣布启动"家族理财室"服务。该服务为金融资产 2 亿元人民币以上的富裕家族提供家族资产管理、传承方案、家族信托、税务规划以及法律顾问等核心服务，首批业务将覆盖广州、北京、上海、深圳和南京等 5 个重点地区。其服务模式采用"银行 + 集团综合经营 + 外聘合作顾问"，提供"信托 + 专项资产管理 + 海外服务 + 银行渠道投资"的组合方式管理客户资产。
建设银行家族信托	建行与建信信托合作推出家族信托业务，受托资产门槛为 5000 万元。

所谓家族信托，是指信托机构受个人或者家族委托，代为管理、处置家庭财产。有别于传统信托产品服务，家族信托业务属于"高级定制"服务。基于银信合作开展的家族信托业务的操作主要包括三方面：第一，私人银行为信托公司挑选目标客户，同时作为家族信托的托管银行和财务顾问，并参与投资决策；第二，信托公司接受委托人委托，挑选专业投资顾问代为管理资产；第三，投资顾问根据客户不同风险偏好建立投资组合，满足家族信托投资功能。随着我国经济的发展，中国富豪的人数不断增加，据《2013 年胡润财富报告》显示，截至 2013 年年底，全国有 105 万千万富豪和 6.45 万亿万富豪，分别比上年增长 3% 和 2%，增速连续 2 年放缓，为 5 年来最慢。目前，全国每 1300 人中就有 1 人是千万富豪，每 2 万人中就有 1 人是亿万富豪。根据全国地域排列，北京富裕人士最多，排名第一，广东次之，上海排名第三。报告显示，北京千万富豪比 2012 年增加 5000 人，达到 18.4 万人，亿万富豪比 2012 年增加 200 人，达到 1.07 万人，全国排名第一；广东有 17.2 万位千万富豪和 9600 位亿万富豪，排名第二。然而，很少有中国富豪规划自己的财产传承，家族信托的诞生不仅给富豪的财产传承提供了一套让家族兴旺的规划方案，而且在国内将成为一种发展趋势。

2.7 矿产信托风光不再，艺术品信托迎兑付大考

矿产信托兑付压力隐现，背后风险重重

2011 年是矿业信托发行的高峰，爆发性的增长使矿产信托成为仅次于房地产信托的第二大热门种类。当时，监管层出台了几个窗口指导意见，对房地产信托业务进行规范，使得信托公司纷纷开发更多高收益的产品。国家相继出台了一些对能源企业的鼓励扶植政策，使得矿业企业的开采热情再现，恰好为信托公司提供了合适的投资标的，因而推动了当年矿业信托的火爆场面。而最让人心动的是矿业信托的高收益，当年发行的矿业信托预期收益率最高可达 16% ~ 17%，平均收益率也有 9.8%，高于当年集合信托的平均水平，因而吸引了不少投资者。这样的投资热情在 2012 年还在继续，据不完全统计，2012 年上半年共有 25 家信托公司参与发行了 90 款矿产资源类产品，发行规模 314.97 亿元。在 2011—2012 年期间发行的矿业信托平均期限为 1.8 年左右，也就是说，从 2013 年开始，这类产品的兑付高峰逐渐到来。

2013 年最后 5 个月内，即将到期的矿产信托至少有 47 款，总规模约为 118 亿元。从 9 月开始，矿业信托将迎来兑付高峰，涉及华融信托、北京信托、中融信托、五矿信托、长安信托等 21 家信托公司的项目，其中华融信托到期产品最多，共有 8 款矿产类信托到期，总规模约为 14.7 亿元。矿业信托在兑付压力下已风光不再，背后风险亦愈演愈烈。2013 年开始，矿业信托明显转冷，由于发行的大幅度降低，有关网站甚至都没有将这类产品单独列项统计。

2012 年 6 月，北京某大型信托公司 30 亿元的矿业信托产品“涉刑”事件，给业内人敲了警钟，随后各家都在开始控制矿业信托的发行。由于矿业专业性强，信托公司在项目选择时存在信息不对称，面临的风险就比较大。而这类行业本身政策性和周期性特征都很强，随着上一轮的政策推动，前两年的开采量很大，这些都需要三五年的运作，接下来很难迅速有新项目上马。根据 WIND 的数据统计，截至 9 月份，2013 年发行的矿产能源类信托产品仅有 37 只，募资规模为 56.9 亿元，预期收益率也回落到 8.6%，比之前两年大幅下降。事实上，煤炭市场的大起大落，正是矿业信托风险的真实写照。

两年前，在矿业信托的发行潮中，煤炭行业最受热捧。其余是投资铁矿、金矿等金属矿产或投资石灰岩等非金属矿产，资金规模占比仅为 10% 左右。但数据显

示,从2012年5月开始,动力煤平均价格就开始连续下挫。进入2013年这种跌势并没有停止,从1月份的峰值过后至今,煤炭价格已下滑约20%。而煤炭价格下跌之后,直接导致的就是煤炭企业利润的大幅下滑。据了解,2013年1—6月规模以上煤炭企业利润同比下降43.3%,大型煤炭企业利润同比下降40.8%,其中24家企业亏损,亏损面26.7%,比2012年增加了15.6%。而根据市场预计,未来煤炭价格还将持续低位运行,煤炭企业盈利能力和偿债能力短期内难以明显改善。

而国家提出淘汰落后产能,那些经营不佳的煤企面临着停产停业,如果信托公司不慎做了这些企业的项目,那必将面临很大的风险。由于顶着"刚性兑付"的紧箍咒,目前还没有哪个矿业信托能达到预期收益率,同时矿业信托发行的规模都较大,周期也较长,对于信托公司本身而言,如果在产品设计时没有做好风控措施,在这样的大环境下,企业自身将面临较大压力。而目前新发的一些矿产类产品,很多都是矿企为了资金接续,通过发行新产品来偿还旧债。这样一来,对矿企来说,资金成本就比较高,风险也在击鼓传花。因此,对于信托公司和投资者来说,如果不是对项目真正了解,最好谨慎对待这类风险较高的产品。

艺术品信托迎40亿兑付大考,发展瓶颈尚难以突破

据统计,经过2010年以来3年的发展,艺术品信托产品将在2013年迎来兑付高峰,预计将有17家信托公司的40款产品在2013年到期,总共涉及资金规模为38.52亿元,迎来近40亿元的兑付高峰。而目前艺术品信托的标的物主要有以下几种退出方式:一是拍卖市场;二是同藏家私下交易;三是同融资方协议,产品到期后由原持有人回购。其中,约有七八成的产品会通过拍卖渠道退出。

不过2011年底《国务院关于清理整顿各类交易场所切实防范金融风险的决定》等一系列规范市场交易文件的出台,使市场"搅局者"逐渐淡出,投资过热现象已缓解,但同时价格下滑,短期内到手的艺术品通过拍卖渠道很难获得正收益。在此背景下,信托自己埋单或让资金管理方提前兑现,成为另一兑付渠道。据不完全统计显示,2012年共有5家信托公司的11款产品清盘,其中5款为到期清算,另外6款为提前终止。国内最早介入艺术品信托市场的国投信托,累计发行了15款艺术品信托,目前仅有5款艺术品信托正在运行,已有4款产品于2012年提前终止。这是因为在市场萎缩的背景下,信托公司考虑到产品到期后可能产生的风险,出于资金安全的考虑通常会提前结束计划。不过,面对市场行情跌宕起伏且运行管理尚不规范的收藏品市场,少数缺乏专业团队和市场经验

的信托公司的产品能否在后期保持良好的产品兑付性，愈发引起各方质疑。

2013 年艺术品信托热度骤降。据不完全统计，2013 年共有 5 款艺术品信托成立，规模不足 10 亿元，这与过去两年艺术品信托市场的“异军突起”大相径庭。2011 年共推出 45 款艺术品信托，信托规模达 55 亿元，尽管 2012 年有所降温，但 34 款艺术品信托仍募资 33.5 亿元。

表 1－6 艺术品信托发行情况对比

	2011 年	2012 年	2013 年
参与发行的机构数量	18	16	4
发行数量	45	35	5
发行规模（亿元）	55	33.5	10

数据来源：用益信托网。

据不完全统计，2012 年上半年国内各信托公司总共发行艺术品信托产品 17 款，发行规模达到 29.34 亿元，比 2011 年上半年的 25.86 亿元增加了 13.46%。而 2013 年情况并不乐观，从表 1－7 可见，2012 年上半年发行了 8 款信托产品的中融信托 2013 年没发行一款产品，2012 年同期参与发行的方正东亚信托、中诚信托、四川信托、中信信托、华宸信托与中泰信托也没再发行此类产品。

表 1－7 2012 年上半年与 2013 年上半年艺术品信托产品发行情况

<table>
<tr><th rowspan="2">信托公司</th><th colspan="4">2012 年上半年</th><th colspan="4">2013 年上半年</th></tr>
<tr><th>信托名称</th><th>金额（万元）</th><th>年限（年）</th><th>收益率</th><th>信托名称</th><th>金额（万元）</th><th>年限（年）</th><th>收益率</th></tr>
<tr><td rowspan="3">山东信托</td><td rowspan="3">鼎鑫 2 号（虚苑版画）艺术品投资集合资金信托计划</td><td rowspan="3">1050</td><td rowspan="3">1～2</td><td rowspan="3">N/A</td><td>鼎鑫 11 号（隐山居）艺术品投资信托</td><td>10000</td><td>2</td><td>9%</td></tr>
<tr><td>鼎鑫 15 号（跃海文化 1 期）艺术品投资集合资金信托</td><td>10000</td><td>2</td><td>8.5%～9.5%</td></tr>
<tr><td>鼎鑫 16 号（跃海文化 2 期）艺术品投资集合资金信托</td><td>10000</td><td>1～2</td><td>8.5%～9.5%</td></tr>
</table>

续表

信托公司	2012年上半年				2013年上半年			
	信托名称	金额（万元）	年限（年）	收益率	信托名称	金额（万元）	年限（年）	收益率
长安信托	博雅二期艺术品投资集合资金信托计划	10300	2	11.5%	博雅三期艺术品投资集合资金信托	2000	2	9.5%～10.5%
国投信托	无				国投飞龙艺术品基金23号集合资金信托	7800	2.5	NA
					国投飞龙艺术品基金24号集合资金信托	8500	2.5	NA
中融信托	融宝2号艺术品集资金信托计划	5000	1.25	9.75%	无			
	融美11号艺术品集合资金信托计划	5000	1.25	9.4%				
	融美12号艺术品集合资金信托计划	5000	1.25	9.4%				
	融美14号艺术品集合资金信托计划	5000	1.25	9.4%				
	融美15号艺术品集合资金信托计划	5000	1.25	9.4%				
	融美13号艺术品集合资金信托计划	5000	1.25	9.4%				
	融美10号艺术品集合资金信托计划	100000	5	10%				
	融美16号艺术品集合资金信托计划	5000	1.25	9.4%				

续表

信托公司	2012 年上半年				2013 年上半年			
	信托名称	金额（万元）	年限（年）	收益率	信托名称	金额（万元）	年限（年）	收益率
方正信托	楚凤一号丹青隐山艺术品投资集合资金信托计划	7374	1.5	11.80%	无			
	楚凤二号（传世名画）投资基金集合资金信托计划	8000	2	12.5%				
中泰信托	邦文 1 号艺术品投资基金集合资金信托计划	6000	2	10%-10.5%	无			
中诚信托	2011 年物华天宝保利 8 号艺术品投资信托计划	20000	5	N/A	无			
中信信托	中信文道·梵云雅玩 2 号投资基金集合资金信托计划	5000	2	11%	无			
四川信托	名轩 1 号艺术品投资集合资金信托计划	6000	2	11%	无			
华宸信托	天雅 1 号艺术品投资集合资金信托计划（一期）	12000	1.25	11.5%	无			

数据来源：银率网。

具体来看 2013 年艺术品信托产品发行情况，仅有山东信托、国投信托以及长安信托发行了艺术品信托产品：山东信托发行了“鼎鑫 11 号（隐山居）艺术品投资信托”“鼎鑫 15 号（跃海文化 1 期）艺术品投资集合资金信托”及“鼎鑫 16

号(跃海文化2期)艺术品投资集合资金信托";国投信托在3月1日成立"国投飞龙艺术品基金23号集合资金信托",在4月26日成立"国投飞龙艺术品基金24号集合资金信托";长安信托在4月8日发行"博雅三期艺术品投资集合资金信托",而该款产品相比长安信托2012年上半年发行的"博雅二期艺术品信托"11% ~12%的预期收益率,态度明显趋于保守。

发行数量与规模的大幅下降,与我国艺术品市场的高收益高风险特征有着密切的关系,艺术品信托存在着严重的发展瓶颈。在世界发达国家,艺术品并不是重要的投资标的,只能算是另类投资,占的比例并不大。但在我国却有所不同,旺盛的投资需求、有限的产品选择、短期获利的投资意愿及监管缺失等,使得艺术金融更多地被当成一种理财工具,是短期的投机行为。目前,中国艺术品市场已经出现较大泡沫,部分作品的价格已经脱离了其内在价值。而中国经济目前有较高的下行风险,一旦经济疲软,藏家的经营性收入减少,艺术品赖以维持高价的资金紧张,部分泡沫就会破灭,市场风险较高。

在不缺投机客但缺规则的艺术品市场,艺术品信托的潜在风险考验的或许不止是艺术品金融属性本身,更是一场艺术品市场各方之间的博弈,对投资标的物的选择、专业人才、完整的艺术产业链等考验着艺术品信托的方方面面。在保险、物流、仓储、运输等整个艺术产业链非常单薄的中国艺术品市场,国内退出渠道单一、透明度低、信誉危机、期限短等问题已经成为国内艺术品信托的特殊瓶颈,高回报率与短投资周期的矛盾不但成为艺术品信托规模下滑的主要因素,也是国内艺术品信托发展瓶颈的集中体现。此外,国内艺术品信托发展的最大瓶颈之一从根本上讲是信用问题。艺术品市场本就是一个诚信缺失极其严重的市场,在这样的市场上匆忙推出艺术金融产品,就面临先天不足的问题。而实际上,国内艺术品基金很少公开信息披露,除了保险和储存外,整个艺术品基金的过程很容易一手操办,绝大多数的透明度非常低,这里面就很有可能存在"暗箱操作"。假如诚信问题不能解决,则艺术品信托不可能走远。

当前阶段,艺术品信托尚难以突破发展瓶颈,具有受众小、公允价值难获得、期限较长、流动性差等缺点,且缺乏价格透明的交易机制,投资风险较高,更适合对艺术品行业了解较深且风险承受能力较强的投资者,投资时需要认真查看艺术品投资的范围、投资的具体作品的作者情况、产品的市场情况。而对一般投资者而言,挑选一些风险可识别的信托产品更佳。同时,国内艺术品信托主要以融资模式为主,其中最常见的是权益投资方式,即信托计划募集的资金并不流向艺术品市场,而是某机构以艺术品为质押物,折价抵押给信托公司并与其签订到期回购协议。这种模式下,产品说明中如何订立回购模式,需要投资者认真了解。最后,投资者需要着重考虑的是产品本金及收益的保障条款,如是否保本、是否保证收益以及担保的问题,整体上对艺术品信托的投资应持谨慎保守态度。从长远看,伴随我国艺术品市场的不断规范和监管制度的不断健全,以及信托公司专业能力和市场判断的不断提升,艺术品信托业务应该会有一定的增长,但我们判断,该类信托业务无论是从委托人的投资角度,还是从受托人的专业能力角度,或者从整体艺术品市场的总容量角度,艺术品信托业务在相当时期之内都仅仅是一类小众业务,既不可能也不适合让诸多普通投资者介入其中,也无法和难以构成信托功能公司的主导利润来源。

2.8 信托发力新兴领域,土地流转或成信托新蓝海

土地流转信托在十八届三中全会召开之前就受到市场的广泛关注,随着十八届三中全会的闭幕,各项改革纲要也得以公布。而全会公报中"坚持农村土地集体所有权,依法维护农民土地承包经营权,发展壮大集体经济""要加快构建新型农业经营体系,赋予农民更多财产权利,保障农民集体经济组织成员权利,积极发展农民股份合作"等表述,被业内认为是土地流转信托的重大利好,这种信托介入土地流转的模式未来空间巨大。"赋予农民更多财产权利"表明了土地制度改革的方向。土地是农民的主要财产,如何让农民受益于土地,受益于土地流转、土地增值带来的收益,是未来十年的重心之一。土地流转信托可以把集体土地的所有权、使用权、受益权分开,实现三权分离,这是其他土地流转模式所不能代替的。在农村土地流转中引入信托制度,利用信托制度的财产隔离、财产保护和财产管理功能,加快农村土地流转和利用,也可以让产权充分市场化,实现土地流转的公平与效率。可以预见,在银信合作和房地产信托之后,或许土地流转信托会成为信托公司抢占的第三个战场。

土地流转信托优势突出

从理论上讲,所谓土地流转信托通常是将农用地的土地承包经营权、集体建设用地使用权以及宅基地使用权等农村土地使用权作为信托财产,委托给信托公司进行经营管理,并实现土地受益权的标准化和凭证化,农民凭证定期领取收益,其目的是实现农村土地流转。土地流转信托属于财产权信托,根据设立信托

的土地性质，可以分为耕地信托（土地承包经营权信托）、非农建设用地信托、林地信托等。根据信托委托人的数量，可以分为单一信托和集合信托。

以集合土地承包经营权信托为例，通过设立财产权集合信托计划，信托公司将农民家庭或个人所拥有的土地承包经营权集中起来，然后由信托公司将大片的土地交给专业的农业企业进行经营，发展规模农业、现代农业。这种模式和过去的农业合作社在形式上有相似之处，但本质上有实质性区别，因为过去的农业合作社是在计划经济体制内将土地集中起来，农民依附于土地。但是土地流转信托是按照市场化机制将土地经营权集中起来经营，农民作为土地流转信托的设立者、委托人，同时也是信托受益人。根据信托法规定，设立信托时，农民将集体土地承包经营权让渡给信托公司，由信托公司依据信托合同文件进行管理、运营、处置，信托受益权可以转让。设立信托的农民可以受聘成为农业企业的雇员，也可以只领取信托利益，从事其他经营或就业活动，所以农民可以从土地中解放出来。

一般理论而言，土地承包权信托模式和土地互换、土地出租、土地入股等其他流转模式相比有以下优势：

第一，有利于将分散的土地承包权集中起来，在不改变土地用途的情况下，通过引入专业农业企业，发展规模农业、现代农业。

第二，和入股模式相比，信托模式更灵活，易于操作。通过引入信托模式，将集体土地承包权的处置权和收益权进行分离，将土地的处置权集中于信托公司然后出租给专业农业公司，从决策机制和效率上更有利于规模化运作。

第三，土地流转信托将土地承包权从农民家庭财产中分离出来，农民也可以从单户种植中解脱出来，农民可以选择到农业企业务农或从事其他行业，有更大的选择权。这种对农民土地依赖问题的解决，可以在一定程度上促进目前我国城乡二元化问题的解决。

第四，通过引入信托模式，可以将那些因各种原因被抛荒的农民土地集中起来开发利用，既提高了社会效率，也提高了农民土地财产权收益。

第五，通过信托模式运作，可以充分利用信托的融资能力和融资功能，为规模农业和现代农业的发展提供有力的融资支持。

总而言之，土地流转信托就是在保持原有权利不变的情况下，由农业公司负责统一经营，农户、农业公司和信托公司三方都可以从中取得收益。

各信托机构抢滩土地流转领域

2013 年 10 月，中信信托与安徽省宿州市埇桥区政府合作正式成立了国内首单土地流转信托——“中信·农村土地承包经营权集合信托计划 1301 期”，之后国内陆续有多家信托公司表示希望布局土地流转信托这一全新市场。北京信托也在十八届三中全会之前推出了土地流转信托计划，即“北京信托·土地信托之无锡桃园村项目”。

在“中信·农村土地承包经营权集合信托计划 1301 期”中，涉及农户、政府，中信信托、农业产业公司等 4 个关键人。农户、中信信托、农业产业公司都能够从中取得收益。首先，农户持有的每一亩土地承包经营权对应一万份信托单位，每年按照信托单位份额取得收益。而农民的收益包括三个方面：基本的租金收入、土地经营取得的超额利润、解放农民劳动力后的打工收入。其次，对于信托公司来说，可以取得土地经营增值中的收入分成。最后，对于农业产业公司，农民的地租是其需要付出的成本，但是它也可以取得土地经营增值的部分收入。不仅如此，农业产业公司还可以通过信托计划获得融资。

与中信信托模式不同，北京信托模式为，村民以土地经营权入股土地合作社，该机构作为委托人集中代表入股村民在北京信托设立财产权信托，北京信托再将土地租赁给阳山镇桃园村水蜜桃种植大户成立的水蜜桃专业合作社，此合作社全体股东均为该村有种植桃树特长的村民。在中信信托模式中，A 类委托人为安徽省宿州市埇桥区人民政府，另外，中信模式中引入了第三方服务商，即安徽帝元现代农业投资有限公司，负责土地流转后的开发经营、招商招租等工作。可以说两种模式各有特色：北京信托模式中，种植大户的股东和员工皆为当地村民，充分体现村民自主决策、自主开发的特点；中信模式中，当地村民也可选择成为第三方服务公司的雇员并在委托后的土地上进行劳作，引入的安徽帝元虽然要获取整个链条中的一部分费用，但对流转土地的开发整理、招商招租等工作，更能在战略和经营上发挥有效作用。

安信信托正在酝酿配合国家相关改革政策，将土地流转信托作为下一步战略转型的立足点，以上海为中心，积极在江浙沪一带进行试点。此外，华宝信托已立项研究如何将信托与城镇化、土地流转、养老产业相结合，安徽国元信托、上海国际信托也在积极探索。但当前阶段，土地流转信托在法律层面仍需突破，盈利模式也并不成熟，仍需要一个漫长的推进过程，这也是各信托机构在转战土地流转信托时需要加以注意的问题。

信托公司从事土地流转仍面临较大挑战

必须清醒看到，土地流转信托目前在我国尚处在摸索和试验阶段，制度配套、政策环境、法律约束、利益主体等诸多方面均存在巨大的不确定性和变数。而实际上土地流转信托的这种试验性和不确定性很大程度上取决于我国当前农村土地流转过程中存在的主要问题及制约因素。

第一，农村土地制度管理架构制约了农村土地流转。1980年以后，随着家庭承包经营责任制的实施，土地逐渐分散化，农村开始通过抓阄等方式决定土地的归属，但是由于土地的好坏差异较大，土地分配与调整过程中的问题较多。各乡村为了减少矛盾纠纷，将好田和差田按一定比例搭配进行了调整，绝大多数农民的耕地被分散于不同地段，难以做到协调耕作和集约化经营。第二，农村土地制度保护弱化制约了农村土地流转。一是农村土地使用权期限过短，削弱了投资者的心理预期。目前农村土地承包经营权只有30年，且部分土地的使用期已有十几年，期限过短削弱了投资人受让农村土地的积极性，制约了农村土地的流转。二是农村土地流转登记制度缺位，产权缺乏公信力。三是土地征收制度的不健全，让受让人对未来利益保障缺乏积极的心理预期。第三，农村土地市场管理制度缺位制约了农村土地流转：土地流转没有专门立法；流转程序、手续不规范，容易引发土地纠纷；部分流转协议条款不齐全，双方权利义务不够明确，合同未能鉴证和公证；土地流转市场尚未形成，缺乏中介服务平台。第四，农村社会保障机制缺失制约了农村土地流转。第五，财税金融配套服务不到位制约了农村土地流转。

具体而言，土地流转信托带来的挑战主要有三个方面。首先是农业市场化的瓶颈问题。一方面，土地流转信托的优势在于可以利用信托制度，很灵活地将农民手上的土地经营权集合起来。但要信托公司持续推动发展，则需要农业企业能够发展规模农业和现代农业，提高农村的劳动生产率，从而在满足农民信托利益需求的同时，满足信托公司和农业企业的盈利需求。因此土地流转信托能否持续良好地运转，取决于农业企业对成片耕地的运营以及对农民受益人的利益分配，这也是大规模推广土地流转信托的关键。另一方面，土地信托模式在创新集体土地流转的同时，也会带来新的社会问题，需要相应的配套政策跟进。此外，我国的农业市场化程度非常低，农业产业的职业经理人市场缺失，规模农业、现代农业的发展还面临人才瓶颈。

其次是土地流转后土地使用性质问题。以农民土地承包经营权设立的土地流转信托，基于土地的用途管理制度，应当是和商业性开发绝缘的。在规模农业、现代农业难以立竿见影的情况下，土地流转信托是否会违规进行商业开发，这一点在现有的法律框架内完全可以防止，关键在于监管。对于监管层来说，鉴于农村社会的特殊性以及土地改革利益的政治敏感性，土地流转信托在发展初期应当受到严格的监管，包括信托产品的设计、农业企业对于土地的利用等。而对于集体所有的建设用地，比如因乡村规划调整而腾出来的宅基地，通过设立信托计划将建设用地集合起来，进行房地产开发，只要在当地土地利用总体规划之中，也是可以接受的。对于这个问题，是堵还是疏，应当以农民的利益为重。从土地改革的宗旨来看，盘活农民手里的地，并让他们获得财富，是改革最主要的出发点。

第三，在现有土地流转信托业务模式之下，信托公司必须捆绑专业的农业产业公司才能开展业务。换言之，农民土地的实际操作者和控制人不是信托公司，而是农业产业公司，农民土地流转的对价标准、土地的使用性质、种植产品品种、生产管理、经营收益等诸多关键环节和要素均为农业产业公司所掌控，信托公司处于一个极为被动的地位，可以说是很大程度上受制于人，面对的完全是一个极其陌生的领域，主动管理原则和亲自管理义务几乎无从谈起，相关领域的专业和团队接近于零。一旦农业产业公司由于主观或客观原因出现违约行为乃至违规行为，则在第一时间将信托公司置于和土地使用权所有者——广大农民直接对立的位置，风险缓冲的空间极为有限，不仅会出现严重的经济利益纠纷，甚至会引发较大的社会矛盾冲突。

基于上述判断，土地流转信托业务在摸索、尝试和完善的过程中，需警惕两类比较突出的潜在风险。

其一是农民失地的风险。集体土地使用权的转让，受到土地管理法的严格限制。设立信托后，严格意义上来说，根据信托法的规定，信托受益权作为一项财产权利，是可以自由转让的，至少目前没有禁止性的法律规定。因此在信托模式下，土地承包权转让将更加容易。在农民培训就业等配套问题还没有解决前，如果城市资本、财务资本或富裕地区的民间资本都参与到信托受益权的流转市场中来，一方面的确可以激活市场，但另一方面也可能导致很多农民失去土地，引起潜在的政治风险。为避免这一风险，对于土地承包权集合信托而言，信托受益权的流转问题，要审慎对待。在推广土地流转信托初期，宜从监管层面加以适当的限制。一旦建立农村土地交易市场，对于土地承包权或信托受益权的挂牌转让，应当加以适当的限制和疏导。

其二是兑付风险。基于农村的社会综合现状，契约精神还处于启蒙状态。在农业企业经营不善导致无法兑付的情况下，信托公司是否要承担刚性兑付的责任成为一大问题。如果农民没有得到土地信托利益的分配，就意味着大部分农民丧失了主要的生活来源，对农民而言，估计是难以接受的。这和以理财、投融资为目的的商业信托以及以传承为目的的民事信托相比，情况完全不同。若仅仅靠信托合同来解决，可能并不能排除相应的风险。因此控制兑付的风险，从国家的角度，需要尽快引入农业保险制度；从信托公司的角度，则需要有能力对农业企业进行适当的投后管理，包括建立必要的兑付保障基金。基本地租要保障，浮动地租靠市场，按照合同来约束，这可能是比较理想的状况。

在 2013 年末中国信托业年会上，中国银监会领导敏锐地指出："有几个问题，各类公司必须要搞清楚，否则可能影响信托业的行为方向。其中之一"认为土地信托要大发展。现在大家都盯上了，一哄而起，不亦热乎！我国的新型城镇化就是推动农村的工业化，不能总希望农村向城市卖土地。一方面，农村土地是集体所有制，其终极所有者是生活在这片土地上世代繁衍的整个群体。另一方面，土地具有商品性和保障性双重属性，绝不能像一般商品那样一卖了之。中国农民千年的企盼就是耕者有其田，百年的企盼是耕者有其权，希望有耕种自主权，土地用途选择权。现在进入第三阶段，企盼耕者有其钱，就是怎么样在不失权的情况 下，能多涨一点钱。这里要特别提醒一下，土地信托虽好，但'此花不许凡夫采，留与瞻宫折桂人'。这项业务涉及的专业面很广，如果你想的跟农民想的不一样，一榔头把土地敲坏了，是要贻害后人的。所以，土地信托还要研究得再深一点，并且得有这个资质的公司，才允许去尝试探索"。该论述客观精准，切中要害，给未来土地流转信托业务指出了清晰正确的发展方向。

2.9 信托同业百舸争流，创新增长个案凸显

随着资管业务放开，继券商、基金等之后，银行这个金融业的"老大"也获准开启资管业务试点，资管市场竞争的不断加剧。"闷声发财"的信托业隐忧渐现，收益率下行。对于信托的再认识，让投资者很难保持之前的盲目信任，而实体经济环境也很难支撑此前信托高收益的增长模式，在这种背景下保障原有投资领域的稳健发展，积极探索信托投资新领域显得十分必要。

国企改革

国企改革历来是社会普遍关注的重点改革领域。在我国，国有经济是国民经济中的主导力量，正确处理好国家与国有企业之间的关系，是进一步增强国企活力、实现国有资产保值增值的关键所在。2013 年 11 月 12 日《中共中央关于全面深化改革若干重大问题的决定》提出积极发展混合所有制经济，翻开了国有企业改的新篇章。在不动摇国家对大型央企的控制情况下，如何改善国企的治理结构，使得国企能够真正做到市场化运营。不但有赖于深入推进“政企分开”和“政资分开”，而且更需要科学地诠释国家、国资委和国有企业的法律角色，摈弃法律适用上的“价值专制”，重视运用信托法则厘定其权力（权利）边界。

由于信托关系的法律结构严谨，各种利益关系均受到法律文件的调整和制约，因此信托制度可以对权利滥用进行约束，对权利独特进行治理，对风险集中进行分散，对盲目决策进行制约。信托制度引入国有资产改革改制管理当中，可以增加这一过程的公开、公正和透明，防止权权交易等腐败行为的发生，促进社会关系更加严谨、廉洁。信托参与国企改革的具体方式多种多样，其中可以包括信托计划代持国有股份、国资委作为国有资产的股东对设定信托计划目的、运用方式、获取信托收益等行为实现实际控制。同时，信托计划也可以为民营企业进入国有企业进行代持，从而规避民营资本对一些敏感行业的控股可能引发的法律问题。

信贷资产证券化

2013 年 7 月 2 日，《关于金融支持经济结构调整和转型升级的指导意见》要求逐步推进信贷资产证券化常规化发展。8 月 28 日，国务院常务会议决定进一步扩大信贷资产证券化试点。9 月 10 日，国务院总理李克强出席 2013 年夏季达沃斯论坛会见企业家代表时，明确指出将继续推进信贷资产证券化试点。该轮试点额度为 3000 亿元，达到第二轮的 6 倍。

本轮信贷资产证券化除了利好银行业务外，对于信托业也是不可多得的发展机遇。首先，可以获取丰厚的佣金收入，增强盈利能力。本轮信贷资产证券化可能会分为两个阶段：第一阶段为放开房地产贷款以外的其他中长期贷款，即放开 ABS；第二阶段为放开房地产贷款，即放开 MBS。按 0.3% 的综合费率保守计算，信贷资产证券化带来的佣金收入在第一阶段最大可达到 729 亿元，在第二阶段可增长至 1136 亿元。当然，分享信贷资产证券化蛋糕的不只是信托，还有券商等其他金融机构。从抢夺类信托业务的既往经验看，为快速抢占市场份额，价格战是券商较常使用的策略。而且，在信贷资产证券化业务中，银行的话语权较大，可能会进一步压低此类业务费率水平。最终信托能够分到多大的蛋糕取决于它在这场争夺战中的竞争力。其次，有利于调整并优化信托公司资产结构。本次会议提出，优质信贷资产证券化产品可在交易所上市交易。随着这几年信托业的快速发展，信托公司也持有大量标准化的信贷资产。如果允许信托公司持有的信贷资产成为可证券化的基础资产，将自身管理的信贷资产直接纳入证券化资产包，通过证券化并在银行间债券市场交易，既能提高信贷资产的流动性，又能实现信贷资产风险的分散转移，有利于调整并优化信托公司资产结构。

海外资产配置

随着中国经济实力的增强，企业及个人手中均拥有大量资产。为对抗经济下行和平衡资产配置降低风险，近几年来企业及个人的海外投资行为较为集中。中央政府亦出台了一系列政策鼓励中资企业进行海外投资。信托除了在企业对海外进行投资时充当金融工具之外，在高净值个人进行海外投资时可以扮演更为重要的角色。集合高净值人士资金，既可以保证投资人的私密性，又可以帮助高净值人士购买想要的海外资产，完成对其个人财产的保护。

截至 2013 年 3 月 31 日，新华信托获 4.5 亿美元 QDII 额度，信托机构共计或 QDII 投资额度 49 亿美元。

表 1－8　信托机构 QDII 投资额度审批情况表①

机构名称	获批时间	获批额度（单位：亿美元）
中诚信托有限责任公司	2009.12.08	10.00
上海国际信托有限公司	2009.12.08	10.00
中海信托股份有限公司	2009.12.30	2.00
平安信托有限责任公司	2011.09.30	3.00
大连华信信托股份有限公司	2011.12.20	3.00
华宝信托有限责任公司	2012.07.17	5.00
中信信托有限责任公司	2012.11.21	11.50
新华信托股份有限公司	2013.01.24	4.50

① 数据来源：用益信托 http://www.yanglee.com/。

虽然这一数据比起证券类共计获批额度 447 亿元来说，仅占 10% 左右的比例。但是随着未来 QDII 资格的进一步扩大，额度进一步放松，海外资产配置的市场也将进一步发展。信托公司也可以与其他金融同业进行合作，将信托公司具有的私密性等特征与其他金融同业具有较通畅的海外投资渠道进行结合，合作双赢。

随着我国“泛资管”时代的到来，类信托业务的专营权开始不仅仅属于信托公司。以 2012 年中开始松绑的券商资管为先驱，随后基金子公司也加入类信托业务市场，保险资产管理公司也在 2013 年年中迎来了监管的放松，被允许投资集合信托，并通过发行债权计划等创新的投资形式，与信托在大规模长期限基础设施项目展开竞争。此外，信托业在“通道业务”领域的竞争也日趋激烈。在此背景下，为争取更多业务和效益的稳定增长，信托业依托原有优势在产品上不断创新，开不断创新增长点。

信保合作：养老金信托

《关于企业年金养老金产品有关问题的通知》（24 号文）明确规定了养老金产品的定义以及范围，也明确了我国养老金市场将走向更为市场化、标准化、更具有投资运营效率的标准组合。海富通昆仑信托型养老金产品和长江养老英大电力信托型养老金产品应运而生。其模式均为保险公司养老资金直接对接信托公司单一资金信托，实现了保险公司养老资金的多渠道利用。从两个产品对接的单一信托投资方向来看，昆仑信托和英大信托均选择了自己所熟悉和擅长的投资领域，一个是中石油管道项目，一个是电网基础设施建设项目。可以看出，两家信托公司都非常重视此次创新性合作，把自己最有把握的优质项目用于对接养老资金，确保资金安全和收益的可控。

产品一：昆仑信托——海富通昆仑信托型养老金产品

海富通基金管理公司与昆仑信托有限责任公司联合发行的“海富通昆仑信托型养老金产品”获人力资源和社会保障部批复。这是继人社部“24 号文”出台后正式亮相后行业内获批的首只企业年金养老金产品。

该产品由海富通作为企业年金基金投资管理人发起，面向中石油企业年金基金定向销售，投资对象是“昆仑信托中石油管道项目单一资金信托 I’信托产品。该产品定位为信托产品型养老金产品，具有中低风险收益特征，存续期

20 年。

海富通昆仑信托型养老金产品的设立和发行，为信托公司通过公募基金标准化产品进入企业年金投资市场开拓了新型的融资渠道；同时，以专业公募基金设立发行信托型养老金产品、由投资管理人按份额认购的业务模式，有效分散了信托产品投资风险，在保证企业年金基金获得较高水平固定收益的同时，实现了对信托产品总体风险的识别和控制，为推进信托业和公募基金业长期合作闯出了一条新路。

产品二：英大信托——长江养老英大电力信托型养老金产品

长江养老保险股份有限公司与英大信托联合推出的“长江养老英大电力信托型养老金产品”主要投资于英大信托为企业年金投资发起设立的专项信托计划，以符合国家宏观政策、产业政策和监管政策的重大电网基础设施建设项目为对应资产。首期产品拟投资的电网基础设施债权项目由英大信托和长江养老共同选择，在具有电网项目资源优势的基础上进一步筛选出项目资质良好、建设品质突出、符合委托资金投资需求的投资项目。该产品充分整合了长江养老保险与英大信托的优势，将保险与信托完美融合，投资于英大信托擅长与熟悉的电网建设领域，既实现了社会效益，也实现了公司的自身收益，可谓一举多得。

产品细分：稳健型信托产品标准化

平安信托于 9 月份推出首款安全垫类证券产品——安蕴 6 期。该产品通过结构化设计（优先 + 劣后）和预警止损控制，做到了收益由全体委托人“共享”，风险主要由劣后委托人“自担”的独特模式。“安蕴 6 期”由知名私募资产管理公司盈峰资本作为委托人代表，联合其控股股东认购该产品 20% 的劣后份额，其余 80% 的优先级份额面向普通投资人募集。当产品面值出现下跌时，劣后资金先行承担投资损失，从而对优先级份额起到了“安全垫”的作用；而当产品净值出现净增长后，则由全体投资人共同分享投资收益。由于风险的承担以及浮动分成的激励，委托人代表与优先委托人的利益高度一致，使得优先委托人可以以较低的风险博取产品的超额收益。在目前竞争激烈的市场环境下，推出类似“安蕴 6 期”这样的产品有着较大的现实意义，其独特的“安全垫”结构设计符合现实的客观条件，成为稳健型投资者的首选，成功实现了市场细分。

2.10　2014 年趋势展望

改革进入深水区，顶层设计显重要

2013 年 9 月 12 日十八届三中全会胜利闭幕，深化改革是全会的主旋律。全会公报提及“金融市场体系”，或将引导金融市场化改革进入一轮攻坚期，信托作为金融行业的重要分支正逐步进入改革深水区。自 2008 年起步腾飞至今，凭借宏观经济环境和客户需求的变化，信托业管理资产规模实现井喷式增长，截至 2013 年三季度突破 10 万亿元大关，成为仅次于银行的第二大资产管理行业。在此过程中，信托公司承担了实体经济与银行体系之间的“缓冲器”角色，起到了平滑金融政策对实体经济影响的作用。信托业为经济稳定发展作出了重要的贡献。而在新一轮改革下，信托业显然成为土地、养老、医疗、遗产、银行等国民经济众多经济环节平滑运行的重要保障。通过信托这个通道可以为新的改革方案输血。从这一层面上看，未来 5 年，信托业将面临更加狂烈的改革洗礼，同样也是信托业高歌猛进的年代。

进入改革“深水区”，信托业对“顶层设计”的需求日趋强烈。2012 年度，对于顶层设计的探讨就已经成为焦点，由于金融改革，“泛资产”管理时代以及各金融机构的竞合博弈等诸多因素影响，2013 年以至未来信托业发展，顶层设计依旧十分重要。资产管理制度的顶层设计要从中国的国情出发，在参考借鉴国际经验的基础上，着眼于中国经济金融发展的现实需要。第一，应围绕服务实体经济推动新一轮经济增长，发挥金融的功能，优化金融资源配置，满足经济发展的需要，推动经济持续发展。第二，要通过理顺金融市场，推动金融机构的健康发展，建立健康有序的金融生态环境。第三，要符合市场需求，满足投资者对资产管理的需要，保护投资者利益，推动资产管理市场可持续发展。

把握未来改革方向，不断拓展发展维度

十八届三中全会的召开，确立了未来改革的基本方向。这些改革举措也为信托行业未来的持续发展注入了强心剂，信托行业应适时抓住机遇，随着改革措施的推进和落实不断拓展行业发展的维度。

首先，三中全会确立的市场在资源配置中起决定性作用的基本方向以及强调改革系统性的基本要求拓展了信托行业发展的高度。“一法两规”颁布以来中

国信托业虽取得了飞速发展，但业务结构受国家调控政策的影响周期性变化比较大，影响了信托行业的长远发展。市场在资源配置中起决定性作用有利于引导信托公司根据市场需求确立自身的业务方向，充分利用信托制度的灵活性确立更为成熟的业务结构模式；在信托配套制度完善方面，改革系统性方略有利于推动信托登记制度、信托税收制度等配套制度的完善，有利于进一步发挥信托制度功能。上述举措为信托行业的发展预设了更高的发展空间。

其次，三中全会确立的产业升级方向和手段以及丰富金融产品的改革举措拓展了信托业发展的深度。当前，信托行业的资金运用方式主要是为交易对手提供简单的投融资服务模式，而产业结构的升级为信托公司深入介入国民经济结构调整，延伸信托公司为交易对手提供的服务链条提供了发展机遇；从产品的表现形式看，当前信托行业提供的金融产品主要以固定收益类产品为主，产品的风险与收益同质化程度较高。丰富金融产品的改革举措将促进信托公司深入地研发多层次风险与收益的金融产品，这将有利于促进信托公司对国民经济支持的力度以及为投资者理财服务的深度。

最后，三中全会确定的完善税收及土地制度改革拓展了信托行业发展的广度。信托在税务规划方面具有天然的制度优势，三中全会提出的深化税收制度改革在一定程度上将刺激高净值人群的个人税务规划需求，拓展家族信托等业务市场发展空间；在土地制度改革方面，三中全会提出了要赋予农民更多的财产权，促进农村集体建设用地的流转，为土地信托业务的发展提供良好的制度环境和市场需求。家族信托和土地流转信托等业务的发展，也将有利于信托公司积极拓展信托服务外延，进一步夯实信托服务的本源。

利率市场化，信托须远虑

2013 年 7 月 20 日起金融机构贷款利率管制全面放开，金融机构贷款利率 0.7 倍的下限被取消，同时票据贴现利率管制也被取消。利率市场化改革，尤其是存款利率市场化终将对银行业的经营模式、风险控制等造成直接的影响。而对信托公司影响更多的是存款利率放开后带来的资金价格波动以及银行经营模式改变所带来的间接影响，这种影响是长期的、渐进的，从各国利率市场化表现来看，每个国家利率市场化的进程和影响都不尽相同，所以对信托公司而言也带有不确定性。第一，信托产品高收益或将优势不再。由于利率管制，银行吸收存款利率是官定的，银行不能高息揽储，信托产品的高收益并能保证兑付一直是近几年吸引高净值客户的主要原因。随着存款利率市场化的放开，未来银行具有提高存款利息的自主性，为了满足资本充足率或者解决流动性不足问题，不排除会高息揽储，信托产品收益虽然仍高于存款利息，但或将不再是优势。第二，银行贷款业务分化或挤占信托融资业务。银行和信托公司在利率市场化之前，二者的融资主体存在很大的差异性，银行以优质、大型、低风险的群体为主要客户，信托以中小、风险相对较高的群体为主要的客户，虽然中小企业一直是国家鼓励的，但是商业银行出于风险和收益的考虑，仍没有过多地触及，信托公司拥有的恰是这部分客户资源。随着未来竞争激烈以及存款利率市场化的到来，银行在大型企业的盈利空间将被压缩，而其服务相对优质的中小企业的动力将增强，而这部分恰恰是信托公司争相维护的客户资源。所以长期来看，伴随着利率市场化的进一步深化，在一定程度上可能会对信托业务带来竞争。虽然利率市场化对信托各类业务影响还存在不确定性，但是信托业仍须对此予以长远考虑。从目前发展来看，此次监管层放开贷款利率市场化对信托影响有限，但是随着相关制度的推进，存款利率市场化在未来也将逐步推进，对信托的影响也将越来越深入。

多模式化解风险，“刚性兑付”亟待破局

2013 年信托业在资产规模狂飙猛进的同时，2012 年以来频频爆出兑付危机的案例。虽然这些案例最终处理结果大都有惊无险，却足以引人深思。信托公司是否有足够的实力应对风险？信托业“刚性兑付”的文化是否会成为整个行业进一步发展的桎梏？虽然目前信托业相关法律法规以及信托公司自身产品合同中并没有规定要无条件保证投资人的收益，也就是无条件保证信托资产和收益交付的完整性，但长期以来信托资产及预期收益按期足额交付已经或主动或被动地植入到信托文化中，进而形成“双面刃”效应，即在树立信托业良好市场信誉、形成良好的口碑效应、推动全行业高速增长的同时，在特定情况下对部分特定的信托公司也成为悬在头上的一把利剑。尤其是近年来，信托公司集合资金信托产品的发行比例越来越大，而信托资产及预期收益按期足额交付的要求使得大规模发行的产品集中在某一时点兑付，一旦在集中兑付的时点上，原本大规模投资领域的市场情况发生不良变化，风险则无法缓释。因此，无条件的信托资产及预期收益按期足额交付是目前信托面临的一大风险。

集合资金信托产品的信托资产及预期收益无条件按期足额交付是历史产

物，不仅保护了投资者的权益，还促进了信托公司提高自身的投资能力和风险管理能力。但是从长远发展来看，行业风险传导机制已经失灵，投资者往往也忽视风险。信托资产及预期收益无条件按期足额交付的惯例做法使得在融资方还款风险暴露后，信托公司需要承担的责任压力空前巨大。长期、盲目、单纯依靠信托资产及预期收益无条件按期足额交付来维持，会使信托公司的自身发展陷入困境。此外，信托资产及预期收益无条件按期足额交付也实质上推高了以工商企业为主的融资方的融资成本。长期而言，显性或隐性的信托资产及预期收益无条件按期足额交付对信托业进一步实现健康、稳健、可持续发展已经形成了一定程度的制约。

解决这一实践中产生的问题，需信托公司更加努力地尽到受托人管理责任，也需要循序渐进通过投资者教育、信托公司努力处置风险、监管层对待风险的容忍度提高等一系列动作多管齐下。信托公司在出现项目风险之后，也会有多种模式来化解风险：第一，靠担保。信托计划一般会使用担保措施，即在项目公司之外附带母公司担保以及实际控制人的个人无限连带责任担保。第二，找接盘人。信托公司一般选择由资产管理公司或银行购买信托受益权的形式接盘相关项目权益。第三，处理抵押资产。第四，利用其他信托公司的单一信托或集合信托接盘。最后，在上述措施无效的时候，信托公司也有通过自有资金接盘的案例。不过这类方式，风险依然在信托公司，不过是将风险延迟暴露。

■ 互联网金融来袭，或成信托发展新路径

2013 年互联网金融发展如火如荼，关于互联网金融的消息源源不断：阿里和天弘基金推出“余额宝”、阿里小贷和内测的信用支付、微信的微支付、腾讯基金超市、财付通和长城证券合作成立网络券商、新浪推出微博钱包、京东发力供应链金融和P2P …… 各家互联网巨头纷纷以一种低调而又迅猛的姿态快速渗透到中国的金融业中。一时间各种互联网金融的组织、圈子层出不穷，仅在 2013 年 8 月中国互联网大会上，就有“互联网金融工作委员会”和“互联网千人会”宣布发起成立。随着互联网和金融业相互渗透的加深，金融服务方式将发生彻底的变革。而互联网带来的数据信息革命，使数据和信息变为重要的战略资源，深刻改变着我们的生活和行为模式。

面对来势汹汹的互联网金融，拥有超 10 万亿资产规模的信托业也蓄势待发，外贸信托首家推出微信订阅号“五行财富”，主打产品定向推介，包括华宝信

托、新华信托在内的多家机构亦有意跟进。互联网信托这一概念就此横空出世。目前在互联网信托领域做得比较好的平台主要有企易贷。企易贷作为国内首家以"P2B＋O2O"的模式运营的互联网金融平台，在创新互联网金融及小微企业融资方面起到了很好的作用。互联网P2B金融服务平台可以面对比传统信托范围更广的大众闲置资金。同时，互联网金融的透明化程度也是传统信托所不具备的，在"企易贷"平台上，对借款企业与投资个人要求实名认证，对借款企业基本资料进行公开，每一个项目的融资过程完全透明，这也是其作为互联网金融的优势所在。

就目前信托业迈进互联网金融发展现状来说，诸多问题尚待解决，特别是在"107 号文"已经出台，明确将网络金融纳入影子银行加以严格监管的新形势下。由于信托行业的特性，信托公司要做互联网金融，难免会遇到产品单一和影响力单薄等因素，无法满足互联网发展需求，而作为渠道的三方机构由于产品来源不稳定、地域性和影响不足等因素影响，更无法达到预期效果。因此，如何将这些资源进行整合，并合理规避合规性，也成为信托业迈向互联网金融的一大难题。但不可否认，在互联网金融模式下，供需双方可以直接联系和交易，不需要借助任何中介，市场信息不对称程度非常低，金融交易成本大幅减少，金融服务的生产可能性边界得以拓展，使以前不能获得传统金融支持的群体，也可以得到金融支持。对于信托业，互联网金融或能解决信托销售中的信息不对称和资源不对称问题，通过竞价包销优化信托销售现状。因此，进军互联网金融或成为信托业发展新路径。

第二章

信托机构

1. 2013 信托机构数量与名称变化

1.1 信托机构数量的历史变化

我国信托业的发展之路可谓艰难而曲折，信托公司的数量在行业发展的不同历史时期经历了从数以千计到不足百家的剧烈变化。

20 世纪初，一些私营银行开始从英美和日本引入信托经营方式。1921 年 8 月，上海通易信托公司成立，这是中国历史上第一家信托机构。随后一个多月间，就有 11 家信托公司在上海相继宣告成立。1931 年，官营的信托公司也开始出现。到 1949 年新中国成立前，全国共有信托公司 14 家，其中上海有 13 家。抗日战争爆发后，中国信托业进入无序发展的状态，信托机构数量在投机的刺激下迅速增加，抗战结束前信托机构数量达到战前的两倍以上。

1979 年 10 月，中国国际信托投资公司在北京成立，现代信托业开始起步，各种类型的信托公司在短期内迅速膨胀，至 1982 年底，三年间全国各类信托机构数量已达 620 多家，到 1988 年底高峰时，全国信托机构数量达到上千家。此后，信托公司经历了几次严厉的行业整顿，每一次的整顿，都会有大量的信托公司被清理，至 1992 年全国信托机构的数量已经减少到 390 家左右，1997 年 6 月全国信托公司再次减少至 204 家，1998 年底全国具有法人资格的信托机构数量为 239 家。1999 年 3 月开始了我国信托史上规模最大、措施最严厉、最具历史意义的第五次清理整顿。信托公司数量从第四次清理整顿后全国 239 家，原则保留至 60 家左右。其中应彻底退出信托市场、摘去信托机构牌子的有 160 家左右，已对外公告摘牌的公司达 118 家；剩下的 80 多家按照一个省市保留 1 ~2 家信托公司的原则，将合并保留为 60 家左右。按照此次整顿的原则和实际保留的结果，从 2001 年 9 月 30 日中煤信托投资有限责任公司成为全国首家完成重新登记工作的信托公司开始，截至 2003 年末，全国已获重新登记、领取金融许可证的信托公司共有59家。

此后由于金信信托“乳品信托”、爱建信托“刘顺新事件”、庆泰信托恶炒桂林旅游等事件接连爆发，2004年金新信托被监管部门正式责令停业整顿，2005年宁夏伊斯兰国际信托投资有限公司、庆泰信托和金信信托等3家信托公司被实施停业整顿，2006年吉林泛亚信托投资有限责任公司被中国银监会授权吉林银监局责令其停业整顿。至此，5家信托公司先后被停业整顿，2006年正常经营的信托公司只剩下54家。

2007年始，在信托资产规模高速增长、信托业务蓬勃发展的背景下，信托公司准入政策发生了微妙变化，信托机构酝酿着新一轮的重组大潮。在《13家历史遗留问题信托公司重新登记内部操作指引》等相关监管文件的指引下，2009年开始中粮信托、金谷信托、江南信托、华澳信托、华鑫信托、华能贵诚信托等公司陆续重组成功，开始正常营业，信托机构数量开始缓慢回升，截至2013年底，信托机构数量缓慢回升至68家。

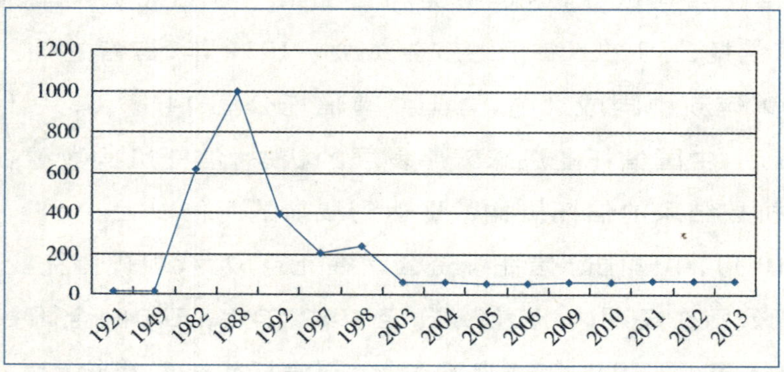

图2-1 信托机构数量历史变动图

表2-1 2003年以来信托机构数量变动表

时间	信托机构数量	备注
2003年	59家	
2004年	58家	2004年8月29日金新信托被停业整顿
2005年	55家	宁夏伊斯兰信托（5月13日）、庆泰信托（7月）、金信信托（12月30日）被停业整顿
2006年	54家	11月24日，吉林泛亚信托投资有限责任公司被中国银监会授权吉林银监局责令其停业整顿

续表

时间	信托机构数量	备注
2009 年	58 家	华澳信托、中粮信托、金谷信托、江南信托开业
2010 年	63 家	华鑫信托、方正东亚信托、紫金信托、四川信托、五矿信托开业
2011 年	66 家	大业信托、浙商金汇信托、长城新盛信托开业
2012 年	67 家	万向信托开业
2013 年	68 家	民生信托开业

1.2 2013 信托机构数量变化

中国民生信托正式开业

2013 年 4 月 28 日，中国民生信托在北京正式开业，成为国内第 68 家持牌信托公司。民生信托由原中旅信托重组而来。中旅信托成立于 1994 年，此前注册资本为 2.3 亿元，由北京首都旅游集团控股。2003 年即筹措重组事宜，自两年前泛海集团开始介入。2013 年 4 月 15 日，经由银监会批复，同意原“中国旅游国际信托投资有限公司”变更为“中国民生信托有限公司”，重新登记后的民生信托注册资本 10 亿元，由泛海集团控股。取名“民生信托”源于其大股东泛海集团同时持有民生银行 2.46% 的股权，而泛海集团的“民生系”金控版图中已经拥有民生银行、民生保险、民生证券、民生典当等金融机构股权，加上此次民生信托的开业，其金融控股雏形初现。

民生信托的开业，加强了目前信托公司中民营机构控股的阵容。

表 2-2 泛海集团持有金融机构股权统计表

序号	机构名称	持段比例
1	中国民生银行股份有限公司	5.53%
2	民生人寿保险股份有限公司	16.59%
3	民生证券有限责任公司	66.799%
4	北京民生典当有限责任公司	控股
5	中国民生信托有限公司	69.3%

表 2-3 民生信托股权结构表

单位:万元

序号	股东名称	出资额	持股比例
1	中国泛海控股集团有限公司	69300	69.3%
2	北京首都旅游集团有限责任公司	30000	30%
3	中国青旅集团公司	400	0.4%
4	中国铁道旅行社	200	0.2%
5	中国康辉旅行社集团有限责任公司	100	0.1%
合计		100000	100%

表 2-4 原中旅信托股权结构表

序号	股东名称	持股比例
1	北京首都旅游集团有限责任公司	92.19%
2	中国国旅	4.34%
3	中国康辉旅行社集团有限责任公司	0.43%

温州已申请完全由民营资本发起的信托公司

2013 年 9 月底,温州首次公布了 4 类 9 家由民企发起或升转创办新型金融机构的名单,其中,由上海均瑶集团主发起成立的信托公司名列其中。按温州市金融办的要求,这 9 家企业的筹建报批工作已在 10 月 20 日前完成。按照程序,这份名单目前正在等待银监会审批确认。

自 1998 年启动第五次整顿以来,信托行业共有 200 多家信托机构退出市场,自此之后,监管层对信托业持严管态度。十多年来,全国没有一家新设立的信托公司。借金融综合改革试验区获批之机,手持"金改"尚方宝剑的温州终于大胆向银监会投石问路。如果均瑶集团申请成立信托公司获批,将成为新世纪以来第一家新设的信托公司。

表 2-5 2013 年信托公司名录

安徽国元信托有限责任公司	安信信托投资股份有限公司
百瑞信托有限责任公司	北方国际信托股份有限公司
北京国际信托有限公司	渤海国际信托有限公司

长安国际信托股份有限公司	重庆国际信托有限公司
大连华信信托股份有限公司	大业信托有限责任公司
东莞信托有限公司	方正东亚信托有限责任公司
甘肃省信托有限责任公司	广东粤财信托有限公司
国联信托股份有限公司	国民信托有限公司
国投信托有限公司	杭州工商信托股份有限公司
湖南省信托有限责任公司	华澳国际信托有限公司
华宝信托有限责任公司	华宸信托有限责任公司
华能贵诚信托有限公司	华融国际信托有限责任公司
华润深国投信托有限公司	华鑫国际信托有限公司
吉林省信托有限责任公司	建信信托有限责任公司
江苏省国际信托有限责任公司	交银国际信托有限公司
昆仑信托有限责任公司	陆家嘴国际信托有限公司
平安信托有限责任公司	山东省国际信托有限公司
山西信托有限责任公司	陕西省国际信托股份有限公司
上海爱建信托有限责任公司	上海国际信托有限公司
四川信托有限公司	苏州信托有限公司
天津信托有限责任公司	万向信托有限公司
五矿国际信托有限公司	西部信托有限公司
西藏信托有限公司	厦门国际信托有限公司
新华信托股份有限公司	新疆长城新盛信托有限责任公司
新时代信托股份有限公司	兴业国际信托有限公司
英大国际信托有限责任公司	云南国际信托有限公司
浙商金汇信托股份有限公司	中诚信托有限责任公司
中国对外经济贸易信托有限公司	中国金谷国际信托有限责任公司
中海信托股份有限公司	中航信托股份有限公司
中江国际信托股份有限公司	中粮信托有限责任公司
中融国际信托有限公司	中泰信托有限责任公司
中铁信托有限责任公司	中投信托有限责任公司
中信信托有限责任公司	中原信托有限公司
紫金信托有限责任公司	民生信托有限公司

1.3 2013信托机构名称变化

华信信托股份有限公司更名

经中国银行业监督管理委员会大连监管局批准，国家工商行政管理总局及大连市工商行政管理局核准，本公司注册中文名称由“大连华信信托股份有限公司”变更为“华信信托股份有限公司”，英文名称由“DALIAN HUAXIN TRUST CO.，LTD.”变更为“HUAXIN TRUST CO.，LTD.”。

信托公司全国化发展趋势显现以来，不少信托公司将带有地域称号的公司名称改为品牌化商号，华信信托的更名就是一个典型的案例。近几年相似的信托公司更名还有江西国际信托股份有限公司更名为“中江国际信托股份有限公司”、西安国际信托有限公司更名为“长安国际信托股份有限公司”、江西江南信托股份有限公司更名为“中航信托股份有限公司”等。

表2－6 部分信托公司去地域化更名表

公司原名	公司新名称
江西国际信托股份有限公司	中江国际信托股份有限公司
西安国际信托有限公司	长安国际信托股份有限公司
江西江南信托股份有限公司	中航信托股份有限公司
福建联华国际信托投资有限公司	兴业国际信托有限公司
合肥兴泰信托投资有限责任公司	建信信托有限责任公司
湖北省国际信托投资公司	交银国际信托有限公司
新疆国际信托投资有限责任公司	华融国际信托有限责任公司
宁波市金港信托投资有限责任公司	昆仑信托有限责任公司
青海庆泰信托投资有限责任公司	五矿国际信托有限公司

山西信托完成股份制改革

经中国银行业监督管理委员会《中国银监会关于山西信托有限责任公司变更组织形式及公司名称等有关事项的批复》（银监复〔2013〕183号）批准，山西信托有限责任公司以2012年6月30日经审计的净资产折股整体变更为股份有限公司，同时更名为“山西信托股份有限公司”。变更后公司的注册资本为135700万元，总股本为135700万股，原股东山西省国信投资（集团）公司、太原市海信资产管理有限公司、山西国际电力集团有限公司作为股份有限公司的发起人，发起人在股份有限公司的持股比例保持不变。

表2-7 山西信托股权结构表 单位：万元

序号	股东名称	出资额	持股比例
1	山西省国信投资（集团）公司	123079.9万股	90.7%
2	太原市海信资产管理有限公司	11263.1万股	8.3%
3	山西国际电力集团有限公司	1357万股	1%
合计			100%

■ 中投信托正式更名为中建投信托

在获得中国银行业监督管理委员会浙江银监局批复同意后，中投信托有限责任公司中文名称改为“中建投信托有限责任公司”。并于2013年6月21日在浙江省工商行政管理局完成相关工商变更登记手续。

2. 信托机构资本与股权结构变化

2.1 信托公司增资热情继续

截至2013年末，全行业（67家信托公司）实收资本为1116.55亿元，平均每家公司16.66亿元，相比上年末的980亿元总额和平均每家（当时为66家公司）14.63亿元，同比增长6.03%；相比2013年三季度末的1053.03亿元总额和平均每家15.72亿元，环比增长13.93%。

表2-8 近年信托公司注册资本金变动表 单位：亿元

年份	2010	2011	2012	2013
注册资本金	737.82	871.5	980	1116.55
平均注册资本	11.18	13.20	14.85	16.56

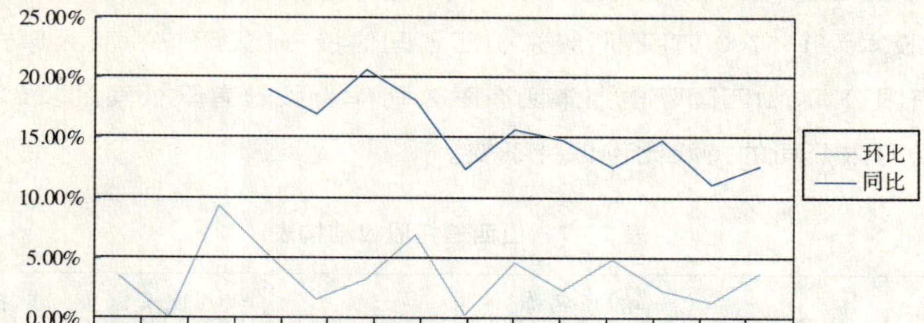

	2010二季度	2010三季度	2010四季度	2011一季度	2011二季度	2011三季度	2011四季度	2012一季度	2012二季度	2012三季度	2012四季度	2013一季度	2013二季度	2013三季度	2013四季度
环比	3.42%	0.00%	9.27%	5.31%	1.61%	3.21%	6.95%	0.23%	4.59%	2.34%	4.82%	2.27%	1.25%	3.77%	6.03%
同比				19.01	16.92	20.68	18.12	12.42	15.72	14.74	12.45	14.73	11.08	12.63	13.93

图2－2　实收资本增长率

五矿信托增资至20亿元

2013年11月12日，经中国银行业监督管理委员会批准，五矿国际信托有限公司注册资本由12亿元人民币增加到20亿元人民币。

此次增资总金额为人民币18亿元，新增实收资本8亿元，其余10亿元作为资本溢价计入资本公积。增资后五矿国际信托的股东名称、出资金额及持股比例情况为：五矿资本控股有限公司出资金额人民币13.2亿元，持股比例66.00%；西宁城市投资管理有限公司出资金额人民币4.3亿元，持股比例21.50%；青海省国有资产投资管理有限公司出资金额人民币2.488亿元，持股比例12.44%；青海华鼎实业股份有限公司出资金额人民币0.012亿元，持股比例0.06%。

表2－9　五矿信托股权结构表

序号	股东名称	出资额	出资比例
1	五矿资本控股有限公司	13.2亿元	66%
2	西宁城市投资管理有限公司	4.3亿元	21.50%
3	青海省国有资产投资管理有限公司	2.488亿元	12.44%
4	青海华鼎实业股份有限公司	0.012亿元	0.06%
合计		20亿元	100%

交银国际信托有限公司增加注册资本

2013 年 11 月 8 日，交银信托注册资本由人民币 3176470588.23 元增加至人民币 3764705882.35 元，股东出资比例不变。这已是交银国信 2013 年内的第二次增资。2013 年 3 月份，交银信托注册资本由人民币 20 亿元增加至人民币 3176470588.23 元。在一年之内，交银信托的注册资本从 20 亿元飙升至近 40 亿元，稳居行业第二把交椅。

表 2-10　交银国信历年增资情况汇总表　　单位：亿元

序号	原注册资本	增资额	增资后资本金	变更时间
1	12	8	20	2011.12.30
2	20	11.76	31.76	2013.3.15
3	31.76	5.88	37.65	2013.11.4
合计		25.65		

与交银国信背景类似的兴业信托也是一家商业银行控股的信托公司，其 2012 年也将注册资本金由 12 亿元增加至 25.76 亿元。增资的背后，两家银行系控股信托公司还有着管理信托资产规模飙升的相同举措。2012 年末，建信信托和兴业信托这两家银行系控股信托公司分别以管理信托资产规模 3508 亿元和 3360 亿元分列排行榜第二和第三位。2013 年银行系控股信托公司继续发力信托资产规模，兴业信托上半年信托资产规模 5737.14 亿元，较年初增加 2385.69 亿元，增幅 71.18%，位居全国信托行业第二位。交银国信上半年信托资产则达 2216.48 亿元，较年初增长 41.71%。

湖南信托增资至 12 亿元

2013 年，湖南信托注册资本由人民币 7 亿元增加到人民币 12 亿元。本次增资人民币 5 亿元由现有股东同比例增资，不涉及股权变更和股权结构调整。其中：股东湖南财信投资控股有限责任公司以现金人民币 4.8 亿元进行增资；股东湖南省国有投资经营有限公司以现金人民币 0.2 亿元进行增资。增加注册资本后，湖南财信投资控股有限责任公司总计出资额为人民币 11.52 亿元，出资比例为 96%；湖南省国有投资经营有限公司总计出资额为人民币 0.48 亿元，出资比例为 4%。

表2-11　湖南信托股权结构表

序号	股东名称	出资额	出资比例
1	湖南财信投资控股有限责任公司	11.52 亿元	96%
2	湖南省国有投资经营有限公司	0.48 亿元	4%
合计		12 亿元	100%

东莞信托增资至12亿元

2013年，经广东银监局（粤银监复〔2013〕216号）批准，东莞信托公司注册资本由5亿元人民币增至12亿元人民币，其中：东莞市财信发展有限公司出资52200万元，出资比例43.5%；东莞市财政局出资36000万元，出资比例30%；东莞发展控股股份有限公司出资7200万元，出资比例6%；东莞市经济贸易总公司出资7200万元，出资比例6%；广东福地科技总公司出资7200万元，出资比例6%；东莞市粮酒集团有限公司出资7200万元，出资比例6%；东莞市东糖集团有限公司出资3000万元，出资比例2.5%。

表2-12　东莞信托股权结构表

序号	股东名称	出资额（万元）	出资比例
1	东莞市财信发展有限公司	52200	43.5%
2	东莞市财政局	36000	30%
3	东莞发展控股股份有限公司	7200	6%
4	东莞市经济贸易总公司	7200	6%
5	广东福地科技总公司	7200	6%
6	东莞市粮酒集团有限公司	7200	6%
7	东莞市东糖集团有限公司	3000	2.5%
合计		120000	100%

新时代信托增资至12亿元

2013年4月27日，经中国银行业监督管理委员会包头监管分局文件（包银监发〔2013〕35号）《关于新时代信托股份有限公司变更注册资本并修改公司章程的批复》核准，新时代信托注册资本由 8 亿元变更为 12 亿元，并办理完成工商变更及章程备案手续。

中融信托增资至 16 亿元

2013 年 1 月 25 日，中融信托收到股东新增出资合计 10 亿元，其中新增注册资本 1.25 亿元，新增资本公积 8.75 亿元，并于 2013 年 1 月 29 日完成二商变更登记。中融国际信托有限公司此次增资，是根据 2011 年第四次临时股东会决议，注册资本由 14.75 亿元增加至 16 亿元，并于 2012 年 8 月 24 日取得中国银行业监督管理委员会黑龙江监管局核准批复。

中铁信托增资至 20 亿元

2013 年，经公司股东会审议通过、中国银监会四川监管局批准，中铁信托注册资本由人民币 12 亿万元变更为人民币 20 亿元，同时对公司章程相关条款作相应修改。

大连华信信托增资至 33 亿

2013 年 9 月 27 日经中国银行业监督管理委员会大连监管局批准，大连华信信托注册资金由 30 亿元增加至 33 亿元，并完成了工商变更登记。这是华信信托继 2012 年年底将注册资本金由 20.57 亿元增至 30 亿元后的又一次增资，且于 2013 年更名为“华信信托股份有限公司”。

安徽国元信托注册资本增至 20 亿元

2013 年 8 月 20 日，经安徽银监局审核批准，安徽国元信托注册资本变更为 20 亿元人民币，并完成了二商注册变更登记及公司章程修改。

中航信托注册资本变更为 16.9 亿元

2013 年 6 月 19 日，中航信托 2013 年第二次股东大会审议通过了《中航信托第三次增资扩股暨部分股东将所持公司股权转让的方案》。根据该方案，中航信托四家股东中航投资控股有限公司、华侨银行有限公司、共青城羽绒服装创业基地公共服务有限公司、江西省财政投资管理公司以溢价方式追加投入人民币 8 亿元；与此同时，公司股东中国航空工业集团、中国航空技术深圳有限公司分别将其所持有的公司10.2%、10.73%股权，转让给公司股东中航投资控股有限公司。

目前，中航信托的股权结构为：中航投资控股有限公司持股63.18%，为第一大股东；华侨银行持股20%；中国航空技术深圳有限公司持股9.55%；共青城羽绒服装创业基地公共服务有限公司持股4.66%；江西省财政投资管理公司持股2.61%。

2013年11月27日，上述增资扩股及股权结构调整事项获得中国银行业监督管理委员会批准。2013年12月10日，公司完成上述事项的工商变更登记并取得新的营业执照，注册资本和实收资本变更为168648.52万元。

本次增资扩股及股权结构调整后，股权结构见图2－13。

表2－13　中航信托股权结构表

序号	股东名称	股份数（万股）	出资比例
1	中航投资控股有限公司	106548.92	63.18%
2	华侨银行有限公司	33727.74	19.99%
3	中国航空技术深圳有限公司	16099.5	9.55%
4	共青城羽绒服装创业基地公共服务有限公司	7866.86	4.67%
5	江西省财政投资管理公司	4405.5	2.61%
合计		168648.52	100%

山东信托拟增资至20亿元

山东信托拟以未分配利润转增的方式，将注册资本由12.80亿元增至14.67亿元。并在此基础上增加5.33亿元注册资本，使注册资本增至20亿元。其中，山东信托目前的第二大股东山东高新技术创业投资有限公司优先认购0.33亿元，但其他原股东并未继续“跟投”，选择放弃本次增资优先认购权。至于增资计划中其余5亿元股份则通过公开挂牌的方式征集投资者认购。

新一轮的增资扩股完成后，山东高新投合计持有山东信托注册资本1.25亿元，占其注册资本总额的6.25%。而山东信托也将引入新的股东，持有股权25%，虽然不影响鲁信集团的实际控制力，却仍将在山东信托未来的发展过程中扮演重要角色，进驻第二大股东席位。

中信信托拟增资，或为金融版图扩张信号

在信托机构普遍的增资热潮中，信托资产规模排名第一的中信信托也在筹备增资扩股工作。目前公司增加资本金的工作正在走流程，但股东结构不会发生改变。这对中信信托是利好事件，或是其金融版图扩张的一大信号。

表 2－14　2013 年信托公司增资情况统计表　　单位：亿元

序号	信托公司	原资本金	现资本金	变更时间
1	五矿信托	12	20	2013 年 11 月 12 日
2	交银国信	20	37.65	2013 年 11 月 8 日
3	湖南信托	7	12	2013 年 7 月 23 日
4	东莞信托	5	12	2013 年 5 月 13 日
5	新时代信托	8	12	2013 年 4 月 27 日
6	中铁信托	12	20	2013 年 1 月 31 日
7	华信信托	30	33	2013 年 9 月 27 日
8	国元信托	12	20	2013 年 8 月 20 日
合计增资		60.65		

2.2　2013 年信托公司股权变化

光大集团距控股甘肃信托仅咫尺之遥

2013 年，备受关注的光大集团收购甘肃信托股权一事有了新的进展，8 月中旬，一份价值 18 亿元的甘肃信托 51% 国有股权转让公告引发业界遐想，而关于这笔股权的意向受让方，据可靠消息称就是光大集团。从甘肃省相关部门了解到，甘肃产权交易所产权交易公告期间，仅有光大集团一家按照规定提交了资料，目前光大集团的意向受让资格已获得甘肃省政府的批准，不过双方尚未签订转让合同，光大集团在正式成为甘肃信托股东前还须获得银监会的批准。

早在 2012 年 12 月，光大集团就与甘肃省政府签订了甘肃信托重组合作意向书，拟收购甘肃信托 35% 的股份。2013 年"两会"上，光大集团董事长唐双宁在接受采访时也提及，光大集团拟成为甘肃信托第一大股东，填补光大金控集团

的业务空白。同时，唐双宁称，下一步还计划对甘肃信托进行增资扩股。

光大集团此前曾不止一次表现出过对甘肃信托牌照的意向，不过甘肃省政府方面的态度则是坚持市场化，让所有意向受让方均在同一起跑线上竞争。目前，光大集团成为唯一提交资料的投资者，如果其股东资格获得银监会批复，则有望成为国内继平安、中信之后备齐金融全牌照的大型金融控股集团。

厦门信托易主，大股东为厦门金控平台金财投资

自“海西概念”提出以来，厦门地方政府打造海西“金融航母”的步伐一直在紧锣密鼓地进行。2011 年 7 月，厦门市国资委、厦门市财政局出资成立的国有独资企业厦门金圆投资集团有限公司。作为厦门政府的金控平台，厦门金圆投资集团有限公司已经拥有了厦门市财政所持有的三家上市公司股权。2012 年 12 月，经厦门市政府和中国银监会批准，作为整个海西“金融航母”的一个重要步骤，厦门金圆投资集团有限公司又开始进行对厦门信托的股权收购。原股东厦门建发集团有限公司和厦门港务控股集团有限公司将所持有的厦门信托 41% 股权、39% 股权转划转给厦门市金财投资有限公司持有。

2013 年 2 月，厦门信托正式易主，厦门建发集团持有厦门信托股权长达 10 年，近期转让了其 41% 的股权，同时，厦门信托另一个大股东厦门港务控股集团也拱手让出 39% 的股权。厦门信托股东结构及持股比例变化为：金财投资出资 8 亿元，持股比例 80%；厦门建发集团、厦门港务控股集团各出资 1 亿元，持股比例均为 10%。三家股东单位均为厦门市属国有大型企业集团。厦门信托的股权结构虽然由原来的相对分散变为现在的相对集中，但其在整个海西“金融航母”中所占的地位应显赫于原来的地方性金融机构，也拥有了更多的政策支持和地方资源优势。

表 2-15 厦门信托股权结构表

序号	股东名称	出资额(亿元)	出资比例
1	金财投资	8	80%
2	厦门建发集团	1	10%
3	厦门港务控股集团	1	10%
合计		10	100%

■长安信托9%股权易主，年内计划再增资引进新股东

2013 年 5 月，根据中国银行业监督管理委员会陕西监管局《关于长安国际信托股份有限公司股权转让及修改公司章程的批复》（陕银监复〔2013〕12 号），长安信托第二大股东上海证大投资管理公司已将持有的长安信托 1.13 亿股股份转让给上海景林投资发展公司，转让股份占长安信托总股本的 9%，转让完成后，长安信托股东增至 7 家，上海证大仍是长安信托第二大股东，但持股比例降至 30.33%，上海景林投资则入驻第四大股东，这是长安信托股改后首次引进新投资者。而其第一大股东西安投资控股公司持股 41.30%，上海淳大资产管理有限公司持股 11.67%，排名第三；其余三股东合计持股 7.7%。长安信托近期还将引进新的投资方。

此前，除股改时原第一大股东西安市财政局将持有长安信托的全部股权划转至西安市财政投资的管理平台——西安投控外，公司的股权结构几无变动。从可查数据的 2008 年开始，上海证大及上海淳大就一直位列长安信托的第二、第三大股东，持股比例也始终如前，全部股东数量也一直维持在 6 家。

随着业务规模不断扩大，长安信托也保持着密集的增资步伐，5 年增资 4 次，资本金增长数倍。2008 年 1 月，原西安信托投资有限公司更名为“西安国际信托有限公司”，注册资本变更为人民币 3.6 亿元；2009 年 12 月增资至 5.1 亿元，2011 年 7 月增资至 5.58 亿元，同年 11 月公司整体变更并更名为“长安国际信托”，注册资本变更为 7.5888 亿元，2011 年 12 月再度增资至 12.5888 亿元。

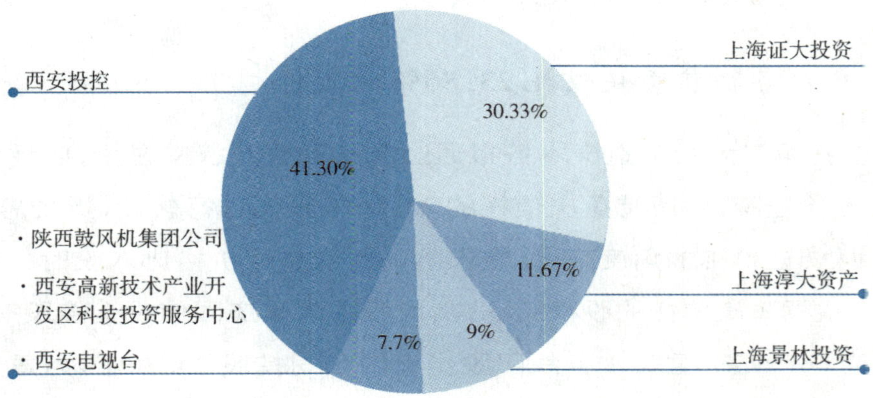

图 2－3　长安信托股权转让后股东及持股情况

■济南三爱富无溢价出售英大国际信托股权

2013 年 3 月，海联合产权交易所公告，济南三爱富氟化工有限责任公司拟以 1857 万元的价格，转让其持有的英大国际信托有限责任公司 0.74% 股权。

值得注意的是，虽然英大信托业绩不错，但济南三爱富此次转让几乎毫无溢价可言，资产评估报告显示，目前英大国际信托的净资产评估价格为 25.09 亿元，济南三爱富的转让价格基本无溢价。

公告显示，意向受让方应为中国大陆地区注册并合法存续的内资企业法人，截至挂牌日起始日注册资金在 2 亿元以上（不含 2 亿元）；意向受让方或其控股子公司（持股在 50% 以上）须为从事信托业务，具有金融许可证。从济南三爱富提出的条件来看，此次转让可能已有内定对象。

■贵州电网“退出”华能贵诚信托

2013 年初，上海联合产权交易所公告显示，贵州电网公司拟以 2680 万元的价格，出清其持有的华能贵诚信托有限公司 0.531% 股权。

华能贵诚信托成立于 2002 年，2009 年被华能集团重组，公司注册资本 20 亿元，第一大股东为华能资本服务有限公司，持股比例为 66.5612%，贵州电网公司现为公司第四大股东。2011 年 9 月 6 日华能贵诚信托新增注册资本 8 亿元（由原注册资本金 12 亿元增资到注册资本金 20 亿元），为大股东增资，贵州电网公司未增资，故在新增资后的华能贵诚信托，贵州电网出资额人民币 1061.9055 万元的股权比例由 0.89% 降低至 0.531%。

■重庆水务拟售重庆信托 23.86% 的股份

重庆信托第二大股东重庆水务拟通过重庆联合产权交易所，以评估值每股 4.17 元的底价挂牌，对所持重庆信托的 23.86% 股份进行转让，折合总价为 24.26 亿元。从转让价格的角度来讲，重庆水务此次转让价格比入股时的价格提升了 9.7%。根据重庆信托的股权结构，其大股东为重庆国信投资控股有限公司，持股比例为 66.99%；重庆水务集团股份有限公司持股 23.86%，为重庆信托第二大股东。

3. 2013 年信托创新业务动向分析

3.1 信贷资产证券化业务

20 余家信托公司获得特定目的信托受托机构资格

2013 年 8 月 15 日，经中国银行业监督管理委员会批复（银监复〔2013〕422 号），湖南信托顺利获得了特定目的信托受托机构资格，可负责管理特定目的信托财产并发行资产支持证券。特定目的信托受托机构资格的取得是湖南信托推进业务创新、促进业务转型的重要举措，有利于提高湖南信托业务自主管理能力，符合资产管理行业未来发展趋势。信托公司通过对信贷资产及企业实业资产的证券化运作，可以帮助合作方盘活资产存量，调节资产结构，降低财务成本，对信托公司未来发展具有重要意义。目前，已经取得特定目的信托受托机构资质的信托公司已达 20 余家。银行理财资产管理业务试点以来，信托业务转型压力剧增，资产证券化是方向之一，一些领先信托公司均把信贷资产证券化作为下一步业务创新的目标。包括华宝信托和兴业信托在内的一批信托公司正积极准备参与新一轮信贷资产证券化。

第三轮信贷资产证券化试点启动

2013 年 7 月，国务院发布《关于金融支持经济结构调整和转型升级的指导意见》，明确提出“逐步推进信贷资产证券化常态化发展”，仅仅相隔 1 年多时间，信贷资产证券化从试点阶段提升为常态化发展，体现出国家期望在盘活信贷资金存量方式上能有新的突破。2013 年 8 月底，国务院常务会议曾指出，进一步扩大信贷资产证券化试点，可以有效优化金融资源配置，盘活存量资金，更好地支持实体经济发展。会议同时提出，应当允许优质信贷资产证券化产品进入交易所交易。中国人民银行此后表示，试点扩大后，将引导大盘优质信贷资产证券化产品在银行间和交易所市场跨市场发行。

此前，我国资产证券化项目主要可以分为信贷资产证券化与企业资产证券化两大类。信贷资产证券化通常在银行间市场发行交易，而企业资产证券化则以券商专项资产管理计划的形式，经证监会审批渠道在沪深交易所上市交易。

而此次东方证券与建设银行合作发行的公司类贷款证券化项目——“建元一号专项资产管理计划”若成功通过审批上市交易,则将成为以银行信贷为基础资产的资产支持证券首次登陆交易所市场。

信贷资产证券化的“跨界”将给作为原始权益人的银行和交易所资产支持证券市场本身都带来莫大益处。对于银行来说,这意味着相关信贷资产的风险将不再停留在银行系统内部流转。公募基金、券商资管、保险机构等投资机构,甚至符合条件的个人投资者都可以通过交易所成为银行信贷资产证券化的投资者。投资者群体的扩大和分散将有助于产品定价更加有效、交易更加顺畅。对于交易所市场来说,信贷资产支持证券的登陆将激活现有投资者的交易兴趣,刺激市场活跃。自企业资产证券化业务常规化以来,沪深两交易所新挂牌上市的资产支持证券不足10只,体量也相对有限。市场容量的狭小使得交易始终无法活跃。对此,业界一直希望未来有更多产品挂牌交易后,市场活跃度能够逐渐提升,形成良性循环。而质量较高、规模较大的银行信贷资产支持证券则有望成为这种启动良性循环的最初动力。而对券商来说,信贷资产证券化登陆交易所市场则将成为一个有待挖掘的巨大金矿。

我国的资产证券化的尝试,起步于2005年中金公司的“中国联通CDMA网络租赁费收益权的专项资产管理计划”。但之后,由于没有政策支持,资产证券化进展缓慢。2011年8月,中信证券推出了“远东二期专项资产管理计划”。2012年,中信证券再次发行了2个新产品。过去8年,总共有12个资产证券化产品发行,规模总计246亿元。2012年年底,我国债券市场总规模达26万亿元。相对来说,目前的资产证券化基本是刚刚起步,根本无法与IPO总量、债券市场相比。美国的资产证券化已经相当成熟,2008年金融危机前,美国的非抵押资产支持证券(ABS)和住房抵押担保证券(MBS)总量超过11万亿美元,占美国债券市场总规模的34%。金融危机后,ABS规模有所萎缩,截至2012年年底,美国发行ABS和MBS余额分别为16887亿美元和81681亿美元,两者合计接近10万亿美元,占美国债券市场总规模约28%。

第三轮信贷资产证券化试点的规模不超过3000亿元,银行信贷资产证券化预计到2020年将占贷款总规模的30%~40%,市场约有数十万亿。目前,20家中资银行已申报试点方案及发行额度,并表示本轮试点获批后会将陆续于2014年上半年完成发行。从目前来看,信贷资产证券化业务以银行为主导,信托公司在其中担任受托人,由于自有渠道不足以承担独自发行相关产品的劣势,其盈利占比并不大。但信托公司作为资产证券化 SPV 的优势亦十分明显，其拥有破产隔离的制度设计，设立简单，与银行渠道关系较为紧密，理应在信贷资产证券化发行中占有重要地位。实际上，不少信托公司一直尝试信贷资产转让在内的资产证券化业务，但严格来说并不规范，也无标准化产品。未来，信托公司要想在巨大的信贷资产证券化市场扩展份额，则需要逐步实现信贷资产证券化业务的标准化。

中信信托成功发行"2013 年第一期开元铁路专项信贷资产支持证券"，本期证券基础资产为铁路专项贷款，证券级别 AAA，荷兰式招标发行。进入 11 月后，发行环境压力快速增加，但经过发起人、发行人和主承销商的艰苦努力，本期证券从各项工作起步到发行成功只用了短短 1 个月左右的时间，收获超额认购。此外，中信信托 2013 年还发行了农业发展银行第一只信贷资产证券化公募产品。

"汇元一期"汽车租赁资产证券化产品面世

由新疆广汇租赁服务有限公司作为项目发起人，中信建投股份有限公司担任计划管理人，"汇元一期专项资产管理计划"优先级 A 档资产支持证券已于 2013 年 12 月 5 日成功发行，并于 12 月 20 日在上海证券交易所挂牌。

"汇元一期"是国内首个以汽车融资租赁为背景的公司发行的资产证券化产品。"汇元一期"的成功发行，不仅有利于资产证券化试点深化，为固定收益市场提供了新鲜血液，并且也有利于租赁公司优化资产期限结构、化解流动性风险。

从产品结构上来看，"汇元一期"是以广汇租赁发放的 27000 多笔客户应收租赁款作为基础资产，本金总规模为 11.1354 亿元，其中优先级 A 档资产支持证券本金规模为 10 亿元，分为汇元 A1、A2、A3、A4 四个品种（信用评级均为"AAA"），在上交所固定收益平台挂牌转让。次级资产支持证券规模为 1.1354 亿元，由广汇租赁全部认购。"汇元一期"也是 2013 年又一只登陆上交所的资产支持证券。2013 年 5 月份隧道股份发行的"隧道股份 BOT 专项资产管理计划"资产支持证券在上交所固定收益平台挂牌，成为证监会资产证券化新规发布后首只成功发行并挂牌的资产证券化产品。

3.2 企业年金基金管理机构资格

■企业年金基金管理机构资格衰减

2013 年 11 月 7 日，人力资源和社会保障部网站公布了“关于延续及整合企业年金基金管理机构资格的通告”（人社部函〔2013〕222 号）。通过专家评审并得到延续资格的有 23 个企业年金基金管理机构，增加及整合 3 个账户管理机构资格，不予延续 2 家管理机构资格。

在这个大名单中，“信托公司”只出现过两次，一次是在不予延续 2 家管理机构资格名单中，“对上海国际信托有限公司受托管理机构资格、广发基金管理有限公司投资管理机构资格不予延续。”另一次是在增加及整合 3 个账户管理机构资格名单中，“中信信托有限责任公司将账户管理机构资格转移给中信银行股份有限公司”。至此，在 2013 年企业年金基金管理机构名录中已经不见了信托公司的身影，由于信托公司在企业年金基金管理业务领域一直以来的边缘化态势，一些原本已经取得业务资质的优质信托公司也逐渐放弃了该领域的竞争。

信托公司在企业年金基金管理资格上的大幅减少，主要是由于其受托规模与其他管理机构的差距。以此次被淘汰的上海信托为例。截至 2013 年 6 月 30 日，上海信托受托管理规模只有 488.03 万元，受托管理的企业数和职工数分别只有 6 家和 151 人，已经多年在 11 家受托管理人中垫底。另外一个明显的现象是受托管理的企业数和职工数不增反减，2012 年三季末其受托管理的企业数和职工数还分别为 10 家和 176 人。而在 11 家受托管理人中，遥遥领先的中国人寿养老保险股份有限公司受托管理规模高达 945.75 亿元，受托管理企业数和职工数分别高达 6018 家和 326.45 万人。

表 2－16　2013 年企业年金基金管理机构名录

受托人	账户管理人	托管人	投资管理人
工商银行	建设银行	农业银行	中国人寿养老保险
建设银行	中国银行	浦发银行	长江养老保险
招商银行	民生银行	中信银行	泰康资产管理
中国人寿养老保险	中国人寿养老保险	民生银行	中国人保资产管理

续表

受托人	账户管理人	托管人	投资管理人
长江养老保险	平安养老保险		工银瑞信基金
泰康养老保险	长江养老保险		国泰基金
	泰康养老保险		
	太平养老保险		
	农业银行		
	中信银行		

企业年金基金投资范围扩大

2013年3月22日，人社部、银监会、证监会和保监会联合下发《关于扩大企业年金基金投资范围的通知》（以下简称《通知》），扩大企业年金基金投资范围。除此前规定的投资范围外，增加商业银行理财产品、信托产品、基础设施债券投资计划、特定资产管理计划和股指期货。

《通知》要求，企业年金基金，单个投资组合委托投资资产中，投资信托产品的比例，不得高于投资组合委托投资资产净值的10%；单个企业年金计划基金资产，投资信托产品专门投资组合的比例，不得高于企业年金计划基金资产净值的10%。

《通知》还要求，企业年金基金可投资的商业银行理财产品仅限于保证收益类和保本浮动收益类，可投资的信托产品限于融资类集合资金信托计划和为企业年金基金设计、发行的单一资金信托计划。

《通知》的出台，使商业银行、信托公司、保险资产管理公司、基金公司、期货公司等资产管理机构与养老保险公司的合作更加紧密，但是证券公司被排除在了合作对象之外，在放开的几个大类产品中，唯独没有涉及券商资产管理产品。而在平台的准入方面，由于对于特定资产管理计划做了严格的投资限制，因此对于准入的基金公司要求降低。其他的合作平台都无法摆脱“企业年金基金管理机构资格”这一大的门槛，这也大大缩减了可以合作的信托以及商业银行的范围，而对于合作的期货公司则没有做具体的要求。

企业年金基金可以合作的信托平台较少，但是在投资信托项目的过程中，选择项目的余地还是比较大，《通知》对于可投的信托产品类型，明确要求为融资类集合资金计划，排除了各类股权投资信托，但是允许投资专为企业年金基金设计、发行的单一资金信托。允许投资单一资金信托这一条，降低了企业年金基金参与项目的门槛，年金基金投资管理人成为继银行之后，第二个能够参与单一资金信托的金融机构。

3.3 信托公司争相设立或入股基金公司

信托公司设立基金公司热情高涨

自 2012 年底资管新政实施以来，基金子公司陆续“落地”，给信托行业带来一定的竞争压力，越来越多的信托公司发起设立基金公司，并拟通过基金公司成立资管公司的模式拓展公司业务领域。2013 年 9 月，厦门信托持股 51% 的基金公司圆信永丰基金管理有限公司已通过评审会，北京国投 60% 股份发起成立的北信瑞丰基金管理有限公司正在征求意见中。截至 2013 年 11 月，89 家基金中信托控股者已达 25 家，占比 28%。其中信托持股比例超过 60% 以上的基金公司有 3 家，分别为天治基金、平安大华基金、宝盈基金，它们的股东分别为吉林省信托、平安信托、中铁信托。其中中铁信托持有宝盈基金股份甚至达到 75%。

与持有其他金融行业股份比例较小不同的是，信托公司更倾向于做基金公司的控股股东。在自 2012 年年中以来成立的基金公司中，凡是有信托公司入股的基金公司，信托公司均为控股股东。道富基金——中融国际信托持有 51% 股份；华润元大基金——华润深国投信托持股 51%；英大基金——英大国际信托持股 49%；华宸未来基金——华宸信托持股 40%；圆信永丰基金——厦门信托持股 51%；包括目前处于“已征求意见”阶段，由北京信托持股 60% 设立的北信瑞丰基金管理有限公司，以及中航信托持股 30% 主发起，目前处于“征求意见中”的嘉合基金管理有限公司，信托公司均处控股地位。由此可见，信托公司对基金业的态度并非仅是作为财务投资的利益分成者，而更希望借基金新政开拓信托业务更大的空间。

2013 年信托公司成立基金公司的热情空前高涨，因为基金公司对注册资本金的要求是相对比较低的，适合大部分信托公司的体量。加上“子公司”的新政对业务的大松绑，信托公司通过基金公司间接控制子公司的方式，可以规避部分信托业务的限制条款，更加大了信托控股基金牌照的兴趣。

表 2－17 近期成立的信托公司控股的基金公司

成立时间	基金公司	控股信托公司	持股比例	其他股东	持股比例
2013.5	道富基金	中融信托	51%	道富环球投资管理亚洲有限公司	49%
2012.12	华润元大基金	华润深国投	51%	元大宝来证券投资信托股份有限公司	49%
2012.6	英大基金	英大国际信托	49%	中国交通建设股份有限公司持股	36%
2012.3	华宸未来基金	华宸信托	40%	韩国未来资产基金管理公司	25%
	圆信永丰基金	厦门信托	51%	永丰证券投资信托股份有限公司	49%
	北信瑞丰基金	北京信托	60%	莱州瑞海投资有限公司	40%
	嘉合基金	中航信托	30%		

七成信托系基金公司设立子公司

据初步统计，25 家信托系基金公司中，已经有 17 家基金公司成立了从事特定资产管理业务的子公司，占比达七成，分别是嘉实基金、华安基金、大成基金、天弘基金、诺安基金、国投瑞银基金、信诚基金（大股东中信信托同时直接参股基金子公司）、中海基金、宝盈基金、新华基金、泰信基金、天治基金、益民基金、平安大华基金、长安基金、道富基金和华宸未来基金。其中，有多家基金公司子公司的“类信托”产品销售火爆。目前已有近 30 家信托公司直接或间接持有子公司牌照。直接持有牌照是指信托公司通过直接参股基金子公司的方式来持有牌照，这一类公司中信托公司主要扮演财务投资者的角色。信托公司直接持有股份的子公司数量也有 3 家，分别是：国泰元鑫资产管理有限公司——持股 50% 的国泰基金和持股 30% 的中投信托均为中国建银投资有限责任公司旗下企业；长城嘉信资产管理有限公司——长城基金管理有限公司持股 78%，北方国际信托持股 22%；中信信诚资产管理有限公司——信诚基金和中信信托分别持股 55% 和 45%，不过中信信托同时为持有信诚基金 49% 股份的两家大股东之一，仅从股权的角度来看，中信信托对子公司可以说居控股地位。上述基金公司涉及的信托公司分别有中诚信托、上海国投、中泰信托、天津信托、外贸信托、国投信托、中信信托、中海信托、中铁信托、新华信托、山东信托、吉林信托、重庆信托、平安信托、长安信托、中融信托、华宸信托。

上述 17 家信托系基金公司的子公司中，有 12 家为基金公司全资成立。其中，信托公司持股比例最大的基金公司是宝盈基金——中铁信托持股75%，外贸信托持股25%；绝对控股基金公司的还有中融信托、平安信托、吉林信托、国投信托。

表2-18　信托公司持股基金公司子公司情况

子公司名称	信托公司	持股比例	其他股东	持股比例
国泰元鑫资产管理有限公司	中投信托	30%	国泰基金	50%
长城嘉信资产管理有限公司	北方信托	22%	长城基金	78%
中信信诚资产管理有限公司	中信信托	45%	信诚基金	55%

4. 信托公司经营分析

中国信托业协会最新公布的2013年度信托公司主要数据显示，截至2013年末，67家信托公司管理的信托资产规模为10.91万亿元，接近11万亿元大关，再创历史新高。与2012年同期的7.47万亿元规模相比，同比增速高达46%。

截至2013年末，67家信托公司实现经营收入832.60亿元，相比2012年末的638.42亿元，同比增长30.42%；相比2013年三季度末的539.39亿元，环比增长54.36%。其中：实现信托业务收入611.43亿元，相比2012年末的471.93亿元，同比增长29.56%；相比2013年三季度末的398.71亿元，环比增长53.35%。就信托业务收入占经营收入的比例而言，自2010年底首次超过50%以来（58.76%），已经连续三年保持在70%以上，2013年三季度占比为73.92%；同时，信托公司实现的平均年化综合信托报酬率也一直比较平稳地保持在0.7%~0.8%，2013年三季度为0.76%。这说明信托公司主营信托业务的盈利模式得到持续巩固。

4.1　主要财务指标平稳增长

资本利润率

根据2013年信托公司公开信息披露统计，信托行业平均资本利润率为20.90%，比上年上升了2.65个百分点，经历了2008和2009年度的连续下跌之后，2010、2011、2012年信托公司资本利润率已实现连续三年持续回升，并且回升的幅度逐年增大。

从资本利润率排名来看，中铁信托的总资本利润率达到了64.26%，从上年度总资本利润率排名第二的位置跃升为首位。纵观信托行业整体情况，各公司资本利润率离散程度有所下降，从数据分布的离散程度来看，标准差为10.46%，变异系数为0.50，这两个指标比上年度有了大幅度下降，甚至变异系数达到了2007年以来的最低值。

表2－19 信托公司资本利润率统计分析表

指标 \ 年份	2008	2009	2010	2011	2012
平均值（%）	14.53	12.07	14.61	18.25	20.90
平均值增长（%）	－9.49	－1.56	1.64	3.64	2.65
公司数目	47	49	53	61	65
最大值（%）	39.87	63.22	67.48	97.77	64.26
最小值（%）	0.58	－63.03	3.10	0.78	4.04
标准差（%）	10.44	14.57	9.52	13.49	10.46
变异系数	0.71	1.08	0.65	0.74	0.50

2010年资本利润率在15%～30%的公司为24家，2011年在此范围的公司达到了29家，2012年则达到了34家。也就是说，2012年信托行业的中坚阵营仍然在持续成熟和扩大。信托公司资本利润率的水平与公司注册资本的规模密切相关，在2013年1月排名第一的中铁信托，其注册资本规模由12亿元变更为20亿元，势必会对其资本率产生影响。因此，信托公司在追求增资扩股、壮大公司实力的同时，也应考虑到其对资本利润率的影响。

从资本利润率增幅来看，资本利润率增幅前五名的公司为五矿信托（22.07%）、四川信托（21.83%）、山东国信（19.04%）、中铁信托（16.10%）以及大业信托（13.56%）（注：信托公司名后的数字为资本利润率增幅）。其中，中铁信托此番是连续三年增幅进入行业前五名。另外，资本利润率增幅后五名的公司为陆家嘴信托（－66.90%）、爱建信托（－10.49%）、吉林信托（－9.31%）、新华信托（－7.67%）以及中融信托（－6.88%）。在这5家公司中，只有中融信托来自2011年涨幅后五名阵容，其他4家都是2012年新进入的。其中，陆家嘴信托为2011年度资本利润率排名第一，基数较高，导致2013年该指标大幅度回调。

资本利润率的稳定程度来看，资本利润率最稳定的前三家信托公司分别是：华宸信托（变异系数为0.05）、中海信托（变异系数为0.06）以及中诚信托（变异系数为0.07）。

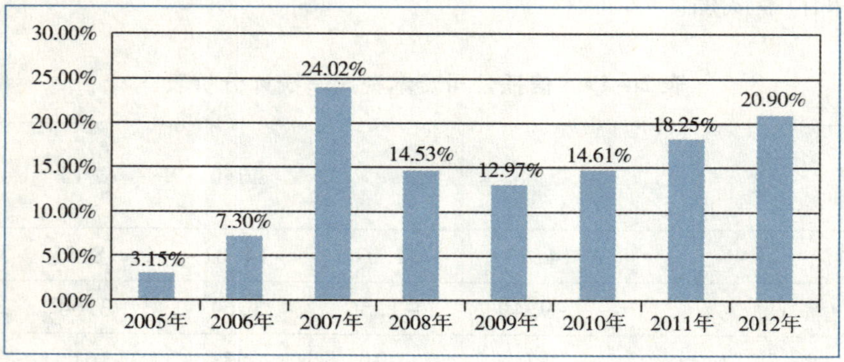

图2-4　2005—2012年信托公司平均资本利润率

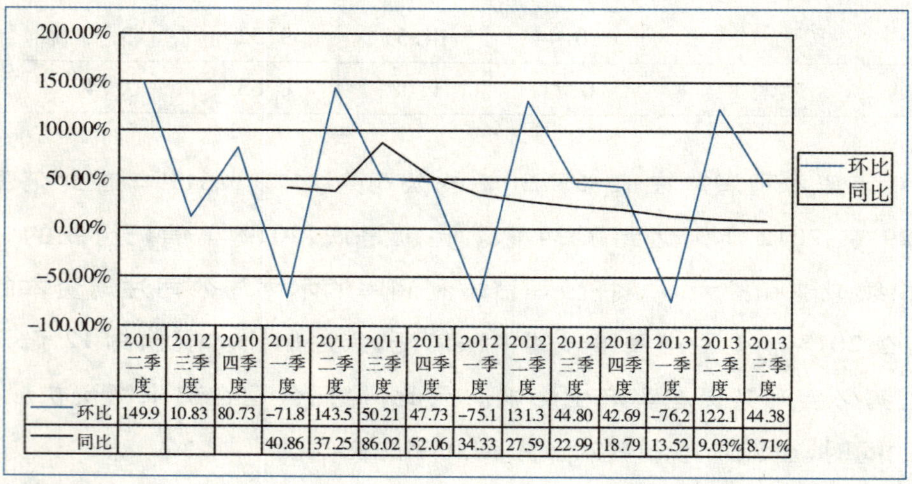

图2-5　净资产收益率增长率

表2-20　资本利润率前十位信托公司

序号	公司简称	资本利润率
1	中铁信托	64.26%
2	四川信托	43.74%

续表

序号	公司简称	资本利润率
3	长安国信	41.96%
4	大业信托	39.10%
5	五矿信托	38.39%
6	中融信托	37.34%
7	方正信托	36.47%
8	山东国信	32.67%
9	中信信托	31.80%
10	陆家嘴信托	30.87%

信托报酬率

据统计，2013年信托行业平均信托报酬率为0.97%，比上年下降了0.08个百分点。可以发现，在经历了2006年和2007年的超速增长之后，信托行业平均信托报酬率正在逐年下降。

从信托报酬率分布的离散程度来看，信托报酬率分布的标准差（0.54%）比上年（0.76%）略有下降，变异系数下降0.16。这说明，全行业信托报酬率的差距有所减小。样本公司中，大部分公司（33家）的信托报酬率水平低于1%。其中，有9家公司（占全体公司数量的17.3%）的信托报酬率低于0.5%。可以发现，信托报酬率低于0.5%的公司数量与2011年数量持平。

表2－21　信托公司信托报酬率的统计分析表

指标＼年份	2008	2009	2010	2011	2012
平均值（%）	1.08	0.86	0.69	1.05	0.97
平均值增长幅度（%）	－0.21	－0.22	－0.17	0.36	－0.09
公司数目	47	37	42	49	52
最大值（%）	7.40	5.46	2.03	4.10	2.65
最小值（%）	0.11	0.11	0.07	0.25	0.22
标准差（%）	1.12	0.88	0.49	0.76	0.54
变异系数	1.04	1.02	0.71	0.73	0.56

从信托报酬率排名来看，信托报酬率表现比较优异的信托公司前五名为：工商信托（2.65%）、爱建信托（2.24%）、新华信托（2.00%）、华信信托（1.88%）以及苏州信托（1.75%）。其中，爱建信托与工商信托上年度也位列前五名。2011年度前五名中的云南国信和西部信托等则跌出了前五名。同时，在2011年，信托报酬率超过1%的信托公司达到16家，到了2012年度则增加到19家。信托报酬率的高低，某种程度上也体现了公司市场化程度的高低。一般来说，背靠国有大型企业或中央企业的公司，往往拥有更多的股东资源的支持，在业务开展中，若这类业务的比例过高，则会相应降低公司信托报酬率水平。

从信托报酬率增幅来看，信托报酬率增幅前五名的公司为：新华信托（1.00%）、湖南信托（0.91%）、华信信托（0.64%）、华宸信托（0.57%）以及陆家嘴信托（0.43%）。

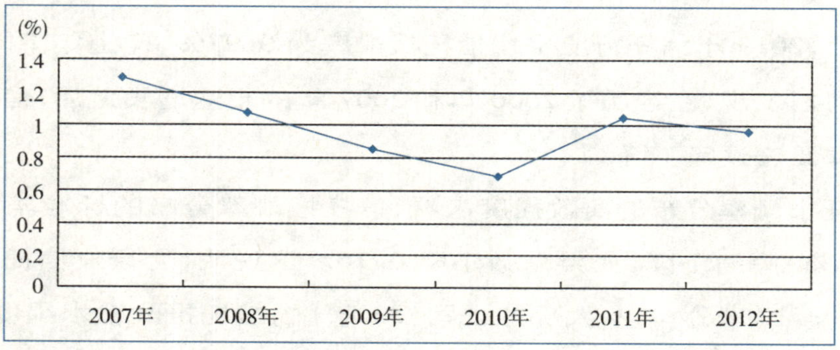

图2－6　信托公司信托报酬率变动图

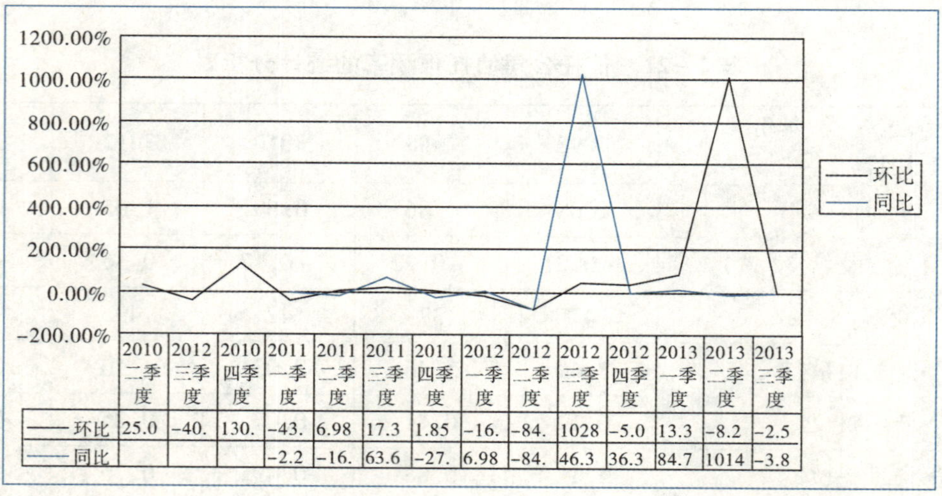

	2010二季度	2012三季度	2010四季度	2011一季度	2011二季度	2011三季度	2011四季度	2012一季度	2012二季度	2012三季度	2012四季度	2013一季度	2013二季度	2013三季度
环比	25.0	-40.	130.	-43.	6.98	17.3	1.85	-16.	-84.	1028	-5.0	13.3	-8.2	-2.5
同比				-2.2	-16.	63.6	-27.	6.98	-84.	46.3	36.3	84.7	1014	-3.8

图2－7　信托报酬增长率

表 2－22　信托报酬率前十位信托公司

序号	公司简称	信托报酬率
1	工商信托	2.65%
2	爱建信托	2.24%
3	新华信托	2.00%
4	华信信托	1.88%
5	苏州信托	1.75%
6	东莞信托	1.68%
7	中融信托	1.63%
8	浙商金汇	1.63%
9	大业信托	1.60%
10	湖南信托	1.54%

人均净利润

从 2013 年度的年报披露情况来看，信托行业平均人均净利润为 372.76 万元，比上年上升 61.45 万元，上升率为 19.74%，比上年度的 11.71% 的增长率上升了 8.04 个百分点。自 2010 年以来，信托公司人均净利润的行业平均值已经连续经历了 3 年增长。

从人均净利润的统计分析来看，只有江苏国信和重庆国信两家公司的人均净利润超过 1000 万元。其中，江苏国信实现了高达 1559.15 万元的人均净利润，超出了第三名中诚信托 69.76%。从数据分布的离散程度来看，2012 年人均净利润分布的变异系数（0.66）比 2011 年变异系数（0.79）有所下降，说明 2012 年度信托公司人均利润的分布更趋于平均。

表 2－23　信托公司人均净利润的统计分析表

指标＼年份	2008	2009	2010	2011	2012
平均值（万元）	245.74	255.38	278.68	311.30	372.76
平均值增长幅度（万元）	－150.70	9.64	23.30	32.62	61.45
平均值增长率（%）	－38.17	3.92	9.12	11.71	19.74
公司数目	47	49	53	61	65

续表

指标 \ 年份	2008	2009	2010	2011	2012
最大值（万元）	1031.00	1472.81	1226.51	1361.32	1559.15
最小值（万元）	8.46	-543.34	28.79	12.22	61.83
标准差（万元）	245.39	291.67	251.10	246.07	247.48
变异系数	0.98	1.14	0.90	0.79	0.66

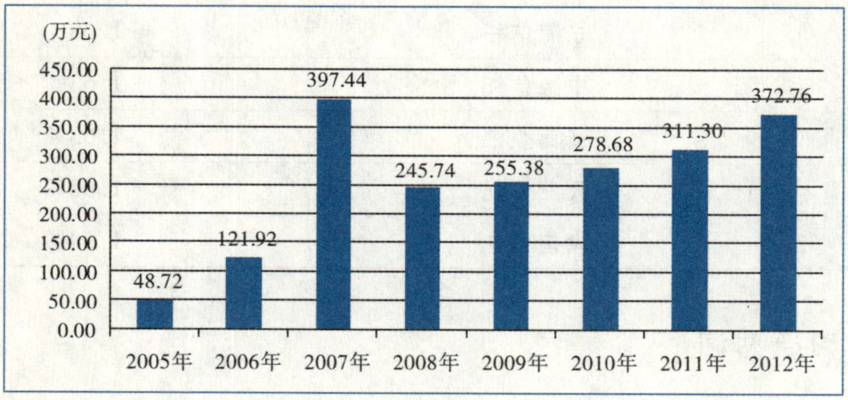

图2-8　信托公司人均净利润历年变动趋势图

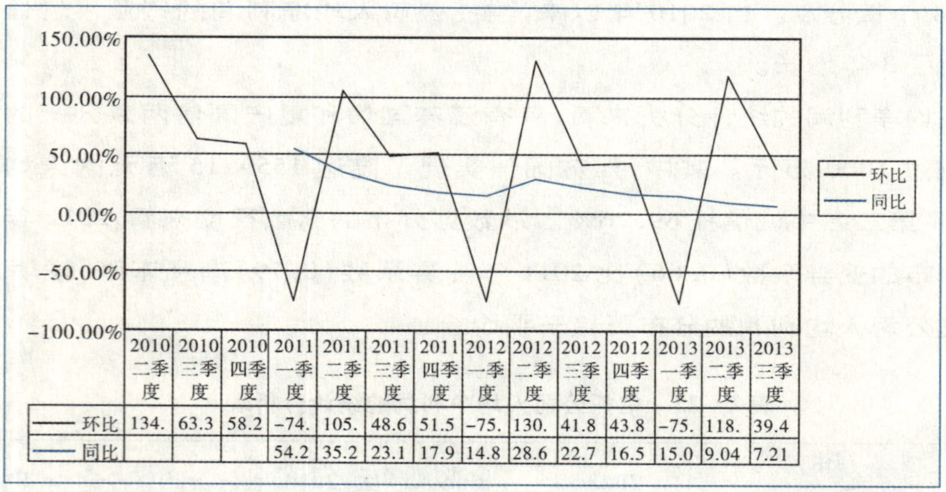

图2-9　信托公司人均利润增长率

从人均净利润排名来看，人均净利润表现比较优异的信托公司前五名为：江苏国信（1559.15万元）、重庆国信（1027.64万元）、中诚信托（918.45万元）、中铁信托（771.00万元）以及中海信托（733.89万元）。与上年相比，前五名公司的组成变化不大，其中陆家嘴信托由第5名跌至第60名。同时，可以发现，2010年有33家信托公司的人均净利润达到了150万元以上，2011年实现150万元以上的公司达到了46家，到了2012年，这个数字继续增加到了56家。

需要指出的是，信托公司要协调好人均净利润与人员规模的关系。近几年，信托公司忙于增资的同时，伴随业务的爆发式增长，也在大规模引进人才，招兵买马，扩大规模，2012年平均人员规模已经达到175人。但显而易见的是，人员增加后，短期之内势必降低人均净利润水平，例如连续蝉联人均净利润排名榜前几位的江苏国信、重庆国信，其公司员工分别只有71和83人。重组后的陆家嘴信托员工数由53人增至104人，使其人均净利润水平由2011年的第1名降至2012年的第60名。由此，信托公司在扩张业务、充实人员的同时，也要努力保证业务规模和盈利能力保持一个基本同步增长，兼顾公司实际发展需求和现状，避免公司该项指标短期出现过于急剧的下滑，影响经营业绩。

表2-24　人均净利润前十位信托公司　　单位：万元/人

序号	公司简称	人均净利润
1	江苏国信	1559.15
2	重庆国信	1027.64
3	中诚信托	918.45
4	中铁信托	771.00
5	中海信托	733.89
6	中信信托	675.50
7	外贸信托	655.55
8	山东国信	605.29
9	华信信托	574.83
10	华润信托	550.63

4.2　信托资产规模突破10万亿元

信托资产规模

根据信托业协会最新统计数据，截至2013年末，全行业管理信托资产规模接近11万亿元，达到109071.11亿元。2012年，信托行业平均信托资产规模为

11314315 万元，比 2011 年上升了 3737757 万元，上升率为 49.33%。自 2004 年以来，信托公司的信托资产规模每年都有大幅度的提升，平均每年提升 40% 以上，2009 年以来，每年的提升幅度逐渐变小。但是，在近五年中，除了 2008 年外，2009—2012 年信托资产平均值均实现了 45% 以上的增幅。

根据 2013 年信托公司公开披露信息统计，只有 5 家公司缩减了信托资产规模，与上年的 6 家基本持平。另外，中信信托自 2011 年创下自 2004 年以来单个公司年度信托资产规模的最高纪录 39996932 万元后，2012 年继续以 19137982 万元的增幅刷新了该项记录，信托资产规模达到历史新高 59134914 万元。从信托资产规模分布的平均程度来看，虽然，2012 年信托资产规模分布的标准差（9911516 万元）比 2011 年（7208211 万元）略有上升，但是，变异系数却持续下降，从 2011 年的 0.95 下降到 2012 年的 0.88。值得注意的是，2008 年到 2012 年期间，信托资产规模的变异系数持续下降，这说明近五年全行业的信托资产规模不仅水平有较大幅度的提高，而且分布更加趋于平均化。

综上所述，在平均信托资产规模持续增加的同时，各信托公司之间在资产规模上的差异性越来越小。

表 2－25　信托公司信托资产规模的统计分析表

指标＼年份	2008	2009	2010	2011	2012
平均值（万元）	2446206	3600569	4989064	7576558	11314315
平均值增长幅度（万元）	558795	1482663	1680681	2797030	3737757
平均值增长率（%）	28.85	60.57	45.84	56.98	49.33
公司数目	50	51	55	62	66
信托资产缩减的公司数	13	6	7	6	4
最大值（万元）	16077930	20678079	33279077	39996932	59134914
最小值（万元）	7510	1013	326089	438216	260295
标准差（万元）	3127551	4322218	5740773	7208211	9911516
变异系数	1.28	1.12	1.06	0.95	0.88

与上年相比，信托资产规模排名前五名的公司变化较大，只有中信信托和中诚信托继续位居前五。2011 年分别排名第 2 名、第 4 名和第 5 名的外贸信托、平安信托和英大信托，在 2012 年分别跌至第 7 名、第 9 名和第 10 名。而建信信托、

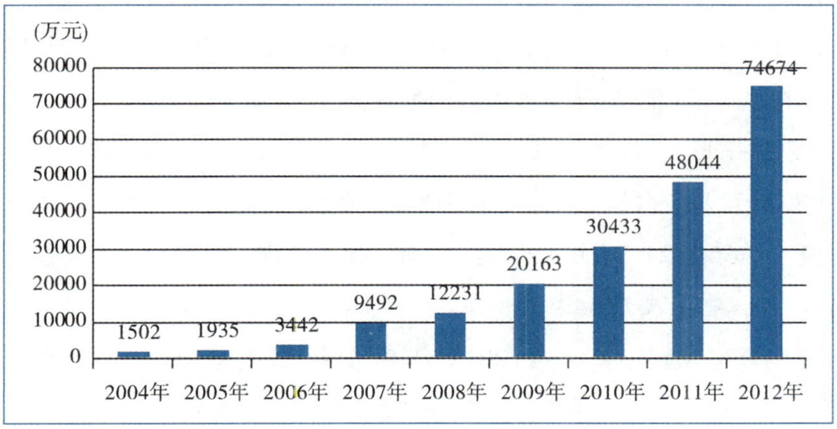

图 2－10　信托资产规模历年变动趋势图

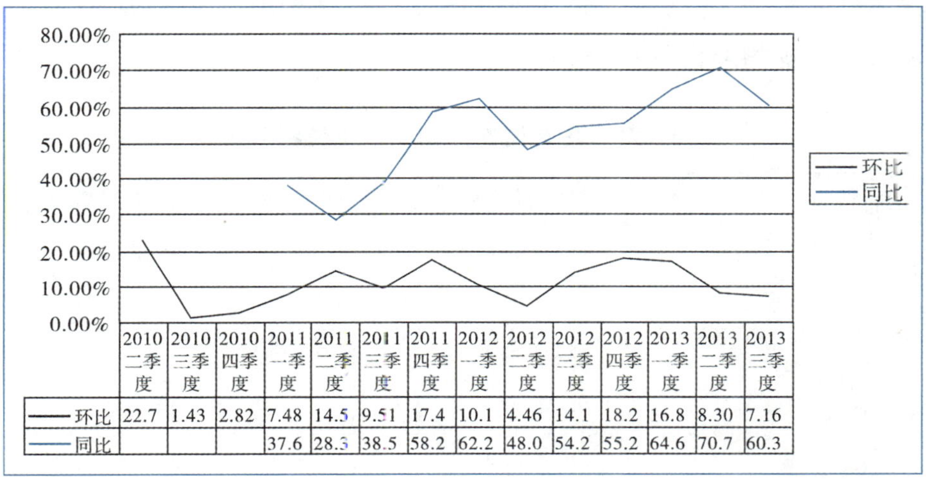

	2010二季度	2010三季度	2010四季度	2011一季度	2011二季度	2011三季度	2011四季度	2012一季度	2012二季度	2012三季度	2012四季度	2013一季度	2013二季度	2013三季度
环比	22.7	1.43	2.82	7.48	14.5	9.51	17.4	10.1	4.46	14.1	18.2	16.8	8.30	7.16
同比				37.6	28.3	38.5	58.2	62.2	48.0	54.2	55.2	64.6	70.7	60.3

图 2－11　信托资产增长率

兴业信托和中融信托则在 2012 年度跻身前五名的阵营。

同时，可以发现，2012 年度信托资产规模达到 1000 亿元以上的公司为 32 家，是 2011 年度的 15 家的 2 倍多，是 2010 年的 4 倍多。另外，信托资产规模达到 500 亿元以上的公司，2009 年有 12 家，2010 年增长到 21 家，2011 年增长到 33 家，2012 年则达到了创纪录的 47 家。

从信托资产增长幅度来看，2012 年度信托资产增长幅度前五名分别为：中信信托（19137982 万元）、兴业信托（18527191 万元）、建信信托（16005056 万元）、长安国信（13731384 万元）以及中融信托（12531765 万元）。与 2011 年相比，信托资产增长前五名的变化较大，其中，仅有建信信托和兴业信托依然保持了高速增长，继续跻身前五名的行列。而2011年增幅排名第一的外贸信托更是以2358898万元的跌幅降至信托资产增幅倒数第二位。

2012年度信托资产增幅后五名分别为：中海信托（－2436178万元）、外贸信托（－2358898万元）、吉林信托（－1810098万元）、粤财信托（－1211254万元）以及渤海信托（－660321万元）。其中，粤财信托曾在2011年度位列信托资产年度增幅第5名，增幅7677843万元。

从信托资产规模增长率来看，2012年度信托资产规模增长率前五名的公司为：云南国信（438.92%）、中粮信托（239.92%）、五矿信托（225.01%）、西藏信托（219.82%）以及甘肃信托（207.67%）。其中，西藏信托在2011年度也增长了442.20%，位列该年度增长率第5位。另外，信托资产规模增长率后五名的公司为：吉林信托（－28.69%）、中海信托（－16.22%）、外贸信托（－9.88%）、粤财信托（－6.82%）以及渤海信托（－6.17%）。

表2－26　信托资产规模前十位信托公司　　单位：万元/人

序号	公司简称	信托资产规模
1	中信信托	59134914
2	建信信托	35077677
3	兴业信托	33604934
4	中融信托	29948632
5	中诚信托	27136746
6	长安国信	21868195
7	外贸信托	21518618
8	华宝信托	21253161
9	平安信托	21202473
10	英大信托	20228461

4.3　盈利能力实现跨越式增长

营业收入

据分析，2013年信托行业整体经营业绩仍会呈现较大幅度的增长。主要是存续信托项目在过去的两年中仍飞速增长，为信托公司贡献了较大利润。例如某信托公司已披露未经审计 2013 年报显示，该公司 2013 年营业收入与 2012 年同期相比增长 32.26%。其中手续费收入与 2012 年同期相比增加 28.61%。

截至 2013 年三季度末，信托行业共实现营业收入 539.39 亿元，同比增长 34.70%，环比增长 53.70%。2012 年，信托行业共实现营业收入 639 余亿元，平均每家信托公司营业收入为 96936 万元，比 2011 年增长 28919 万元，上升了 42.52%。自 2004 年以来，信托公司的营业收入在 2007 年上升幅度最大，上升了 21694 万元，上升比例为 158.76%；在 2008 年下跌幅度最大，下跌了 1163 万元，下跌比例为 3.32%。

在 2007 年，单个信托公司的营业收入为较高的 259269 万元，之后，年度高点在 2008 年降为 200481 万元，在 2009 年则小幅回升至 207486 万元，2010 年继续上升为 238640 万元。2012 年出现了历史最高的营业收入——中信信托创造的 447433 万元。

2004 年以来，各个信托公司的营业收入的最小差异出现在 2005 年，变异系数为 0.78；在 2007 年，该变异系数上升到最大，为 1.42；然后，逐渐下降，到 2011 年下降为 1.03，2012 年为 0.86。这表明，2007 年以来信托公司之间的营业收入差异正在逐渐缩小。

表 2－27 信托公司营业收入统计分析表

指标＼年份	2008	2009	2010	2011	2012
平均值（万元）	32651	35446	44036	68262	96936
均值增长额度（万元）	－1163	5870	13681	23881	28919
公司数目	51	57	64	63	66
最大值（万元）	200481	207486	238640	374684	447433
最小值（万元）	395	33	6082	1626	4161
标准差（万元）	39216	40566	51785	70489	83753
变异系数	1.20	1.05	1.02	1.03	0.86

从营业收入排名来看，营业收入最大的信托公司前五名为：中信信托（447433 万元）、中融信托（375549 万元）、平安信托（372806 万元）、中诚信托（269294 万元）以及华润信托（207210 万元）。与 2011 年相比，前五名公司的组

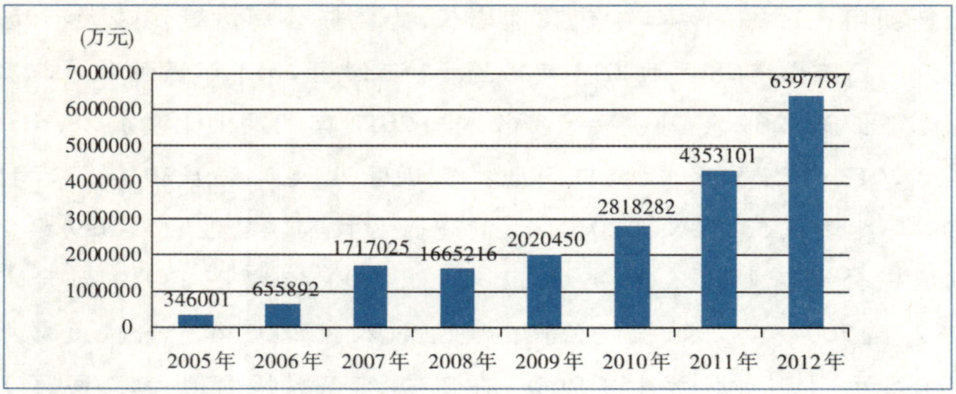

图 2-12　信托公司营业收入历年变动趋势图

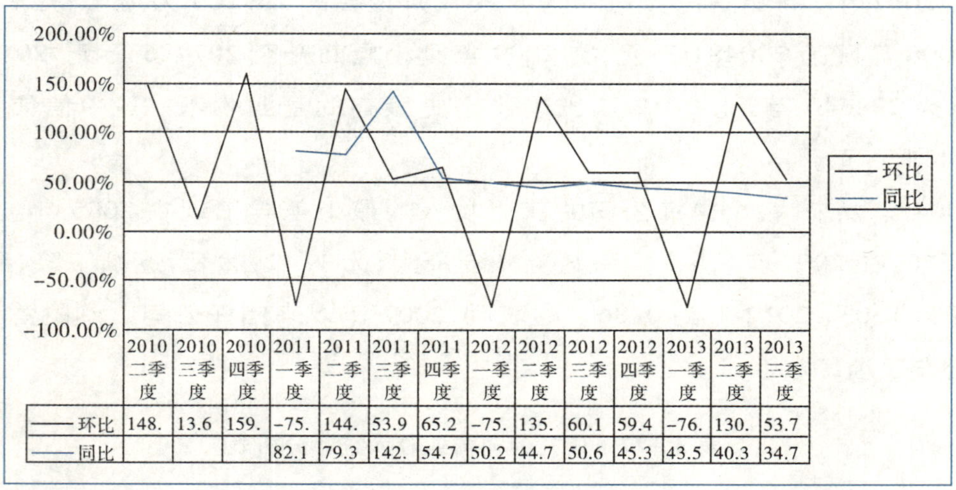

图 2-13　营业收入增长率

成相同。

同时，可以发现，2009 年营业收入达到 5 亿元以上的公司只有 12 家，而 2010 年则增长到 16 家，2011 年增加到 27 家，2012 年达到了 47 家。

从营业收入增幅来看，2012 年度有 1 家公司增幅在 10 倍以上，有 17 家公司增幅在 1 倍以上，营业收入增长率前五名的公司为：陆家嘴信托（1613.10%）、甘肃信托（456.41%）、西藏信托（303.25%）、紫金信托（218.18%）以及方正信托（212.77%）。不过，上述 5 家公司虽然增幅很大，但是，只有方正信托 1 家公司的营业收入进入前 40 名，其他 4 家公司的营业收入仍然处于行业排名后端。

另外，在 2011 年度有 5 家信托公司的营业收入增长为负值，而在 2012 年度，所有 66 家公司的营业收入均实现了正值增长。

表 2－28 营业收入前十位信托公司 单位:万元

序号	公司简称	营业收入
1	中信信托	447433
2	中融信托	375549
3	平安信托	372806
4	中诚信托	269294
5	华润信托	207210
6	长安国信	180183
7	华融国信	167851
8	外贸信托	164869
9	四川信托	150898
10	兴业信托	144525

利润总额

2013 年信托业实现利润水平，应持续高增长态势。据某信托公司网站披露的 2013 年度未经审计信息显示，该公司 2013 年实现利润总额比 2012 年同期增长 33.07%，税后利润同比增长 32.35%。另一家上市信托公司由于本报告期对持有至到期投资计提的资产减值准备较多，导致利润较上年同期增幅较小。该公司利润总额同比增长 20%，净利润同比增长 19.56%。

截至 2013 年三季度末，全行业共实现利润总额 389.84 亿元，同比增长 35.3%，环比增长 51.2%。2012 年，信托行业共实现利润 448.3 亿元，平均每家信托公司利润总额为 67931 万元，比 2011 年上升了 68.78%。自 2004 年以来，信托公司的利润总额在 2007 年的上升幅度最大，上升了 26759 万元，上升比例为 273.66%；在 2008 年下跌幅度最大，下跌了 10392 万元，下跌比例为 28.81%。

单个信托公司的利润总额年度最高点在 2008 年大幅降为 140906 万元，在 2009 年则小幅回升为 147981 万元，2010 年继续回升为 151189 万元，2011 年则大幅上升到 256055 万元，2012 年更是高达 360599 万元。

2004 年以来，各个信托公司的利润总额差异度的最大取值出现在 2004 年，变异系数为 1.49，2005 和 2006 年两年变异系数下降之后，2007 年变异系数增长为 1.29，之后逐年下降，在 2011 年达到 0.97，在 2012 年取得史上最低值 0.86。这表明，2007 年以来信托公司之间的利润总额差异度在逐渐缩小。

表 2－29　信托公司利润总额统计分析表

指标＼年份	2008	2009	2010	2011	2012
平均值（万元）	24618	26001	30892	46889	67931
均值增长额度（万元）	－10392	3769	8850	15734	21207
公司数目	51	57	64	63	66
利润总额为负的公司数	1	1	0	0	0
最大值（万元）	140906	147981	151180	256055	360599
最小值（万元）	－4758	－14444	1313	841	1658
标准差（万元）	31445	30354	36006	45706	58741
变异系数	1.28	1.07	1.00	0.97	0.86

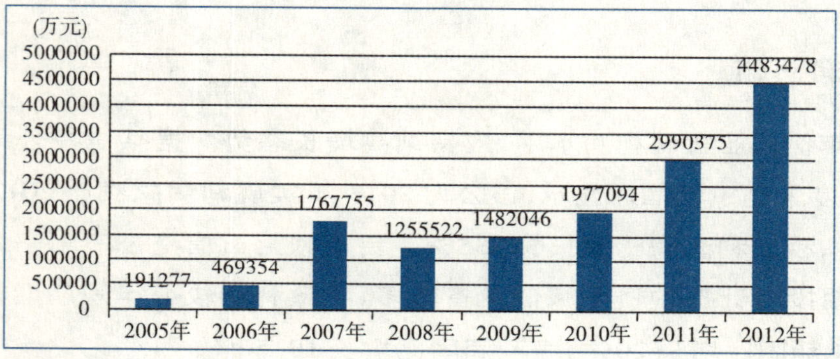

图 2－14　信托公司利润总额历年变动趋势图

2008 年以来，净利润与利润总额在绝对值上的差距逐年增大，但是，净利润占利润总额的比例保持在 0.80～0.85。到 2010 年该比值达到 0.81，2011 年小幅下降到 0.78%。2007 年以来，信托公司之间利润总额的变异系数与净利润的变异系数基本呈逐年下降趋势。而且，两个指标变异系数之间的距离越来越小，到 2010 年信托公司利润总额分布的离散程度基本与净利润分布的离散程度基本相同，分别是 1.00 和 1.01，到了 2011 年则两个数据都是 0.97。

2009 年利润总额达到 5 亿元以上的公司有 9 家，而 2010 年增长到 13 家，2011 年则增长到 20 家，2012 年达到 35 家。2009 年净利润达到 1 亿元以上的公司有 40 家，2010 年增长到 46 家，2011 年则增长到 54 家，2012 年达到 63 家。净利润在 10 亿元以上的公司数目在 2010 年、2011 年以及 2012 年分别是 4 家、5 家

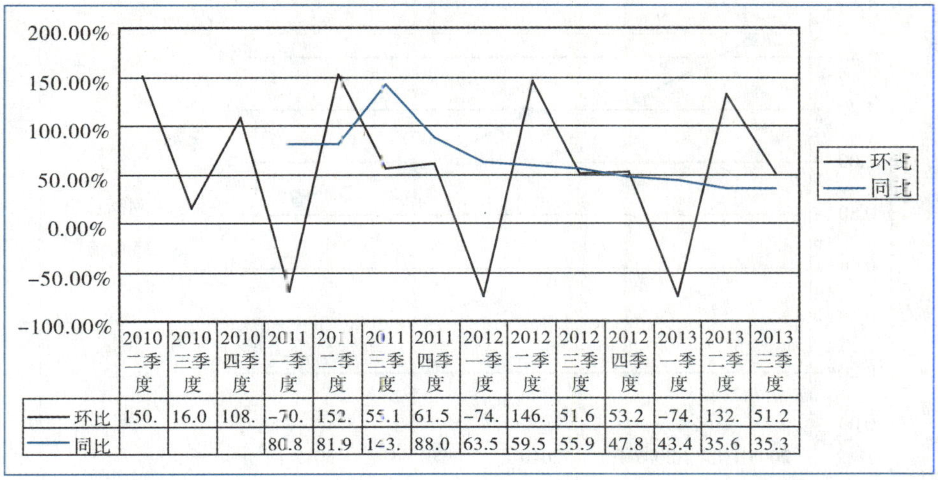

图 2 -15 利润总额增长率

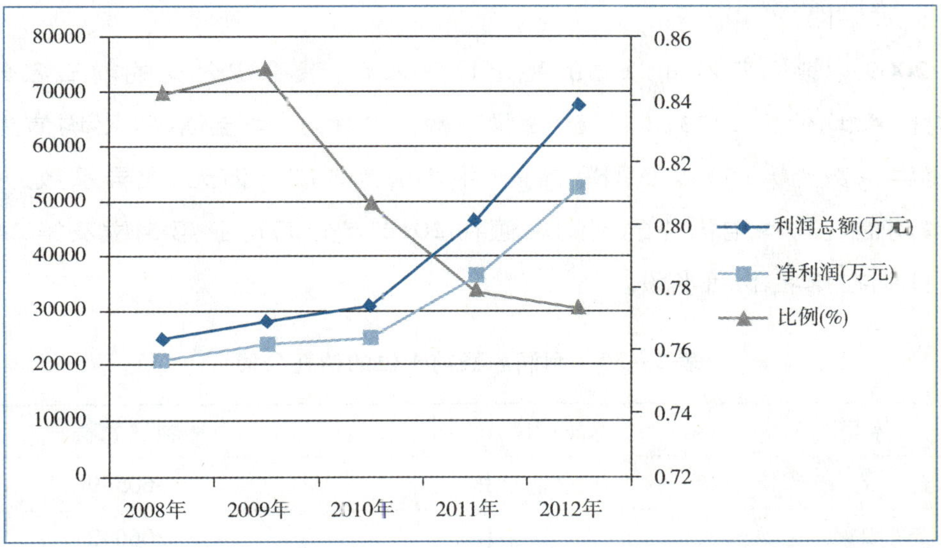

图 2 -16 信托公司利润总额与净利润平均值比较

和 7 家。

从利润总额增长率来看，利润总额增幅前五名的公司为：甘肃信托（2060.15%）、方正信托（318.42%）、西藏信托（283.27%）、兴业信托（273.51%）以及紫金信托（218.68%）。上述 5 家公司，利润总额在 2012 年排名最高的为兴业信托（第 13 名），其他公司排名都在后半段。

另外，有 3 家公司的营业利润出现下滑，分别是吉林信托（-44.01%）、安信信托（-13.37%）以及陆家嘴信托（-1.94%）。这 3 家公司的利润总额在排名

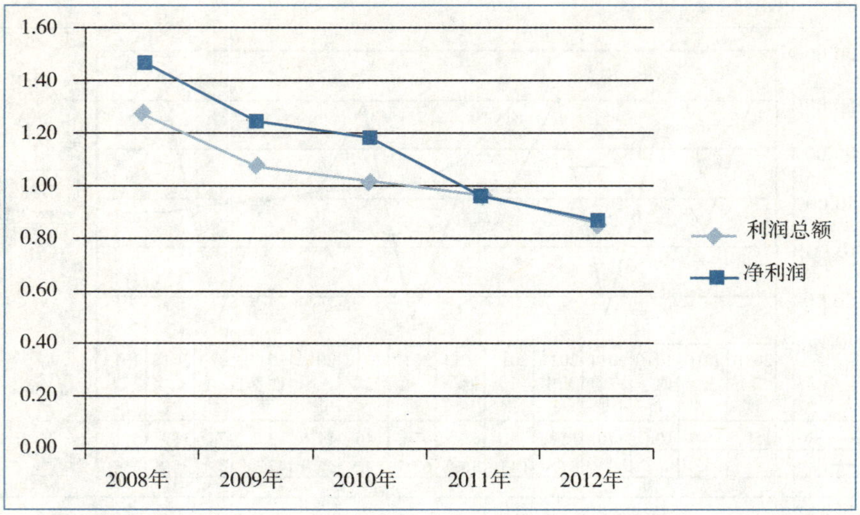

图 2－17　信托公司利润总额与净利润变异系数的比较

中也处于后半段。

从 2009 以来各年利润总额的稳定程度来看，最稳定公司的前三名分别是：华润信托（平均值为 147312 万元，变异系数为 0.10）、华宝信托（平均值为 59013 万元，变异系数为0.15）以及国联信托（平均值为 33279 万元，变异系数为0.15）。其中，华润信托与华宝信托的利润总额在 2012 年分居行业第 5 位及第 24 位，而国联信托则在排名的后半段。

表 2－30　利润总额前十位的信托公司　　单位：万元

序号	公司简称	利润总额
1	中信信托	360599
2	中诚信托	206042
3	中融信托	202291
4	平安信托	184947
5	华润信托	161938
6	外贸信托	138321
7	江苏国信	117552
8	上海国信	113766
9	四川信托	111661
10	重庆国信	107257

4.4 信托公司投资能力持续增加

截至2012年末，信托公司融资类信托资产共计3.65万亿元，占比48.87%，投资类信托资产总计2.68万亿元，占比35.84%，事务管理类信托资产共计1.14万亿元，占比15.285%。近三年来，融资类信托资产占比持续减少，而投资类信托资产则连年增加，说明信托公司更加注重自身资产管理能力的培育，逐渐摆脱对信托资产简单债权运用的模式。

表2-31 近三年信托资产功能统计表 单位：万亿元

指标 / 年份	融资类		投资类		事务管理类	
	规模	占比	规模	占比	规模	占比
2012	3.65	48.87%	2.68	35.84%	1.14	15.28%
2011	2.48	51.44%	1.72	35.81%	0.61	12.75%
2010	1.79	59.01%	0.73	23.87%	0.52	17.11%

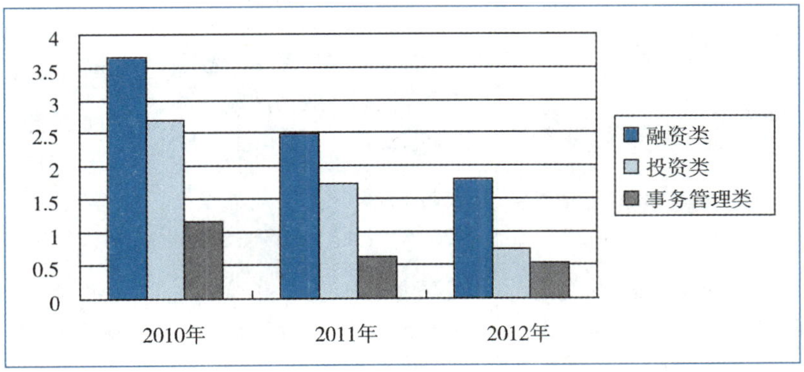

图2-18 信托资产功能分布变动图

4.5 风控能力持续加强，不良资产小幅反弹

信托公司净资本分析

净资本管理既有控制“小马拉大车”无意中出现的管理能力与风控能力不相匹配的问题，也有防止个别公司为追逐眼前利益而恶意“违规超载”的现象，同时更有引导信托公司尽快实现从“广种薄收”“以量取胜”片面追求规模的粗放式

经营模式，向“精耕细作”、提升业务科技含量和产品附加值内涵发展的经营模式升级转型的深层考量和战略意图。2012 年全部 66 家信托公司中披露净资本值的只有 35 家，详细披露净资产和各项业务风险资本的公司更是寥寥无几。《信托公司净资本管理办法》是对信托公司重要的管理法规，其中对信息披露有明确要求，信托公司应当在年度报告中披露净资本、风险资本以及风险控制指标等情况，目前信托公司披露的状况尚未达到监管要求，如不及时更正，将使法规形同虚设，提升信托公司的风险管理水平更无从谈起。

《信托公司净资本管理办法》中明确规定信托公司净资本不得低于人民币 2 亿元。目前披露净资本值的 35 家公司中，此项风险控制指标均达标，净资本值最低的是甘肃信托 9 亿元，最高的是平安信托 124 亿元，披露公司平均净资本 21 亿元。另规定净资本不得低于各项风险资本之和的 100%，净资本不得低于净资产的 40%。这两项指标中，华能贵诚净资本占各项业务风险资本之和的比重是 103.36%，刚刚达标，排名最后，在净资本占净资本比重指标中也以 75.3% 的比例在披露公司中排名倒数第三，需着重加强公司净资本管理。

表 2－32　2012 年度风险控制指标排名

指标 排名	净资本前三名	净资本后三名	净资本/各项业务风险资本之和前三名	净资本/各项业务风险资本之和后三名	净资本/净资产前三名	净资本/净资产后三名
第一名	平安信托（1241162）	甘肃信托（99279）	长城新盛（996.81%）	华能诚贵（103.36%）	外贸信托（94.25%）	中信信托（63.11%）
第二名	华润信托（855829.9）	云南信托（105839）	国民信托（604.55%）	中航信托（112.69%）	交银国信（93.70%）	陕西国信（72.45%）
第三名	中诚信托（720200）	国民信托（132386）	华信信托（403.15%）	长安信托（124.4%）	长城新盛（92.01%）	华能贵诚（75.3%）

注：括号内数值单位为万元。

不良资产分析

从整体来看，信托行业自营业务平均不良资产规模为 2473 万元，较 2011 年有所下降，2011 年度不良资产最大值首次超过 10 亿元的中信信托也降低到了 70731 万元。从 2007 年至今的趋势来看，信托行业不良资产规模逐渐降低，整体资产质量不断提升。

表 2－33 信托公司不良资产规模的统计分析表

指标＼年份	2007	2008	2009	2010	2011	2012
平均值（万元）	5877	5272	3183	2987	3357	2473
平均值增长幅度（万元）	－3318	－605	－2089	－196	370	－884
平均值增长率（%）	－36.08	－10.29	－39.62	－6.15	12.39	－26.33
公司数目	46	49	49	52	64	66
不良资产缩减的公司数	30	23	28	20	21	11
最大值（万元）	34018	32600	32600	37300	103484	70731
最小值（万元）	0	0	0	0	0	0
标准差（万元）	7972	7809	5909	7074	14087	9679
变异系数	1.36	1.48	1.86	2.37	4.20	3.91

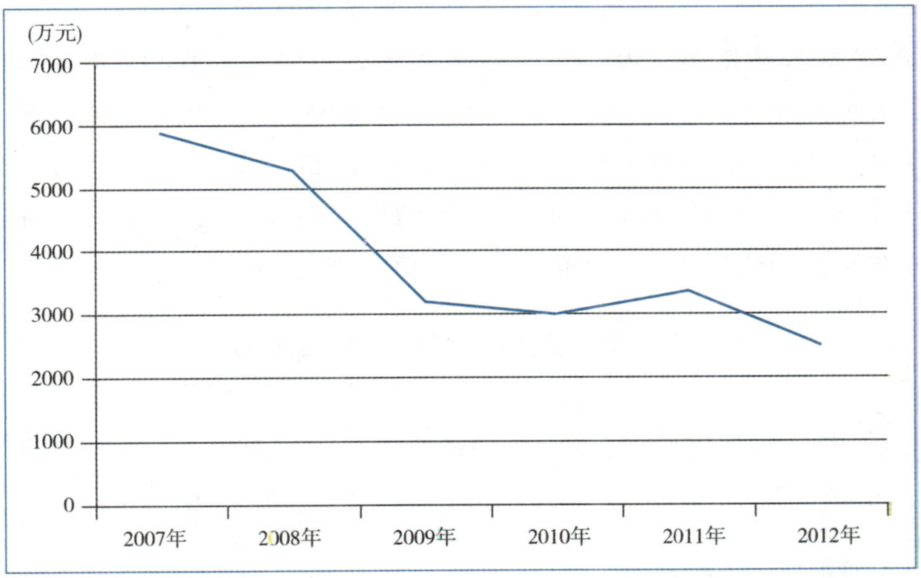

图 2－19 信托公司平均不良资产规模变动趋势

从不良资产率来看，66 家公司平均不良资产率为 1.3%，较上年上升 0.93%。与不良资产规模类似，不良资产率的公司间差异更加明显，体现为变异系数从5.08扩大为 7.83。

表 2 - 34　信托公司不良资产率的统计分析表

指标＼年份	2007	2008	2009	2010	2011	2012
平均值（%）	4.50	4.04	2.44	1.89	2.23	1.3
平均值增长率（%）	-1.64	-0.46	-1.60	-0.54	0.34	0.93
公司数目	46	49	49	54	64	66
不良资产率缩减的公司数	32	25	24	20	22	7
最大值（%）	33.69	67.42	93.63	79.51	83.47	80.29
最小值（%）	0.00	0.00	0.00	0.00	0.00	0.00
标准差（%）	8.43	10.55	16.63	11.91	11.35	10.18
变异系数	1.87	2.61	6.82	6.29	5.08	7.83

在不良资产规模公司分布中，2012 年不良资产亿元以上公司逐步缩减到 2 家，占全部信托公司数的 3.03%，其不良资产占到总和的 65.04%。2012 年 38 家公司没有不良资产公司，占全部公司数的 58.58%，这一比例大大高于 2009 年的 16 家（31.37%）以及 2008 年的 12 家（25%）。全部资产质量优良的信托公司大幅提升，带动信托行业良性发展，运营风险逐步降低。总的来看，信托公司不良资产分布两极分化严重，需对重点企业加强监管。

表 2 - 35　信托公司不良资产规模分布

不良资产规模分布	1 亿元及以上	0～1 亿元	0 元	总计
公司数目	2（3.03%）	26（39.39%）	38（57.58%）	66
不良资产规模合计（万元）	106148（65.04%）	57051（3%）	0	163199

从不良资产规模排名来看，2012 年度与 2011 年度变化不大，不良资产规模最大的信托公司前五名仍然为：中信信托、中泰信托、中铁信托、山东国信和华能贵诚。其中，华能贵诚的不良资产规模与上年相比没有缩减，不良资产率从 3.82% 提高到 7.37%，资产规模扩大的同时需注意降低不良资产规模。不良资产率与不良资产规模排名相比有较大变化，中泰信托不良资产率连续三年最高。

表 2-36　信托公司不良资产前五名

指标 排名	2012 年不良资产规模	2012 年不良资产率	2011 年不良资产规模	2011 年不良资产率	2010 年不良资产规模	2010 年不良资产率
第一名	中信信托（70732）	中泰信托（80.29%）	中信信托（103484）	中泰信托（83.47%）	中泰信托（37300）	中泰信托（79.51%）
第二名	中泰信托（35416）	西部信托（20.55%）	中泰信托（37300）	西部信托（26.37%）	中信信托（30875）	西部信托（31.99%）
第三名	中铁信托（7156）	中信信托（7.77%）	山东国信（17671）	中信信托（16.30%）	山东国信（17875）	渤海信托（19.06%）
第四名	山东国信（7122）	华能贵诚（7.37%）	中铁信托（7156）	新时代（13.95%）	平安信托（12947）	湖南信托（14.30%）
第五名	华能贵诚（5647）	安信信托（2.96%）	华能贵诚（5647）	山东国信（5.49%）	华能贵诚（8844）	新时代（11.87%）

注：括号内不良资产规模单位为万元。

从信托公司不良资产规模增幅来看，不良资产规模缩减较大的公司为中信信托（缩减 32752 万元），不良资产规模增幅最大的是昆仑信托（增加 11021 万元）。不良资产率缩减最大的是新时代（缩减 13.57%），增幅最大的是华能贵诚（增加 3.55%）。综合不良资产规模和不良资产率来看，山东国信、中信信托在不良资产规模和不良资产率两方面均下降较大幅度，是资产质量提升最大的公司。新时代虽然不良资产规模有所增加，但不良资产率是降低最多的，表明公司在扩大资产规模的同时积极降低不良比率，加强风险控制。

表 2-37　不良资产增幅前后五名

指标 排名	前五名不良资产规模增幅	前五名不良资产率增幅	后五名不良资产规模增幅	后五名不良资产率增幅
第一名	昆仑信托（1102）	华能诚贵（3.55%）	中信信托（-32752）	新时代（-13.57%）
第二名	爱建信托（461）	粤财信托（0.18%）	山东国信（-10549）	中信信托（-8.53%）
第三名	新时代（175）	甘肃信托（0.16%）	中泰信托（-1884）	西部信托（-5.82%）

续表

指标 排名	前五名不良资产规模增幅	前五名不良资产率增幅	后五名不良资产规模增幅	后五名不良资产率增幅
第四名	甘肃信托（157）	华融国信（0.10%）	平安信托（-1177）	中泰信托（-3.18%）
第五名	陆家嘴信托（3）	华润信托（0.02%）	天津信托（-722）	山东国信（-3.03%）

注：括号内不良资产规模增幅单位为万元。

按照银监会要求，我国信托公司资产质量实行五级分类管理，次级、可疑和损失类资产即不良资产直接反映了信托公司资产的质量和安全程度。2012年度信托公司正常类资产平均17.9亿元，占全部资产的94.27%，而次级、可疑和损失类不良资产总计16亿元，占资产总额的1.30%，其中，损失类资产所占比重最大，是不良资产的主要构成。与2011年相比，资产质量有所提升。

表2-38　信托公司各类别资产情况　　单位：万元

资产类别	正常	关注	次级	可疑	损失	不良资产合计
合计	11863060	458565	64525	20468	177216	163199
平均	179743	6848	978	310	2685	2473
占比	94.27%	3.64%	0.51%	0.61%	1.41%	1.30%

在不良资产规模和比率较高的信托公司中，具体分析其不良资产类别分布可以看出，中信信托不良资产中损失类资产最高（11亿元，占12.59%），其不良资产主要是由损失类资产带来，而可疑类资产最高的是华能贵诚（5018万元，占6.55%），次级资产最高的为中信信托（59732万元，占6.56%）。

5. 信托公司人力资源分析

5.1　信托机构从业人员不断增加

根据信托公司2013年5月信息披露统计，信托行业从业人员的整体规模总数为11523人，首次突破万人大关，较上年大幅增加20.08%，信托行业急速壮大。平均每家信托公司拥有员工175人，具体在披露的62家公司中，仅4家公司出现人员递减或不增的情况，其他公司均有增员。2012年信托行业人员的变异系数进一步降低，行业分布差距逐步消失。

表2-39 信托公司从业人员规模统计分析表

指标＼年份	2008	2009	2010	2011	2012
总数(人)	4601	5400	7067	9209	11523
平均值(人)	94	104	133	149	175
平均值增长幅度(人)	9	10	29	15	26
平均值增长率(%)	11.20	10.47	28.40	11.39	17.45
公司数目	49	54	57	64	66
从业人员增加的公司数	28	39	36	62	58
最大值(人)	423	589	973	1151	1221
最小值(人)	27	19	40	32	20
标准差(人)	59.78	80.98	156.68	164.16	179.41
变异系数	0.64	0.77	1.18	1.11	1.02

各信托公司中，从业人员的规模分布以100人以下的小型信托公司为主，2012年度规模居前三位大企业为中融信托、平安信托和新华信托，自2009年起中融信托、平安信托一直稳居前三位。2012年从业人员增幅前三名为新华信托、四川信托和长安信托，此三家公司一直处于信托公司规模扩张的前列。

表2-40 信托公司从业人员规模最大的前三名

排名＼年度	2012	2011	2010
第一名	中融信托(1221)	中融信托(1151)	平安信托(973)
第二名	平安信托(838)	平安信托(740)	中融信托(788)
第三名	新华信托(578)	中信信托(368)	中信信托(274)

注：括号内从业人员规模单位为人。

表 2-41 信托公司从业人员规模增幅最大的前三名

排名 \ 指标	2012 年增幅	2011 年增幅	2010 年增幅
第一名	新华信托(221)	中融信托(363)	中融信托(541)
第二名	四川信托(105)	新华信托(117)	平安信托(384)
第三名	长安信托(99)	中信信托(94)	新华信托(67)

注:括号内从业人员规模增幅单位为人。

从披露从业人员年龄的公司统计结果来看,信托行业平均从业人员年龄35.72岁。2012 年披露信息的公司中,平均年龄最小的是兴业信托(32.32 岁),新华信托以及云南信托分排二三位,各年度从业人员年龄变化不大。而 2012 年从业人员平均年龄最大的是山西信托(41 岁),其次为华宸信托(39.8 岁)和厦门国信(39 岁),其中,山西信托连续六年成为从业人员平均年龄最大的公司。

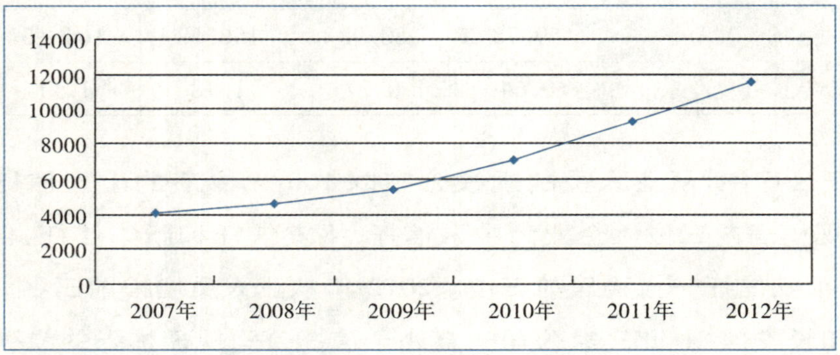

图 2-20 信托公司从业人员数量增长图

表 2-42 人员规模前十位的信托公司

序号	公司简称	总人数
1	中融信托	1221
2	平安信托	838
3	新华信托	578
4	中信信托	436
5	四川信托	333

续表

序号	公司简称	总人数
6	长安国信	320
7	华润信托	282
8	华宝信托	236
9	外贸信托	235
10	兴业信托	235

5.2 信托机构从业人员呈现年轻化趋势

从披露的信托公司从业人员年龄来看，已披露的24家公司中，平均年龄为35.72岁，较2011年年轻0.23岁。从业人员最大年龄仍为41岁，最小年龄32.33岁，行业内分布几乎不存在差异化，整体呈现年轻化态势。

表2－43 信托公司从业人员年龄统计分析表

指标 \ 年份	2007	2008	2009	2010	2011	2012
平均值（岁）	36.47	36.60	36.63	36.58	35.96	35.72
平均值增长幅度（岁）	-8.57	0.13	0.03	-0.05	-0.62	0.23
平均值增长率（%）	-23.50	0.36	0.08	-0.14	-0.02	0.64
公司数目	19	20	18	22	20	24
最大值（岁）	41	42	41	41	41	41
最小值（岁）	31	31	31	30	32.31	32.33
标准差（岁）	2.84	3.22	3.16	3.01	2.23	2.43
变异系数	0.08	0.09	0.09	0.08	0.06	0.07

表2－44 信托公司从业人员年龄最小的前三名

排名 \ 年份	2012	2011	2010
第一名	兴业信托（32.33）	大业信托（32）	平安信托（30）
第二名	新华信托（32.34）	新华信托（32.31）	华润信托（32.1）
第三名	云南信托（33）	兴业信托（32.44）	联华信托（33）

注：括号内从业人员年龄单位为岁。

5.3 信托机构岗位分布分析

从2013年度披露情况来看，在信托公司人员岗位分布中，高管人员平均人数为9人，占5.16%，自营人员平均为10人，占5.94%，信托业务人员平均105人，占50.98%，其余为其他人员。高管人数最多的是陕西国信（34人），人数最少的为交银国信（4人）；自营人员人数最多的为平安信托（105人），五矿信托和大业信托人数最少（0人）；信托业务人员比高管以及自营人员的行业内分布更为不均，变异系数达到1.26，中融信托的信托业务人员达到784人，居行业首位，长城新盛最低仅7人。

表2－45　信托公司从业人员岗位分布统计分析表

指标 \ 岗位	高管	自营	信托
平均值（人）	9	10	105
占比（%）	5.16	5.94	50.98
公司数目	66	57	56
最大值（人）	34	105	784
最小值（人）	4	0	7
标准差（人）	4.69	14.54	132.14
变异系数	0.52	1.45	1.26

信托业务人员是信托公司的主力。从2008—2012年信托业务人员的统计分析来看，2012年信托业务人员的平均人数为105人，较前一年有大幅度增加，信托人员占全部从业人员的比例为50.98%，首次突破半数大关。信托人员的行业内分布不均情况稍有缓解，变异系数从1.37降低为1.26。

表2－46　信托公司信托业务人员统计分析表

指标 \ 年份	2008	2009	2010	2011	2012
平均值（人）	39.85	58.61	87.94	92	105
占比（%）	37.43	45.90	49.05	49.68	50.98

续表

指标＼年份	2008	2009	2010	2011	2012
占比增幅(%)	2.74	8.47	3.15	0.63	1.3
最大值(人)	138	414	764	743	784
最小值(人)	19	15	14	6	7
标准差(人)	27.32	83.20	150.56	126.46	132.14
变异系数	0.69	1.42	1.71	1.37	1.26

5.4 信托机构人员学历分析

2007—2012 年博士学历人员的绝对数量略有下降，2012 年平均每家公司 4 人，但各公司分布不均的情况有所缓解；与博士学历人员情况不同，硕士学历从业人员持续大幅增加，成为各信托公司的主力军，但各公司间差异较大。高学历人员（包括硕士和博士两个层次）的平均人数由 2007 年的 23.8 人增加到 2012 年的 78 人，所占比例也由 28.16% 增加到 44.59%。

表 2-47　信托公司从业人员学历统计分析表

指标＼年份		2007	2008	2009	2010	2011	2012
披露公司数目		46	48	47	53	64	66
博士	平均值(人)	1.47	2	2.37	3.09	5	4
	占比(%)	1.74	2.13	2.80	2.32	3.15	2.46
	占比增长幅度(%)	0.2	0.39	0.67	-0.48	0.83	-0.69
	最大值	7.02	10.71	11.11	8.06	60	19
	最小值	0.00	0.00	0.00	0.00	0.00	0.00
	标准差	1.77	2.32	2.68	2.00	7.97	3.83
	变异系数	1.02	1.09	0.96	0.86	1.71	0.96
硕士	平均值(人)	22.33	28	36	44.09	57	74
	占比(%)	26.42	29.79	42.59	33.07	38.67	42.12
	占比增长幅度(%)	4.86	3.37	12.80	-9.52	5.6	3.45
	最大值	58.93	59.02	84.21	62.50	349	508

续表

指标 \ 年份		2007	2008	2009	2010	2011	2012
硕士	最小值	0.00	0.00	0.00	7.81	2	3
	标准差	13.10	12.63	19.18	12.84	60.83	78.67
	变异系数	0.50	0.42	0.45	0.39	1.07	1.06
本科	平均值(人)	40.22	45	50	59.23	69	76.29
	占比(%)	47.58	47.87	59.15	44.42	46.74	43.70
	占比增长幅度(%)	1.41	0.29	11.2	-14.73	2.32	3.04
	最大值	69.00	69.81	184.29	75.00	642	599
	最小值	19.23	18.52	19.23	16.37	15	9
	标准差	10.00	10.70	28.48	11.14	87.17	88.21
	变异系数	0.21	0.22	0.48	0.25	1.27	1.16
高学历	平均值(人)	23.8	38	38.37	47.19	62	78
	占比(%)	28.16	40.43	45.39	35.39	41.82	44.59
	占比增长幅度(%)	5.06	12.27	4.97	-10.00	6.43	2.77
	最大值	64.29	63.93	91.73	65.91	355	514
	最小值	0.00	0.00	0.00	7.81	3	6
	标准差	14.24	13.82	21.00	13.88	63.10	80.89
	变异系数	0.51	0.34	0.46	0.39	1.02	1.04

具体到各家信托公司，博士学历人员最多的是建信信托（60 人），其次为平安信托（17 人），博士学历人员占比最高的是金谷信托（12.00%）；硕士学历人员最多的是中融信托（508 人），其次是平安信托（356 人），硕士占比最高的为大业信托（64.47%）；综合博士和硕士高学历人员，中融信托人数最多（514 人），中粮信托的比例最高（68.93%）。

表 2-48　信托公司人力资源学历分布排名前三名

排名 \ 指标	博士规模（人）	博士占比（%）	硕士规模（人）	硕士占比（%）	高学历规模（人）	高学历占比（%）
第一名	平安信托（19）	长城新盛（15.00%）	中融信托（508）	大业信托（64.47%）	中融信托（514）	中粮信托（68.93%）

续表

排名＼指标	博士规模（人）	博士占比（%）	硕士规模（人）	硕士占比（%）	高学历规模（人）	高学历占比（%）
第二名	吉林信托（17）	金谷信托（9.77%）	平安信托（356）	中海信托（63.72%）	平安信托（375）	百瑞信托（68.42%）
第三名	中信信托（13）	吉林信托（7.93%）	中信信托（247）	百瑞信托（62.50%）	中信信托（260）	中海信托（66.37%）

第三章

信托业务与集合资金信托产品

1. 2013 年集合资金信托产品发行概况

1.1　2013 年集合资金信托产品发行概况

据中国信托业协会最新数据显示，2013 年新增集合资金信托项目 6436 个，募集信托资金合计 13044.29 亿元，新增单一资金信托项目 13634 个，募集信托资金合计 44374.51 亿元。

据信托公司公开披露信息不完全统计，2013 年全年，全国累计共 68 家信托公司发行集合资金信托产品 5727 只，募集信托资金共计 10981 亿元，平均每只产品的规模为 19174 万元，平均期限约 1.61 年，平均年化预期收益率约为 8.8%。与 2012 年相比，产品数量略有下降，募集规模小幅增长，纵观近几年的集合资金信托产品发行，数量与规模的增速在经历了 2010—2012 年三年跨越式增长后，2013 年增速渐缓。

按可比统计口径，2013 年集合资金信托产品数量较 2012 年减少 7.13%，募集规模增长 8.07%，单只信托产品的平均规模大幅增长 16.21%；产品平均期限

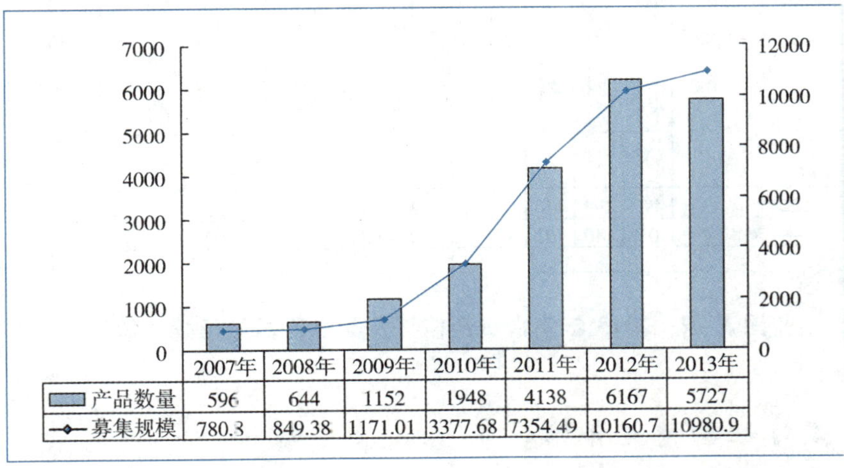

	2007年	2008年	2009年	2010年	2011年	2012年	2013年
产品数量	596	644	1152	1948	4138	6167	5727
募集规模	780.3	849.38	1171.01	3377.68	7354.49	10160.7	10980.9

3－1　2007—2013 年国内集合资金信托产品发行数量及募集规模统计图

小幅下降，产品平均年化预期收益率8.8%较上年的9.20%有小幅下降。

2013年集合资金信托产品发行增速放缓，其原因来源于宏观经济、行业政策、外部竞争等多个方面。2012年以来我国经济下行趋势逐渐显现，经济增速继续向缓，资本市场持续低迷不振。在行业政策方面，房地产行业调控政策继续；银监会将政府平台主导的基础设施领域贷款列入重点关注名单，多家信托公司政信合作项目被叫停；产能过剩领域投资受限，2012年红极一时的矿业投资信托已销声匿迹。3月份中国银监会下发的“8号文”对目前商业银行理财业务中“非标准化债权资产”进行总量限制及相关规范，对银信合作业务也有一定影响。2013年下半年，商业银行理财资产管理业务试点开始，至此我国最大的金融机构已经参与到资产管理市场的竞争中来。

从月度数据来看，2013年集合资金信托产品在发行数量与规模方面仍然延续了以往波动的趋势。1月份年前集中募集，2月份节假日效应明显，3月呈现一定回升，随后由于信托公司对发行市场态度谨慎又出现了回落。5月、6月产品发行数量及规模增幅较大，主要是受到产品收益率波动的影响。下半年受到监管力度从紧以及外部竞争等因素影响，市场发行情况呈现下降趋势，至年末各公司进入冲刺阶段，提高了产品发行速度，产品发行与数量于11月又达到了较高水平。

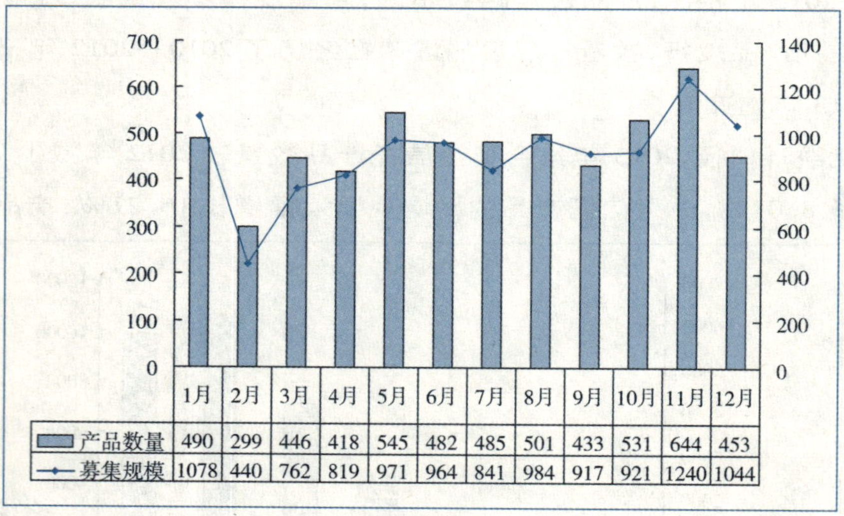

	1月	2月	3月	4月	5月	6月	7月	8月	9月	10月	11月	12月
产品数量	490	299	446	418	545	482	485	501	433	531	644	453
募集规模	1078	440	762	819	971	964	841	984	917	921	1240	1044

图3-2　2013年集合资金信托产品发行数量及规模统计

1.2　发行机构情况介绍

2013年全行业信托公司数量由2012年的66家上升至68家，共发行集合资金信托产品5727只。行业集中度较高，较2012年有小幅下降。排名前十的信托公司产品发行数量占市场整体的41.64%，与2012年的43.58%相比下降1.94个百分点；募资规模占市场整体43.30%，较2012年的45.51%减少2.21个百分点。

从集合产品发行数量来看，排名前十的公司与2012年相比新增四川信托、新华信托；按照募集资金规模大小，华润信托、平安信托及方正信托新跻身2013年排名前十之列。值得注意的是，在发行数量、规模排名靠前的公司当中，除传统的具有领先优势的信托公司之外，新兴信托公司也延续了活跃与高速发展的趋势。

表3－1　2013年集合资金信托产品发行排名前十位的信托公司

序号	公司简称	数量（只）	公司简称	规模（万元）
1	外贸信托	349	中融信托	8615965
2	四川信托	288	五矿信托	6977723
3	平安信托	284	中信信托	6768918
4	新时代信托	266	新时代信托	4163321
5	长安信托	236	华润信托	3725875
6	中铁信托	210	新华信托	3721023
7	中融信托	209	长安信托	3685597
8	五矿信托	190	中铁信托	3642183
9	中信信托	177	平安信托	3125990
10	新华信托	176	方正信托	3119092
合计		2385		47545687
占比		41.64%		43.30%

1.3　集合资金信托产品的资金运用方式

在集合资金信托产品贷款、交易性金融资产投资、可供出售及持有至到期投资、长期股权投资、同业存放等主要运用方式中，其中位列前三位的贷款、权益投资及股权投资占据全年产品资金运用规模的76.20%。贷款运用方式仍雄踞首位，为最主要的运用方式，运用资金规模达到3277.74亿元，占资金运用规模的32.07%；权益类投资产品发行数量2013年的29.96%。股权投资类产品受到“假股权真贷款”监管的限制，产品占比有较大规模萎缩，仅有13.19%，而资本市场不振造成了证券类产品发行情况的低迷，产品占比为6.93%。

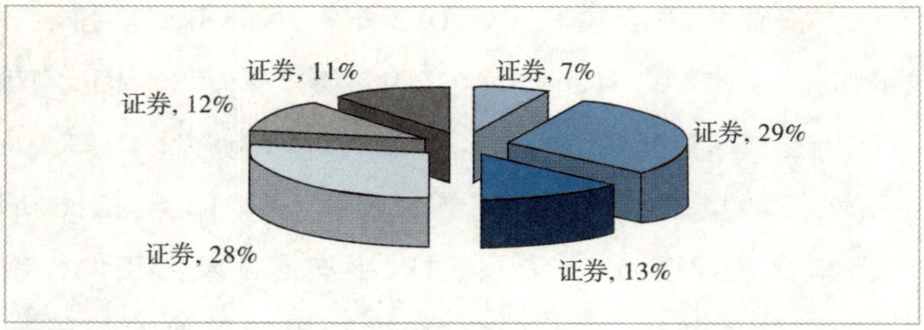

图 3 – 3　不同资金运用方式的资金募集规模占比

1.4　集合资金信托产品的资金投向

2013 年集合资金信托产品主要资金投向为工商企业、基础产业、其他领域以及房地产，其中位居前三位的房地产、基础产业、金融投资占总资金规模的 73.42%。按照资金投资方向计算，房地产信托投资规模位居第一，为 3857.58 亿元，占资金总规模的 35.13%。2013 年基础产业、房地产类、金融类投向的资金规模及其占比都比 2012 年有所提高，而证券投资和工商企业类产品则比上一年有所降低，分别由 2012 年的 882.78 亿元、2816.08 亿元，增至 2013 年的 761.55亿元、1574.97 亿元。

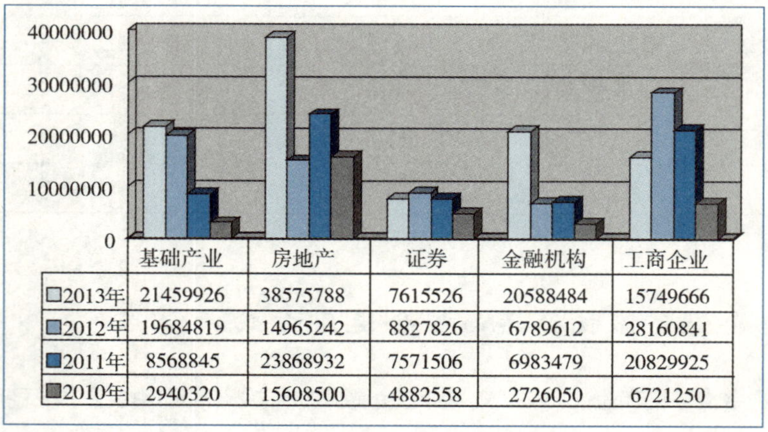

	基础产业	房地产	证券	金融机构	工商企业
2013年	21459926	38575788	7615526	20588484	15749666
2012年	19684819	14965242	8827826	6789612	28160841
2011年	8568845	23868932	7571506	6983479	20829925
2010年	2940320	15608500	4882558	2726050	6721250

图 3 – 4　2010—2013 年的资金投向情况对比

1.5　产品期限与预期收益情况

2013 年集合资金信托产品平均期限为 1.61 年，平均预期年收益率为8.8%，其中 1 年期平均收益率为 8.34%，2 年期平均收益率为 9.40%，2 年期以上平均

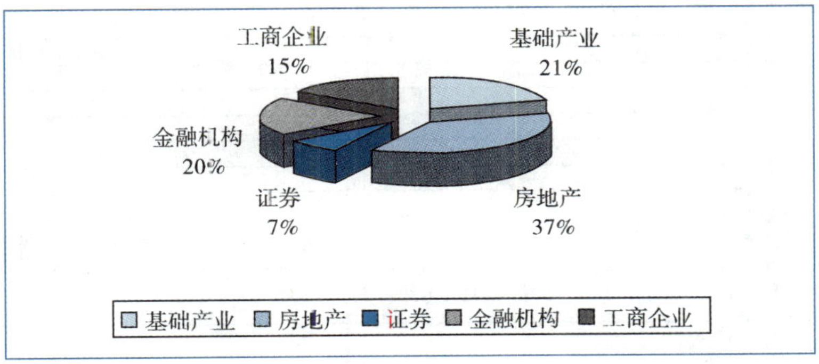

图3－5 不同资金投向的产品资金募集规模占比

预期收益为9.22%。总体看来，产品预期收益与期限的匹配处于正常状态。值得注意的是，从月度数据反映的情况看来，一些月份存在期限与产品收益率倒挂现象，该现象主要存在于2年期以上产品，主要是由于2年期以上产品收益受外部波动的敏感性较强，收益弹性更大。

表3－2 2013年集合资金信托产品预期收益率

	平均预期年收益率（%）	1年期收益率（%）	2年期收益率（%）	2年期以上收益率（%）
1月	9.01	7.94	9.34	9.53
2月	8.91	8.37	9.29	9.54
3月	9.01	8.43	9.57	9.85
4月	8.47	8.28	9.34	9.48
5月	8.58	8.14	9.29	8.66
6月	8.77	8.09	9.13	9.57
7月	8.87	8.38	9.33	8.64
8月	8.70	8.50	9.26	9.05
9月	8.73	8.38	9.63	9.06
10月	8.83	8.37	9.43	8.90
11月	8.89	8.55	9.49	9.24
12月	8.79	8.42	9.63	9.51

从平均预期年收益率来看，2013年全年波动较大，3月份达到全年最高值，4月份又跌至全年最低点，与我国2013年金融市场的几次大的波动频率相一致。

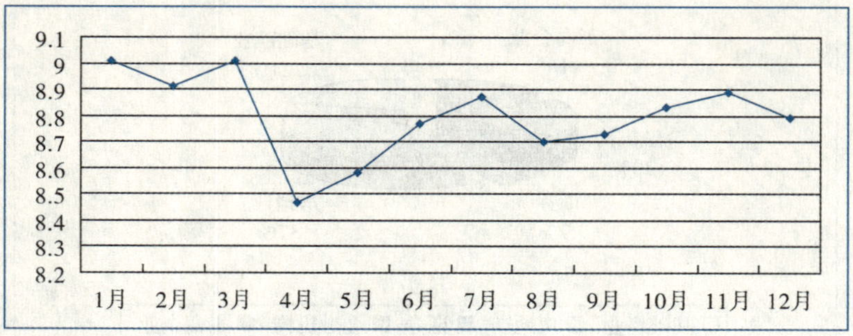

图 3－6　2013 年发行产品预期年收益率（%）

从产品的资金运用方式来看，股权投资类产品的平均期限最长且平均收益率最高，是唯一平均期限超过了 2 年的运用方式，平均预期收益率 9.69%；贷款和权益投资平均期限和平均预期收益居中，平均期限为 1.6～1.8 年，平均预期收益在 9.07%～9.09%；证券投资和组合运用的平均期限最短，分别为 1.27 年和 14.34 年，其平均预期收益也相对较低，分别为 7.26% 和 8.15%。

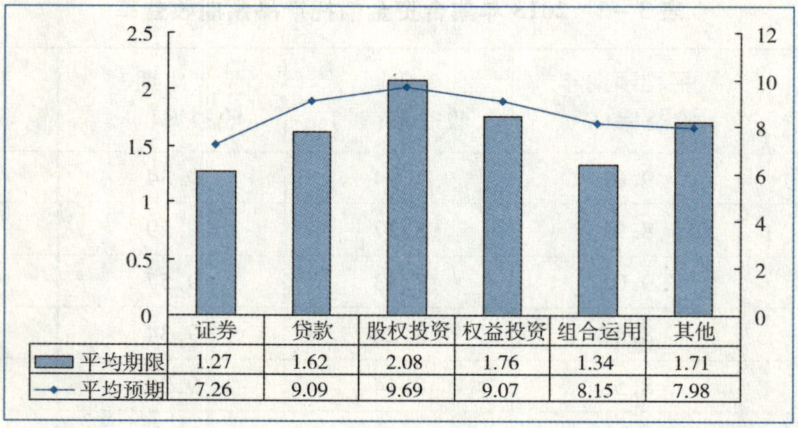

图 3－7　不同资金运用方式的产品平均期限和平均收益率

从不同资金投向的信托产品的平均期限和预期收益来看，房地产和基础产业的平均期限和预期收益均较高，平局期限都在 1.7～1.9 年，平均预期收益也在 9.3%～9.8%；而金融和工商企业投资的平均期限和预期收益则较短和较低，平均期限分别为 1.11 年和 1.31 年，平均预期收益率分别为 8.15% 和 8.49%。

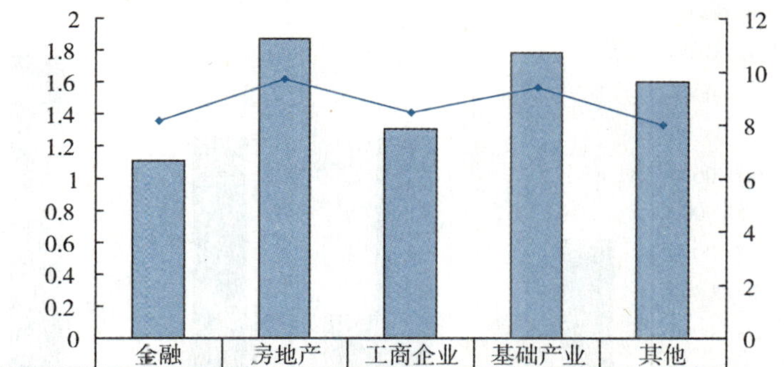

	金融	房地产	工商企业	基础产业	其他
平均期限	1.11	1.87	1.31	1.78	1.6
平均预期	8.15	9.73	8.49	9.39	7.99

图 3－8　不同资金投向的产品平均期限和平均预期收益率

2. 房地产信托产品及业务发展概况

2.1　整体概况

2013 年，“国五条”落地宣告房地产调控进一步趋紧，抑制热点城市投资投机需求再度升级。价格方面，百城价格指数在 3 月涨幅达到阶段性高点后持续收窄，政策效果逐渐显现。成交方面，上半年重点城市住宅成交量为近四年同期最高，三四线城市同比增长最显著，其中 3 月需求集中释放，多数城市成交量达到 2010 年调控以来单月最高水平；受新政落地影响，二季度成交量高位持续回落但环比降幅逐步收窄，“国五条”影响逐步消退。供应方面，上半年重点城市新批准上市量为近四年同期最高；二季度新增供应量同环比均有增长，多数城市销供比降至 1 以下，库存水平有所上升，但多数城市出清周期仍处于近年低点。全国来看，商品房销售面积和销售额同比大幅增长，绝对水平为历史同期新高，但增速在 1—5 月持续放缓，特别是一二线城市增幅收窄较为明显；投资平稳增长，增速维持在 20% 以上；新开工面积与去年基本持平，1—5 月累计同比增长 1%，增幅较年初收窄 14 个百分点。房地产行业本身符合信托标的的一般特征，在房产调控政策使得开发商从银行或资本市场融资渠道受阻的情况下，信托作为银行融资渠道的重要补充，占比在近几年逐步降低，到 2013 年三季度末，全国房地产信托存量规模达到近 8942.01 亿元，占比由 2010 年末的 14.95% 缩减至 9.33%，成为近年变动幅度最大的信托产品之一。

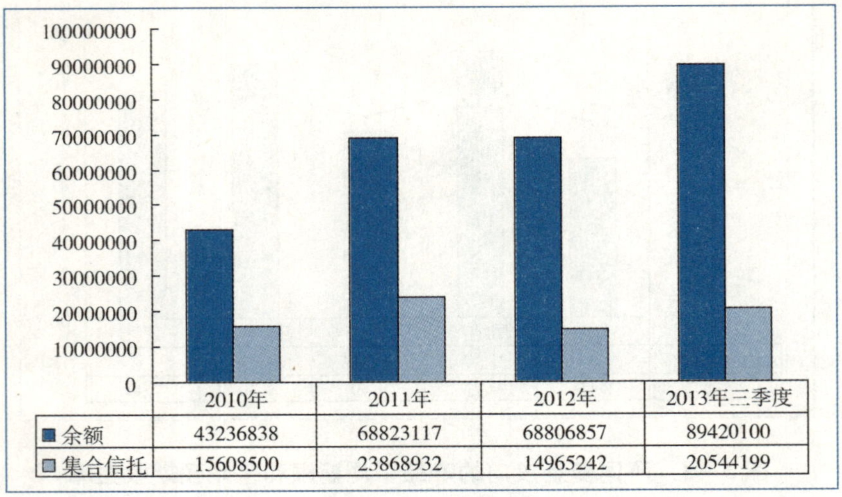

图 3－9　集合资金房地产信托近年存量变动图

据统计，2013 年房地产信托共募集资金 3858 亿元，较 2012 年增长 21.97%，募集规模在各月间分布不均，全年最高值出现在 11 月份，当月募集房地产信托

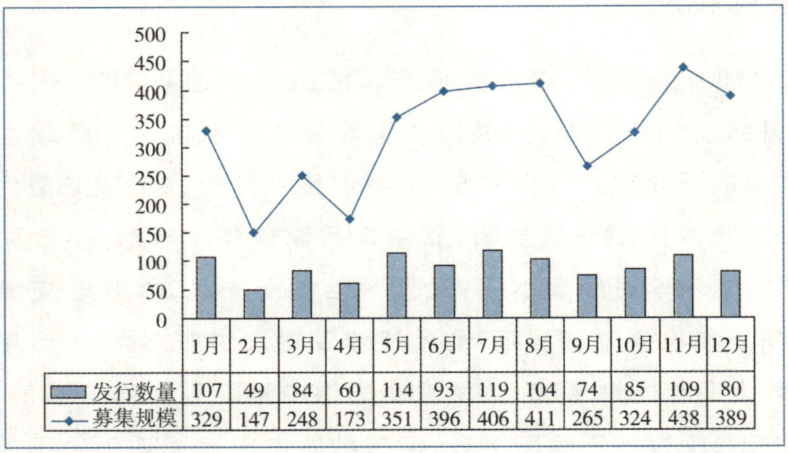

图 3－10　集合资金房地产信托 2013 年月度发行情况分布统计图

集合资金 438 亿元。从集合资金房地产信托各月发行的情况来看，二季度和四季度为房地产信托发行的高峰期。其中，11 月募集资金规模最大，为 438 亿元；7 月份发行的产品数量最多，为 119 个。

本轮调控以来，投机需求被有效挤出，全国各地房价结束了普涨的态势。2013 年上半年，各地房价普遍停涨，环比下跌和持平的城市数量占绝大多数；6 月份开始，随着销售回暖，房价环比上涨的城市数量开始上升，但上涨的城市数与下跌和持平的城市数量基本相当，房价并未出现大范围大幅度的反弹。随着楼市的回暖，开发商的资金链也开始好转，投资者对楼市的风险情绪有所好转，房地产信托的发行速度也开始提升。进入 11 月份，房地产信托的发行开始升温，单周发行规模曾一度突破百亿元，一方面是信托行业进入年底冲刺阶段，信托公司加快产品发行及成立速度，以更多地抢占市场资金；另一方面，房地产企业通过信托融资的需求依然强烈。

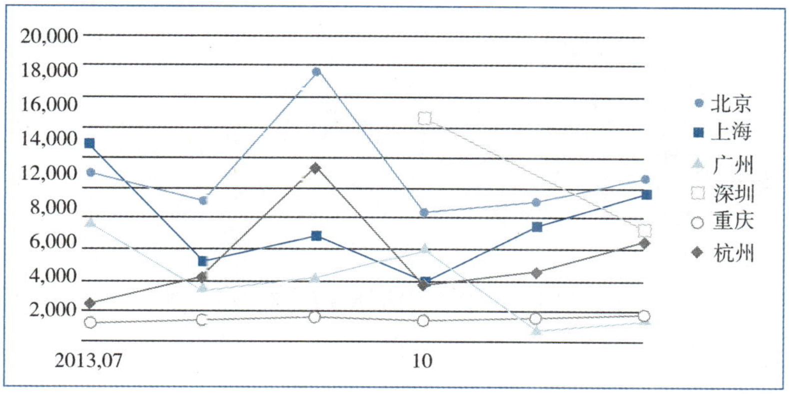

图 3－11　主要城市近六个月住宅用地楼面价走势图

表 3－3　主要城市近六个月住宅用地楼面价走势表　（单位：元/m^2）

城市	2013 年 7 月	2013 年 8 月	2013 年 9 月	2013 年 10 月	2013 年 11 月	2013 年 12 月
北京市	11017	9170	17617	8450	9152	10686
上海市	12939	5137	6946	3924	7639	9778
广州市	7806	3610	4254	6134	881	1617
深圳市	—	—	—	14563	—	7416
重庆市	1242	1449	1680	1495	1619	1799
杭州市	2507	4235	11347	3811	4587	6555

根据信托业协会的数据，2013 年三季度末，房地产信托余额为 8942 亿元，相比 2012 年末初增长 29.97%；房地产信托余额占比为 9.33%，相比 2012 年末的 9.85%，略有下降。不过相比巅峰时期 2011 年三季度末，余额基本持平，但是占比下降非常明显，从 2011 年三季度末的 17.24% 降至 9.33%，下降了 7.91 个百分点。从占比快速下降可以看出，房地产信托的风险正在逐渐释放。不过房地产信托余额仍然处于历史高位，而 2014 年将迎来兑付顶峰，因此对于房地产信托，仍然要保持高度警惕。

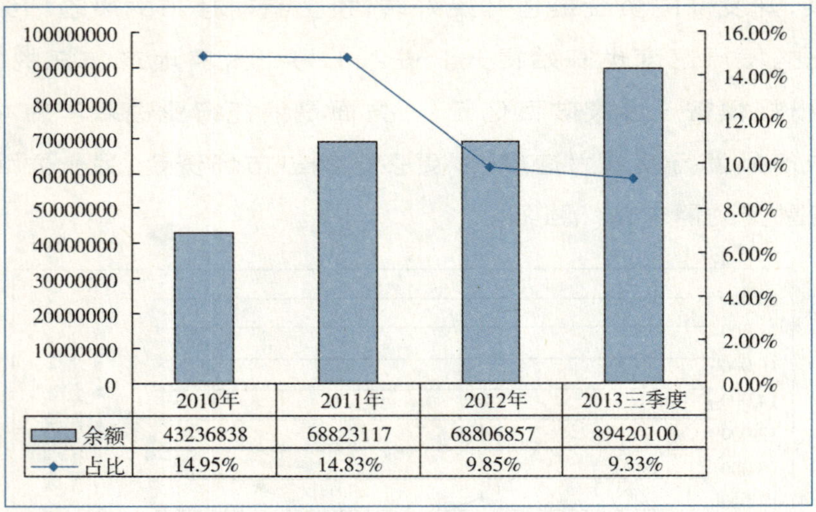

图 3－12　房地产信托存量情况统计图

2.2　单一信托两年来超过集合信托

从图 3－13 可以看出，2012 年以前新增集合类房地产资金信托产品规模一直大于新增单一类房地产资金信托产品规模。但从 2012 年开始新增单一类房地产资金信托产品规模首次超过新增集合类房地产资金信托产品规模，截至 2013 年三季度末，累计新增单一类房地产资金信托产品规模达 2696.55 亿元，而同期累计新增集合类房地产资金信托产品规模为 2054.42 亿元，新增单一类房地产资金信托产品规模与新增集合类房地产资金信托产品规模的差距正在加大。

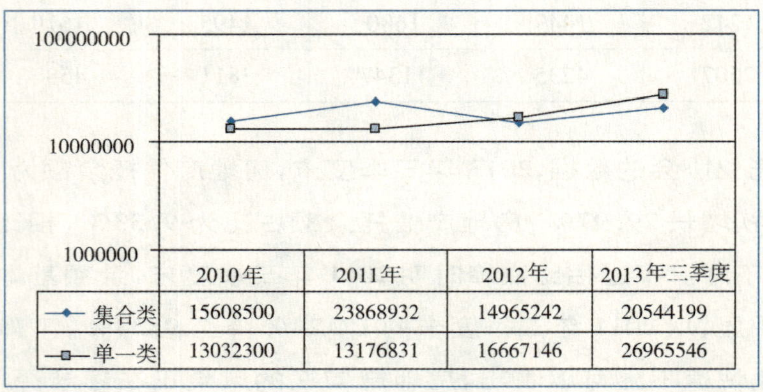

图 3－13　房地产信托季度新增规模（单位：亿元）

2012年二季度，单一资金信托两年来首次超过了集合资金信托，单一资金信托占比52.8%，成为房地产信托的主要形式。导致这种现象的原因主要有三个，首先是银监会对集合资金房地产信托的审核更加严格；二是大资金对房地产行业更加乐观；三是集合类房地产信托作为风险计提系数最高的产品类别，对信托公司净资本压力不断加大。

2.3　集合资金房地产信托收益率持续下降

国家对房地产行业宏观调控以来，房地产信托产品的收益水平也随之波动，2008年的高点回落后，从2009年开始缓慢回升，至2011年达到次高点，然而进入2012年，集合资金房地产信托的收益率呈持续下降的趋势，2012年的平均预期收益率更是下降至9.71%，自2011年以来，首次跌破了10%。2013年继续下跌至9.51%，但纵观2008年至2013这六年的收益情况，房地产信托产品的平均收益率均高于同期集合资金信托产品的平均收益率。

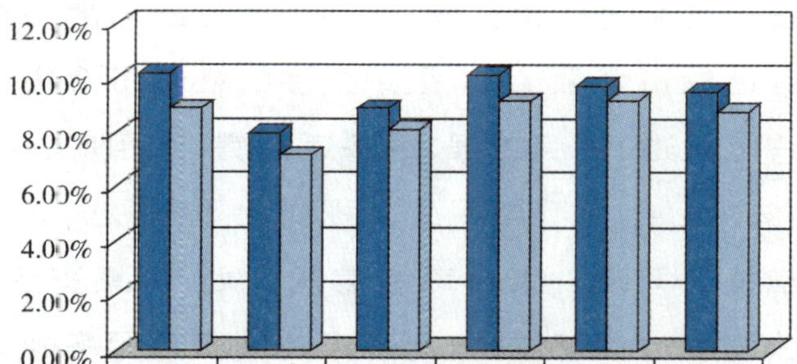

	2008年	2009年	2010年	2011年	2012年	2013年
房地产信托平均收益率	10.19%	8.02%	8.90%	10.11%	9.71%	9.51%
集合资金信托平均收益率	8.89%	7.18%	8.15%	9.15%	9.20%	8.81%

图3-14　2008—2013年房地产信托与整体信托收益对比统计图

2.4　集合资金房地产信托投资方式：贷款和股权投资占比七成

从集合资金房地产信托的运用方式来看，贷款和股权投资两种运用方式是2013年度最重要的运用方式，占比分别达到40.90%和30.70%，权益投资和组合投资等方式合计占比不到30%。2013年股权投资和组合投资的比例较上年有所增加，而贷款和权益投资的占比则相应减少。

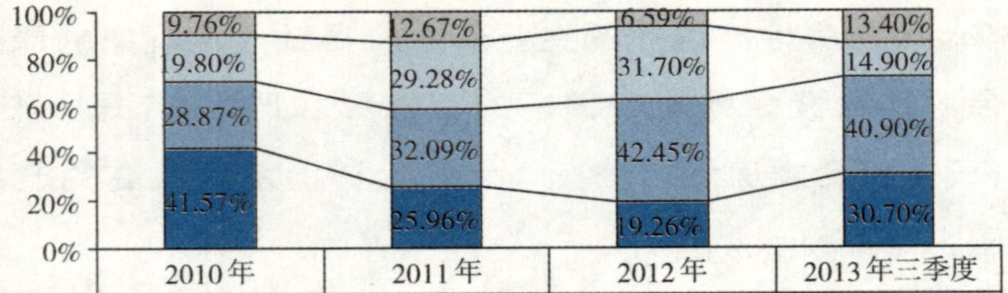

	2010年	2011年	2012年	2013年三季度
其他	9.76%	12.67%	6.59%	13.40%
权益投资	19.80%	29.28%	31.70%	14.90%
贷款	28.87%	32.09%	42.45%	40.90%
股权投资	41.57%	25.96%	19.26%	30.70%

图3－15　2010—2013年房地产信托各种应用方式占比统计图

2.5　支持保障性住房建设

推进保障性住房建设是构建和谐社会的重要举措。“十二五”规划明确提出“十二五”期间建设3600万套保障房的目标，但面临巨额的资金缺口。信托公司通过与全国社保基金等机构合作，盘活企业和政府的资金流，采用有效的风险控制措施和多样性融资金融工具，组织更多的社会资金投入保障性住房建设，投资方向涉及棚户区改造、安居工程、经济适用房、廉租房、两限房和公租房建设等保障房建设的各个领域，为我国民生工程作出了积极贡献。

如华宸信托公司设立集合资金信托计划，募集资金向额济纳旗信达城市建设有限责任公司发放信托贷款，用于额济纳旗公租房建设项目，支持列入项目的建筑工程，给排水工程，电、热、气供应工程等。项目将建设廉租房516套，建设公租房288套，以改善部分中低收入居民的生活条件。

平安信托与北京首都开发股份有限公司合作，向保障房、两限房项目提供建设贷款服务；昆仑信托于为福建龙岩市安居住宅建设有限责任公司发放信托贷款，用于投资龙岩市莲东新区F地块保障房项目，促进保障性住房建设的顺利推进；江苏信托通过全国社保基金，以信托贷款的形式向南京市保障房公司发放贷款，这是全国社保基金以信托产品形式投资保障性住房的创新尝试；交银信托受托全国社保基金，投资重庆公租房项目建设，并将该信托资金全部用于重庆市茶园新区公租房及配套廉租房建设民生工程项目。

2.6 2014年房地产信托发展趋势

未来房地产信托需要通过转型来实现管理水平以及风控空间的提升，而银监会也鼓励信托公司进行房地产信托产品设计的创新，从2013年的发展来看，2014年信托公司可能在股权型房地产信托、房地产基金、海外房地产投资等方面会有新的尝试。

股权型房地产信托

随着信托公司与房地产企业的合作逐渐深入，不少信托公司对于房地产开发、运作、管理等流程有了较为深入的了解，因此也有不少信托公司准备“转型”，从固定收益的债权投资开始尝试进行浮动收益的股权投资，采取有限合伙企业的方式投资房产项目的业务模式。信托计划的委托人不再是进行债权投资，而是采用了股权的方式，通过参与股权分享项目收益，而在这个过程中投资者直接介入了一级市场，最终收益则是取决于商品住宅的销售情况和最终售价。采取有限合伙制不需要重复缴纳所得税，同时有限合伙企业的利润分配可以不受出资比例的限制，由合伙人之间自由约定即可，这让有限合伙企业的分配机制十分灵活，也为有限合伙房地产信托产品的分级设计打下了基础。

2013年10月，上海信托推出“上信·万科房地产股权投资集合资金信托计划”，由上海信托和万科各出资1250万元，作为有限合伙企业的普通合伙人（GP），负责对基金进行投资与管理。该集合信托计划期限5年，募集资金27.875亿元，信托资金用于认购有限合伙企业的有限合伙份额，成为合伙企业的有限合伙人（LP）。投资者作为有限合伙人（LP）参与房产项目运作，享受项目分红，不参与项目管理。在具体在收益分配上，投资者信托收益完全与项目的利润水平挂钩，跟随项目利润情况浮动。

房地产投资基金

房地产投资基金是专门用于房地产投资、开发、销售和消费等方面的投资基金，是集众多的分散基金于一体，同时采用专家经验、专业化管理的一种投资体制，有利于聚集资金，分散风险，获得较高的规模效益。基金型房地产信托产品的资金运用方式涵盖了贷款、股权投资、权益投资、信托受益权转让等一揽子策略，并根据不同试点的具体项目情况灵活决定信托资金的运用方式及退出方式，彰显了一种不定向投资和风险对冲的信托业务理念。

基金化的房地产信托是银监会鼓励的一个创新发展方向，不少信托公司已经开始在这个领域进行尝试，并且通过快速推广试点来复制房地产信托基金。根据信托业协会统计，截止到2013年三季度，基金化房地产信托产品累计余额达157.44亿元，占全部房地产信托余额的0.16%。

相比于传统的单一项目型房地产信托产品，房地产基金将投资者的资金汇集成一定规模的信托资产，由专门的投资管理机构加以管理，获得收益由投资者按出资比例分享，风险共担。此类地产私募基金可直接参与地产项目开发或者进行股权投资，给予投资者的不再是固定收益，而是会选择浮动型收益。基金型信托产品在风险控制上更具优势，首先是集众多的分散资金于一体，同时采用专家经营、专业化管理的一种投资体制，有利于聚集资金，分散风险，获得较高的规模效益，在另一个层面上也降低了房企的融资成本与系统风险。

目前信托业内已经有部分公司推出房地产基金试点，像平安信托推出的“睿石”系列全功能房地产(信托)基金，该基金采用了“主动管理+组合投资”的方式，运用资产配置模式，通过股权合作和债权融资等方式投向多个房地产项目，较大程度地降低了投资单一项目型信托计划的风险。

海外房地产投资

2013年以来，已有万科、绿地、中海、富力等多家房企加码海外业务。8月份，碧桂园在马来西亚的金海湾项目正式上市，两个月时间成功售出6000多套房子，销售额近百亿元人民币，一举成为马来西亚最大的地产商。绿地在韩国济州岛的健康医疗城项目——汉拿山小镇也于6月份开盘，销售势头良好，一期已售出逾八成，年内销售额预计会突破10亿元人民币。与国内房地产市场受到各种调控相比，海外房地产或许会成为房企的新蓝海，而对于信托公司而言，海外房地产业务可能是与房企合作的新方向，在这个过程中信托公司将摆脱那种传统的抵押放贷模式，而可能会以战略投资者、财务投资者或者LP的角色介入海外房地产项目。

国内房企拓展海外地产有三大特点：一是通常采取与所在国综合实力强的房企合营的模式来运作；二是目标客户主要针对海外华人；三是目前国内只有龙头房企具备“海淘”的实力。然而，海外房企“海淘”的时候，面临着资金问题、法律问题等，同时在国外进行融资可能会面临巨大的政策风险，相比之下从国内融资再去海外拓展项目可能是一个更好的选择。

房企的“海淘”风潮给信托公司提供了三个机遇：第一，初次“出海”的房企普遍会选择与境外实力房企合作，以缩小对境外市场不了解的短板，降低海外拓展风险，而如果有信托公司的加入，一方面能够减少海外项目的资金占用，另一方面也能够分散项目风险。同时，由于信托以用益物权为基础，用益物权在主流国家均有法律支持，在项目运作、资产管理时能够更好地进行法律对接。第二，信托公司可以与房企签订品牌战略合作协议，在住房销售的同时向海外华人进行品牌宣传，慢慢可以试点引入海外华人的资金投资国内的项目，逐步开拓海外客户的理财市场。由于不少发达国家国内投资的收益率较低，海外华人可能对于投资中国的信托项目产生兴趣。信托公司走国际化道路，第一步可以先利用海外华人作为客户基础，逐步在外国打出自己的品牌。第三，小部分中小房企也想到海外拓展，但是普遍的项目规模都不大，且无持续滚动开发迹象，主要原因还是海外项目投资动则几十亿、上百亿人民币，中小房企实力不够。信托公司可以凭借向中小房企融资，解决其资金问题，使其海外拓展进入良性循环；或者更可以与中小房企进行战略合作，借助中小房企的项目开发经验以及信托公司的融资与客户管理支持一同开拓海外房地产市场业务。

3. 工商企业信托产品

3.1　市场概况

据中国信托业协会公布的最新数据统计，截至2013年末，工商企业类信托资金余额2.90万亿元，占比再创新高，达到28.14%。2013年工商企业类集合信托产品收益环比略有上涨；投资方式仍然以传统的贷款和权益投资方式为主；投资对象更倾向于大型企业、民营企业；地域分布则集中在金融、实体经济较为发达的地区。

由于我国房地产调控政策未变，资本市场持续低迷，前两年火爆的矿业信托问题不断，工商企业类信托成为异军突起的信托投资领域，在信托资产余额中的占比不断攀高。近年来，工商企业已经成为信托资产余额占比排名第一的投资领域。从图3－16可以看出，工商企业信托资金余额占比呈逐季快速增长态势，已经接近信托资产总额的三分之一强，成为最重要的信托资金投资领域。信托业投资领域的变动特点，也符合国家产业政策的指导方向，信托资金接近三分之一都投向了实业领域。

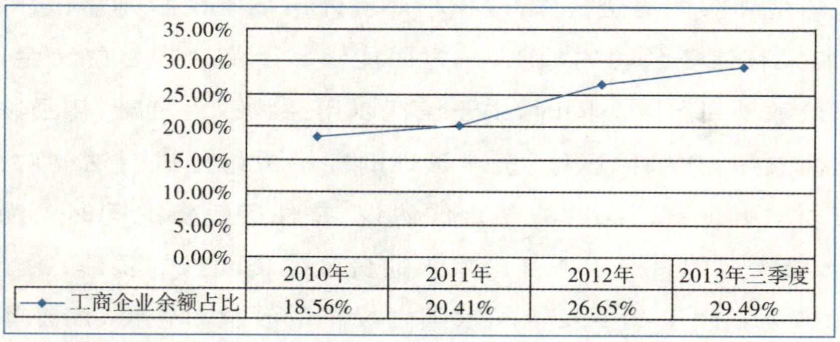

图 3－16　工商企业信托资金余额占比趋势图

3.2　工商企业信托行业分布结构分析

坚持金融服务实体经济是国家和社会对金融行业提出的基本要求。作为唯一横跨货币市场、资本市场和产业市场的金融行业，信托业积极贯彻国家政策，发挥信托独特的功能优势，丰富产品服务，加强风险管理，努力为实体经济提供市场化的综合金融服务。

长期以来，信托业管理的信托资产主要投向了实体经济，证券投资等金融性投资占比不足20%。其中：水利、环境和公共设施管理业和建筑业等领域是信托资金投放的主要领域。

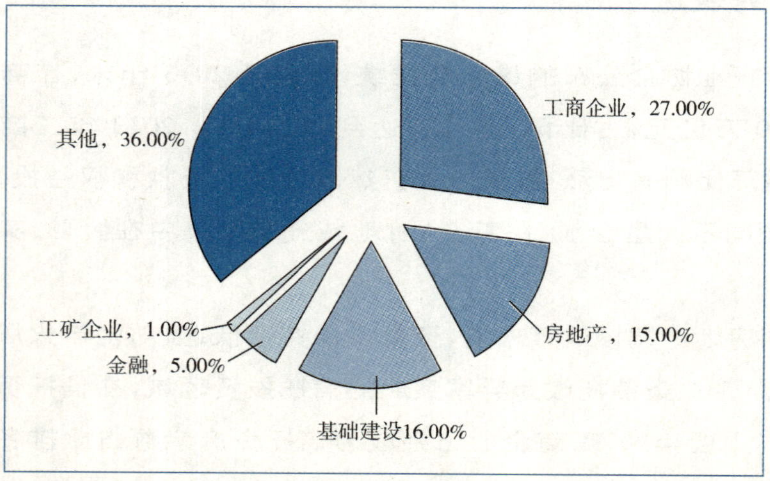

图 3－17　信托资金投向情况

表3-4 信托资金投向实体经济行业分布情况 单位：亿元

行业分类	信托余额
农、林、牧、渔业	606.6
采矿业	2,459.5
制造业	4,833.3
电力、燃气及水的生产和供应业	3,856.3
建筑业	5,337.2
交通运输、仓储和邮政业	4,620.1
信息传输、计算机服务和软件业	687.8
批发和零售业	2,057.7
房地产业	7,152.8
科学研究、技术服务和地质勘查业	215.1
水利、环境和公共设施管理业	5,673.0
文化、体育和娱乐业	371.3

3.3 主要产品与案例

信托业作为中国的"实业投行"，具有良好的投融资体系和机构服务体系，可以提高各种资源配置的效率，推动产业布局调整和优化升级，增强现代服务业和先进制造业的拓展能力。信托业积极发挥自身优势，结合融资需求，创新信托计划，通过产业基金、股权融资等方式支持符合国家产业政策导向的企业，为企业提供并购贷款、私人股权投资、股权代持等金融服务，大力推动传统产业改造升级，切实加大对战略性新兴产业、文化产业、海洋产业等国家重点产业的金融支持力度，促进经济结构调整和发展方式转变。

推动传统产业升级

推动传统产业优化升级，加快传统产业兼并重组是国家"十二五"规划提出的战略性要求。信托业通过发放贷款、受让股权、购买股权收益权以及组合投资等形式，支持煤炭、纺织、船舶等传统产业的转型升级，此类案例不胜枚举。

如中信信托为山东魏桥集团提供综合金融服务。自2008年起，中信信托便与世界最大的棉纺织集团——山东魏桥集团合作，为魏桥集团及其旗下相关公司提供了股权信托、投融资、现金流管理等多项综合金融服务，累计超过200亿元。

“虹道1号”产品是为传统行业企业提供现金流管理的创新型产品，中信信托累计为该集团发行规模约40亿元，通过对企业现金流的严格把控和对经营过程的参与监控，提升了企业管理水平和资金运作效率，促进了企业的发展壮大。

西部信托也积极参与促进循环经济产业健康发展。府谷县恒源煤焦电化有限公司依托当地丰富的煤炭资源分布优势，大力发展煤化工综合利用循环经济，形成了节能降耗减排增效的发展模式。西部信托为该公司募集信托资金用于“煤炭综合利用循环经济”产业链项目建设与补充流动资金。目前，公司已成为陕北地区大型的煤炭综合利用循环经济示范企业。

促进战略性新兴产业发展

2010年10月，国务院下发《关于加快培育和发展战略性新兴产业的决定》，明确出台财税金融等支持政策，加快培育和发展战略性新兴产业。信托业注重促进产业资本与金融资本的融合，完善信托贷款等多元化投融资机制，发挥多层次资本市场的引导作用，健全创业投资体系，以资金支持驱动产业创新，在支持新兴产业、新能源及节能减排，促进高新技术企业发展等方面发挥了积极作用。

北京信托支持中国大陆首条高世代液晶生产线。近几年，北京信托分别与华夏银行、中国工商银行合作设立了“北京8代线液晶显示项目单一资金信托”和“北京8代线液晶显示项目股权投资单一资金信托”，共募集资金85亿元，用于我国第一条高世代液晶生产线京东方8.5代线的建设。该项目在带来巨大的经济效益的同时，推动了我国液晶产业的高速发展。

此外，北京信托还开发运作了“新能源投资基金信托”，重点关注新能源电动汽车、太阳能/风能发电等新能源领域的高科技企业和项目，支持产业结构升级。

安信信托也曾发起设立“安信·天和树脂项目贷款集合资金信托计划”，信托资金全部用于南通天和扩建及铺底流动性补充、上海新天和及浙江天和战略性原料采购储备，支持三家企业形成多档次、多系列的产品格局，满足市场需求，推动新材料产业的发展。

助推文化产业发展

信托业积极响应国家文化产业政策，通过私募股权、信托计划、信托基金等多种形式，探索采用结构化的模式，引入不同投资人，在保证投资人利益最大化和信托财产安全的基础上，投资艺术品、影视、旅游景点等文化产业领域，满足文化产业的融资需求，促进文化产业的健康发展。同时，针对文化产业高风险的特点，大力强化风险管控措施，其中，不乏成功的操作案例。

国投信托设立“飞龙艺术品基金”。国投信托 2009 年创新设立了国内首只艺术品信托产品，并逐步形成“飞龙艺术品基金”系列产品。截至 2013 年末，已推出近 20 个飞龙系列艺术品信托。该系列产品是公司对国内“艺术品金融化”的积极探索，拓展了信托行业的发展空间，为信托公司响应国家号召、促进文化艺术产业发展提供了样本。上海信托创新开发“香花石”系列艺术品。上海信托于 2011 年 4 月 12 日推出了“香花石”系列·中国新绘画艺术品投资集合资金信托计划，该系列产品打破了艺术品投资的传统模式，填补了自主管理型艺术品投资信托的空白，为投资者提供了资产配置的新渠道，有力推动了信托金融与上海文化产业的对接，加大了信托对艺术品市场发展的支持力度。

中信信托大力支持艺术品和戏剧产业发展。中信信托“文道”系列艺术品投资基金是国内最早的艺术品信托产品，自 2010 年首只基金诞生至今，已形成了相对稳定的投资管理模式和风险控制机制，累计发行 10 多只产品，目前存续规模超过 3 亿元，所持的艺术品曾多次亮相知名拍卖会场，获得广泛关注，为实现艺术品金融化作出了贡献。中信信托通过中信聚信投资成立国家首个戏剧产业基金管理公司——北京东方国际戏剧产业基金管理有限公司，经营业务包括剧目孵化、剧场建设经营、戏剧产业企业股权投资等。作为东方国际戏剧产业基金首个孵化剧目，戏剧基金公司将对其品质口碑、市场收益及社会综合带动效益产生积极影响。

地处西部地区的陕国投信托积极支持陕西旅游文化产业。陕国投 2006 年至今，累计为陕西省经济和文化建设提供投融资服务 600 多亿元，其中投向省内文化、旅游项目总规模超过 40 亿元。通过陕文投产业投资基金和华山风景区管委会信托贷款等项目，该公司支持的省内文化旅游产业重点项目涉及艺术品交易、文化生态广场、索道及旅游公路工程建设，以及景区配套设施建设等，有力地促进了秦岭北麓文化旅游休闲产业带的发展。

助力中小企业发展

据统计，中小企业贡献了我国 60% 以上的国内生产总值，50% 以上的税收和 80% 的城镇就业。信托业支持的企业中 80% 以上是中小企业。自 2008 年 8 月中投信托推出国内首个中小企业信托产品“中小企业集合信托债权基金”后，中小企业信托产品在全国范围内得到迅速推广。目前，中小企业信托产品已经形成系列化发展态势，为我国中小企业的发展提供长期、稳定的资金支持。

信托公司针对中小企业发展特点和融资需求设计信托产品，以创新的信托经营模式、灵活的产品设计及严密的风险控制措施，多渠道、多方式地满足成长型、创新型中小企业的融资需求，有效促进了中小企业融资难问题的缓解。同时，与商业银行、担保公司等多方合作，搭建高效、低风险的全新融资平台，拓宽中小企业的融资渠道。

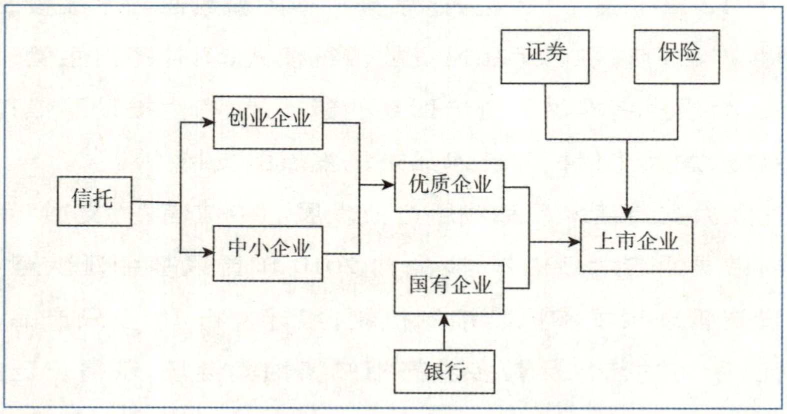

图 3－18　金融机构为中小企业提供融资服务模式图

表 3－5　中小企业信托主要业务模式

模式	部分典型信托计划
模式一：与中小企业直接对接，将资金通过贷款等方式提供给企业；引入担保公司提供担保	北京信托的成长之星系列中小企业信托 山西信托的信裕一号山西省中小企业发展基金（十四期）及（十六期）集合资金信托计划
模式二：将信托受益权进行结构化设计，由担保公司、创投公司等机构认购，提供内部增信	金谷信托的向日葵 1 号广东佛山中小企业发展信托基金 长安信托的天骄 2 号中小企业发展集合资金信托计划 交银信托的中小企业集合债权投资 1 号及 2 号集合信托计划
模式三：在政府的积极引导下，由财政、信托、担保、创投等共同搭建支持中小企业发展的投融资平台	厦门信托的鹭岛风华成长型中小企业集合资金信托计划 紫金信托的紫金成长壹号·运河帆影—扬州市科技创新型企业流动资金贷款集合资金信托计划 北京信托的中关村瞪羚投资发展基金

(1)设立中小企业发展基金

设立中小企业发展基金,是信托公司探索出的解决中小企业融资难题切实可行的途径。金谷信托陆续发行设立"金谷·向日葵系列中小企业发展信托基金(计划)",目前,已累计向8个地区的284个企业提供金融支持近人民币20亿元,为当地经济的发展及小微企业的成长作出贡献。

兴业信托推出"兴业信托·中小企业精选投资基金"系列集合资金信托计划,引入并组合了开放式设计、产品标准化运作及发行、借款人开户银行共同监管等创新型技术要素,提升了投资者认购积极性,降低了融资成本,提升了产品运行效率。

(2)合作开发中小企业信托产品

信托公司通过与政府、担保公司、银行等机构合作,推出了多样化的中小企业融资信托产品,既吸收了社会资金,又降低了投资风险,创造了良好的经济社会效益。

"'滨湖春晓'系列中小企业贷款集合资金信托计划"是建信信托与地方政府、担保公司合作破解中小企业融资难问题的一次成功创新和有益尝试,实现了"政、信、银、担、企"多方共赢的格局。目前累计发放信托贷款7.21亿元,惠及199家中小企业。

中投信托和杭州市西湖区政府共同发起"西湖区企业成长引导基金'小企业集合信托债权基金'"。中投信托共设立中小企业信托基金14只,募集资金规模7.6余亿元,支持了现代服务业、现代农业、文化创意产业等领域的近300家中小企业。

昆仑信托积极与同业金融机构沟通合作,创新交易结构,由银行出具保函提供增信,加大对中小企业的支持力度,不仅解决了银行由于授信额度不足无法提供金融支持的问题,同时,能够很好地控制项目风险。昆仑信托先后向中小企业提供融资3.75亿元。

山西信托与山西省中小企业信用担保有限公司合作,签订了《合作开展中小企业信托融资担保业务协议》,成功发行"山西省中小企业发展基金集合资金信托计划(1—28期)",发放信托贷款规模达4亿元,为省内中小企业的发展提供了有效的资金支持与优质的金融服务。

(3)拓宽中小企业融资方式

信托公司灵活采用集合贷款、债券等融资方式,有效地支持中小企业发展。

上海信托发行上海市首个中小企业集合信托债券基金——“创智天地 1 号”，为上海市杨浦区的 7 家成长型中小企业提供了 200 万～1000 万元的 2 年期信托贷款，涉及防伪技术、特种化工、环保等多个领域。

国元信托发行“‘珠城创新’中小企业贷款集合信托计划（一期）”，选择了 10 家中小微企业，由公司成立集合信托计划，同时向此一揽子企业提供融资支持，推动各中小微企业健康发展。

3.4　产品种类与主要特征分析

单一类工商企业资金信托规模一枝独秀

2013 年度新增工商企业类信托规模为 20462.87 亿元，占新增资金总规模的 34.11%，其中集合类资金规模新增 2879.48 亿元，占工商企业总的新增规模的 14.07%，单一类资金规模新增 17583.39 亿元，占比高达 85.93%。二者占比悬殊很大。2013 年单一类工商企业资金信托规模继续快速增长，而集合类工商企业资金信托规模则逆势下行。

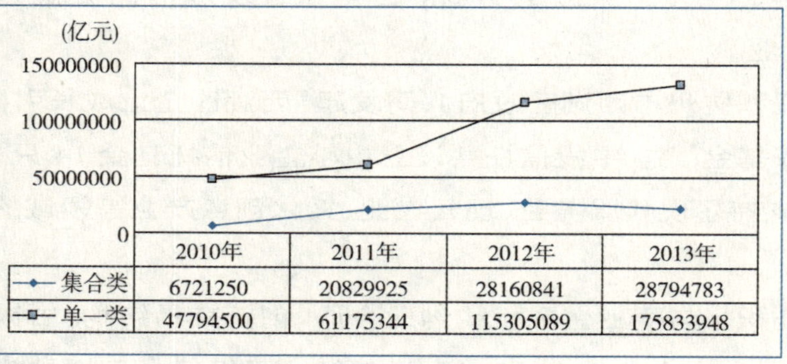

	2010年	2011年	2012年	2013年
集合类	6721250	20829925	28160841	28794783
单一类	47794500	61175344	115305089	175833948

图 3－19　新增工商企业信托资金分布图

从新增工商企业资金占比的数据分析，2010 年新增单一类工商企业信托资金占同期新增工商企业信托资金的比例为 87.67%，这是有数据统计以来的最高值，此后 2011 年跌至 74.60% 的最低值。2012 年以来，单一类工商企业信托资金占比持续快速增长，从 74.60% 增长到 2013 年度的 85.93%，两年间，增长了 11.33 个百分点。

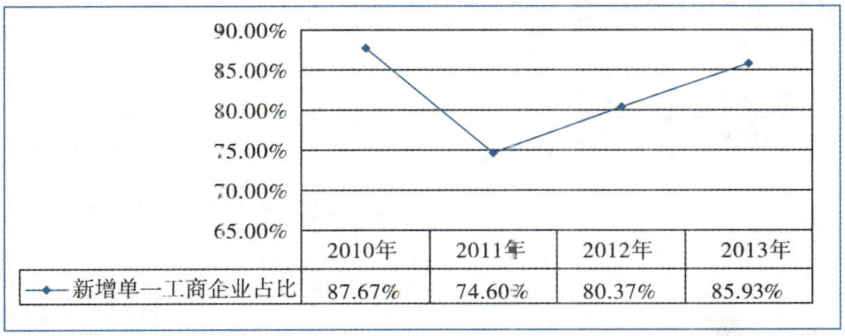

图 3－20　新增工商企业信托资金占比变动趋势图

收益水平相对稳定，同业竞争优势明显

2013 年工商企业资金信托产品收益率分布较均匀，春节前后稍高，达到 9% 以上的收益水平，3 月份以后随着整个理财市场行情的走低，工商企业资金信托产品的收益率也随之下滑。

工商企业类集合资金信托产品的收益水平与集合资金信托产品的平均收益水平相比还是略低一些，除 1 月、2 月、5 月、10 月等个别月份外，整体低于集合资金信托产品的平均收益水平。

2013 年集合资金信托产品取得年平均收益率 8.8% 的骄人业绩，在如今“泛资管市场”的严峻环境下，仍然显示出极为明显的竞争优势，除因资本市场长期低迷，而导致证券公司和基金公司发行的股票类投资类理财产品遭遇“冰冻期”，负收益率普遍存在，实现微利收益的产品寥寥无几。面对最为强大的银行理财产品，2013 年集合资金信托产品的平均收益率乃略胜一筹。

据有关网站初步统计，截至 2013 年 12 月 31 日，2013 年银行理财产品发行量接近 47000 款。其中非结构性人民币理财产品超过 43000 款，同比增长 45%。按银监会官员披露的数据，2013 年银行理财余额定将突破 10 万亿元，也就是说规模较上年的 7.1 万亿元至少增长 40.8%。

数据统计显示，2013 年销售的银行理财预期年化收益率只有 3% ~5% 的产品占比达到 60%，即使 2013 年银行理财产品下半年开始平均预期收益率连续 5 个月持续走高，到 10 月份创下全年高点 4.9% 后，11 月份银行理财产品的平均预期收益率继续刷新纪录，也只有区区 5.07%。尽管与商业银行自身纵向比较来看，2013 年银行理财产品收益率上了一个大的台阶，但横向比较，远远不及 2013 年集合资金信托产品年平均收益率，从而使得集合资金信托产品在 2013 年激烈竞争的资管市场中仍然保持较强的竞争优势和有利的市场地位，卖方市场态势得以延续。

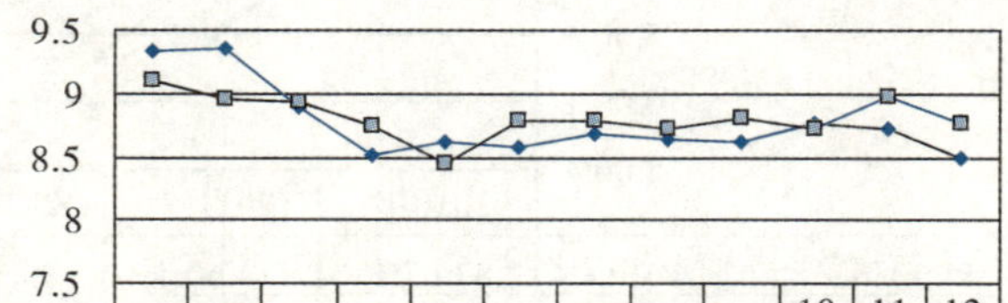

	1月	2月	3月	4月	5月	6月	7月	8月	9月	10月	11月	12月
工商企业收益率(%)	9.3	9.4	8.9	8.5	8.6	8.6	8.7	8.6	8.6	8.8	8.7	8.5
集合资金信托产品平均收益率	9.1	9	8.9	8.7	8.4	8.8	8.8	8.7	8.8	8.7	9	8.8

图3－21　工商企业集合信托产品平均收益率变动趋势图

运用方式主要为贷款

从图3－22可以清晰地看出，贷款是工商企业集合信托产品最主要的运用方式，一般都在一半以上的份额，然后是权益投资运用方式，在工商企业集合信托产品中占比三分之一左右，然后是组合运用和股权投资，占比均不足15%。

贷款运用方式2013年是先抑后扬，一季度57.50%，二季度跌至55.05%，第三季度回升至59.79%。权益投资和股权投资方式占比则是一路走低，分别由一季度的30%、4%，降至三季度的23.49%、2.85%，降低了6.51、1.15个百分点。

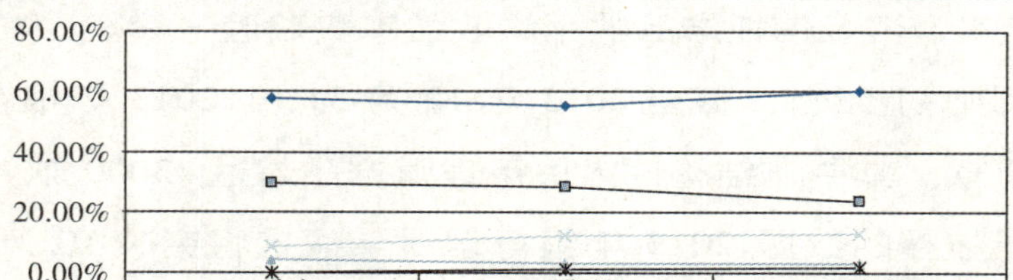

	一季度	二季度	三季度
贷款	57.50%	55.05%	59.79%
权益投资	30%	28.21%	23.49%
股权投资	4%	3.21%	2.85%
组合运用	8.50%	12.16%	12.81%
其他投资	0	1.38%	1.72%

图3－22　工商企业集合信托产品运用方式分布图

4. 基础设施类产品

4.1　发展现状

根据中国信托业协会最新公布数据显示，截至2013年末，行业基础设施类信托资金余额2.60万亿元，占信托资金规模的25.25%，成为除工商企业类信托资金外第二大类的信托资产。

基础设施类信托资金在2010年达到占信托资产34.39%的比重后，于2011年跌至21.88%的近期低点，此后缓慢回升，2012年占比23.62%，2013年度回升至25.25%，但相比2010年仍有9.14个百分点的差距。

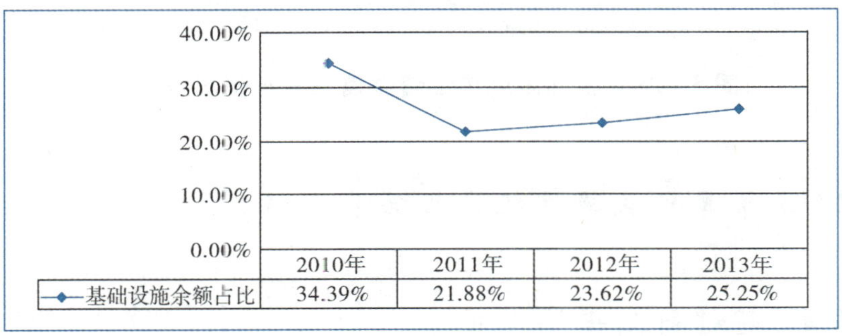

图3-23　基础设施类信托资金余额占比趋势图

2013年新增基础设施类集合资金信托规模1368亿元，同期新增单一类基础设施资金信托规模9852亿元。从图3-24可以看出，近几年新增基础设施资金信托主力是单一资金信托，2013年单一类基础设施类资金信托规模占比达到87.81%。近几年单一类基础设施类资金信托规模每年新增信托资金是逐年攀升，但集合类基础设施信托资金在2013年新增资金规模略有下降，比上一年少增600余亿元。

据信托公司网站披露信息显示，2013年信托公司共发行853个基础设施类集合资金信托计划，募集资金总额2146亿元，占比19.54%，比上一年略有下降，但仍为近几年的次高点。

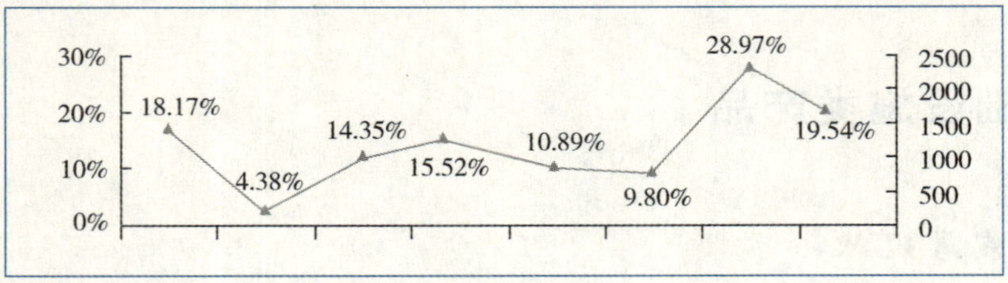

图 3-24　基础设施集合资金信托规模占比变动图

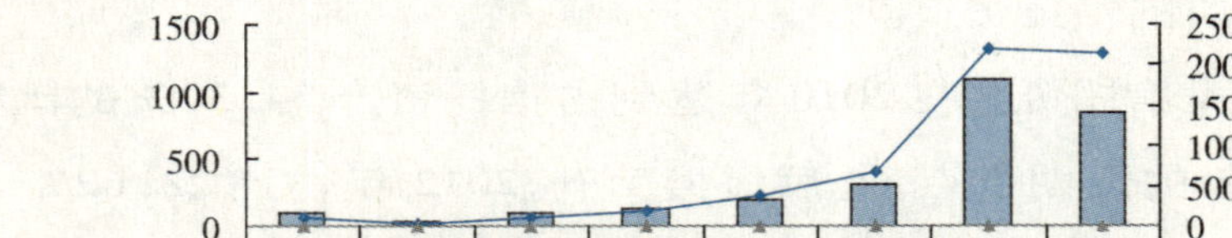

	2006	2007	2008	2009	2010	2011	2012	2013
产品数量	98	40	92	137	192	314	1089	853
产品规模	109.02	34.2	121.88	181.79	367.47	670.12	2210.5	2146

图 3-25　基础设施集合资金信托发行情况统计图

4.2　2013 年基础设施信托产品的基本特征

收益率:超过行业平均水平

从图 3-26 可以看出,基础设施信托平均收益水平大多低于集合资金信托平均收益率。但从 2012 年开始基础设施类信托平均收益率实现 9.27%,首次超过集合资金信托平均收益率 9.20%,2013 年基础设施类信托平均收益率实现 9.28%,继续超过当年集合资金信托平均收益率 8.81%,并扩大了这个差距,实现了 0.47 个百分点的差距。

从基础设施类信托产品平均收益水平的走势分析,基本与行业发展水平保持一致,2006—2008 年为快速增长期,经历了 2009 年下跌后缓慢回升,2013 年实现平均收益率 9.28% 的历史最高水平。

资金运用方式:权益投资占比进一步增大

2013 年基础设施信托产品的运用方式为权益投资占比 65%,贷款占比 26%,股权投资占比 7%,组合投资等其他运用方式占比 2%。从近几年基础设

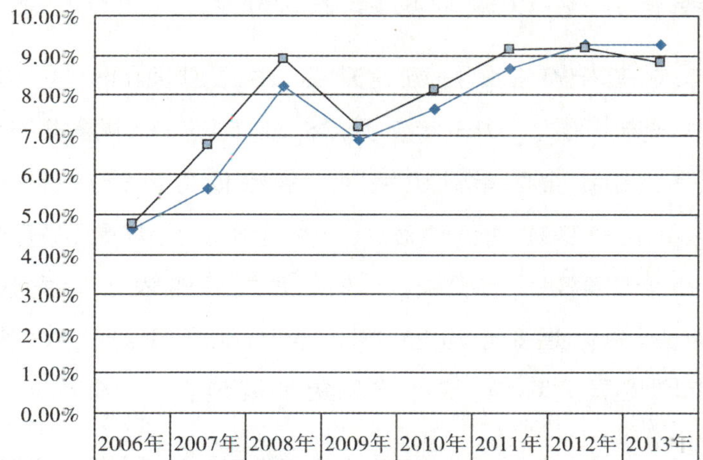

	2006年	2007年	2008年	2009年	2010年	2011年	2012年	2013年
基础设施信托平均收益率	4.62%	5.64%	8.23%	6.89%	7.66%	8.65%	9.27%	9.28%
集合资金信托平均收益率	4.77%	6.76%	8.89%	7.18%	8.15%	9.15%	9.20%	8.81%

图 3－26　基础设施信托收益率与行业平均收益率对比统计图

施类信托产品运用方式情况变动分析，权益投资一直是基础设施类信托产品最主要的资金运用方式，其次是贷款运用方式，股权投资运用方式占比逐年减少，近两年均未超过 8%。

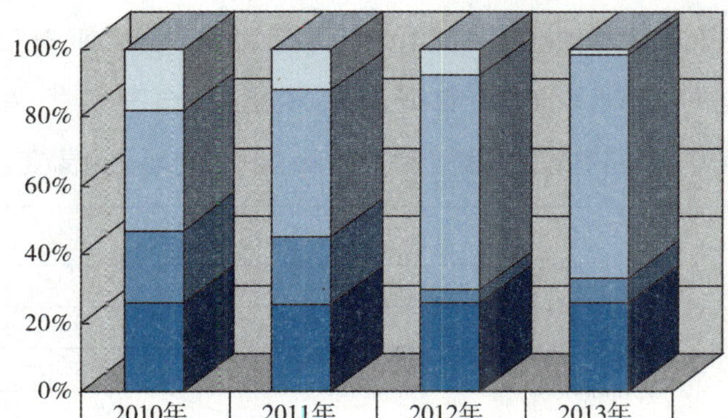

	2010年	2011年	2012年	2013年
其他	18.06%	12.36%	7.73%	2%
权益投资	34.96%	42.56%	62.35%	65%
股权投资	20.92%	19.77%	3.92%	7%
贷款	26.07%	25.31%	26.01%	26%

图 3－27　基础设施信托各种应用方式占比统计图

■投资领域：以城市基础设施为主

近年来，基础产业信托迅速升温，由此引发的一些问题，也导致了相关监管政策的进一步严格。2013 年 7 月 28 日，国家审计署发布消息称，根据国务院要求，审计署将组织全国审计机关对政府性债务进行审计。此消息一出，不少观点都认为这将会对基建融资热泼上一盆冷水。尤其是信托作为基建项目的融资渠道之一，也会受到进一步影响。李克强总理曾表示地方政府性债务问题，“可以有把握地说，总体是安全可控的”。整治地方债务乱象，将会为基础产业信托创造一个有序发展的环境，使得产品更加规范。

表 3－6　近两年规范政府融资平台贷款业务的文件

文件名称	文号	时间
《中国银监会关于加强 2012 年地方政府融资平台贷款风险监管的指导意见》	银监发〔2012〕12 号	2012.3
《中国银监会关于加强 2013 年地方政府融资平台贷款风险监管的指导意见》	银监发〔2013〕10 号	2013.4.9

从图 3－28 可以看出，政信合作信托产品余额自 2011 年以来呈逐年上涨的态势，其在信托资产规模中的占比也是从 5.27% 一路飙升至 8.13% 的近年次高点。这种情况是与基础设施类信托产品规模增长密切相关的，政信合作信托产品增长的幅度略小于基础设施类信托产品规模的增长幅度。

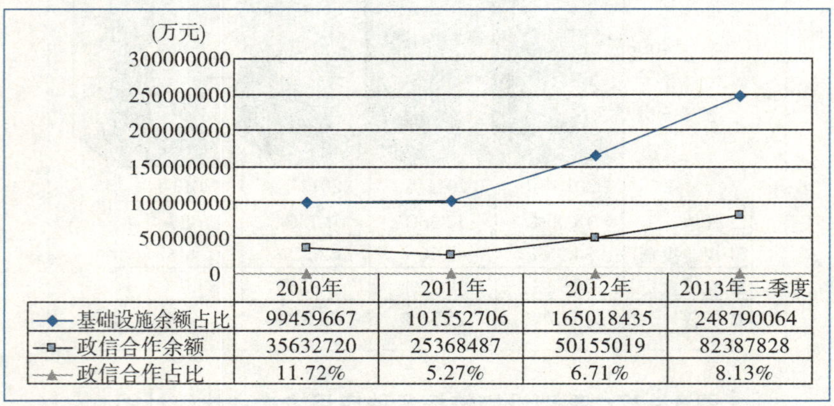

图 3－28　基础设施与政信合作余额规模对比图

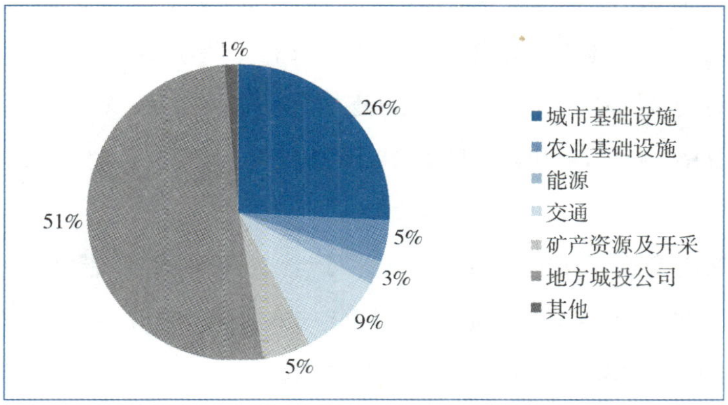

图 3－29　基础设施信托各种投资领域占比统计图

4.3　基础设施信托未来发展趋势

地方政府融资问题是一个持续的问题，根据我国现行法律，地方政府既不能发债，也不能有赤字，地方政府透明的融资渠道仅包括城投债和中央代发地方政府债券，而为保证 GDP 的增长，在消费市场不振、进出口疲软的情况下只能够不断加大基建投资来保证经济增长。地方政府债务的膨胀也引起了中央的关注，2010 年 6 月国务院发布了'19 号文"，并陆续通过银监会发文规范和窗口指导，取得了一定效果。但在 2012 年加大基础设施建设"稳增长"的背景下，地方政府的融资需求扩大，造就了基础设施信托的持续火爆局面。2012 年底四部委的"463 号文"和 2013 年银监会的"10 号文"不仅限制了与地方融资平台的合作规模，也限制了与地方政府的合作模式，却反而造就了基础设施信托规模的增长。一方面，由于地方政府有持续的融资需求，金融压抑下的政府融资渠道越抑制，需求越旺盛；另一方面，市场资金对基础设施信托还是比较认可。虽然目前直接打着"承诺函""预算函"等直接增信模式的产品已经几乎完全消失，但是不排除有部分政信合作的基建设施信托产品有抽屉协议的存在。根据审计署公布的数据，截止到 2013 年 6 月底，地方政府性债务资金来源中，在政府负有偿还责任的债务中，信托融资的额度为 7620 亿元，占比约为 7.9%；在政府或有债务中，信托融资的额度总计为 6632 亿元，占全部或有债务的约 9.5%。目前虽然还没有出现地方政府违约的情况，但是不少信托公司已经重点关注基础设施信托中的单体风险，尤其是还款能力相对较弱、债务较高的县级政府的融资项目。

大部分基建项目不仅投资期限长，即使有回报也很少，面对动辄10%以上的融资成本，加上不少地方政府已经通过银行、债券渠道进行了多轮融资，根本不足以在一两年内保证信托计划的还本付息。从目前的发展趋势看，信托公司与城投平台的合作，将慢慢从基础设施工程类过渡到保障房、经济适用房等项目。

十八届三中全会公布的《中共中央关于全面深化改革若干重大问题的决定》中，出现了"允许地方政府通过发债等多种方式拓宽城市建设融资渠道"的提法。如果地方政府可以通过发行市政债进行融资，那么对于基础设施信托的需求就会下降，从而基础设施信托的业务空间将会缩小。但从目前的情况来看，市政债的推出涉及了中央和地方的很多利益分配问题，而在地方债务已经高企的情况下，扩大融资渠道无疑会进一步加剧地方债务状况。因此，2014年基础设施信托应该仍旧会保持一定的增长规模，但是政信合作型基础设施信托的增长速度可能会延续三季度的下滑趋势。

基础设施信托还面临着另一个挑战，就是利率市场化。2013年7月19日，中国人民银行发出《关于进一步推进利率市场化改革的通知》，宣布自2013年7月20日起全面放开金融机构贷款利率管制。由于地方政府对于区域性银行的影响力比较大，加上这两年通过其他渠道的资金募集清理了银行的一部分历史债务，如果地方政府从区域性银行重新获得资金，在取消贷款利率下限的前提下，区域性银行的融资成本下降，对信托需求会减少。如果基础设施信托产品收益率下滑，仅依靠背后隐藏的政府信用，在没有其他增信措施的情况下，在市场上的吸引力相对要小，资金募集可能存在问题。因此，随着利率市场化，高成本的基础设施信托可能将不敌来自其他机构的低成本资金，这对信托公司发展基础设施信托业务也会造成比较大的影响。

5. 银信合作产品

5.1 市场现状

根据中国信托业协会最新数据显示，截至2013年三季度末，我国信托业银信合作业务资产余额2.17万亿元，占信托资产规模比例为21.39%。虽然因信合作业务余额不断增加，但增速小于信托资产规模的增速，而且银信合作业务占信托资产规模的比例却在逐年明显缩减。2010 年银信合作业务占比 54.61%，经过三年的调整，到 2013 年三季度末，银信合作业务占比已经降低至 21.39%，减少 33.22 个百分点，成效卓著。

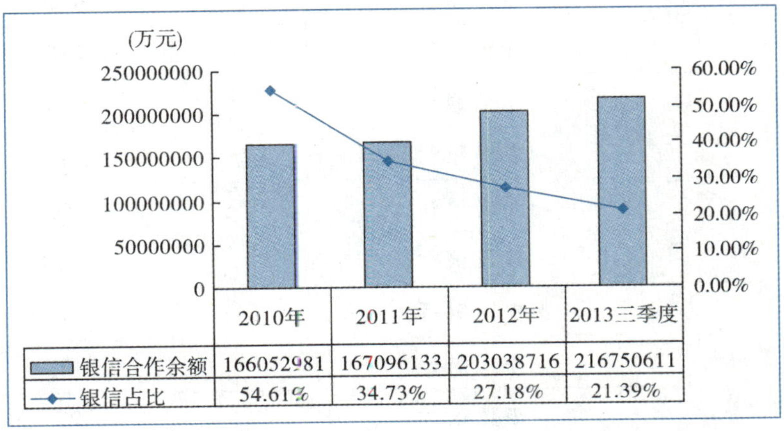

图 3-30　银信合作业务余额及占比变动图

根据公开披露信息不完全统计，全年共有 30 家信托公司、60 家商业银行参与银信合作业务，全年共发行银信合作业务 13266 只，募集规模 11.84 亿元。从银信合作业务月度发行情况分析，上半年发行区域平缓，均没有超过 1 亿元，进入 7 月份银信合作业务开始增长，平均各月均在 1.2 亿元至 1.6 亿元之间，12 月份是年度发行的峰值，达到 2.75 亿元。

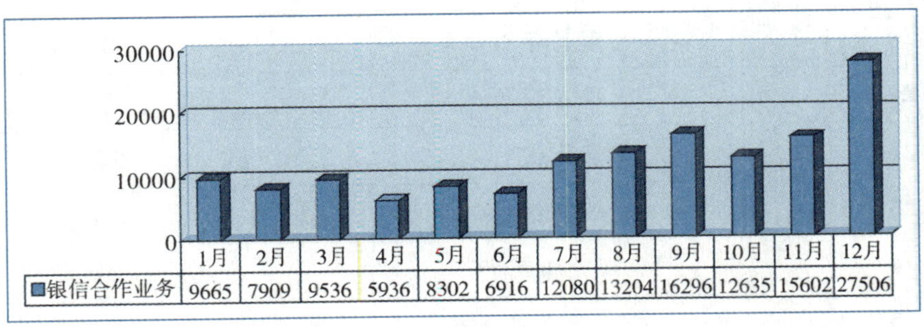

图 3-31　银信合作业务月度发行情况

表 3-7　2013 年商业银行发行银信合作业务统计表

序号	商业银行	发行数量
1	交通银行	550
2	工商银行	1608

续表

序号	商业银行	发行数量
3	民生银行	281
4	中信银行	475
5	光大银行	210
6	招商银行	959
7	农业银行	985
8	浦发银行	150
9	建设银行	1314
10	中国银行	648
11	深发银行	0
12	东莞银行	27
13	华夏银行	261
14	杭州银行	549
15	邮储银行	387
16	兴业银行	15
17	南京银行	240
18	宁波银行	39
19	北京银行	343
20	南昌银行	0
21	湛江商行	0
22	泉州银行	24
23	平安银行	981
24	南充市商行	20
25	江苏紫金农商行	0
26	上饶银行	48
27	苏州银行	202
28	上海银行	28
29	温州银行	130
30	广东南粤银行	73

续表

序号	商业银行	发行数量
31	成都银行	4
32	汉口银行	168
33	河北银行	86
34	渤海银行	145
35	徽商银行	73
36	北京农商行	3
37	江苏银行	516
38	上海农商行	260
39	深圳农商行	88
40	重庆农村商行	0
41	重庆三峡银行	5
42	宁夏银行	13
43	广发银行	0
44	顺德农商行	106
45	湖北银行	61
46	郑州银行	0
47	晋城银行	1
48	珠海华润银行	233
49	西安银行	53
50	广东华兴银行	20
51	锦州银行	8
52	龙江银行	123
53	郑州银行	0
54	临商银行	70
55	长沙银行	6
56	广州农商行	32
57	余杭农信社	1
58	黄河农商行	4

续表

序号	商业银行	发行数量
59	浙江稠州商行	11
60	张家港农商行	5

5.2 银信合作业务收益情况分析

银信合作信托产品的平均收益率整体低于集合资金信托平均收益水平，全年呈平稳上升的趋势，10 月份以前银信合作业务平均收益率均低于 5%，10 月份以后逐渐上升，后 3 个月平均收益率分别为 5%、5.17% 和 5.78%，全年最高值出现在 12 月份，达到 5.78%。

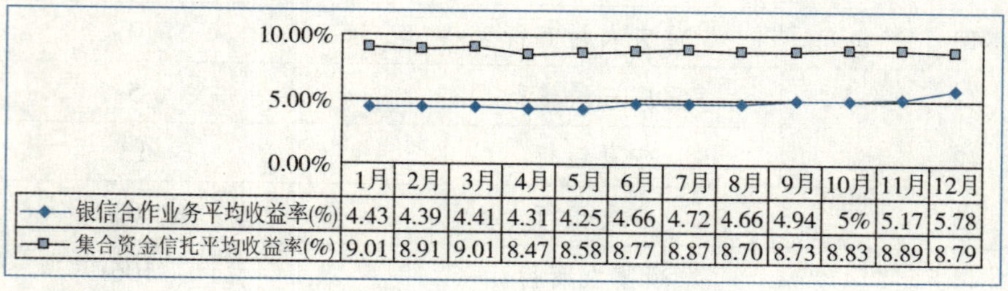

	1月	2月	3月	4月	5月	6月	7月	8月	9月	10月	11月	12月
银信合作业务平均收益率(%)	4.43	4.39	4.41	4.31	4.25	4.66	4.72	4.66	4.94	5%	5.17	5.78
集合资金信托平均收益率(%)	9.01	8.91	9.01	8.47	8.58	8.77	8.87	8.70	8.73	8.83	8.89	8.79

图 3-32 银信合作产品月度平均期限及平均收益率图

从不同的投向分析，2013 年银信合作业务中投向基础设施领域的收益率最高，达到 5.1%，其次是投向金融领域的银信合作业务产品收益率，达到 4.76%，投向房地产领域的银信合作业务收益率最低，只有 4.4%。

表 3-8 2013 年银信理财产品收益情况统计表

投向	平均期限（天）	平均年化收益率
金融	119	4.76
基础设施	295	5.10
工商企业	146	4.64
房地产	93	4.40
其他	365	5.50
合计	120	4.63

5.3 银信合作业务投资领域分析

2013年银信合作业务投向比较单一，99.97%的信托资金都投向了金融领域，其余基础设施、工商企业、房地产等领域合计占比只有0.03%。2013年投向金融领域的银信合作产品共发行13158只，共募集信托资金13843.31亿元，投向基础设施领域的银信合作信托产品共发行8只，募集信托资金1.43亿元，投向工商企业领域的银信合作信托产品共发行98只，募集信托资金1.72亿元，投向房地产领域的银信合作信托产品共发行1只，募集信托资金0.58亿元。

表3-9 银信理财产品投资领域分布表

投向	数量	发行规模(亿元)	规模占比
金融	13158	13843.31	99.97%
基础设施	8	1.43	0.01%
工商企业	98	1.72	0.01%
房地产	1	0.58	0.00%
其他	1	0.72	0.01%
合计	13266	13847.77	100.00%

5.4 银信合作信托的发展趋势

随着经济金融化、金融市场化进程的加快，金融脱媒的趋势越来越明显，在国内金融管制的情况下，商业银行主要金融中介的重要地位在相对降低，由此引发社会融资方式由间接融资为主向直接融资和间接融资并重转换，资金供给将绕开商业银行体系，直接输送给需求方和融资者，完成资金的体外循环，这对我国银行业有着很大的影响。同时，随着利率管制的放开，利率市场化打击了我国商业银行传统的存贷款业务，银行再也不能仅仅依靠单一存贷利差来获取收入，对于大中型公司客户的抢夺会进一步升级，这导致在客户结构、业务结构、信贷投向严重同质化的商业银行之间竞争加剧、利润下降。不少银行也意识到了这一点，开始转向财富管理行业和资产管理行业，而在这两个领域银行与信托公司既是竞争对手，也是合作伙伴。银行的优势在于集聚了大量的闲散资金，而信托公司的优势在于其跨领域的资产管理能力。因此，在未来，银信合作将更多地体现在财富管理领域和资产管理领域。

同时，未来几年资产证券化市场的发展也会给银信合作带来更大的业务空间。当前我国信贷资产证券化仍处于试点阶段，并仅限于银行信贷资产，在企业资产证券化领域并没有放开，而银行信贷资产证券化由于已经有成功案例，业务模式也比较成熟，适合信托公司复制。国内已有十几家信托公司取得了资产证券化的业务资格，当前银行业金融机构面临较大的资产负债压力和资本金压力，在传统信贷资产转让、票据业务等受到严格限制的情况下，资产证券化将会是银信合作开拓业务的重要手段。

6. 证券信托

6.1 证券信托规模增长较快但增速下滑

2013 年股市比 2012 年更加低迷，上证指数以 2289.51 点开盘，于 2013 年 12 月 31 日收 2115.98 点，年内跌幅 7.58%，相比 2012 年年底收盘点位 2269.13 点累计下跌 6.75%。全年最高收盘指数为 2 月 18 号的 2444.80 点，最低收盘价为 6 月 25 号的 1849.21 点，振幅达到 600 点。同时，2013 年 IPO 停摆，整年没有一只新股上市，很多券商投行部门颗粒无收，而对于习惯打新股获取高额利润的信托公司而言也是少了一个收入来源。国内债市更是一片惨淡，4 月份中国银行间债券市场经历了一场史无前例的监管风暴，严重打击了部分靠违规操作债券获益券商与债券基金管理人；6 月份市场又经历了一场史无前例的钱荒，三四季度则经历了一场史无前例的债市下跌。由于利率市场化的推进，商业银行配置行为扭曲，首次出现了债市行情走势与传统经济指标相背离的现象，加上资金面的紧平衡态势，进一步加剧了债市的下跌。

相比于证券市场的低迷，证券信托产品的发行仍旧保持了以往的增长速度。2012 年 8 月 31 日，中国证券登记结算有限责任公司发布《关于信托产品开户与结算有关问题的通知》，准许信托公司开立证券账户，为信托公司大规模发行证券投资信托提供了机会。数据显示，从账户开立放行的 2012 年 9 月以来，证券投资集合信托的募资规模增长迅速。至 2013 年三季度末的一年时间里，集合类证券投资信托月均成立规模为 52.8 亿元，与账户放开前的 2012 年前 8 个月份平均成立规模 28.82 亿元相比增长明显。

据信托业协会公布的数据，2013 年三季度证券信托余额为 10325.45 亿元，占 10 万亿信托规模约 1/10。比起 2012 年平平的证券信托表现，2013 年一季度证券信托总额有了一个较大的增量，但是全年增速呈现下滑的趋势。到 2013 年三季度为止全年新增规模为 1363.8 亿元，证券信托余额余额超过了 1 万亿元，正式迈入万亿证券信托时代。根据中登公司 2013 年 11 月月报，截止到 11 月底，信托 A 股账户为 13707 个，其中沪市账户 7532 户，深市账户 6175 户。与 2012 年 8 月底的 11624 户，增长了 17.9%。用益信托的数据显示，2013 年证券投资集合信托产品的成立数量共 1179 只，募集资金规模为 693.6 亿元，平均期限为 1.17 年，平均年收益率为 7.26%。

证券信托植根于证券市场，对外部环境的变化最为敏感，市场一有风吹草动马上会牵动信托经理的神经。从发展趋势来看，随着证监会放开信托公司的开户限制，为阳光私募提供通道的业务量有所上升，但是由于通道价值的降低，通道费率下滑，目前不少公司已经开始转型为直接依靠自己的证券投资团队来打造证券信托，力图摆脱投资顾问增加劣后投资后这类掌控力度较小而面临舆论风险较高的产品模式。

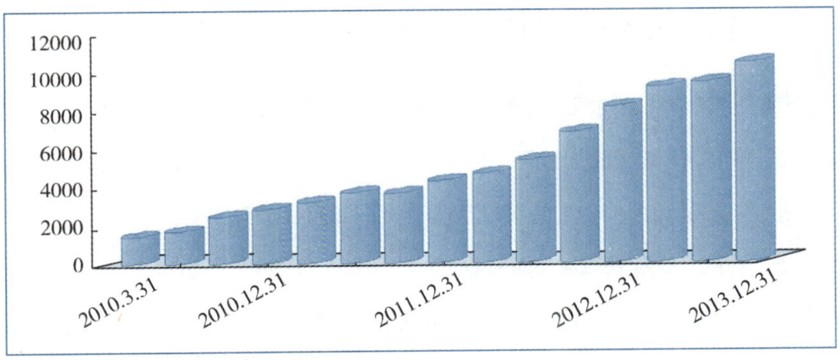

图 3－33　证券信托余额变动情况

数据来源：中国信托业协会（截至 2013 年 9 月 31 日）。

从历年的新增规模变动情况来看，除了 2011 年二季度有一个井喷式的证券信托增量以外，其余年份的证券信托增量呈现较为稳定的状态，其中集合资金证券信托产品从 2012 年一季度超过单一资金证券信托产品以来，一直都保持着市场的主流趋势。到 2013 年底，集合资金证券信托产品累计增加规模为 832.57 亿元，占累计新增规模的 64.7%；单一资金证券信托产品累计增加规模为481.23 亿元，占累计新增规模的 35.3%。由于年中以后证券市场开始低迷，2013 年二、

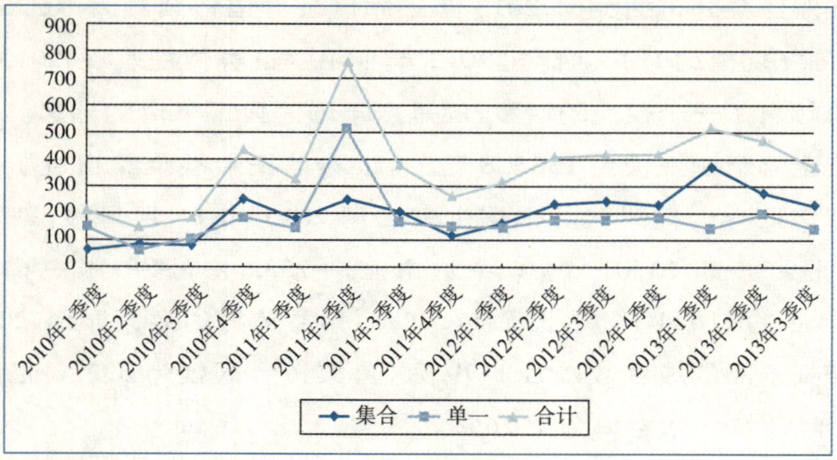

图3－34　证券信托季度新增规模变动情况

数据来源：中国信托业协会（截至2013年9月31日）。

三季度成立的证券信托产品中债券型产品的新增规模增速下滑，从2013年初新增规模233.5亿元，下降到三季度新增规模138.4亿元。

6.2　债券型证券信托继续占据市场主流

结合证券信托整体投向情况来看，在2012年以后债券型证券信托的余额开始超过股票型证券信托余额，此后债市的繁荣引来了诸多信托公司的关注，成为证券信托投向的主流。这样的趋势延续到了2013年，债券型证券信托余额占比仍旧超过了股票型和基金型。信托业协会的数据显示，2013年3个季度累计新增的股票型证券信托产品为623亿元，基金型证券信托产品为223.2亿元，债券类产品为517.5亿元；而从余额的角度看，到2013年三季度末，证券类信托产品的余额分别为股票型3028.3亿元，基金型670.3亿元，债券型6626.8亿元。虽然债券型证券信托的余额仍旧占了最大份额，占比达到了65%，但是新增的额度在缩小。从2013年二季度债市风暴爆发以后，投向股票的信托产品额度开始超过债券类产品，并且三季度也延续了这一趋势。总体来看，与2012年同期相比证券类信托规模有一定的下降幅度，这与股市以及债市整体环境有关。而随着新一轮IPO在2014年1月开闸，可以预见股票型的证券信托新增规模还会有进一步的上升空间。

2013年投向基金的证券信托产品份额有所上升，前三季度的数据显示，在新

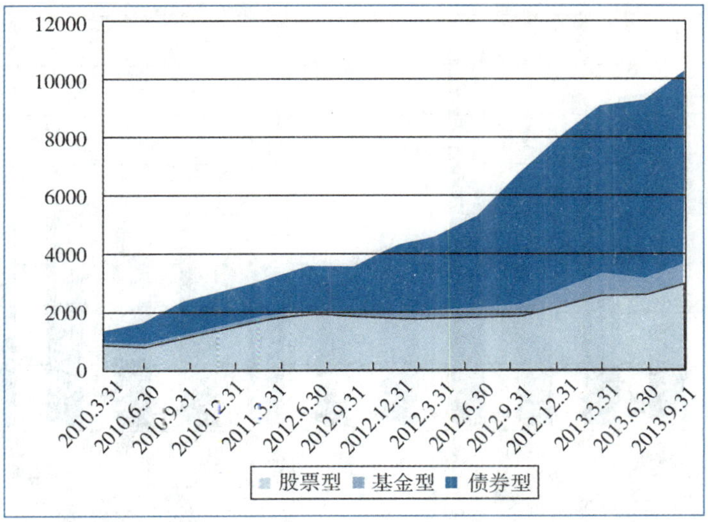

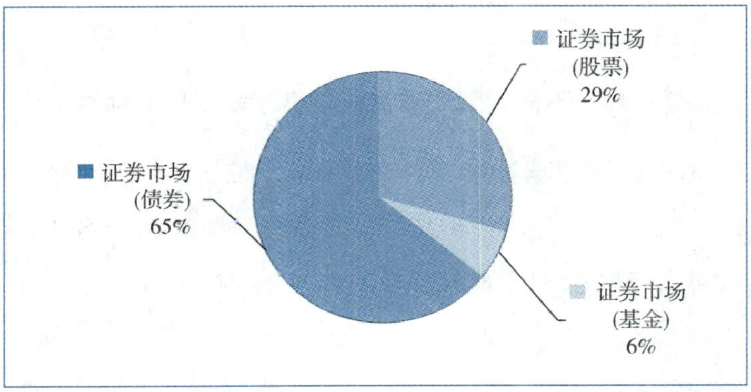

图 3－35　不同类型证券信托余额变动情况

增证券信托中基金型的产品份额在逐步提升，这一趋势是从 2012 年三季度以后开始的，有不少信托公司的证券产品直接投向了基金。这样的趋势出现一方面是由于 2013 年 IPO 停摆，通过打新股来获取超额收益的手法不再有效，另一方面则是由于市场整体趋弱，股市一直在 2200 点附近震荡，通过基金的分散化投资更有利于平衡市场风险。

6.3　与私募基金合作的比例有所下降

从信托业协会数据来看，近几年来，通过信托公司进行“阳光私募”的余额虽然保持在一定的规模，但是 2013 年以来私募基金合作的证券信托余额呈现下降的趋势，从 2012 年底的 24.75% 下降到了 2013 年第三季度的 19.96%。而相比之下，非私募合作的证券信托余额大幅增加，从 2012 年底的 75.25% 上升到了

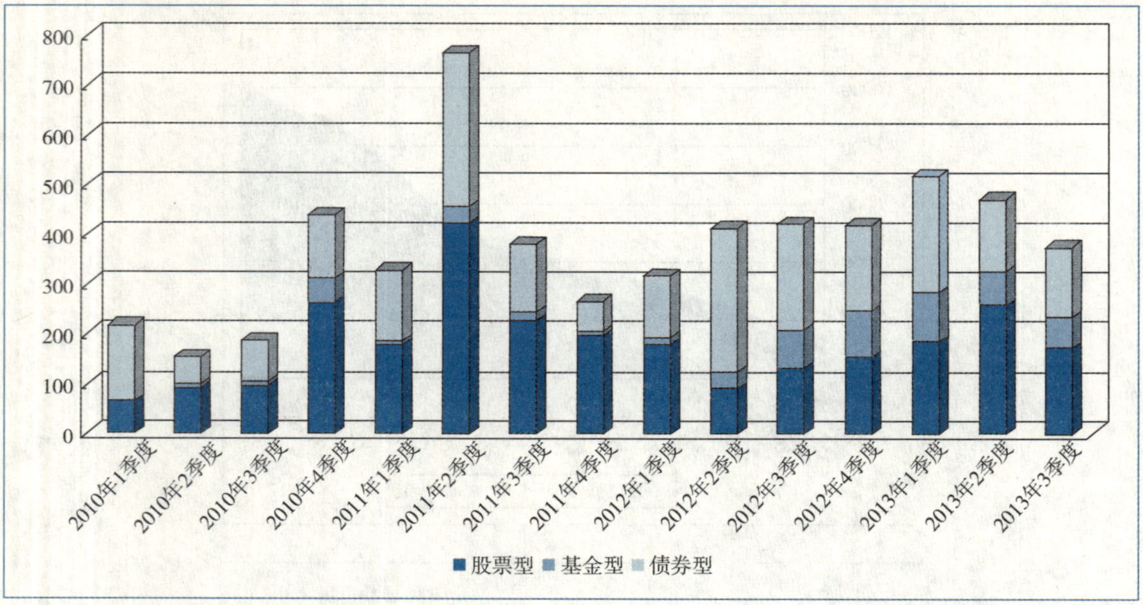

图3-36　不同类型证券信托季度新增规模变动情况

2013 年三季度的 80%。而从余额绝对值来看，阳光私募类的证券信托余额从 2012 年底的 2226 亿元下降到了 2013 年三季度的 2039.68 亿元，下降了约 8.37%。相比之下，非私募的绝对值从 2012 年底的 6769.16 亿元上升到了 2013 年三季度的 8180.35 亿元，上升了 20.85%，增加了超过 1400 亿元。

阳光私募的余额与比例的双重下降，说明了证券信托"私募通道"业务在新的市场环境下已经不是证券业务的主流。信托公司需要加强自身证券投资能力的培养，因为随着未来金融产品标准化趋势的增强，为了使信托产品能够对接各种资金，需要将一部分的资金投向标准化产品，而这时可能自家公司运行中的证券信托会成为一个最好的选择——转让一部分信托受益权，通过标准化投资与非标投资的搭配来组建形式上是标准化的信托计划，并且引入分级设计来应对各类客户的需求，这样做的前提是信托公司拥有丰富的证券市场运作能力。

6.4　证券投资信托的发展趋势

证券市场有着众多参与者，包括基金公司、证券公司、保险公司以及银行等。信托公司发展证券投资信托业务，本身并没有什么牌照优势，尤其是与阳光私募的合作上随着证监会放开证券账户登记，这类通道业务的生存空间已经缩小。而与长期混迹证券市场的券商与基金公司相比，信托公司相对市场经验要少，专

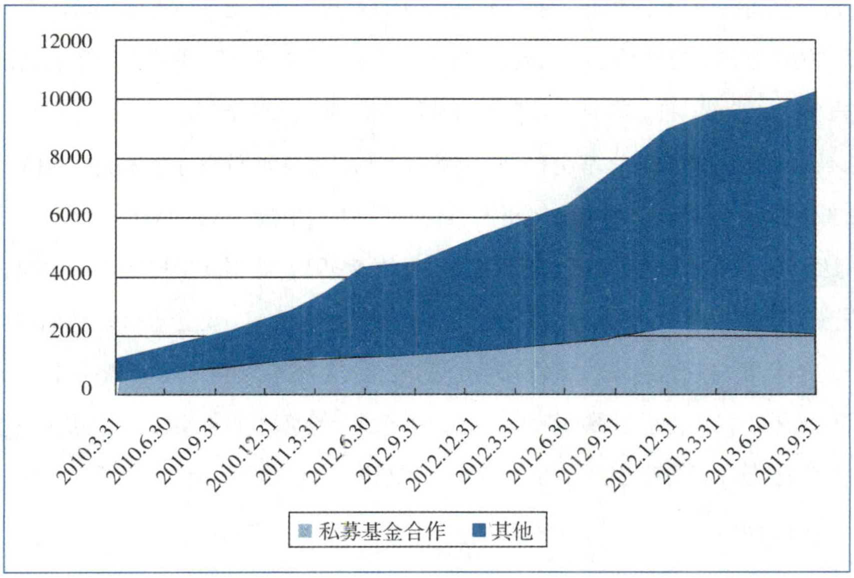

图 3－37　私募基金合作规模余额变动情况

业能力以及软硬件系统可能还有一些距离，与基金、券商庞大的行研团队相比，信托公司在证券研究上相对投入可能还不够。要想在如此竞争激烈的市场中站稳脚跟，一定要扬长避短，通过差异化的竞争策略谋求自己的市场空间。

未来信托公司在证券市场的发展，可能有着这样的几个方向：

一是定位高净值客户，发展财富管理业务。纯粹的证券投资信托与券商、基金公司的同类产品竞争优势不大，但是信托公司的优势在于能够跨市场进行资产配置，通过标准化产品投资与非标投资相结合的方式，实现与基金公司、证券公司的错位竞争。虽然证监会放开了券商资管计划以及基金子公司的资管计划，从目前市场情况来看这两类金融产品由于受到监管不足，加上券商以及基金公司的经验不够丰富，还不能够与耕耘多年的信托公司直接抗衡；同时，信托公司由于有 100 万以上的投资限制，本身就积累了大量高净值客户，虽然数量不一定能够与券商或者基金公司相比，但在客户资源以及客户素质上信托公司有着独到的优势，这个领域应该是信托公司重点拓展的业务领域。

二是定位金融创新产品，发展创新投资业务。目前国内还没有出现信托公司进行投资管理的对冲基金信托产品，随着期货期权、远期、互换等工具的放开，跨市场套利的机会也可能存在，但是这需要市场投资工具以及融资制度的突破。目前，采取公募的模式发行固定收益的数量化宏观衍生投资信托或者基于股权期货的基金产品已经有信托公司在进行试点，借助信托制度的优势，信托公司能够比券商或者基金公司在机制、投资方向和投资策略上有更多的发挥空间。

三是定位特色融资功能，发展证券化以及证券融资业务。信托模式在资产证券化业务中比较成熟，国内也有案例可循，由于资产证券化产品是标准化产品，能够进入二级市场交易，信托公司不仅可以承担SPV的角色，更可以借助资产证券化的机会设计与其对接的证券信托产品，挑战承销商的角色。国务院《关于金融支持经济结构调整和转型升级的指导意见》就结构调整特别提出一点：逐步推进信贷资产证券化、常规化发展，盘活资金支持小微企业发展和经济结构调整。将信贷资产证券化从试点阶段逐渐转为常态化，可以为商业银行盘活存量创造一个重要的出口，可以更多地利用好市场的潜力推动直接融资的发展。通过实现非标准化债权资产的标准化，并且更进一步实现上市交易，能够为信托业创造新的业务空间。

7. 创新业务

7.1 业务模式和产品设计的创新

■ 企业年金投资信托产品

我国企业年金的累积额度已经超过4800亿元，但是长期受制于投资渠道只能是二级市场，在实现长期投资保值增值上存在较大压力。在2013年4月2日，人社部、银监会、证监会、保监会等部委联合下发《关于扩大企业年金基金投资范围的通知》及《关于企业年金养老金产品有关问题的通知》，扩大了企业年金的投资范围，从原有的二级市场投资增加到包括商业银行理财产品、信托产品、基础设施债权投资计划、特定资产管理计划、股指期货等投资品种，从而为企业年金的保值增值提供了更大的空间。

对于信托公司来说，如果能够引入企业年金投资信托产品，一方面能够降低投资的资金成本，另一方面由于年金的投资是以安全稳健为第一位，能够得到企业年金的投资也是信托公司自主管理实力的体现。同时，以专业公募基金设立发行信托型养老金产品、由投资管理人按份额认购的业务模式，有效分散了信托产品投资风险，在保证企业年金基金获得较高水平固定收益的同时，能够实现对信托产品总体风险的识别和控制，为推进信托业和公募基金业长期合作闯出了一条新路。

人社部“24号文”出台后，信托业内各个有实力的公司迅速作出了反应，其中最典型的有昆仑信托以及英大信托这两家公司的企业年金产品，这两款产品均是投向基础设施领域的信托产品。基础设施投资的长期性、较好且稳定的投资回报率以及不同于证券投资资产的风险收益属性为年金基金进行资产配置和风险控制提供了有力的工具。以基础设施债权计划为主投资标的的信托产品不仅能够带来长期稳健的投资收益，而且具备突出的风险收益比优势，有助于年金资产的保值增值。

昆仑信托联合海富通基金发行的“海富通昆仑信托型养老金产品”是继人社部“24号文”正式出台后行业内获批的首只企业年金养老金产品。该产品具有中低风险收益特征，存续期20年，投资对象是“昆仑信托中石油管道项目单一资金信托Ⅰ”信托产品，该信托产品投向符合国家宏观政策与战略规划的重点石油管道项目。这一养老金产品实现了企业年金通过养老金产品渠道投资国家级重点基础设施项目，首创了信托公司与公募基金管理公司联合设计发行标准化金融产品的业务模式。

英大信托随后也联合长江养老保险股份有限公司推出“长江养老英大电力信托型养老金产品”，该产品主要投资于英大信托为企业年金投资发起设立的专项信托计划，首期产品拟投资的电网基础设施债权项目由英大信托和长江养老共同选择，在具有电网项目资源优势的基础上进一步筛选出项目资质良好、建设品质突出、符合委托资金投资需求的投资项目。

保险资金投资信托产品

2012年7月19日，《保险资金投资债券暂行办法》成为保监会第一个公布的投资细则，其中对债券投资种类和投资比例进行重新调整。随后的10月，保监会同时发布了四项保险资金投资新政，即《基础设施债权投资计划管理暂行规定》《保险资金境外投资管理暂行办法实施细则》《关于保险资产管理公司有关事项的通知》和《关于保险资金投资有关金融产品的通知》，进一步拓宽了保险资产管理公司业务范围，同时就保险资金投资类证券化金融产品、基础设施债权投资计划以及境外投资的具体事宜进行了明确规定。

根据保监会新政，保险资金可以投资境内依法发行的信托公司集合资金信托计划，但是对受托人的资质有所要求。

2012年年底，国内出现了第一单保险资金投资信托产品的案例，即泰康人寿9.68亿元认购“中信·聚信汇金地产基金1号集合资金信托计划”优先级信托产品，该信托产品是中信信托于2009年发行的一款房地产信托产品，其成立于当年10月27日，期限10年，在存续期内可以打开申赎。

7.2 业务领域的创新

家族信托

家族信托是一种以资产为核心、以信用为基础、以信托为方式的财产管理制度，在财产管理、资金划转、投资理财、资产传承和社会公益等方面具有独特的功能与作用。家族信托不仅可以实现资产隔离、财产传承、计划支付、保值投资、税务筹划等功能，还可以通过信托设计，集中家族股权，维系家族对企业的控制。相对于国际上家族信托的流行，我国家族信托市场还处于初期阶段，法律层面的缺失、高净值客户对家族信托认知度的不足，让家族信托业务在国内始终都无法很好地开展，目前的家族信托更像是私人定制的一种财富管理产品，其财产隔离、财富传承的地位尚不明显。

平安信托在2013年发售了一款“鸿承世家”系列单一万全资金信托，在国内家族信托领域是首例。该产品总额度为5000万元，客户是一位年过40岁的企业家，合同期为50年。这款家族信托呈现高度定制化的特点，委托人将与平安信托共同管理这笔资产，可通过指定继承人为受益人的方式来实现财产继承，收益分配方案根据委托人的要求来执行。在产品的存续期间，还将根据具体情况的变化以及委托人的指令来进行调整。其中，资产配置方式、委托人风险承受能力、投资策略等都是考量因素。

土地流转信托

2013年土地流转是一个热门的话题，十八届三中全会《决定》提出，在符合规划和用途管制前提下，允许农村集体经营性建设用地出让、租赁、入股，实行与国有土地同等入市、同权同价。按照“试点先行”原则，2013年，深圳、安徽、重庆、浙江等省市政府都已相继出台指导性文件，农村集体经营性建设用地入市试点多方突围。土地流转的价值创造来自于规模化连片后，由专业服务机构增加投入，提高土地的科技化、集约化运营而带来增值。

土地信托在国外已颇有历史，主要有两种类型：一种是英美模式，利用住房协会、信托机构和社区组织等实体组织设立永久性基金；另一种是通过建立土地信托银行参与土地信托业务，这种模式在日本等东亚国家比较普遍。但与国外不同的是，我国农村土地所有权和使用权尚处于分离状态，土地信托试点推进相对缓慢。

土地流转信托一方面通过农用土地集中化，适应高附加值的现代农业生产方式，摆脱个体农业经营的低效率生产；另一方面农民在出租土地以后可以继续以农业工人的身份参加劳作，加入商业化运营的农业经营实体，通过工资的方式获得收入，避免了淡旺季对个人出售农产品的冲击。同时，即使退出农业生产，依托信托财产收益权，农民仍然可以享受到现代农业的发展成果，在农村社会保障体系外还有一份基本收入保障。国内信托公司在土地流转信托上积极进行了探索，目前业内已经有中信信托和北京信托各自推出了自己的土地流转信托产品，并且这两款产品采取了不同的模式。

中信信托采用引入第三方机构的模式，农民将土地经营权交给信托公司，信托公司再委托专业的农业产业公司经营。其在安徽宿州推出的“中信·农村土地承包经营权集合信托计划”期限为12年，A类委托人为安徽省宿州市埇桥区人民政府，服务商为安徽帝元现代农业投资有限公司。农户得到的收益分为基本收益和超额收益，基本收益为支付给农民的基础地租价格，超额收益为受托人服务商进行土地整理和基础设施投资扣除各项本金和费用后形成的收益，其中70%归农户，30%归受托人。为保证农户收益，如果流转出的土地未找到承租方，由服务商承租信托项目下的所有土地，若后期实际获得的租金收入不足以支付基本收益，该类资金缺口由服务商补足。同时受托方视情况可以发行T类信托计划，补足兑付的流动性需求。

北京信托采用的是土地合作社加专业合作社的“双合作社”模式，将拟进行信托的土地经营权确权到村民，再由村民以其土地经营权入股“土地合作社”，土地合作社作为委托人以土地经营权在北京信托设立财产权信托。在安徽无锡推出的“北京信托·土地信托之无锡桃园村项目”中，“土地合作社”成立财产权信托以后通过北京信托将土地租赁给阳山镇桃园村水蜜桃种植大户成立的水蜜桃专业合作社，由专业合作社负责土地经营管理。专业合作社全体股东均为该村有种植桃树特长的村民，员工亦为村民，解决了部分农民就业问题。

消费信托

消费信托可以归类为“单一事务管理类”信托，目的是在有保障的前提下获取高性价比且优质的消费，与传统的投融资概念集合资金信托完全不同，传统信托计划是获取资金增值，而在消费信托里面则是获得消费权益的增值。消费信托与目前流行的“团购”有相似的目的，通过优选商家来保障产品质量，通过集中采购来享受消费价格优惠，通过信托机构监管来保证预付资金的安全。

中信信托在2013年推出了一款消费信托创新产品，这款消费信托产品期限为5年；认购资金分为两部分，其中保证金部分占63%，将于到期后原状返还，其余资金用于购买消费权益，投资者可在信托计划存续期间，拥有信托合同中安排的消费权益，首期消费信托消费权益标的涉及旅游度假领域。在信托存续期间，保证金部分将进入消费服务提供商的银行监管账户，用于投资招商银行理财产品或者中信信托其他信托产品以及债券等，信托到期后保证金部分退还给消费者。

医疗养老产业信托

我国医疗健康产业2012年现存企业20万家以上，市场规模2800亿元，预计2013年增幅达30%。随着老龄化比例增加的加速趋势，现存养老机构不足，床位短缺现象严重。目前每1000位老人仅拥有16.6个床位，服务和管理体系尚不健全。与此同时，高净值人群的增长也在不断推动养生行业的发展。相关数据显示，2012年，我国的高净值人群（个人财富值1000万元以上）数量达55万人，与2011年相比增加了10万人，年增长率为22%；超高净值人群（个人财富值1亿元以上）超过3万人，可投资资产5000万元以上人士超过7万人，而高净值及以上人群近半数关注养生保健服务。作为拥有大量高净值客户人群的信托公司，未来医疗养老产业将可能是下一片蓝海。

中信信托拟推出一款定位于医疗养老行业的建设基金，用以完成在云南昆明医疗养老基地的建设，同时与法国、英国等知名的医疗养老产业机构打造先进的医疗养老服务体系及健康管理系统，为客户量身定做医疗养老服务方案。对于机构投资者，该产品通过基地建设的投资项目盈利分红以及股权享有的方式来实现收益，而对于高净值个人客户，则附加了通过以享受园区各项服务实现医疗养老的目的。该信托计划首期拟投资规模为10亿元人民币，主要为保险、外资企业等机构投资者，未来三年至四预计投资规模达10亿~50亿元，最终达到100亿元的规模。

第四章

泛资管市场2013：格局与变局

1.“泛资产管理”市场新格局的形成与发展

对于资产管理的概念，目前业内尚无共识。借鉴国际经验，一般而言资产管理是指委托人将自己的资产交给受托人，由受托人为委托人提供理财服务的行为，是金融机构代理客户资产在金融市场进行投资，为客户获取投资收益。在国内资产管理又称作代客理财。与之密切关联的另一个范畴是财富管理，一般是指财富管理机构根据高净值客户（个人和企业）不同人生（发展）阶段的财务需求和收益风险偏好，为客户进行相应的财务规划，通过现金管理、资产管理、债务管理、保险保障、税务筹划、退休计划及遗产安排等手段，对客户的资产、负债、流动性进行管理，帮助客户达到满足财务需求、降低风险、实现财富增值的目的。依上述定义可见，资产管理与财富管理和投资管理也是有区别的。首先，范畴不同，三者之间是依次包含关系，财富管理包含了资产管理的范畴，后者又包含了投资管理的范畴。同时，一般情况下财富管理业务中管理机构是主动角色，即根据客户情况主动为客户提供财务解决方案；而在资产管理和投资管理中是被动角色，多在客户制定了财务解决方案后被动接受客户的投资委托。其次，服务形式不同。资产管理和投资管理依托的主要是产品，财富管理依托的主要是服务。最后，服务宗旨不同。资产管理和投资管理是以产品为中心，财富管理是以客户为中心。

严格来讲，我国尚未形成一个成熟的资产管理行业，但若以“泛资产管理”把金融产品渠道销售、资产管理、投资管理等业务涵盖进来，则其主体众多，大致可分成两类：一类是以渠道业务为传统优势的商业银行、信托公司、证券公司、第三方理财等机构，另一类是以资产管理或投资管理为传统优势的保险资管、公募基金、私募基金、券商资管等机构。

2013 年，随着对不同金融机构资产管理业务的管制趋于放松，“泛资产管理"一词再度成为热点。所谓"泛资产管理"，从信托业视角意指除信托公司之外其他资产管理机构可以更多地以信托原理和操作方式，开展与信托公司同质化的资产管理业务。放松管制，形成充分竞争的市场化格局，为"泛资产管理"市场格局的形成奠定了基础。由于政策瓶颈的放开，银行、保险、证券、信托、基金等金融机构发力资产管理业务已呈万马奔腾之势。

2013 第三季度，金融政策的放宽加速，资产管理市场保持活跃。下半年中共中央政治局会议提出，为了确保完成全年经济社会发展的主要任务，继续实施稳健的货币政策和积极财政政策，宏观政策要根据经济形势的变化适时适度进行预调和微调。中国金融市场的泛资管时代在经济政策的松绑下，取得了进一步发展。一方面，传统的信托、银行理财在规模上继续保持增长；另一方面，新兴的公募基金子公司资管产品也迅猛推出，而传统的公募基金也在调整产品结构，为进入互联网金融这条快车道而努力。

2013 年前三季度，商业银行共发行理财产品 2.9 万余款，募集资金规模约达 19.3 万亿元人民币。截至 2013 年 6 月 30 日，114 家证券公司受托管理资金本金总额为 3.42 万亿元，与 2012 年末的 1.89 万亿元相比，增长了将近一倍。这充分说明自 2012 年券商创新大会以来，证券公司各种金融创新蓬勃发展，尤其是在资产管理业务方面，政策松绑，让证券公司有机会在资产管理业务上大展身手，这与银行急于将资产表外化的需求一拍即合，这就出现了前述"数字化"的繁荣。

基金子公司自开展业务以来，发展迅速，截至 2013 年 6 月底，证监会已经核准设立 38 家基金子公司，管理账户 368 个，管理规模约 1500 亿元，占基金管理公司非公募业务（包括社保、企业年金、普通专户业务）约 16%。专项资产管理业务适度扩大了基金公司的投资管理范围，促进了民间资金与实体经济的对接，支持了中小微企业发展。数据显示，截至 2013 年 9 月末，保险公司资金运用余额为 74158.9 亿元，较年初增长 8.2%，此外，养老保险公司企业年金受托管理资产额为 2384.2 亿元。这说明自 2012 年 10 月 12 日，保监会发布实施了《关于保险资产管理公司有关事项的通知》以来，推动了保险资产管理公司的创新发展，拓宽了其业务范围。

中国信托业协会公布了截止到 2013 年三季度末的信托公司主要业务数据。截止到 2013 三季度末，信托公司信托资产规模终于实现了 10 万亿元的跨越，达到了101314.64亿元，但是其2013年单季度环比增速连续下降的境遇并没有停止。其中三季度末环比资产规模增速仅为7.16%，与2013年二季度末和一季度末的数据相比，分别下降了1.14和9.7个百分点。这体现出了证券公司、基金公司等其他金融机构从事资产管理业务对信托公司带来的冲击。

2012年三季度以来，证监会、保监会针对资产管理市场密集地出台了一系列“新政”，主题词乃是“放松管制”，旨在给其他金融同业资产管理业务进行“松绑”，预示着“泛资产管理”市场格局已经形成。2013年政府延续2012年的政策风格，对资产管理市场进一步采取放松管制的措施，以促进泛资管市场的发展。

1.1 基金管理公司的资产管理业务

基金管理公司资产管理业务概述

基金管理公司的传统业务是经营公募证券投资基金的发起和管理。基金公司的资产管理业务主要有公募基金业务（“基金业务”）以及向特定客户募集资金的特定客户资产管理业务（“专户业务”）。2012年修订的《基金管理公司特定客户资产管理业务试点办法》拓宽了专户的投资范围，对从事专项资产管理业务的，要求基金管理公司设立子公司从事此项业务。

基金公司资产管理业务“松绑”及其影响

2007年11月，证监会颁布了《基金管理公司特定客户资产管理业务试点办法》，并于2010年对其进行了修订，开始允许基金管理公司从事“一对一”和“一对多”的专户理财，但其投资范围仍然限定货币市场和资本市场上标准化金融工具的投资。2012年9月26日，证监会再次修订并发布了新的《基金管理公司特定客户资产管理业务办法》（以下简称《办法》）；2012年10月31日，配套发布了《证券投资基金管理公司子公司管理暂行规定》（以下简称《暂行规定》）。

表4－1　基金公司资管业务“两规”对比

对比项目	《基金管理公司特定客户资产管理业务办法》	《证券投资基金管理公司子公司管理暂行规定》
第一项	第二条　基金管理公司向特定客户募集资金或者接受特定客户财产委托担任资产管理人，由托管机构担任资产托管人，为资产委托人的利益，运用委托财产进行投资的活动，适用本办法。	第二条本规定所称子公司是指依照《公司法》设立，由基金管理公司控股，经营特定客户资产管理、基金销售以及中国证监会许可的其他业务的有限责任公司。
第二项	第三条　从事特定资产管理业务，应当遵循自愿、公平、诚信、规范的原则，维护证券市场的正常秩序，保护各方当事人的合法权益，禁止各种形式的利益输送。 资产管理人、资产托管人应当恪守职责，履行诚实信用、谨慎勤勉的义务，公平对待所有投资人。 资产委托人应当确保委托财产来源合法，不得损害国家、社会公共利益和他人合法权益	第十三条　基金管理公司与其子公司、受同一基金管理公司控制的子公司之间不得进行损害基金份额持有人利益或者显失公平的关联交易，经营行为不得存在利益冲突。 第十四条　基金管理公司不得利用其控股地位损害子公司、子公司其他股东或者子公司客户的合法权益。
第三项	第八条　资产管理人通过设立资产管理计划从事特定资产管理业务，可以采取以下形式： （一）为单一客户办理特定资产管理业务； （二）为特定的多个客户办理特定资产管理业务。	第十六条　基金管理公司应当根据自身发展战略，合理确定子公司的发展方向和经营计划。
第四项	第九条　资产管理计划资产应当用于下列投资： （一）现金、银行存款、股票、债券、证券投资基金、央行票据、非金融企业债务融资工具、资产支持证券、商品期货及其他金融衍生品； （二）未通过证券交易所转让的股权、债权及其他财产权利； （三）中国证监会认可的其他资产。 投资于前款第（二）项和第（三）项规定资产的特定资产管理计划称为专项资产管理计划。 基金管理公司应当设立专门的子公司，通过设立专项资产管理计划开展专项资产管理业务。	第十七条　在维护子公司独立法人经营自主权的前提下，基金管理公司应当加强与子公司的业务协同和资源共享，建立覆盖整体的风险管理和内部审计体系，提高整体运营效率和风险防范能力。

续表

对比项目	《基金管理公司特定客户资产管理业务办法》	《证券投资基金管理公司子公司管理暂行规定》
第五项	第十条 符合下列条件的基金管理公司经中国证监会批准，可以开展特定资产管理业务： （一）经营行为规范且最近1年内没有因违法违规行为受到行政处罚或被监管机构责令整改，没有因违法违规行为正在被监管机构调查； （二）已经配备了适当的专业人员从事特定资产管理业务； （三）已经就防范利益输送、违规承诺收益或者承担损失、不正当竞争等行为制定了有效的业务规则和措施； （四）已经建立公平交易管理制度，明确了公平交易的原则、内容以及实现公平交易的具体措施； （五）已经建立有效的投资监控制度和报告制度，能够及时发现异常交易行为； （六）中国证监会根据审慎监管原则确定的其他条件。 基金管理公司开展特定资产管理业务，应当设立专门的业务部门或者设立专门的子公司。基金管理公司的子公司开展特定资产管理业务，也应当符合前款规定的条件。	第二条 本规定所称子公司是指依照《公司法》设立，由基金管理公司控股，经营特定客户资产管理、基金销售以及中国证监会许可的其他业务的有限责任公司。

通过第一项对比分析可知，《暂行规定》中的子公司是为《办法》中的基金管理公司从事特定客户资产管理、基金销售等活动服务的。通过第二项对比可知，两个法规都对基金公司与基金子公司之间的利益输送行为进行了限制性规定。通过第三项对比可知，基金子公司的业务范围及经营活动由基金管理公司根据其自身发展战略来确定，这体现了基金子公司对基金管理公司的依赖性。通过第四项对比可知，基金管理公司的专项资产管理计划应当由基金子公司来完成，这也体现了《暂行规定》中关于基金管理公司应当加强与子公司的业务协同和资源共享的规定。通过第五项对比可知，基金管理公司与基金子公司在开展资产管理业务时，都要符合《办法》中的规定，这也体现了《暂行规定》中对子公司的定义。

这两个规定旨在向基金管理公司全面开放资产管理业务，不仅明确基金管理公司可以针对单一客户和多个客户设立“资产管理计划”，投资于金融市场上的标准化金融工具，而且允许其设立准入门槛仅为2000万元注册资本的子公司，开展“专项资产管理计划”，该计划可投资于未通过证券交易所转让的股权、债权、其他财产权利和中国证券会认可的其他资产。显然，基金管理公司的“专项资产管理计划”与信托公司的单一信托与集合信托计划的投资范围几乎已经没有区别。

2012年12月28日第十一届全国人民代表大会常务委员会第三十次会议通过修订后的《中华人民共和国证券投资基金法》，自2013年6月1日起施行。新《基金法》以放松管制、加强监管为导向，在准入方面做了大幅度的放松，以释放行业活力，但在监管方面则大幅度收紧，对9年来基金监管上缺乏法律支持的地方一一补上。放开公募牌照为基金业带来了更多客户与资金，尤其是在高风险的股票投资与海外投资领域，基金公司优势较为突出。新《基金法》正式施行后，证券公司投资者超过200人的集合资产管理计划将被定性为公募基金，应当纳入新《基金法》调整，不再适用《管理办法》及《集合细则》。新基金法的规定为基金公司的发展奠定了法律基础。2013年6月28日，中国证监会通报修订《证券公司客户资产管理业务管理办法》（以下简称《管理办法》）、《证券公司集合资产管理业务实施细则》（以下简称《集合细则》）有关情况。此次修订《管理办法》《集合细则》，是为贯彻2013年6月1日正式实施的新《基金法》。修改了与新《基金法》相冲突的条款，保持法规一致性。新基金法的实施进一步扩大了基金公司的业务范围，突出了基金公司在吸引客户资金方面上的优势，并且在准入方面做了大幅度放松，这无疑会给信托业带来一定的冲击。

表4－2　新旧基金法关于资产管理业务相关规定对比

第五章基金的公开募集	**第三十六条**　基金管理人依照本法发售基金份额，募集基金，应当向国务院证券监督管理机构提交下列文件，并经国务院证券监督管理机构核准	**第五十一条**　公开募集基金，应当经国务院证券监督管理机构注册。未经注册，不得公开或者变相公开募集基金。 前款所称公开募集基金，包括向不特定对象募集资金、向特定对象募集资金累计超过二百人，以及法律、行政法规规定的其他情形。 公开募集基金应当由基金管理人管理，基金托管人托管。

第十章非公开募集基金	旧基金法对非公开募集基金没有明确的规定。	**第八十八条**　非公开募集基金应当向合格投资者募集，合格投资者累计不得超过二百人。前款所称合格投资者，是指达到规定资产规模或者收入水平，并且具备相应的风险识别能力和风险承担能力、其基金份额认购金额不低于规定限额的单位和个人。 合格投资者的具体标准由国务院证券监督管理机构规定。 **第八十九条**　除基金合同另有约定外，非公开募集基金应当由基金托管人托管。 **第九十五条**　非公开募集基金募集完毕，基金管理人应当向基金行业协会备案。对募集的资金总额或者基金份额持有人的人数达到规定标准的基金，基金行业协会应当向国务院证券监督管理机构报告。 非公开募集基金财产的证券投资，包括买卖公开发行的股份有限公司股票、债券、基金份额，以及国务院证券监督管理机构规定的其他证券及其衍生品种。

通过以上对比可以看出，新基金法对基金公司从事公募基金及非公开募集基金都进行了更加明确的规定，并对从事这两项业务的条件及范围进行了说明。新基金法的修订从政策法律角度赋予了基金公司从事公募基金及非公开募集基金的业务资格，更加拓宽了基金公司资产管理的业务范围。

基金管理公司从事资产管理业务的优劣势分析

（1）基金管理公司从事资产管业务的优点

首先，按照基金法的要求，公募基金有严格的信息披露制度和良好的监管体系。得益于基金行业透明、公开的监管体系，公募基金的信息披露程度较高、社会公信力较强。其次，基金公司开拓受托资产管理业务有助于优化收入结构，降低基金公司的经营风险。近年来，基金产品主要集中在产品的可交易、可分离以及投资范围、投资主题方面的创新，再加上基金产品所特有的申赎灵活、购买方便、参与门槛低等特点，已经成为我国居民重要的理财工具。

（2）基金管理公司从事资产管业务的缺点

首先，基金业的销售渠道因长期被银行垄断，致使基金业对银行的依赖性越来越强，由此给基金业健康发展带来严重制约。但是，随着专户与一对多等类私募理财业务的推出，基金的创新发展有了新的突破口。其次，基金公司的特定资产管理业务虽已经起步，但在满足客户需求、服务实体经济方面的作用还没有很好地发挥出来。

1.2 保险资产管理公司的资产管理业务

保险公司资产管理业务概述

保险资产管理公司的经营首先涉及的问题是其业务定位，即可以经营的受托资金范围，它包括委托对象和资金性质两个方面。在国外金融混业经营体制下，保险集团的资产管理公司被视作投资性公司，所从事的业务范围十分广泛。从委托对象看，欧美主要保险集团的投资公司不仅接受母公司委托从事资产管理业务，负责本身的保险资金运营，还为外部客户服务，委托管理其他客户资产；从管理的资金性质看，除保险资金外，还涉及养老金、共同基金、不动产、现金管理和股权管理等领域。特别值得一提的是，近年一些国家保险公司资产管理的发展还表现为受托管理养老保险金的趋势。

在我国，保险资产管理公司的传统业务是受托管理保险资金。然而，随着国家政策的放松管制，保险资产管理公司的业务范围逐步扩大：一是保险资产管理公司除受托管理保险资金外，还可以受托管理养老金、企业年金、住房公积金等机构资金和合格投资者的资金；二是保险资产管理公司作为受托人，可以设立资产管理产品，为了受益人利益或者特定目的，开展资产管理业务；三是保险资产管理公司符合条件的，可以向有关金融管理部门申请，开展公募性质的资产管理业务；四是保险资产管理公司可以按照有关规定设立子公司，开展专项资产管理业务。以上政策的出台，使保险资产管理公司的业务范围与信托公司的业务范围已无实质区别。2012 年 12 月 30 日，证监会发布的《资产管理机构开展公募证券投资基金管理业务暂行规定（征求意见稿）》，拟允许符合条件的证券公司、保险资产管理公司、私募证券基金管理机构等三类机构直接开展公募基金管理业务。以此为标志，保险资产管理公司在泛资产管理时代扮演起更为突出和鲜明的角色。

保险资产管理公司资产管理业务“突破”及其影响

继债权投资计划调整为注册制、保险机构投资能力“牌照化”管理后，被密切关注的 3 项保险投资新政终于悉数出齐。2013 年 2 月 4 日，中国保监会发布了《关于保险资产管理公司开展资产管理产品业务试点有关问题的通知》（以下简称《通知》），提出将支持保险资产管理公司开展资产管理产品业务试点，不仅包括“向单一投资人发行的定向产品”，而且包括“向多个投资人发行的集合产品”。该通知旨在支持保险资产管理公司开展资产管理产品（以下简称“产品”）业务试点，保护产品持有人权益，防范和控制风险。《通知》对产品的投资范围进行了相关规定，使得保险资产管理公司的资产管理业务更加规范化。产品投资范围限于银行存款、股票、债券、证券投资基金、央行票据、非金融企业债务融资工具、信贷资产支持证券、基础设施投资计划、不动产投资计划、项目资产支持计划及中国保监会认可的其他资产。产品投资范围包括基础设施投资计划、不动产投资计划、项目资产支持计划等投资品种的。以上规定，使保险公司资产管理的业务范围与信托公司的业务范围已无实质区别。

相对于信托、券商资管、银行理财等资产规模的高增速，保险资产规模近几年增速仅20%左右。在这种泛资管市场环境下，保险投资新政放开保险资金投资范围并且重新试点保险资管产品，将有利于保险资管在市场中拓宽资产累积来源。

表4－3　保险资产管理公司新旧政策对比

法规名称	修订内容
《关于保险资产管理公司有关事项的通知》	1. 保险资产管理公司除受托管理保险资金外，还可受托管理养老金、企业年金、住房公积金等机构的资金和能够识别并承担相应风险的合格投资者的资金。 2. 保险资产管理公司作为受托人，可以接受客户委托，以委托人名义，开展资产管理业务，也可以设立资产管理产品，为受益人利益或者特定目的，开展资产管理业务。 3. 保险资产管理公司符合有关规定的，可以向有关金融监管部门申请，依法开展公募性质的资产管理业务。 4. 保险资产管理公司可以按照有关规定设立子公司，从事专项资产管理业务，进一步改革完善体制和机制。
《关于保险资产管理公司开展资产管理产品业务试点有关问题的通知》	1. 本通知所称产品是指保险资产管理公司作为管理人，向投资人发售标准化产品份额，募集资金，由托管机构担任资产托管人，为投资人利益运用产品资产进行投资管理的金融工具。产品限于向境内保险集团（控股）公司、保险公司、保险资产管理公司等具有风险识别和承受能力的合格投资人发行，包括向单一投资人发行的定向产品和向多个投资人发行的集合产品。 2. 产品投资范围限于银行存款、股票、债券、证券投资基金、央行票据、非金融企业债务融资工具、信贷资产支持证券、基础设施投资计划、不动产投资计划、项目资产支持计划及中国保监会认可的其他资产。产品投资范围包括基础设施投资计划、不动产投资计划、项目资产支持计划等投资品种的，保险资产管理公司应当在产品合同和产品募集说明书中说明相应的投资比例、估值原则、估值方法和流动性支持措施等内容。

通过以上对比可知，2013 年的《通知》对保险资产管理公司的资产管理业务进行了更加详细的描述和规定。主要体现在：第一，对保险资产管理公司资产管理业务的产品进行了更加细化的规定，指出指保险资产管理公司作为管理人，向投资人发售的由托管机构担任资产托管人，为投资人利益运用产品资产进行投资管理的金融工具。第二，对保险资产管理公司资产管理业务的产品发行范围进行了规定，产品限于向境内保险集团（控股）公司、保险公司、保险资产管理公司等具有风险识别和承受能力的合格投资人发行。第三，对保险资产管理公司资产管理业务的产品投资范围进行了规定，产品投资范围限于银行存款、股票、债券、证券投资基金、央行票据、非金融企业债务融资工具、信贷资产支持证券、基础设施投资计划、不动产投资计划、项目资产支持计划及中国保监会认可的其他资产。2013 年的《通知》比上年的《关于保险资产管理公司有关事项的通知》在规定上更加具体和细化。对于保险资产管理公司来说，2013 年的《通知》更加具有可行性且易于操作，这无疑会使保险资产管理公司资产管理业务的流程和业务范围更加清晰，从而促进保险资产管理公司资产管理业务的发展。关于保险资产管理公司的以上两个通知都扩大了保险资产管理公司的业务范围，使其业务范围与信托公司的业务范围更加同质化，这无疑会促进泛资管市场的发展，但同时也会给信托公司带来一定的挑战和冲击。

保险资产管理公司从事资产管理业务的优劣势分析

（1）保险资产管理公司从事资产管理业务的优点

第一，保险公司投资部门多年来在固定收益产品投资及基金公司评价、基金经理选择方面积累了丰富的经验，形成了独有的投资优势；第二，凭借母公司强大的营销网络和销售管理能力及稳健的财务和信用基础，通过吸引优秀的资产管理人才、建立成熟的投资体系，保险资产管理公司具备提供一体化服务的技术基础；第三，我国目前宏观经济环境较好，资产管理业务发展空间巨大。同时，保监会鼓励有条件的保险公司成立资产管理公司，为行业发展提供了契机。

（2）保险资产管理公司从事资产管理业务的缺点

第一，保险公司在传统监管模式下投资工具有限，削弱了其提供多样化产品以及风险管理的能力；第二，随着所提供产品复杂程度的提高，销售队伍的素质还有待提高；第三，跨行业竞争的压力日益增大，如基金公司已经获得全国社保基金委托管理资格，证券公司也获得地方社保委托等，这对保险资产管理公司来说是一个很大的挑战。

1.3　证券公司的资产管理业务

证券公司资产管理业务概述

证券公司开展资产托管业务，是由证券公司作为托管服务提供方，根据法律法规的要求承担传统方式中商业银行的托管服务职责，履行资产管理计划的资产保管、清算对账、资金划付、估值核算、投资监督等职能，并向委托人、管理人提供资产托管信息披露报告等各项服务。2012 年 5 月北京召开的“证券公司创新发展研讨会”是证券行业具有划时代意义的一次里程碑式会议。中国证监会主席郭树清出席了会议并作重要讲话。创新大会之后，监管部门陆续推出的一系列创新发展思路和措施，研究策划回归券商五大基础功能的需求也更加迫切起来。托管业务是监管部门鼓励创新业务的五大核心之一。在此背景下，证券行业提出了在现有的法律法规环境下，开展资产托管业务。

2013 年是中国券商转型之年，6 月底证监会修订《证券公司客户资产管理业务管理办法》和《证券公司集合资产管理业务实施细则》，修订后的制度取消大集合与小集合的区分，删除部分指标控制，全国的证券公司掀起了你追我赶的创新浪潮。

证券公司可以从事的客户资产管理业务分为三类：一是为单一客户办理定向资产管理业务；二是为多个客户办理集合资产管理业务；三是为客户办理特定目的的专项资产管理业务。虽然规定了资产管理业务的类型，但是仍然没有确定资产管理业务的法律性质。

表 4－4　证券公司三类客户资产管理业务对比

业务种类	业务性质	基本特征
为单一客户办理的定向资产管理业务	属于委托代理业务：1. 证券公司为单一客户办理定向资产管理业务，应通过该客户的账户为客户提供资产管理服务。2. 证券公司办理定向资产管理业务，由客户自行行使其所持有证券的权利，履行相应的义务。	1. 受托人是以委托人的名义对外进行业务活动的；2. 受托人根据委托人的授权范围处理委托管理财产；3. 受托人处理委托事务的法律后果归属于委托人；4. 委托人应向受托人支付管理费用报酬。

续表

业务种类	业务性质	基本特征
为多个客户办理的集合资产管理业务	属于信托业务:1. 证券公司为多个客户办理集合资产管理业务,通过专门账户为客户提供资产管理服务。2. 证券公司代表客户行使集合资产管理计划所拥有证券的权利,履行相应的义务。	1. 从设立专门的资金账户和证券账户来看,集合资产管理业务具有信托的特征。2. 管理的资产所有权发生了转移,由证券公司行使理财账户上所持证券的权利。3. 超越民法对于委托理财的规定,比较符合信托法的规定。
为客户办理特定目的的专项资产管理业务	属于信托业务:1. 证券公司为客户办理特定目的的专项资产管理业务,通过专门账户为客户提供资产管理服务。2. 证券公司可以通过设立综合性的集合资产管理计划办理专项资产管理业务。	具有信托业务的基本特征。

证券公司资产管理业务“创新”及其影响

2013 年 3 月 29 日，证监会发布了《关于加强证券公司资产管理业务监管有关事项的通知》（以下简称《监管通知》）。《监管通知》规定：按照新基金法，投资者超过 200 人的集合资产管理计划，被定性为公募基金，适用公募基金的管理规定。因此，2013 年 6 月 1 日以后，各证券公司不再按照《证券公司客户资产管理业务管理办法》（证监会令第 87 号，以下简称《管理办法》）的规定，发起设立新的投资者超过 200 人的集合资产管理计划。符合条件的证券公司，可以按照《资产管理机构开展公募证券投资基金管理业务暂行规定》，依法申请并取得公募基金管理业务资格，依法开展公募基金管理业务。修订《证券公司客户资产管理业务管理办法》《证券公司集合资产管理业务实施细则》后，删除了针对大集合的专门规定，将不再有大集合、小集合的划分。同时，“限额特定资产管理计划”也统一调整为“集合资产管理计划”。此外，还对证券公司专项资产管理计划融资方提出原则性要求。为贯彻落实新《基金法》，证监会将继续深入研究制定证券公司现存投资者超过 200 人的集合计划的后续处理方案，包括：符合条件的转为公募基金；维持集合计划形式，继续存续运作；终止集合计划；转为私募基金等。这些法规的修订，使得证券公司的资产管理计划均为私募理财产品，与信托公司的产品更加同质化。

2013年6月26日，中国证监会公布了第93号令《关于修改〈证券公司客户资产管理业务管理办法〉的决定》。《证券公司客户资产管理业务管理办法》（以下简称《券商资管办法》）修改后，使证券公司资产管理业务的范围进一步拓宽。如果从国家金融体制改革的大背景下考量，此次修改符合“加强监管、放松管制”的总体思路，是为适应形势发展的需要所作的适时调整、修正和补充。从另一方面来看，在当前我国金融分业经营、市场相对分割的环境下，考虑到政策规则之于资产管理品质与效益的重要性，证监会此番清晰的政策导向对券商资管的利好则更是不言而喻了。对于信托业而言，虽然不一定叫做利空，但以“放松管制，放宽限制”为主旨的《券商资管办法》的修改，确实对信托公司产生一定冲击，从这个意义上讲，信托公司今后面临的市场环境必将更加复杂。

《券商资管办法》修改后内容对资产管理业务所作的松绑主要有4个方面（见表4－5）。

表4－5　艺术品信托发行情况对比

条款	修改后内容
第十三条	修改为“证券公司为多个客户办理集合资产管理业务，应当设立集合资产管理计划，与客户签订集合资产管理合同，将客户资产交由取得基金托管业务资格的资产托管机构托管，通过专门账户为客户提供资产管理服务。
第十五条改为第十四条	修改为“证券公司为客户办理特定目的的专项资产管理业务，应当签订专项资产管理合同，针对客户的特殊要求和基础资产的具体情况，设定特定投资目标，通过专门账户为客户提供资产管理服务。”“证券公司可以通过设立综合性的集合资产管理计划办理专项资产管理业务。”
第二十八条改为第二十六条	修改为“证券公司可以自行推广集合资产管理计划，也可以委托其他证券公司、商业银行或者中国证监会认可的其他机构代为推广。” “集合资产管理计划应当面向合格投资者推广，合格投资者累计不得超过200人。合格投资者是指具备相应风险识别能力和承担所投资集合资产管理计划风险能力且符合下列条件之一的单位和个人： （一）个人或者家庭金融资产合计不低于100万元人民币； （二）公司、企业等机构净资产不低于1000万元人民币。 依法设立并受监管的各类集合投资产品视为单一合格投资者。”
第四十七条改为第四十四条	修改为“证券公司办理集合资产管理业务，应当将集合资产管理计划资产交由取得基金托管业务资格的资产托管机构托管。”“证券公司、资产托管机构应当为集合资产管理计划单独开立证券账户、资金账户等相关账户。证券账户名称应当注明证券公司、集合资产管理计划名称等内容。”

从上述规章内容可知，证券公司的集合理财计划和专项计划，可以分别对应于信托公司的集合信托计划与单一计划，投资范围的放宽也使得券商与信托遭遇正面竞争。从客观上讲，券商所拥有的投资管理优势以及风控能力都将成为与信托竞争的有力武器。

此外，为了与修改后的《券商资管办法》相匹配，证监会于2013年6月26日公布了关于修改《证券公司集合资产管理业务实施细则》的决定。修改后的《证券公司集合资产管理业务实施细则》对资产管理业务所作的松绑主要有5个方面（见表4－6）。

表4－6　艺术品信托发行情况对比

条款	修改后内容
第五条	修改为"证券公司从事集合资产管理业务，应当为合格投资者提供服务，设立集合资产管理计划（以下简称集合计划或计划），并担任计划管理人。" "集合计划应当符合下列条件： （一）募集资金规模在50亿元人民币以下； （二）单个客户参与金额不低于100万元人民币； （三）客户人数在200人以下。"
第六条	修改为"集合计划资产独立于证券公司、资产托管机构和份额登记机构的自有资产。证券公司、资产托管机构和份额登记机构不得将集合计划资产归入其自有资产。" "证券公司、资产托管机构和份额登记机构破产或者清算时，集合计划资产不属于其破产财产或者清算财产。"
第十五条改为第十四条	修改为"集合计划募集的资金可以投资中国境内依法发行的股票、债券、股指期货、商品期货等证券期货交易所交易的投资品种；央行票据、短期融资券、中期票据、利率远期、利率互换等银行间市场交易的投资品种；证券投资基金、证券公司专项资产管理计划、商业银行理财计划、集合资金信托计划等金融监管部门批准或备案发行的金融产品；以及中国证监会认可的其他投资品种。""集合计划可以参与融资融券交易，也可以将其持有的证券作为融券标的证券出借给证券金融公司。""证券公司可以依法设立集合计划在境内募集资金，投资于中国证监会认可的境外金融产品。"
第二十八条改为第二十七条	修改为"集合计划成立应当具备下列条件： （一）推广过程符合法律、行政法规和中国证监会的规定； （二）募集金额不低于3000万元人民币； （三）客户不少于2人； （四）符合集合资产管理合同及计划说明书的约定； （五）中国证监会规定的其他条件。"

续表

条款	修改后内容
第三十五条改为第三十四条	修改为"集合计划申购新股，可以不设申购上限，但是申报的金额不得超过集合计划的现金总额，申报的数量不得超过拟发行股票公司本次发行股票的总量。"

从表4－6可知，修改后的《证券公司集合资产管理业务实施细则》对集合资产管理计划成立的条件以及投资的范围等方面都作了更为详细的规定，使集合资产管理计划的实施更具有可行性。

证券公司从事资产管理业务的优劣势分析

(1)证券公司从事资产管理业务的优势

①人才专业优势。随着证券市场产品的不断创新，作为处在市场最前沿的证券公司，面对着瞬息万变的市场，对产品的差异化、创新化、特性化有着比商业银行业务人员更为深刻的理解。尤其随着近几年结算模式的多样化、复杂化以及时效性高要求，证券公司的结算业务也越趋精细化、专业化，证券公司在证券市场交易、结算、风控等领域积累了丰富经验，培养了一批业务精湛的专业人才。相较于商业银行，证券公司在证券市场投资交易、清算交收等领域具有更专业的人才队伍。

②技术系统优势。目前证券公司具有成熟的证券交易系统、第三方资金存管系统、TA系统、估值系统、风控系统等软硬件技术资源。对于证券公司资产管理业务，这些技术系统的设计和运维充分考虑了证券市场的特殊性，相较于商业银行，证券公司具有更加专业的系统设计和运维，也具备更专业的技术人才服务。

③运营服务优势。证券公司在经纪业务、资产管理业务开展中建立了严格高效的运营制度和流程，这些运营机制可以平稳移植到资产托管领域。另外，目前证券行业竞争激烈，服务意识不断增强，服务水平日益提高，这将为客户提供更加高效贴心的托管服务。

④风险控制优势。证券公司对于证券市场风险具有更加深入的认识，风险控制的实践和经验显然比商业银行丰富，对于管理人的投资行为监督可以做得更加严格和专业，从而为委托人提供更加到位的资产托管风险防范服务。

(2)证券公司从事资产管理业务的劣势

①业务办理速度缓慢，并且在办理过程中推卸应尽责任。如开户的周期较长，仅代理开立中国结算的证券账户，不负责代理开立各基金公司的基金账户等。

②与商业银行沟通难度大，业务流程通常必须按照银行的内部规定完成业务。如对于托管协议文本的使用、托管利率的制定等方面，证券公司几乎没有谈判能力。

③商业银行的部门划分和证券公司差异较大，内部协调不畅通。在进行新业务上线、测试系统时，经常需要证券公司测试人员联系银行不同的部门、不同的人，效率低下。

1.4 期货公司的资产管理业务

期货公司资产管理业务概述

期货公司的资产管理业务是指期货公司接受单一客户或特定多个客户的书面委托，根据相关法律规定和合同约定，运用客户委托资产进行投资，并按照合同约定收取费用或者报酬的业务活动。期货公司开展资产管理业务有着重大意义：第一，对于期货公司来说，可以改变单一的盈利模式，增加盈利渠道，实现期货公司差异化竞争，使竞争力强的期货公司脱颖而出；第二，对于行业来说，可以减少过度投机行为，通过设立期货投资基金，形成专业的市场投资主体，改善市场投资者结构，改善和优化投资组合，更有效地抵御系统性风险，从而更好地服务国民经济。

期货公司资产管理业务“拓展”及其影响

随着期货市场的不断发展，期货公司创新业务不断推出，期货公司已由原来的单一经纪业务逐步发展成了经纪业务、投资咨询业务、资产管理业务以及其他创新业务并存的业务多元化经营机构。2012 年 9 月 1 日，证监会颁布的《期货公司资产管理业务试点办法》开始施行。首次允许期货公司参与资产管理市场，从事资产管理业务。据此，期货公司可以接受单一客户或者多个客户的书面委托，运用客户委托资产进行投资，不过其投资范围被限定在资本市场以及金融衍生市场上的金融工具投资。

《期货公司资产管理业务试点办法》对资产管理业务所作的松绑主要有以下方面（见表4－7）。

表4－7　期货公司资产管理规定对比

法条	修订内容
第2条	资产管理业务是指期货公司接受单一客户或者特定多个客户的书面委托，根据本办法规定和合同约定，运用客户委托资产进行投资，并按照合同约定收取费用或者报酬的业务活动。
第12条 投资范围	资产管理业务的投资范围包括： （一）期货、期权及其他金融衍生品； （二）股票、债券、证券投资基金、集合资产管理计划、央行票据、短期融资券、资产支持证券等； （三）中国证监会认可的其他投资品种。 资产管理业务的投资范围应当遵守合同约定，不得超出前款规定的范围，且应当与客户的风险认知与承受能力相匹配。
第9条 委托资产 数额限制	资产管理业务的客户应当具有较强资金实力和风险承受能力。单一客户的起始委托资产不得低于100万元人民币。期货公司可以提高起始委托资产要求。
第10条 客户身份 限制	期货公司董事、监事、高级管理人员、从业人员及其配偶不得作为本公司资产管理业务的客户。期货公司股东、实际控制人及其关联人以及期货公司董事、监事、高级管理人员、从业人员的父母、子女成为本公司资产管理业务客户的，应当自签订资产管理合同之日起5个工作日内，向住所地中国证监会派出机构备案，并在本公司网站上披露其关联关系或者亲属关系。
第13条 委托资产 与独立	期货公司应当保持客户委托资产与期货公司自有资产相互独立，对不同客户的委托资产独立建账、独立核算、分账管理。资产管理业务投资期货类品种的，期货公司与客户应当按照期货保证金安全存管有关规定管理和存取委托资产。期货公司与第三方发生债务纠纷、期货公司破产或者清算时，客户委托资产不得用于清偿期货公司债务，且不属于其破产财产或者清算财产。

从表4－7可知，《期货公司资产管理业务试点办法》对期货公司从事资产管理业务的范围、投资主体、委托资产数额限制、委托资产独立性等方面都进行了详细的规定，从法律上肯定了期货公司的资产管理业务，为其发展奠定了法律基础。

期货公司资产管理业务的优劣势分析

(1)期货公司从事资产管理业务的优势

第一,在商品投资方面,有策略储备和人才的优势。第二,在对冲型产品研究方面有一定优势,至少暂时还有。这是因为多数的券商和基金目前在对冲交易的研究方面投入还不够大。

(2)期货公司从事资产管理业务的劣势

第一,从机构规模的角度看,对人才和客户(尤其是机构客户)的吸引力可能会弱一些;第二,历史上缺少资产管理经验;第三,在股票和固定收益类资产投资方面较弱。

1.5 私募基金管理机构的资产管理业务

2013 年 6 月 1 日起施行的《证券投资基金法》(修正案),允许私幕基金管理机构采取信托型法律结构,并拓宽其投资范围于未上市企业股权和中国证监会认定的其他资产,实际上赋予了私募基金管理机构以专业领域私募信托业务经营的牌照。此修正案施行以后,以信托公司为主的信托市场结构无疑会发生进一步分化。2013 年 2 月 18 日,中国证监会发布了《资产管理机构开展公募证券投资基金管理业务暂行规定》,允许符合条件的证券公司、保险资产管理公司、私募证券基金管理机构等三类机构直接开展公募基金管理业务。三类机构可以利用自身在资金、渠道、客户、投研能力等方面的优势吸引各类资金进入资本市场进行投资,有利于壮大机构投资者队伍,促进资本市场的长期稳定健康发展。私募基金管理机构的资产管理业务进一步扩大,提高了其竞争优势。

1.6 银行理财业务的发展

银行理财业务概述

商业银行理财业务,又称财富管理业务,是目前发达国家商业银行利润的重要来源之一。理财业务是商业银行为客户提供的财务分析、财务规划、投资顾问、资产管理等专业化服务的活动。国际上成熟的理财服务是指:银行利用掌握的客户信息与金融产品，分析客户自身财务状况，通过了解和发掘客户需求，制定客户财务管理目标和计划，并帮助选择金融产品以实现客户理财目标的一系列服务过程。我国银行理财起步于2004年，当年理财产品的发行量只有几百款，借助于银行在全国的网点，到2011年理财产品发行量已达到2万款左右，发行规模约17万亿元，截至2013年9月末，银行理财产品已达19.3万亿元人民币。银行理财产品可以投资银行存款、货币市场基金、债券型基金、新股、信贷资产、信托等。银行通过发行理财产品可以赚取理财产品销售费、托管费、管理费，提高中间业务收入。我国银行理财业务可分为理财顾问服务和综合理财服务，综合理财服务包括个人集合理财服务、私人银行理财服务和机构客户理财服务。按照不同的划分标准，银行理财业务有不同的分类。按交易结构划分，银行理财业务可分为银行自主理财、银信合作理财和代客境外理财（QDII）；按照客户获取收益方式划分，银行理财业务可分为保证收益和浮动收益，其中浮动收益包括保本浮动收益和非保本浮动收益。

2013年1—9月，191家商业银行共发行理财产品2.9万余款，募集资金规模约达19.3万亿元人民币，已接近2012年全年的发行水平。相比2012年同期，数量和规模分别增长38.1%和37.2%。在2012年下半年监管层密集发布并实施一系列涉及金融机构资产管理业务的政策法规之前，银行理财主要依赖的通道还只有信托公司。但自2012年下半年以来，随着各类金融机构资产管理业务的放开，银行理财与更多金融机构的合作通道被打开，进而银监会没有再针对单独的合作渠道出台监管政策，而是将目标定位在主要通过通道业务投资的非标准化债权资产上，通过“8号文”的两条红线对业务规模进行限制，同时要求商业银行“加强理财投资合作机构名单制管理，明确合作机构准入标准和程序、存续期管理、信息披露义务及退出机制”。银证合作正是在监管与创新的博弈中发展起来的，成为当前银行将表内信贷类资产转移至表外的主要通道。银证合作规模的不断上升，打破了过去银信合作的垄断局面，加剧了证券公司与信托公司在银行理财产品业务上的竞争。

《商业银行个人理财业务管理暂行办法》（以下简称《暂行办法》）第8条指出，理财顾问服务是商业银行向客户提供的财务分析与规划、投资建议、个人投资产品推介等专业化服务。《暂行办法》第9条指出，综合理财服务是商业银行在向客户提供理财顾问服务的基础上，接受客户的委托和授权，按照与客户事先约定的投资计划和方式进行投资和资产管理的业务活动。《暂行办法》第10条指出，商业银行在综合理财服务活动中，可以向特定目标客户群销售理财计划。理财计划是指商业银行在对潜在目标客户群分析研究的基础上，针对特定目标客户群开发设计并销售的资金投资和管理计划。

表 4－8　银行理财业务的法律性质

银行理财业务	法律关系
理财顾问服务	咨询合同
集合理财计划	委托代理关系
	信托关系

银行理财业务的相关法规

（1）近年来关于与银行理财业务相关的法律法规

表 4－9　与银行理财业务相关的法律法规

2005 年	商业银行个人理财业务风险管理指引	银监发〔2005〕63 号
	商业银行个人理财业务管理暂行办法	银监会令〔2005〕2 号
2006 年	商业银行开办代客境外理财业务管理暂行办法	银发〔2006〕121 号
	关于商业银行开展个人理财业务风险提示的通知	银监办发〔2006〕157 号
	关于商业银行开展代客境外理财业务有关问题的通知	银监办发〔2006〕164 号
2007 年	关于调整商业银行代客境外理财业务境外投资范围的通知	银监办发〔2007〕114 号
	关于进一步调整商业银行代客境外理财业务境外投资有关规定的通知	银监办发〔2007〕197 号
	关于调整商业银行个人理财业务管理有关规定的通知	银监办发〔2007〕241 号
2008 年	关于进一步规范商业银行个人理财业务有关问题的通知	银监办发〔2008〕47 号
	关于进一步加强信托公司银信合作理财业务风险管理的通知	银监办发〔2008〕297 号
	银行与信托公司业务合作指引	银监发〔2008〕83 号
	关于进一步加强商业银行代客境外理财业务风险管理的通知	银监办发〔2008〕259 号

2009 年	关于进一步规范商业银行个人理财业务报告管理有关问题的通知	银监办发〔2009〕172 号
	关于进一步规范商业银行个人理财业务投资管理有关问题的通知	银监发〔2009〕65 号
	关于进一步规范银信合作有关事项的通知	银监发〔2009〕111 号
	关于规范信贷资产转让及信贷资产类理财业务有关事项的通知	银监发〔2009〕113 号
2010 年	关于规范银信理财合作业务有关事项的通知	银监发〔2010〕72 号
	关于进一步规范银行业金融机构信贷资产转让业务的通知	银监发〔2010〕102 号
2011 年	商业银行理财产品销售管理办法	银监会令〔2011〕5 号
	关于进一步规范银信理财合作业务的通知	银监发〔2011〕7 号
	关于进一步规范银信理财合作业务的通知	银监发〔2011〕7 号
	关于规范银信理财合作业务转表范围及方式的通知	银监办发〔2011〕148 号
	关于印发王华庆纪委书记在商业银行理财业务监管座谈会上讲话的通知	银监发（2011）76 号
	关于进一步加强商业银行理财业务风险管理有关问题的通知	银监发〔2011〕91 号

从表 4－9 可以看出，自 2004 年商业银行开始从事理财业务起，我国出台了一系列法律法规对商业银行理财业务加以规范。这体现了商业银行理财业务的重要性以及监管的必要性。

（2）银行理财业务的最新法规

2013 年 3 月 27 日，银监会正式下发《关于规范商业银行理财业务投资运作有关问题的通知》（下简称《通知》），其对信托业产生影响的主要体现在《通知》的第一条、第二条、第四条、第五条、第七条、第八条。下面通过表 4－10 来了解该《通知》对信托业的影响。

表 4－10 《通知》对信托业务的影响

法条	法规内容	对信托业的影响
第一条	非标准化债权资产是指未在银行间市场及证券交易所市场交易的债权性资产，包括但不限于信贷资产、信托贷款、委托债权、承兑汇票、信用证、应收账款、各类受（收）益权、带回购条款的股权性融资等。	银监会首次界定了“非标准化债权资产”，明确了“非标准化债权资产”业务监管的范围，凸显了监管层清晰的监管目标。毫无疑问的是，银信合作成为了整治的对象。可以预计的是，银信业务增量将受到限制，存量也会随之缩减。
第二条	商业银行应实现每个理财产品与所投资资产（标的物）的对应，做到每个产品单独管理、建账和核算。	此规定的监管目的主要是为了清理整治资金池理财产品，从此次银监会严厉打击银行资金池产品的态度来看，很可能会波及信托公司资金池产品，因此，信托公司应未雨绸缪，主动压缩资金池产品。
第四条	商业银行应比照自营贷款管理流程，对非标准化债权资产投资进行投前尽职调查、风险审查和投后风险管理。	银监会明显提高了银行理财资金投资信托项目的风险控制要求，信托公司开展对接银行理财资金的单一信托业务的难度也将相应提高，将面临更为严格的审查。
第五条	商业银行应当合理控制理财资金投资非标准化债权资产的总额，理财资金投资非标准化债权资产的余额在任何时点均以理财产品余额的35%与商业银行上一年度审计报告披露总资产的4%之间孰低者为上限。	如果按银行理财产品投资非标准化债权资产比例不得超银行上年度总资产4%计，个别信托公司信托受托资产规模需大规模缩减，而信托公司以前独具的“背靠大树好乘凉”的优势会伴随着此次银监会监管新政的施行而明显减弱。
第七条	商业银行代销代理其他机构发行的产品投资于非标准化债权资产或股权性资产的，必须由商业银行总行审核批准。	过去信托只要找银行的分行就可以合作，但现在必须由总行审核批准，审核的程序必将更严，耗费的时间更多，这样一来，银行这条代销通道对于信托公司来说就不会那么顺畅，会在一定程度上迫使信托公司提升直销能力或转向第三方理财等其他金融机构代销。
第八条	商业银行不得为非标准化债权资产或股权性资产融资提供任何直接或间接、显性或隐性的担保或回购承诺。	这一监管措施将削弱信托产品的吸引力。

总体来看，此次新规会对信托行业带来一定的冲击，但整体冲击不会很大。银信合作虽然首当其冲地成为监管对象，但过去 3 年中银信业务在信托总资产

中的占比持续下降，2012 年末占比已经低于 30%，将不会对整个信托业产生太大影响；而对对接银行理财资金的单一信托业务会产生较大影响，在很大程度上束缚了银行理财资金对接单一资金信托产品，这类产品将面临更大的阻力，规模必然受限；对固定收益类集合信托产品影响不大。

2013 年 9 月赋予首批 11 家银行理财资产管理业务试点资格。上述规定允许商业银行开展个人和机构理财业务，规范理财产品销售和投资运作范围，明确理财资金可以投资固定收益类金融产品、银行信贷资产、信托贷款等，授权试点银行直接开办理财资产管理业务。原则上，银行理财产品只能投资于货币市场、债券市场、信贷市场等，但是通过与信托、证券和基金等资产管理机构的合作，加之试点银行可以直接开展理财资产管理业务，使银行理财资金投向呈现多元化趋势。上述规定的出台，使得银行涉足资产管理业务。

（3）银信合作的相关法律法规

表 4－11　银信合作的相关法律法规

法条	法规内容
银信合作指引 6	银行将理财计划项下的资金交付信托，由信托公司担任受托人并按照信托文件的约定进行管理、运用和处分的行为。
银信合作指引 25 条	银信合作过程中，银行、信托公司应当注意银行理财计划与信托产品在时点、期限、金额等方面的匹配。
银信合作指引 26 条	银行不得为银信理财合作涉及的信托产品及该信托产品项下财产运用对象等提供任何形式的担保。
银监发〔2009〕111 号	信托公司在银信合作中应坚持自主管理原则，提高核心资产管理能力，打造专属产品品牌。自主管理是指信托公司作为受托人，在信托资产管理中拥有主导地位，承担产品设计、项目筛选、投资决策及实施等实质管理和决策职责。
银监发〔2010〕72 号	信托公司在开展银信理财合作业务过程中，应坚持自主管理原则，严格履行项目选择、尽职调查、投资决策、后续管理等主要职责，不得开展通道类业务。
银监发〔2009〕111 号	银信合作业务中，信托公司作为受托人，不得将尽职调查职责委托给其他机构。在银信合作受让银行信贷资产、票据资产以及发放信托贷款等融资类业务中，信托公司不得将资产管理职能委托给资产出让方或理财产品发行银行。信托公司将资产管理职能委托给其他第三方机构的，应提前 10 个工作日向监管部门事前报告。

银行理财业务的优劣势分析

(1)银行理财业务的优势

第一,从产品的成立方式上来看,目前银行理财产品采用的是备案制,成立方便快捷;第二,从销售网点上来看,银行利用自身在全国的营业网点,促进了理财业务的发展;第三,银行较高的社会信誉度也为银行理财业务的发展提供了有利条件。

(2)银行理财业务的劣势

首先,我国的商业银行的个人理财业务占整体业务的比重还是比较小,其分量虽然在不断提高,但是总体来看仍然很低。其次,我国商业银行的个人理财业务数量虽然很多,令人眼花缭乱,但是实际运营的却很少,不成系统更谈不上成规模。再次,我国商业银行的个人理财业务操作的技术含量很低,基本上现在提供的服务都是最基本的转账、通存通兑等简单的银行业务,无法提供技术含量更高的横跨业务领域的整合型的产品和服务。最后,产品同质化现象很严重。虽然各类商业银行都有了很多的产品名称,但是从技术上分析内容都大同小异,缺乏自身鲜明的个性,面对各类不同需求的客户表现出来的应对能力严重缺乏;而西方发达国家更注重强调针对不同客户提供个性化 VIP 一对一的服务,同时很善于包装个人理财产品的品牌,这就使得其综合竞争力和适应力大大超过我国的商业银行。

(3)中外资商业银行的优劣势分析

表 4-12 中外资商业银行的优劣势分析

	中资银行	外资银行
优势	1. 广泛的分支机构、ATM 机网络;2. 深厚、稳定的客户基础;3. 对国内金融市场熟悉;4. 庞大的存款,低成本的资金来源;5. 居民对中资银行的信任。	1. 长期积累的品牌底蕴;2. 丰富的理财产品种类,专业化服务能力强;3. 相对先进的风险管理技术和营销专长;4. 熟悉国际金融市场,熟练运用投资工具。
劣势	1. 缺乏风险管理和客户管理经验;2. 业务种类单一;3. 对境外金融市场及投资工具缺乏了解。	1. 缺乏广泛的分销网络;2. 客户规模薄弱,人民币资金来源不足;3. 对中国市场、文化了解存在差异;4. 国内居民对外资银行不信任;5. 国外成熟理财产品受国内政策限制无法引入,竞争力减弱。

通过以上分析可以看出，在泛资管市场环境下，最具竞争优势的应该是商业银行。因为，商业银行有着广泛的经营渠道和群众基础。商业银行遍布全国的营业网点及良好的社会声誉将极大地促进商业银行理财业务的发展。商业银行的这一优势必将加剧其他从事资产管理业务的金融机构在争取与银行合作上的竞争。

2.“泛资产管理”市场带来的挑战与机遇

2.1 “泛资产管理”市场的新挑战

尽管上述资产管理“新政”在法律基础、投资者保护、公平竞争等方面，目前仍存在诸多争议，但其在实践层面上的实施，已不复逆转。显然，上述资产管理“新政”的实施，必将分化信托公司的现有客户，削弱信托公司原先拥有的综合信托业务专营权，信托公司以“多样化运用方式”和“跨市场配置”为特点构筑的传统经营方式，也必将遭到其他资产管理机构的简单模仿，并遭遇直接的正面竞争，信托公司原有业务模式的“替代效应”和“挤出效应”开始显现。特别是此轮资产管理“新政”，旨在放松管制和鼓励创新，在监管上赋予其他资产管理机构更加宽松的环境，在客户门槛、业务准入、监管标准、分支机构设立、业务创新等方方面面，相比信托公司而言，其他资产管理机构均具有明显的监管优势。因此，信托公司传统信托业务所具有的制度红利势必受到空前的挤压，其制度性竞争优势势必面临空前的挑战。不得不承认，在“泛资产管理”市场环境下信托业的原有发展轨迹，正面临巨大的挑战。挑战主要来自两个层面：业务层面和监管层面。

业务层面的挑战

信托业近年来能够获得快速发展，原因是多方面的。不断发育成长的资产管理市场、业界自身的开拓创新是其中重要的发展驱动力，但不可否认的是，信托业“独特的制度安排”也是促成这种发展的重要支柱。现行制度安排赋予了信托公司管理信托财产时极其灵活的经营方式，集中表现为信托财产的“多方式运用”和信托资产的“跨市场配置”。信托公司运用信托财产，不仅可以采取存款、同业拆放、贷款、融资租赁、标准化和非标准化资产的买入返售等债权性投资方式，还可以采取股权投资、证券投资、实物投资以及各种财产权利投资等权益性投资方式。信托公司配置信托资产，不仅可以在金融市场上配置标准化的金融工具和非标准化的金融理财产品，还可以在金融市场之外的实物市场、产业市场上进行形式多样的资产配置。相比之下，在此轮资产管理"新政"之前，其他金融同业资产管理机构对受托财产的运用方式和配置领域，多少还被限定在特定的市场范围内，比如商业银行的资产管理基本上被局限在货币市场范围之内，证券公司的资产管理被局限在资本市场范围之内，基金管理公司的资产管理主要被局限在资本市场上的公募证券投资基金范围之内，而保险资产管理的资产范围则被严格局限在保险资金的范围之内。从这个意义上说，信托业在分享资产管理市场盛宴之时，确实享受到了制度红利。

显然，在"泛资产管理"市场环境下信托业所拥有的上述制度红利将被日益削弱。从新政内容看，就证券公司而言，针对单一客户开展的"定向资产管理业务"，其运用方式和配置领域完全由合同约定，与信托公司的"单一资金信托业务"基本相同；针对企业资产证券化开展的"专项资产管理业务"，允许设立综合性的集合资产管理计划，与信托公司通过受益权分拆转让方式开展的"资产支持信托"基本相同；删除了针对大集合的专门规定，将不再有大集合、小集合的划分。同时，"限额特定资产管理计划"也统一调整为"集合资产管理计划"。此外，还对证券公司专项资产管理计划融资方提出原则性要求。就基金管理公司而言，其通过子公司开展的"专项资产管理计划"，其运用方式与配置领域为股权、债权、其他财产权和证监会认可的其他资产，与信托公司的信托财产运用几乎已经没有区别，称其为"小信托公司"一点也不为过。就保险资产管理公司而言，允许其作为受托人设立资产管理产品，接受保险资金以外的资金，为受益人或者特定目的开展资产管理业务，无论从形式还是实质，均与信托公司信托业务相同了。就私募基金管理机构而言，新《证券投资基金法》允许其设立信托型基金，并扩大其投资范围至未上市股票，实质上确立了其专项信托公司的法律地位。

毫无疑问，上述资产管理"新政"的实施，必将分化信托公司的现有客户，其拥有的以"多样化运用方式"和"跨市场配置"为特点的传统经营方式，也必将遭到其他资产管理机构的简单模仿，并遭遇直接的正面竞争，信托公司原有业务模式的"替代效应"和"挤出效应"已经开始显现。从实践中的竞争路线图分析，首先受到冲击的是银信理财合作业务。原先受到政策限制的银信合作信贷资产和票据资产转让业务，已经借道证券公司的“定向资产管理业务”和基金公司的“专项资产管理计划”，获得广泛开展；由于信托公司对融资类银信理财合作业务有较低的规模比例、较高的净资本比例和信托报酬率等方面的限制，预计其他银信理财合作业务也会很快向证券公司和基金公司转移，银信合作将面临被银证合作、银基合作挤出和取代的风险。中国证券业协会公布的数据显示，2011 年末，证券业受托管理资金本金总额仅为 2818.68 亿元，但到 2012 年 6 月末，已经飚升到 4802.07 亿元。接下来的 3 个月，更几乎翻了一番，9 月末达到 9295.96 亿元。截至 2012 年 12 月 31 日，114 家证券公司受托管理资金本金总额 1.89 万亿元，这一数字在第三季度末只有 9295.96 亿元。2012 年券商资管业务的规模扩张速度令人瞠目结舌。截至 2013 年 1 月 24 日，券商集合理财产品规模合计也只有 2202 亿元，巨大差额来自于券商与银行之间的业务合作。其次将受到冲击的是信托公司的另一类主导业务——融资信托业务。由于其他同业资产管理机构对融资信托业务的操作模式尚不熟悉，因此，目前实际的挤出效应还不明显，但是，由于此轮“新政”向这些机构不同程度开放了非标准化债权的运用方式，随着时间的推移，信托公司擅长的非标准化融资模式可以被简单复制。可以预见，竞争的领域将很快会从银信合作领域延伸到融资信托领域。再次，2013 年 6 月 1 日，修订后的《证券投资基金法》（以下简称新《基金法》）正式施行，私募基金管理机构将不必借道信托公司即能开展私募基金业务，信托公司传统的私募基金“阳光化”业务势必将会受到极大的冲击。

监管层面的挑战可以结合年会讲话更新

证监会、保监会此轮推出的资产管理“新政”，旨在放松管制和鼓励创新，在监管上赋予了其他资产管理机构更加宽松的监管环境，相比之下，信托公司的监管环境则要严格得多，其他资产管理机构比信托公司具有明显的监管优势，主要体现在：

（1）业务准入方面

证券公司和基金管理公司的资产管理产品，均采取“事后报备制”，即先开展，后报备。比如，基金管理公司为单一客户办理的特定资产管理业务，只需要在签订合同的 5 个工作日内报证监会备案即可；为多个客户办理的特定资产管理业务，只需要在该资产管理计划开始销售后的 5 个工作日报证监会备案即可。

而证券公司除了专项资产管理计划需要报批外，其集合资产管理计划一律在其设立后5个工作日内向中国证券业协会报备即可。

相比之下，信托公司的集合资金信托计划虽然也实行报备制，但在实际执行层面上常因"窗口指导"和各监管当局的理解而宽严不一，缺乏法规层面上的统一而明确的报备制度。2013年在中国信托业年会上，中国证监会主席助理杨家才提出，要建立信托产品信息登记系统，监管部门可在系统上直接进行审查。审查可以分为三类：第一类为审批制，即如果这个产品超出了现有的业务范围，就应该取得监管部门的在线审批后再进入市场。第二类为审查制，即在现行业务范围和规定内的产品，通过系统报送后，只要监管部门没有说不，报告期结束后，就可以卖了。这实际是个否决机制。第三类为公示制，即合规的业务产品通过系统公布出来，公示期结束后即可发售，但销售期间，若有问题，监管部门可以随时叫停。这实际上是一个纠错机制。

（2）投资者条件方面

信托公司的集合资金信托计划实行严格的"合格投资者"规定，并且严格将300万元以下的合格自然人投资者人数限定在50人以下。在2013年在中国信托业年会上，中国证监会主席助理杨家才提出，将来要对信托公司实行分类经营机制，即把信托公司分为三类，第一类为创新类，第二类为发展类，第三类为成长类。第一类是最好的，可以率先尝试法定业务范围外的新型业务种类，同时集合信托的份数也要区别对待，创新类可以放开、多做。相比之下，证券公司的"大集合资产管理计划"没有人数限制，其投资起点区分"非限定集合资产管理计划"和"限定集合资产管理计划"，分别为5万元和10万元，金额远低于集合资金信托计划；而证券公司的"小集合"即限额特定资产管理计划以及基金管理公司为多个客户办理的集合资产管理计划，虽然采取了与信托计划类似的"合格投资者"规定，即投资起点设定在100万元以上，但300万元以下的合格投资者人数只限定为200人以下，比信托计划高出4倍。

（3）受益权流动化方面

基金管理公司的集合资产管理计划份额可以通过证券交易所交易平台进行转让，证券公司的集合资产管理计划份额虽然不允许转让，但为解决巨额赎回、化解流动性风险，证券公司可以以自有资金参与或退出集合。相比之下，信托公司的集合资金信托计划受益权虽然允许转让，但限制机构所持有的，受益权向自然人转让和拆分转让，允许拆分转让的，也不得向自然人转让。

(4)净资本管理方面

信托公司的信托业务实行严格的净资本管理，而且净资本占用比例较高。以融资类银信理财合作业务为例，信托公司的风险资本系数高到10.5%，而银行如果借道证券公司的定向资产管理业务开展同类业务，证券公司的风险资本准备基准计算比例仅为2%，连续三年监管评级为A类的公司还可以打4折。至于基金管理公司的资产管理业务则根本就没有实行净资本管理。在2013年在中国信托业年会上，中国证监会主席助理杨家才再次强调要进一步完善信托公司净资本管理，并提出要重点把握住三个核心：第一，要有合理明晰的分类资本计量方法；第二，要建立资本平仓制度；第三，要有补仓制度。从而使得今后信托公司的资本约束机制更加科学、更加合理。

(5)分支机构方面

证券公司本身就拥有证券营业部的渠道和网络优势，还可以设立资产管理子公司；基金管理公司也可以方便地设立分支机构，并可以设立资产管理子公司。而信托公司目前尚不允许设立分支机构，其资产管理子公司的设立也属于严格限制之列。在2013年中国信托业年会上，中国证监会主席助理杨家才提出，管住后台，集中中台，放活前台。这使得信托机构监管更加实事求是和符合市场规律。

其他资产管理机构拥有的上述监管优势，将化为其竞争优势，使信托公司处于相对的竞争劣势之中，加剧了信托公司的竞争挑战。

2.2 “泛资产管理”市场格局带来的新机遇

一是“新政”带来的机遇。本轮资产管理“新政”，一方面赋予其他资产管理机构以更多与信托公司同质化的资产管理业务，使信托公司面临更多的竞争压力，但另一方面也放开了其他资产管理机构投资信托公司信托产品的限制，而这本身就是一个新的发展机遇。此轮资产管理“新政”以前，放开的只是银行理财产品与信托产品的对接，由此诞生的“银信理财合作业务”使信托业的发展上了一个新台阶。

为了更加清晰地比较各种金融机构资产管理业务在法律关系方面的不同，下面列表进行比较分析。（如表4－13所示）

表4-13　各种金融机构资产管理业务法律关系对比

各金融机构的资产管理业务	法律关系	法条
期货公司资产管理业务	委托代理关系	《期货公司资产管理业务试点办法》：第2条　资产管理业务是指期货公司接受单一客户或者特定多个客户的书面委托，根据本办法规定和合同约定，运用客户委托资产进行投资，并按照合同约定收取费用或者报酬的业务活动。第11条　期货公司应当与客户签订书面资产管理合同，按照合同约定对客户提供资产管理服务，承担资产管理受托责任。
证券公司定向资产管理业务	委托代理关系	《证券公司定向资产管理业务实施细则》：第2条　证券公司接受单一客户委托，与客户签订合同，根据合同约定的方式、条件、要求及限制，通过专门账户管理客户委托资产的活动，适用本细则。
基金公司特定客户资产管理业务	委托代理关系	《基金管理公司特定客户资产管理业务试点办法》：第2条　基金管理公司向特定客户募集资金或者接受特定客户财产委托担任资产管理人，由托管机构担任资产托管人，为资产委托人的利益，运用委托财产进行投资的活动，适用本办法。
商业银行个人理财业务	委托代理关系	《商业银行个人理财业务管理暂行办法》：第7条　商业银行个人理财业务按照管理运作方式不同，分为理财顾问服务和综合理财服务。 第9条　综合理财服务，是指商业银行在向客户提供理财顾问服务的基础上，接受客户的委托和授权，按照与客户事先约定的投资计划和方式进行投资和资产管理的业务活动。
信托资产管理业务	信托关系	信托公司根据《信托法》《信托公司管理办法》《信托公司集合资金信托计划管理办法》和其他相关信托业务规范（详见：信托法律网）开展信托业务，发行信托计划，受托管理、运用和处分信托财产的行为当然属于信托法律关系。

从表4-13可以看出，目前在我国金融理财领域，银行、证券、保险、信托等多种金融机构都在做代人理财业务。虽然很多金融机构都从事资产管理业务，但大部分还是停留在委托代理关系的层面，而信托公司的信托关系正是其发展

优势。而信托关系与委托代理关系在法律上是两种具有明显区别的财产管理制度。

表4-14　信托关系与委托代理关系对比

法律关系		委托代理关系	信托关系
个性	财产所有权	委托代理中财产所有权和利益均归属于委托人。	信托的名义财产所有权是属于受托人，而利益归于受益人。
	从事资产管理活动的名义	委托代理中，受托人是以委托人名义从事活动，其法律后果由委托人承担。	信托受托人以自己的名义，自行承担行为的法律后果。
	财产独立性	委托人原则上可以随时撤销委托，而且委托代理关系可以因委托人和受托人一方的死亡而消灭。	信托财产具有独立性，除委托人在信托文件中明确保留撤销权之外，信托人不得废止和撤销信托，并且委托人或受托人的死亡不影响信托的存续，若受托人死亡则由新的受托人继任。
共性		二者都是基于人身信任关系而委托产生的	

通过以上比较可以看出，与委托代理比较，信托关系能够更加有效地保护财产的安全：在代理关系中，第三人知其为代理人的，第三人有权直接向委托人履行合同义务或行使合同权利；相反，信托的受托人与第三人就信托财产的处分达成协议的，即使第三人知道信托的存在，也不能直接向委托人、受益人履行义务或行使权利。信托关系在运作方面更具有灵活性，从某种程度上来说，这种更具独立性的信托运作模式对投资者反而更有吸引力。“新政”虽然允许其他金融机构从事资产管理业务，但目前大部分还停留在委托代理关系上，这正是“新政”给信托公司带来的机遇。信托公司可以发展自己的特色业务，在泛资产管理的大背景下赢得自己的一席之地。

此外，本轮资产管理“新政”，不仅放开了证券公司集合资产管理计划与信托产品的对接，允许其“限额特定资产管理计划”投资于信托公司的集合资金信托计划产品，更是放开了保险资金与信托产品的对接，允许保险资金投资于具备条件的信托公司的集合信托计划产品。从这个意义上，本轮资产管理“新政”，对于信托公司而言，不仅只是一个挑战，更是一个新的机会；对于信托公司与其他资产管理机构之间而言，不仅只是一种竞争关系，更是一种合作关系。“在竞争中合作”，你中有我，我中有你，应该是未来信托公司与其他资产管理机构之间的一种常态。我们有理由相信，这种“竞合关系”，将像当年的银信理财合作业务一样，完全有可能推动信托业再上一个发展的新台阶。

二是信托本身的制度优势。虽然其他资产管理机构借监管“新政”获得了类似信托业务的资产管理业务，但由于监管规章并无法突破法律层面上金融业“分业经营、分业管理”的制度安排，因此无论是商业银行还是证券公司、基金管理公司、保险资产管理的资产管理业务，不管其实质上如何扩展，形式上都还不属于真正法律意义上的信托业务，其受托财产也难以具有信托财产的法律地位，投资者也难以获得信托制度下的严密保护。特别是从业务功能层面看，其他资产管理机构由于目前并不能名正言顺地以“信托”名义经营业务，其扩展的只是类似于信托的下层功能即“资产管理功能”，并不能延伸到信托的上层功能即委托人的“目的功能”。信托作为一种财产管理制度，不是一项普通的财产管理制度，不是一项单纯的理财制度，而是一项特殊的财产管理制度，是一项以实现信托目的为中心的财产管理制度。换言之，信托可以用于理财，但绝不仅限用于理财。一项信托最终具有什么样的功能和价值，完全取决于委托人设定的信托目的，而只要不违法，委托人可以为了各种各样的目的设立信托，而不仅限于为了理财的目的设立信托。“目的”决定“应用”，信托业务的实际边界由此呈现出多样性和灵活性，几乎可以与人类的想象力一样没有限制，信托应用的创新力也正源于此。目前，信托公司仍然是唯一法定的综合信托经营机构，依托信托的“目的功能”，信托公司可以不断创新信托业务，拓展信托在私人财富管理、企业经营管理、员工利益保障和社会公益等方面的应用，继续创造属于自己的“蓝海”，而这些制度优势显然是目前其他资产管理机构所不具有的。

三是信托公司的“先发优势”。信托公司在多样化运用信托财产和跨市场配置信托资产方面，已经积累了10多年的经验，具有了自己成熟的业务模式和管理模式，锻造了一大批优秀的从业人员，并形成了一套严密保护投资者和保障行业健康发展的监管体系。当其他资产管理机构今天开始介入类似信托的资产管理领域时，其市场、经验、人才、行业成熟度等方面均面临严重短缺，监管体系也比较粗放。相比之下，信托业在其10多年的发展历程中，已经获得了巨大的市场份额，信托产品已经成为主流金融产品获得了社会广泛的认同，信托公司的内部管理已经建立了比较规范和严密的体系，整个信托行业的发展和监管也已经相对成熟。毫无疑问，信托公司的这些先发优势，将会继续推动信托业的未来发展。

综上，在某种程度上可以说，在“泛资产管理”市场环境下，信托业真正的“黄金时代”才刚刚开始，而不是结束。当然，在此背景下，信托业已经不能简单借助制度优势和先发优势，继续沿着粗放式增长的老路前行；对于随之出现的新的发展机遇，也不可能简单借助制度优势和先发优势，就能够加以把握。从这个意义上说，信托业的未来发展又确实面临巨大的考验。

3. 信托公司的应对之策

信托公司要持续健康稳步发展，需充分利用其“跨市场配置”及‘多手段运用”的天然优势，注重加强股权投资、资本运作能力，着力提升信托业务的核心竞争力，把自己打造成核心业务突出、资本运作能力强的综合性金融服务机构。

3.1　利用信托优势，在经营方向和经营模式上进行创新

近几年业务创新主要包括三大类：一是业务方向上的创新，包括开展合格境内机构投资者（QDII）、资产证券化、股指期货、企业年金、财富管理等创新业务类型；二是在原有业务的基础上，进行业务模式和产品结构设计创新，如引入信托中的信托（TOT）、收益权、股权投资等理念，从传统的融资向投资转型，并且逐渐呈现标准化、基金化特点；三是业务领域的创新，即在原有业务领域外，在矿产能源、节能环保、艺术品、农业等新的行业领域开展信托业务。通过创新，信托产品线逐渐丰富，业务模式愈加多样，充分展现了信托制度的灵活性，如收益权信托，涵盖白酒、商业物业、股权、不动产、建设移交（BT）项目、生态项目、公路收费权、预期销售收入、停车位、生产线经营、学校收费权等诸多领域，企业持有的各类未来可以产生现金流的资产或权利都有可能通过收益权信托的方式获得信托融资。目前，我国信托创新更多体现在业务模式和产品结构设计方面，经营方向和经营模式方面的创新还有待加强。

信托公司在经营方向上的创新，主要是指要转变信托公司扮演的金融职能，把财产信托业务作为经营方向之一。目前我国财产信托业务所占比例很低，信托公司的业务重点是资金信托，更多的是在履行金融职能。但是从长远来看，财产权的传承、管理和收益的分配，代表着信托的本源，有着天然的优势，所以信托公司不仅要做好眼前的资金信托业务，而且要着眼于财产信托业务布局。

3.2 完善产品体系

目前，信托公司服务性产品缺位现象还较明显，产品专业性、连续性不强凸显了信托公司产品设计能力较低、产品创新及市场开发能力有待进一步提升。完善产品体系需兼顾“信托普惠服务”和“高端理财服务”，前者基于信托服务的社会责任，满足社会对信托的需求，后者主要是提升资产管理能力，满足客户理财需求。两类产品或服务体系要根据信托公司发展战略的选择，实现信托产品的连续性、专业性、流动性的融合。连续性体现了信托产品的品牌效应，专业性体现了信托产品收益与风险控制的微妙平衡，而流动性则是信托产品扩大市场占有率、在“泛资产管理”中实现优胜的关键。

3.3 加强营销渠道建设

首先，以客户为中心，以市场为导向，通过分析客户需求，制定营销策略。其次，营销工作更应该树立服务的理念。服务包括内外两个部分——对外是指客户，通过客户服务打造公司服务品牌；对内则是指产品设计部门，通过信息服务指导经营行为。只有这样，才能达到营销工作的价值最大化。

3.4 掌握具有核心竞争力的业务，致力于构建差异化产品

信托公司要避免与其他金融机构形成正面冲突，并且要深入调查竞争对手的产品特色。在进行产品设计时，尽量避开其他金融机构的产品特色，开发与竞争对手侧重点不一样的产品，构建独有的差异化产品。

中融信托的经营目标致力于掌握具有核心竞争力的综合化金融服务能力，成为服务于高端私人客户与机构客户的卓越资产管理公司。为此目标，公司将秉承诚信、创新、高效、包容的价值理念，在专业的自主资产管理能力和完善的客户财富服务功能驱动下，构建安全的集成高端私募资产管理和投融资服务模式，为客户提供全面优质的财富与金融服务。上海信托的经营目标以提高信托业务收入、巩固信托行业地位为立足点，以增强自主创新、推进业务转型为切入点，以加强风险控制、优化运营管理为支撑点，深入挖掘市场机会，不断适应监管导向，努力推进业务转型的先发优势，不断提升上海信托核心竞争力。

由此可以看出，信托公司都在寻求差异化产品，以形成自己的竞争优势。

3.5 培育熟悉跨领域资产管理业务的人才

由于未来资产管理的发展方向是跨越多个市场，其中包括了商业银行类、证券基金类、信托保险类以及私募等等，只有打通不同细分金融领域的壁垒，才能有效地完成对资产管理工具的运用，达到理想的预期收益。但目前由于我国金融分业经营的长期存在，我国的金融人才大部分仅仅对某一领域比较精通，无法提供跨领域的金融服务。因此，“泛资产管理”要求培育一定数量的跨领域金融“全才”，能够为顾客提供全方位的服务。

在我国目前金融机构人才培养模式当中，限于薪酬机制、企业文化氛围的影响，大部分国有大型金融机构的人员流动程度较低，特别是在一些大型商业银行当中，资深员工的流动性不是特别强，因此造成了不同金融机构之间的技术壁垒。很多证券、基金行业的从业者对商业银行的知识了解较少，而商业银行又短缺懂证券市场的人才，这样就造成了一些业务无法顺利开展。只有培育熟悉跨领域资产管理业务的人才，才能更好地促进信托公司加强与其他金融机构的合作，从而促进信托业的发展。

在“泛资产管理”市场格局之下，信托业已经不能简单借助制度优势和先发优势，继续沿着粗放式增长的老路前行；对于随之出现的新的发展机遇，也不可能简单借助制度优势和先发优势，就能够加以把握。信托公司的未来出路不是单靠自己闭门造车，而是要加强与其他金融机构的合作。信托公司要不断利用信托优势，在经营方向和经营模式上进行创新，完善产品体系，加强营销渠道建设，掌握具有核心竞争力的业务，致力于构建差异化产品，培育熟悉跨领域资产管理业务的人才。这样既有竞争又有合作的模式会为信托公司应对“泛资产管理”市场新变局带来的挑战提供有效的途径。

第五章

2013 年信托法律法规评述

1. 2013 年前已存的信托法律法规体系综述

1.1　“一法三规”体系基本形成

2001 年是中国信托法制划时代的一年。在这一年，《信托法》颁行，确立了其民事信托、营业信托和公益信托的共同基本法的地位，也确立了其资产管理行业基本法的地位。该法虽失之粗略，但也明晰地确立了信托法基本原理，例如，信托财产的独立性及信托破产隔离功能、受托人的忠实义务、注意义务①和信息披露义务、受托人对受益人的有限责任、受益人的最终风险承担者的法律地位等基本规则得以确立，成为之后一系列信托相关法律法规的基础。

2001—2002 年，《信托投资公司管理办法》和《信托投资公司集合资金信托计划管理暂行办法》（“旧两规”）相继由人民银行颁布施行；2007 年，《信托公司管理办法》和《信托资公司集合资金信托计划管理办法》（“新两规”）由银监会重新修订颁布。这两个“办法”的法律层级虽然较低，但部分起到了“信托业法”的功能，信托法律体系和监管框架也随之逐步建立完善，信托业开始走上规范化发展的轨道。特别是“新两规”的颁行，使得信托功能定位更清晰，信托主业更加突出。这些规范起到引导信托行业发挥信托制度优势、立足本源业务、提高自主管理能力的作用。

2010 年，银监会颁布了《信托公司净资本管理办法》。该办法旨在引导信托公司从事主动管理业务，逐渐转向提升业务技术含量的内涵式发展模式。至此，所谓“一法三规”的信托法律框架初步形成。

《信托法》为“形式意义上的信托法”，确立了信托领域适用的基础性的、根本性的规则。但是值得注意的是，信托法理不仅仅适用于信托公司所从事的业务。由于《证券投资基金法》和《企业年金管理办法》中都明确规定是根据《信托

① 《信托法》条文使用的是“诚实、信用”和“谨慎、有效”这样的术语。

法》制定，都可以被理解为信托法的特别法（规），在这些特别法没有规定的时候，应适用作为一般法的信托法的规定。而且，在更广泛的意义上，基金公司、资产管理公司、基金公司、保险公司，甚至商业银行等机构在从事资产管理业务的时候，均应适用信托法理，相关的一系列法律规范构成"实质意义上的信托法"。但是，在分业经营、分业监管的现实面前，在资产管理行业和民众中普及和深化信托法理仍然任重道远。

1.2 信托公司监管法律法规体系逐渐完善

银监会颁布了一系列关于信托公司监督管理法规。除了上述《信托公司管理办法》和《信托公司净资本管理办法》之外，立法部门在2003年通过了《中华人民共和国银行业监督管理法》（2006年10月31日修正），该法为银行业监督管理的基本法律。另外，监管部门还具体制定了《信托公司治理指引》《信托投资公司信息披露管理暂行办法》《信托公司监管评级与分类监管指引》《金融机构高级管理人员任职资格管理办法》《非银行金融机构行政许可事项实施办法》《关于进一步加强信托投资公司内部控制管理有关问题的通知》《关于支持信托公司创新发展有关问题的通知》《金融许可证管理办法》《中国银监会关于印发信托公司净资本计算标准有关事项的通知》（银监发〔2011〕11号，2011年1月27日）等规则。这些法律法规确立了我国信托业机构的法律属性、内部治理结构、经营体制、经营范围和经营规则，并确立了信托业的监管机构及其监管权限、监管职责、监管内容和监管手段。

除了对信托公司的综合监管规范之外，为了对特定的信托业务加以规范，我国还在各具体信托业务领域制定了专门的规范。例如，对证券投资基金，我国制定了《证券投资基金法》（2003年），并在2012年底进行了大幅度修改；对于企业年金，人力资源与社会保障部制定了《企业年金试行办法》和《企业年金基金管理办法》等规定；中国银监会针对信托公司具体的信托业务，发布了《信托公司集合资金信托计划管理办法》《信托公司受托境外理财业务管理办法》《信托公司私人股权投资信托业务操作指引》《信托公司证券投资信托业务操作指引》《银行与信托公司业务合作指引》《信贷资产证券化试点管理办法》《保险资金间接投资基础设施项目试点管理办法》《信托公司参与股指期货交易业务指引》《关于加强结构化信托业务监管的通知》《关于加强信托公司房地产、证券业务监管有关问题的通知》等一系列规章和规范性文件，为监管信托公司的业务提供了较为全面的规范基础。

但是，我国信托业的法律规范存在以下基本问题：

第一，顶层设计欠缺。因没有统一的信托业法，《信托公司管理办法》和《信托公司集合资金信托计划管理办法》又仅仅适用于信托公司，很多资产管理行业有意或者无意回避适用信托法理，导致《信托法》和信托法原理被虚置，不利于资产管理的安全、投资者利益的保护和资产管理行业规范发展。而且，在资产管理行业的业务高度同质化的今天，由于无法用统一的机构和规范对广义的信托行业的业务进行监管，导致规范之间的协调性、整体性较差，无法达到监管目标。

第二，配套制度不完善。信托法最重要的配套制度，如信托登记和信托税收制定尚未建立，由此严重制约了信托业的规范发展和信托业务的开展。由于这些配套制度不属于包括银监会在内的监管机构的职责，监管机构只能推动和协调相关部门制定规则。配套制度的缺位成了严重制约信托业发展的瓶颈。

第三，重监管，轻责任。所谓"轻责任"，是指缺乏信托公司的民事责任规则。从信托法到监管法律法规，规范的是信托公司的行为，重视的是对信托公司的处罚，对于信托公司的不规范经营行为对投资者或者交易对手造成损害如何救济，规则并不清晰。

1.3 信托公司特色信托业务的规则体系逐渐充实

银信合作业务

信托公司与银行之间的业务合作始于信托回归本业之后的2002年。银信合作主要包括以下几个方面：第一，银信理财合作；第二，信托公司委托银行进行信托资金代理收付协议业务；第三，信托公司委托银行代为推介信托计划业务；第四，银行和信托公司开展信贷资产证券化合作业务；第五，银行和信托公司合作的其他业务。

目前，我国商业银行依据监管部门的规定，普遍开展了理财业务，其理财产品的形式包括"一对一"的单一理财产品，也包括"一对多"的集合理财产品即理财计划。为了拓宽银行理财资金的运用渠道，商业银行与信托公司携手开发了"银信理财合作业务"，整合银行的客户资源和资金优势以及信托公司能够跨越货币市场、资本市场和实业投资市场进行信托资产配置的制度优势，实现了银行"理财业务"与信托公司"信托业务"的成功对接，并在实践中获得蓬勃发展，银信理财合作业务已经成为信托公司的主要业务品种。

与此同时，银信合作业务的快速发展也带来了一些问题，主要是信托公司的主动管理能力得不到体现，信托公司成为商业银行理财业务的“通道”和“工具”，甚至出现了借此规避监管的情形。2008 年以来，银监会先后下发了《银行和信托公司业务合作指引》（银监发〔2008〕83 号）、《关于进一步规范银信合作有关事项的通知》（银监发〔2009〕111 号）、《关于规范银信理财合作业务有关事项的通知》（银监发〔2010〕72 号）、《关于进一步规范银信理财合作业务的通知》（银监发〔2011〕7 号）等多项监管规定，对银信合作业务进行指导和规范，维护相关当事人的合法权益，引导信托公司向自主管理方向发展。

关于银信合作业务中存在的法律关系的性质，在上述监管法律法规中并没有作出清晰界定，这会导致出现纠纷的时候适用法律方面的混乱。我国《商业银行法》第 43 条明确禁止商业银行经营信托业务，所以在监管上和操作上，主流观点认为商业银行的理财业务适用的用委托—代理法律关系。但是，如果把商业银行理财业务的法律关系定位为委托—代理关系，则客户有直接针对信托公司请求的权利，而单个银行理财客户一般不具有信托法所要求的合格投资者资格，无法成为集合资金计划的委托人。而且，即使认同这种观点也需要注意：从银行和客户端的关系看，由于理财产品客户是理财风险的最终承担者（理财产品也不允许作出保本承诺），所以客户和银行的关系绝对不是一般的合同关系。从保护投资者的立场出发，让银行承担信托受托人的忠实义务、谨慎义务、披露义务等是合理的。而且，从法律原理上看，委托—代理关系在本质上属于广义上的信赖关系或者信托关系（fiduciary relationship），在理财产品设计上，其财产独立性和破产隔离功能等方面和信托也并无不同。因此，应正本清源，确立银信理财关系为一种“泛信托关系”，银信合作业务整体的框架为一种 TOT 结构。

商业银行法的相关规定是建立在金融业分业经营的法律政策的基础之上的，随着资产管理行业业务结构的逐渐趋同，其他的资产管理行业都应逐渐归宗信托法理，银信理财的银行—客户端刻意回避信托法理也只能算是权宜之计。

房地产信托业务

从广义上讲，与房地产相关的信托活动都可以被称为房地产信托，包括房地产资金信托和房地产财产信托。从资金信托的角度出发，房地产信托是指委托人将自己的资金作为信托财产设立信托，由受托人为了受益人的利益或者特定目的，将信托资金运用于房地产公司或者房地产项目以获取投资利益的行为，信托资金的运用方式按照信托文件的规定，可以采取债权方式、权益方式或者两者的组合运用方式。从财产信托的角度出发，房地产信托则指委托人将自己的不动产作为信托财产设立信托，由受托人为了受益人的利益或者特定目的，对作为不动产的信托财产加以管理、运用与处分的行为，信托财产的管理方式由信托文件加以规定，包括但不限于出租、出售、维护等。从狭义上讲，房地产信托仅指房地产资金信托，即将信托资金运用于房地产公司或者房地产项目的信托。

房地产信托业务一直是监管部门的监管重点，中国银监会发布了一系列规范房地产信托业务的规定，主要有：《关于加强信托投资公司部分业务风险提示的通知》（银监办发〔2005〕212 号）（212 号文）、《关于进一步加强房地产信贷管理的通知》（银监发〔2006〕54 号）、《关于加强信托公司房地产、证券业务监管有关问题的通知》（银监办发〔2008〕265 号）、《关于支持信托公司创新发展有关问题的通知》（银监发〔2009〕25 号）、《关于信托公司开展项目融资业务涉及项目资本金有关问题的通知》（银监发〔2009〕84 号）、《关于加强信托公司房地产信托业务监管有关问题的通知》（银监办发〔2010〕54 号）、《信托公司房地产信托业务风险提示的通知》（银监办发〔2010〕343 号）、《关于印发信托公司净资本计算标准有关事项的通知》（银监发〔2011〕11 号）等。

简单总结一下，根据上述规范，我国的房地产信托业务具有下列特点：

第一，由于不动产信托登记制度和信托税制的缺失，目前的房地产信托多为资金信托，而非财产信托。

第二，这些监管规定以房地产融资信托的规范及其风险防范为主要内容，较少涉及真正的房地产投资信托。

第三，房地产业的发展受到政府宏观调控和国民经济周期波动的影响，因此，房地产信托的监管规则随国家宏观经济政策的调整不断变化，带有鲜明的调控色彩，形式上具有灵活性。当然，也可以说是具有不稳定性。

证券投资信托业务

证券投资信托业务，是指信托公司将集合信托计划或者单独管理的信托产品项下资金投资于依法公开发行并符合法律规定的交易场所公开交易的证券的经营行为。根据相关规定，目前证券投资信托业务的投资范围主要包括国内证券交易所挂牌交易的A股股票、封闭式证券投资基金、开放式证券投资基金、企业债、国债、可转换公司债券（含分离式可转债申购）、1天和7天国债逆回购、银行存款，以及中国证券监督管理委员会核准发行的基金可以投资的其他投资品种。证券投资信托业务的投资方式包括一级市场申购（包括网上/网下申购、以战略投资人身份参与配售等）和二级市场交易。证券投资信托业务属于高风险业务，中国银监会为此专门制定了《信托公司证券投资信托业务操作指引》（银监发〔2009〕11号），其他关于证券投资信托的规范还有：《关于加强信托公司房地产、证券业务监管有关问题的通知》（银监办发〔2008〕265号）、《关于信托公司信托产品专用证券账户有关事项风险提示的通知》（2009年8月18日）、《关于加强信托公司结构化信托业务监管有关问题的通知》（银监通〔2010〕2号）等。2012年8月，中登公司发文对信托开立证券账户予以解禁，资金信托配置证券资产的限制客观上消除，由此，证券投资信托业务开始恢复性增长，并逐渐发展成为资金信托仅次于工商企业和基础产业的第三大配置领域。

在现有的规则下，我国的证券投资信托业务一般具有以下特点：

第一，产品的投资时间相对较长。虽然也有不少证券投资信托的存续期间比较短，但是，更长的期限符合证券价值增长和发现的规律。同时，为了解决流动性问题，在一定的封闭期之后，一般都设立开放日，允许申购和赎回。

第二，不能规定预期年收益率，受益人的收益为浮动收益。根据银监会的规定，证券投资信托产品和其他信托产品一样不得“以任何方式承诺信托资金不受损失，或者以任何方式承诺信托资金的最低收益”之外，还不得“为证券投资信托产品设定预期收益率”。在产品说明中规定预期收益率是很多信托产品中为了吸引投资者所采用的做法。信托产品计划中规定预期收益率的主要作用是，在规避信托公司不得“承诺信托财产不受损失或者保证最低收益（《信托公司管理办法》第34条第三款）”之规定的同时，起到吸引投资者的作用；但是有趣味的是，这种预期收益率在事实上还起到了规定受益人能取得收益上限的功能；普通投资者（作为劣后受益人或者普通合伙人的机构投资者例外）最终还是变成了固定收益索取人，这或多或少偏离了典型信托的本质。相比之下，在证券投资信托中，受益人更接近于投资风险的最终承担者的地位。

第三，目前，证券投资信托产品资金规模一般不大。和证券投资基金的形式相比，证券投资信托受制于投资人数（信托合同份数）和投资者门槛的限制（《信托公司集合资金信托计划管理办法》），具有私募的性质，这妨碍了证券投资信托资金规模做大，无法做到高度分散投资。

第四，证券投资信托产品普遍采取保障普通投资者的措施。根据不完全统计，信托公司设立的该种产品更多采取结构化[①]或者有限合伙等形式，并规定了止损线，以确保普通投资者的利益。许多信托产品在设计上都规定，在信托单位净值触及预警线时，受托人将通知一般受益权委托人追加资金[②]。追加信托资金后，信托单位净值应当恢复至 1 元以上。受托人密切关注信托单位净值情况，一旦信托单位净值降至止损线或以下时，受托人将拒绝授权代表的任何委托人指令，并对信托计划财产进行连续的变现操作，将信托财产强制变现，保障优先受益人本金安全。在许多证券投资产品中，投资管理人不是由受托人而是另由一个专业证券投资机构担任，通常这个投资管理人也同时是劣后受益权的持有人（结构化中的劣后受益人、有限合伙中的普通合伙人）或其关联人。据此，有信托业界人士认为，私募证券投资基金借助信托通道实现了阳光化操作，信托公司和私募基金的投资管理机构以及广大的投资者实现了多赢。

证券投资信托属于投资信托之一种，这种信托类型更多地需要受托人的积极的专业管理，而且这种信托中受益人更有机会取得浮动利益或者剩余利益，受益人为信托利益的最终权利人这一本质体现得更为明显，因此，证券投资信托应为信托业的核心业务之一。可以预见，随着信托公司全市场配置信托产品的发展以及资本市场的回暖，证券投资信托业务将获得进一步的发展。在“泛资产管理时代”，证券投资信托如何发掘自己相对于证券投资基金的比较优势，是一个值得思考的问题。

私人股权投资信托业务

私人股权信托业务在我国为信托公司创新业务资格类业务。

私人股权投资信托，又称私募股权投资（PE），是指投资于拟上市公司股权或者上市公司非公开交易股权（即私募股权）的一种投资方式。而所谓私人股权投资信托业务，是指信托公司将信托计划项下资金投资于未上市企业股权、上市公司限售流通股或中国银监会批准可以投资的其他股权的信托业务。据此，私

① 在中国信托业协会《关于加强信托公司结构化信托业务监管有关问题的通知》中，设计结构化的信托产品被认为是“信托公司依法进行业务创新和培养自主管理能力”的体现。

② 根据中国信托业协会的上述通知，结构化信托业务运作过程中，信托公司可以允许劣后受益人在信托文件约定的情形出现时追加资金。

人股权投资信托业务属于一种集合资金信托计划，与其他集合资金信托计划的不同之处在于信托资金的运用领域，其主要投资于未上市企业股权、上市公司限售流通股或中国银监会批准可以投资的其他股权。私人股权投资信托是近年来信托公司发展较快的信托业务，2008 年中国银监会发布了《信托公司私人股权投资信托操作指引》（银监发〔2008〕45 号），对私人股权投资信托业务进行了特别规范。也就是私人股权投资借助信托的集资平台，通过发行信托的方式募集资金，本质上为基于信托关系而设立的一种集合投资制度。

与证券投资信托业务一样，私人股权投资信托业务也属于高风险信托业务，虽然不要进行特别许可，但信托公司开展此项业务，也应当具备监管法规规定的实质条件和形式条件。

对于信托公司而言，股权投资信托的一个关键环节在于股权的变现和投资者的退出。由于私募股权缺乏好的流通性，通常信托公司会通过下列的方式实现股权的变现：通过股权在主板交易市场上市；由投资企业的实际控制人买入；由非上市公司或者其实际控制人寻找关联方承诺接盘；由信托公司（受托人）寻求关联方接盘（协议转让）；由被投资企业回购；股权分配①。和主板市场明晰的信息披露制度相比，场外市场（柜台交易）没有严格的信息披露要求，交易双方存在严重的信息不对称，从而导致双方在议价、决策等方面存在很大的主观性。

信贷资产证券化业务

信贷资产证券化业务在我国为信托公司创新业务资格类业务。

我国证券化试点启动于 2005 年。2005 年 3 月 21 日，国务院批准了国家开发银行和中国建设银行作为我国银行资产证券化试点单位，分别进行信贷资产证券化（ABS）和住房抵押贷款证券化（MBS）的试点。我国信贷资产证券化业务受到中国银监会和中国人民银行的双重监管，其中中国银监会对信贷资产证券化参与机构的活动进行监管，中国人民银行对资产支持证券的发行与交易进行监管。目前，对信贷资产证券化业务的主要监管法规有：中国人民银行和中国银监会《信贷资产证券化试点管理办法》（中国人民银行和中国银监会公告（2005）7 号）、中国银监会《金融机构信贷资产证券化试点监督管理办法》（银监会令

① 《信托公司私人股权投资信托业务操作指引》（2008）第 15 条。

〔2005〕3号）、财政部《信贷资产证券化试点会计处理规定》（财政部财会〔2005〕12号）、中国人民银行《资产支持证券信息披露规则》（中国人民银行公告〔2005〕14号）、中国人民银行《资产自持证券交易操作规则》（银复〔2005〕53号）等。

理论上，根据证券化的基础资产不同，可以将资产证券化分为不动产证券化、应收账款证券化、信贷资产证券化、未来收益证券化（如高速公路收费）、债券组合证券化等类别。我国的信托公司所从事的证券化业务主要集中在信贷资产证券化领域，相关的法律法规也主要集中在该领域。国外对证券化多有专门的立法，我国在此领域应加强立法，为现实的各种证券化需求提供法律工具和行为规则。

企业年金信托

企业年金信托业务在我国为信托公司创新业务资格类业务。

在我国，企业年金是企业及其职工在依法参加基本养老保险的基础上，自愿建立的补充养老保险制度，企业年金基金由企业缴费、职工个人缴费和企业年金基金投资运营收益构成。所谓企业年金信托，则是指设立年金计划的企业和职工作为委托人，以企业年金基金作为信托财产，以参与年金计划的企业职工作为受益人，以具备资格的机构作为受托人，设立信托，由受托人及其委托的服务机构（包括账户管理人、投资管理人、托管人和投资顾问等中介机构）对企业年金基金加以管理、运用与处分的行为，性质上属于资金信托的一种。我国的企业年金信托主要由人力资源与社会保障部负责监管，企业年金信托的受托人及相关服务机构从事企业年金基金管理业务，需要向人力资源与社会保障部提出申请，其管理活动接受人力资源与社会保障部的监管，同时，企业年金信托的受托人及相关服务机构的业务监管部门，按各自的监管职责对其经营活动进行监督。

目前，关于企业年金基金管理的监管法规主要包括：《企业年金试行办法》（原劳动与社会保障部第20号令，2004年5月1日实施）、《企业年金基金管理办法》（人力资源和社会保障部、中国银监会、中国证监会、中国保监会2011年第11号令，2011年5月1日起实施。该“办法”的前身为2004年的《企业年金基金管理试行办法》，2011年修订为本办法）以及《企业年金基金管理机构资格认定暂行办法》（原劳动与社会保障部第24号令，2005年3月1日实施）、《关于企业年金证券投资的有关问题的通知》及其配套的附件《企业年金基金证券投资登记结算业务指南》（原劳动与社会保障部劳社部发〔2004〕25号）、《企业年金基金管理运作流程》和《企业年金基金账户管理信息系统规范》（原劳动与社会保障部劳社部发〔2004〕32号）、《关于企业年金方案和基金管理合同备案有关问题的通知》（原劳动与社会保障部劳社部发〔2005〕35号）、《关于信托投资公司申请从事企业年金基金管理业务有关事项的通知》（中国银监会银监发〔2005〕25号）、《关于企业年金基金银行账户管理等有关问题的通知》（原劳动与社会保障部劳社部发〔2006〕40号）、《企业会计准则——第10号企业年金基金》（财政部2006年2月颁布）、《关于企业年金基金进入全国银行间债券市场有关问题的通知》（原劳动与社会保障部劳社部发〔2007〕56号）、《关于扩大企业年金基金投资范围的通知》（人社部发〔2013〕23号）等。这一系列办法的颁布与实施为我国企业年金信托模式的运作提供了统一的规范，同时也增加了企业年金财务管理的复杂性和多维性。

企业年金信托中存在两个重要的法律问题：

（1）共同受托人问题

利用信托机制，可以把企业年金基金与企业自身的经营风险和管理机构的风险隔离起来，相当于使信托财产独立于委托人和受托人的财产，这有利于确保企业年金财产的安全性，确保企业年金各方当事人的权益尤其是受益人的权益能够得到比较有效的保护。

在中国企业年金信托市场上，主要有四种主体：受托人、投资管理人、托管人、账户管理人[①]。他们之间的关系也和中国的年金信托管理体制有着密切的关系。与银行、证券、基金、保险业不同，中国企业年金市场并没有单独的市场主体，商业银行、证券公司、基金管理公司、信托公司和保险公司控股的养老保险公司和资产管理公司等现存的金融机构，共同参与到这个市场中来。《年金试行办法》第19条第3款规定："受托人与账户管理人、投资管理人和托管人确定委托关系，应当签订书面合同"。至少从字面上看，在受托人管理信托财产（年金基金）方面，基本上采取的是委托的方式[②]而不是共同受托方式，即：受托人（包括

① 另外还包括为企业年金管理提供服务的投资顾问公司、信用评估公司、精算咨询公司、律师事务所、会计师事务所等中介服务机构。

② 根据中国《信托法》第30条规定，受托人的自己管理义务是准许有例外的。这也符合信托管理的专业化和分工协作的社会现实需要。

年金理事会受托人和法人受托人）与投资管理人、账户管理人之间属于委托关系。

由于受有关法律、法规及资格的限制，受托人在处置企业年金基金财产时并不能完全承担自己管理（亲自执行）的义务，企业年金基金的管理体制上必须将账户管理、托管和投资管理等业务全部拆分，委托给具备相应条件的第三方金融机构。

（2）企业年金理事会受托人的问题

第一，委托人和受托人角色的混乱。作为受托人的理事会自身并没有承担很多的管理职责（虽说选择功能管理人也算是一种"管理"），反倒像是一个对信托基金有过多指示权的委托人。在客观上，年金理事会也无法独立于委托人，成为一种新的"发包方"，交易环节增加宜滋生腐败。

第二，管理信托财产的专业性不足。年金理事会由企业代表、职工代表以及企业聘请的企业外的专业人士等人员构成（《年金试行办法》第16条），知识结构相对单一，通常并非专职和专业的人员，无法很好地履行受托人的职责，不能很好地处理企业年金基金的日常管理事务。

第三，缺乏制度化的对理事会受托人的监督。由于年金信托的受益人并非特定，且人数众多，由受益人行使监督受托人的职责比较困难。年金理事会作为受托人，应是被监督的对象，但是事实上其所起的管理信托财产的功能非常有限，其受托人和委托人身份有一定的重合。

第四，责任承担方面的不足。年金理事会是由特定自然人组成的，其设立不需要到政府有关部门登记，在管理信托财产的过程中也无法独立承担民事责任。在管理年金基金产生损害赔偿责任的时候，各个理事作为共同受托人应承担连带责任。不过在实际运作中，一方面，理事的个人财产通常非常有限，况且他们也没有财产担保措施，因此会危及债权人的利益；另一方面，理事们不得因管理信托财产取得利益，让并非专业的、且无偿管理信托财产的自然人理事承担这么严重的连带责任并不合理。相比之下，作为专业法人受托人，其承担责任的机制已经比较完善，且中国的法律法规对法人受托机构的注册资本（不少于人民币1亿元）及净资产（不低于人民币1.5亿元）都有严格的规定，使得法人受托机构有着比较强的赔偿能力。

其他创新业务资格类信托业务

（1）信托公司受托境外理财业务

受托境外理财业务在我国为信托公司创新业务资格类业务。2007 年，银监会发布了《信托公司受托境外理财业务管理暂行办法》（银监发〔2007〕27 号，2007 年 3 月 12 日）和《关于调整信托公司受托境外理财业务境外投资范围的通知》（银监办发〔2007〕162 号，2007 年 7 月 19 日），确立了信托公司从事境外理财业务的基本规则。

（2）金融衍生品信托业务

金融衍生品信托业务在我国为信托公司新业务资格类业务。2011 年 1 月，中国银监会发布了关于修改《金融机构衍生产品交易业务管理暂行办法》的决定，允许信托公司申请衍生产品交易资格，信托公司从事衍生产品业务，适用《银行业金融机构衍生产品交易业务管理办法》。根据该办法，金融衍生产品是一种金融合约，其价值取决于一种或者多种基础资产或者指数，合约的基本种类包括远期、期货、掉期（互换）和期权。衍生产品还包括具有远期、期货、掉期和期权中一种或者多种特征的混合金融工具。对于信托公司而言，中国银监会在 2011 年 6 月 27 日颁布的《信托公司参与股指期货交易业务指引》具有最直接的规范意义。

公益信托

我国关于公益信托的法律规范除了《信托法》第六章的直接规定之外，《中国银监会办公厅关于鼓励信托公司开展公益信托业务支持灾后重建工作的通知》（银监办发〔2008〕93 号）中也提供了一些初步的规则，该规则虽然对《信托法》第六章做了一些细化，但是仍然没有解决《信托法》所没有解决的问题：公益信托的税收优待问题；公益信托的公益事业主管机构问题；公益信托的具体设立程序问题；公益信托监察人的担当人问题；所谓“完全公益目的”问题；等等。

该通知是特定时间的产物，其中只强调了公益信托区别于集合资金信托计划这样的营业信托之处，并没有为公益信托提供新的规则。公益信托制度作为从事公益信托的一项重要制度，应予以全面的完善以满足社会的公益需求。

结构化信托业务

2010 年 2 月 5 日，中国银监会发布了《关于加强信托公司结构化信托业务监管有关问题的通知》（银监通〔2010〕2 号）；2010 年 3 月 9 日，发布《关于加强信托公司房地产信托业务监管有关问题的通知》，确立了信托公司从事结构化信托业务的基本规则。根据上述规则，所谓结构化信托业务，是指信托公司根据投资者不同的风险偏好对信托受益权进行分层配置，使具有不同风险承担能力和意愿的投资者通过投资不同层级的受益权来获取不同的收益，并承担相应风险的集合资金信托业务。

在金融法律领域，结构化融资（包括资产证券化、有限合伙等）和债权方式、股权方式属于并行的融资方式。结构化信托业务的重要性逐渐增加，我国相关法律法规仍有进一步完善的余地。

2. 2013 年信托法律法规解读与评述

在大资产管理时代，商业银行的理财业务、证券公司及基金（子）公司的资管业务和保险公司的资管业务有逐渐和信托公司的资金信托业务同质化的趋势，由此给信托业带来的是竞争与机遇并存的局面。未来 10 年是中国经济大转型的时代，也是资管市场迅猛发展的时代。从市场发展整体趋势来看，过去各自为政、相对封闭、相互掣肘的市场主体结构将逐渐被打破，金融发展有赖于四大金融行业的合作。在从“摸着石头过河”向“尊重规则基础上的创新”进行观念转型的历史时期，应当普及和强调信托法原理运用于整个资产管理行业的意义。在此背景下，梳理相关资产管理领域法律法规的新动态及其与信托法的关系，具有十分重要的现实意义。在 2013 年的法律法规评述中，主要运用信托法原理分析资管领域的法律规则和监管规范的新发展，主要包括两部分：第一部分，梳理证券公司、基金公司和保险公司的资产管理规范并探讨信托法原理的运用；第二部分，梳理商业银行资产管理的最新规范并探讨信托法原理在其中的运用。

信托和其他金融机构的资管业务虽有同质化的一面，但是更应强调的是其特质。在竞争加剧的今天，信托公司应发挥其特异化功能，在下列方面开拓业务空间：其一，在管理财产类型方面，信托能在资金之外的财产和资产管理方面起到重要的作用；其二，在投资运用端，信托能投资于实业等领域，这也是其他资管机构所不能替代的；其三，信托公司作为信托综合店，与任何产业都可以灵活对接，发挥自由的资金汇集和组织管理功能。2013 年在信托行业有两个关键词：土地信托和家族信托，下面将分别对其所涉现实和理论问题进行梳理，并运用法律原理加以评述。

2.1 证券公司、基金公司、保险公司资产管理新规

证券投资基金法新法施行

(1)修订后的《证券投资基金法》在 2013 年 6 月 1 日起施行

修改后的证券投资基金法共 15 章，155 条，包括总则、基金管理人、基金托管人、基金的运作方式和组织、基金的公开募集、公开募集基金的基金份额的交易、申购与赎回以及公开募集基金的投资与信息披露等。

(2)修改后的证券基金法的主要内容

修改后的证券投资基金法规定，在中华人民共和国境内，公开或者非公开募集资金设立证券投资基金，由基金管理人管理，基金托管人托管，为基金份额持有人的利益进行证券投资活动，适用本法。

根据修改后的法律，公开募集基金的基金管理人可以实行专业人士持股计划，建立长效激励约束机制。公开募集基金的基金管理人应当从管理基金的报酬中计提风险准备金，公开募集基金的基金管理人因违法违规、违反基金合同等原因给基金财产或者基金份额持有人合法权益造成损失，应当承担赔偿责任的，可以优先使用风险准备金予以赔偿。

新法加强了对基金投资者权益的保护。公募基金持有人大会出席人数从 50% 转入 1/3，并引入二次召集大会制度。

将非公开募集基金纳入了调整范围可以说是本次证券投资基金法修改的最大亮点。旧法对非公开募集基金未作规定，使这类基金的设立与运作缺乏明确的法律依据。而基金募集和投资行为不规范，容易损害投资者权益，更有少数违法犯罪分子借私募基金之名行“乱集资”之实，蕴含较大的金融风险和社会风险。证券投资基金法就非公开募集基金增加一章，就非公开募集基金的合格投资者制度、基金合同内容、登记备案制度、基金投资范围等进行明确规定。根据规定，

非公开募集基金财产的证券投资，包括买卖公开发行的股份有限公司股票、债券、基金份额，以及国务院证券监督管理机构规定的其他证券及其衍生品种。针对私募基金的特点，基金法特别构建了区别于公开募集基金的法律框架，包括合格投资者制度、基金管理人注册或登记制度、基金备案制度、基金非公开宣传制度等。尽管大部分规定是私募基金实际操作中的通行做法，但立法使私募基金有了明确的监管部门和监管依据，改变了此前私募基金处于监管真空的状态。新法规定了基金管理人的注册、登记制度和豁免规定；建立合格投资人制度，累计不超过 200 人，这样基本上规定的就是自然人，就可以拓宽私募基金的范围，跟信托管理就衔接在一起了。

新法并未将所有的私募基金都纳入进来。根据基金法规定，当非公开募集基金投资于公开发行的股份有限公司股票时，基金的投资行为纳入基金法监管；私募基金投资非公开发行的股权或者股票仍按现行部门职责分工管理。

基金法对于私募的规范虽然远低于此前业界的预期，但毕竟制定了框架性法律规范，这为将来进一步完善私募基金监管体制打下了基础。

(3)《证券投资基金法》修订对信托业的主要影响

第一，根据新法，信托公司发起设立公募基金成为可能。过去，信托公司的业务被限制在私募基金的范围之内。而根据《证券投资基金法》的规定，专门从事非公开募集基金管理业务的基金管理人，其股东、高级管理人员、经营期限、管理的基金资产规模等符合规定条件的，经国务院证券监督管理机构核准，可以从事公开募集基金管理业务①。证券投资基金管理人广义上属于信托受托人，适用信托法原理。随着信托公司资产管理能力的提高，并无理由把信托公司的业务严格限制在私募领域。

第二，本次修法没有改变现有的监管格局。对非公开募集资金管理人规范的具体办法，国务院金融监督管理机构依照本法的原则制定。规则应该是统一的，监管主体可以不一样。虽然最理想的状态是实行整体监管，但目前只要做到监管职责明确即可。这意味着私募基金现有的监管格局没有改变，私募基金投资公开发行的股票由证监会监管，投资非公开发行的股权或股票仍然由国家发展改革委监管。

---

① 吴晓灵："信托是财富管理的主要产品形式"，2012 年中国信托业峰会现场实录。

证券公司资产管理新规

（1）修订目的和法律适用关系

2013年6月1日，新修订的《证券投资基金法》（以下简称新《基金法》）正式施行。为了使《证券公司客户资产管理业务管理办法》（以下简称《管理办法》）、《证券公司集合资产管理业务实施细则》（以下简称《集合细则》）和作为法律的《证券投资基金法》的内容保持一致，证监会修改了《管理办法》《集合细则》。此次修改的内容主要是与新《基金法》相冲突的条款，借以保持法律规则的一致性，除此之外的其他条款未作修改。

《管理办法》第一条规定，“为规范证券公司客户资产管理活动，保护投资者的合法权益，维护证券市场秩序，根据《中华人民共和国证券法》、《中华人民共和国证券投资基金法》、《证券公司监督管理条例》和其他相关法律、行政法规，制定本办法。”根据该条规定，《中华人民共和国证券投资基金法》是《管理办法》的制定依据之一，而《信托法》是《中华人民共和国证券投资基金法》的制定依据之一，或可说《中华人民共和国证券投资基金法》是《信托法》的特别法，而信托法也应是《管理办法》的母法和依据之一。按照这样的论证逻辑，《管理办法》作为资产管理法律的一种，应以信托法原理作为基础。

（2）修订主要内容

①《管理办法》和《集合细则》的调整范围进行了修改。新《基金法》正式施行后，证券公司投资者超过200人的集合资产管理计划被定性为公募基金，纳入新《基金法》调整，不再适用《管理办法》及《集合细则》。因此，本次修订删除了《管理办法》及《集合细则》中的相关规定：其一，删除《管理办法》和《集合细则》关于大集合双10%投资比例的限制规定；其二，删除《集合细则》关于大集合投资范围的规定；其三，删除《集合细则》关于大集合1亿元成立条件的规定；其四，删除《管理办法》关于大集合限定性、非限定性的分类及相应客户准入门槛的规定。修订后的《管理办法》及《集合细则》规范的证券公司资产管理计划，无论集合计划、定向计划还是专项计划，均为私募理财产品。

②按照私募基金的要求调整证券公司资产管理计划的监管要求。首先，删除小集合“单笔委托金额在300万元以上的客户数量不受200人限制”的例外规定。其次，将小集合由“面向证券公司和代理推广机构的特定客户”改为“面向

合格投资者"推广，并明确合格投资者的具体标准。合格投资者是指具备相应风险识别能力和承担所投资集合资产管理计划风险能力且符合下列条件之一的单位和个人：个人或者家庭金融资产合计不低于 100 万元人民币；公司、企业等机构净资产不低于 1000 万元人民币；依法设立并受监管的各类集合投资产品视为单一合格投资者。其三，调整资产管理合同必备事项的内容，明确"资产管理合同应当包括《中华人民共和国证券投资基金法》第 93 条、第 94 条规定的必备内容"。其四，进一步调整推广销售要求。将"禁止通过电视、报刊、广播及其他公共媒体推广集合计划"，修改为"不得向合格投资者之外的单位和个人募集资金，不得通过报刊、电台、电视台、互联网等公众传播媒体或者讲座、报告会、分析会等方式向不特定对象宣传推介"。其五，调整证券公司重大关联交易的相关规定，删除集合计划关联交易的比例限制，保留资产管理业务重大关联交易的原则性监管要求。其六，明确集合计划资产由取得基金托管业务资格的资产托管机构进行托管。其七，对法律责任的规定要与新《基金法》相衔接，并区分行政监管措施、行政处罚和刑事责任的适用。

(3) 证券公司资产管理新规对信托业的影响

第一，证券公司所从事的私募业务和信托公司的资金信托业务严重同质化。除了局部和细节的区别之外，在合格投资者、人数限制、资金托管、资管合同的要求、不得公开宣传推介、关联交易限制等方面和集合资金信托计划的要求大致相同。

第二，证券公司所从事的资管业务中既有和信托公司类似的私募业务，又有公募业务，至少在资金业务方面比信托公司有着更广的募集方式。

第三，目前规范券商理财业务只有部门规章，其法律适用层次远不如信托理财和基金理财，这使得券商理财业务在出现纠纷的情况下，保护力度不如其他理财产品。应在该领域适用信托法理，对投资者进行保护。

保险业的资产管理

(1) 保险资产管理规则逐渐形成

在券商基金资管业务全面放开之后，保监会也开始着力推动保险公司参与资产管理业务的经营。在法律体系上，参照信托法律，以《保险法》为基础，保监会对保险公司的资管业务主要以调整其投资范围为主，不断拓宽投资品种和投资范围，包括债权、股权、不动产（2012 年 7 月，保监会《关于保险资金投资股权和不动产有关问题的通知》;2012年10月,保监会《关于保险资金投资有关金融产品的通知》和《基础设施债权投资计划管理暂行规定》)、金融衍生品(2012年10月,保监会《保险资金参与金融衍生品交易暂行办法》,即《保险资金参与股指期货交易规定》)以及境外投资(2012年7月,保监会《保险资产配置管理暂行办法》;2012年12月,保监会《保险资金境外投资管理暂行办法实施细则》)等都成为保险资金的投资方向。而且,在自主性资产配置之外,放开委托投资业务,允许保险资金对接信托计划和券商资管计划等(2012年7月,保监会《保险资金委托投资管理暂行办法》),简化审批流程,实行备案制管理,降低净资本管理要求。法律还允许保险机构设立保险资产管理公司,作为受托人开展资产管理业务(《保险法》第107条)。除受托管理保险资金外,还可以受托管理养老金、企业年金、住房公积金和其他企业委托的资金。同时,经有关金融监管部门的批准,保险资产可以开展公募的资产管理业务(2013年6月,银监会《关于拓宽保险资产管理范围的通知》)。

(2)"信保合作"

2012年10月,中国保监会下发《关于保险资金投资有关金融产品的通知》,为保险资金投资银行理财、信托计划等金融产品打开了大门。首先是泰康人寿认购"中信·聚信汇金地产基金1号集合资金信托计划"优先级信托产品,成为险资投资新政后的首单"信保合作"。之后新华保险斥资数亿元开始了投资不动产抵押类信托产品的尝试;还有2家保险公司认购了外贸信托的集合资金信托计划;2013年4月末,又有5家保险机构与外贸信托签署战略合作协议。比较而言,保险公司的优势在于其广泛的市场渠道、客户群体和吸纳资金能力;而信托公司的优势是其在货币市场、资本市场、产业投资市场和风险投资市场上的综合投资能力。保险公司将资金交给具有专业理财机制的信托公司管理,目的是确保保险资金的安全和保值增值。信保合作一方面能够规避现行分业经营制度下的法律风险,为保险公司的大规模资金找到合理合法地投资渠道,并解决信托公司受集合资金信托筹资规模的限制;另一方面,也可以为广大投保人的资金提供专业化服务和增值收益,将信保双方的优势结合起来,避免两个行业中的双重成本和资源的重复投入①。

① 马亚明:信保合作前景分析,中国信托前沿—马亚明的个人主页。http://web.cenet.org.cn/web/trust_ma/index.php3? file = detail:.php3&nowdir = &id = 53724&detail = 1,最新登陆日期2013/12/31.

理论上，信保合作的方式可以有以下几种：

第一，人寿保险信托。人寿保险信托是以人寿保险金债权为信托财产而设立的信托，即被保险人作为委托人指定信托公司为保险金的受领人，于保险事故发生时，由信托公司受领保险金，以之交付给委托人指定的受益人，或由信托公司受领保险金后，暂不将保险金交付受益人，而由其为受益人利益予以管理和运用。设立人寿保险信托的目的在于使受益人免受财务管理之累，并能获得更多利益，具体可产生理财、融资和财产保全三大功能。

第二，保险公司直接将保险资金委托给信托公司运作。

第三，信保合作在更广泛的意义上还包括市场资源的共享和营销渠道的整合。之前曾经出现过银行与券商推出的银证通、银期通业务，银行与保险之间的营销网络合作等，信托和保险在此亦有很大合作空间。

双方还可相互借鉴投资管理与风险管理经验，信托制度可为保险公司所用，保险信用也可以为信托产品增信。在产品开发、财产传承等方面，保信合作也有巨大的发展潜力。随着金融市场的发展、金融政策的变化，保信合作会迎来更大发展空间。

其四，保险公司或保险资管公司可以通过并购、参股或股权投资方式控股信托公司。例如，寿险或养老险公司可以与信托公司合作，共同设立信托基金。

其五，通过产品订制化深化合作。保险资金投资管理要求长期化、动态化，而标准的信托产品并不能很好地满足险资的投资需求。具有产品开发能力的信托公司可以为保险公司设计和推荐个性化产品：例如，信托公司可以为保险公司遴选投资项目，或设计投资组合，由保险公司投资集合信托计划或认购信托受益凭证，由信托公司进行投资和项目管理。①

(3)保险资产管理公司和信托法理

保险资产管理公司是保险资金有效运用的大突破。保险资产管理公司类似于投资公司而非保险机构。保险资产管理公司可以接受母公司（保险公司）委托，独立从事资产管理业务；还可以接受委托管理其他客户资产，业务涉及共同基金、养老金、单独账户管理、房地产、现金管理和直接投资等。从法理上看，保险资产管理公司的资产管理业务和信托业务差别不大，应运用信托法理调整资产委托人和保险资产管理公司之间的关系。

① 张越昕："保信合作的下一步怎么走？"，《中国保险报》，2013 年 6 月 13 日。

2.2 银行理财产品的规范化和信托法理——银监会"8号文"评析

"非标准化债权资产的法律含义

根据"8号文"的规定,"非标准化债权资产"是指未在银行间市场及证券交易所市场交易的债权性资产,包括但不限于信贷资产、信托贷款、委托债权、承兑汇票、信用证、应收账款、各类受(收)益权、带回购条款的股权性融资等。从法律视角看,该定义有两点需要解释。

(1)"债权资产"

在所列举的资产类型中,认为信贷资产、委托债权、承兑汇票、信用证、应收账款、带回购条款的股权性融资等具有"债权性"一般并无大的争议,但是对信托贷款、信托受益权,认为其属于"债权资产",和法律上对其定性有出入。在法律的层面上,区分债权性权利和股权性权利的一个重要标准是,看权利人是否是剩余权索取者(residual claimant)以及剩余风险承受者。虽然目前信托产品多为固定收益类,但从法律上看,信托受益权并非具有刚性承兑属性的债权,因此,当作"债权资产"并非妥当。实际上,媒体在报道"8号文"的时候,所使用的英文是"non - standard assets"[①],直译是"非标准化资产",其中的"债权"二字并非必要。实际上,《通知》在第七条规定代销代理业务的审批权问题时,则明确提出投资"股权性资产的"也必须由商业银行总行审核批准。这意味着"8号文"的适用范围并没有严格地局限于债权资产。

"8号文"并没有限制股权性投资,原因可能在于理财资金在股权投资问题上受到较为严格的限制。中国银监会《关于进一步规范商业银行个人理财业务投资管理有关问题的通知》规定:理财资金不得投资于境内二级市场公开交易的股票或与其相关的证券投资基金;理财资金参与新股申购,应符合国家法律法规和监管规定;理财资金不得投资于未上市企业股权和上市公司非公开发行或交易的股份。

(2)"非标准化"

银监会发文中主要强调这些资产"未在银行间市场及证券交易所市场交易"

① http://english.caixin.com/2013 - 09 - 16/100583064.html.

的属性。中国的债权性金融工具有两个公开交易市场：银行间市场和沪深交易所市场，在这两个市场上市交易的债权性证券，属于公开上市的标准化证券，包括国债、企业债（银行间市场）、公司债（交易所市场）、银行中期票据和短期融资券（银行间市场），以及中小企业私募债（交易所市场）。所谓非标准化债权资产，就是上述债权资产以外的、未公开上市交易的债权性资产，如信托贷款等。比起标准化债权资产，虽然一般认为这类资产名义收益率会高很多，但因其一般不公开发行，缺乏标准化的证券特征，因此流动性低、风险较高。

银监会通过界定"非标准化债权资产"，明确了"非标准化债权资产"业务监管的范围，凸显了监管层清晰的监管目标，银信合作为其规范对象。

银行理财产品的法律性质解读

如之前所述，我国监管法律法规中并没有就银行理财产品的法律属性作出清晰界定。从法律上看，商业银行和理财客户之间的关系并非委托代理关系，而是信托关系。

第一，虽然在监管上和操作上，主流观点认为商业银行的理财业务采取的委托—代理法律关系。但是，如果把商业银行理财业务的法律关系定位为委托代理关系，则银行理财产品的客户就有直接针对信托公司等投资对象管理者请求的权利；而且，如果银行的理财产品投向集合资金信托项目，单个银行理财的客户不一定具有信托法所要求的合格投资者资格，无法成为集合资金计划的委托人。

第二，商业银行控制着理财产品的设立、管理和投向，理财客户无从控制理财产品的结构，更无一般委托代理关系中所存在的指示权。因此，无法构成委托代理关系。

第三，从商业银行和客户端的关系看，由于理财产品客户是理财风险的最终承担者（理财产品中的多数也不允许作出保本承诺），所以客户和商业银行的关系绝对不是一般的债权债务关系。

在银行理财产品设计上，其财产独立性和破产隔离功能等方面和信托产品也并无不同。因此，应正本清源，确立银信理财关系为"信托关系"的定位。而且，从保护投资者的立场出发，让银行承担信托受托人的忠实义务、谨慎义务、披露义务等是合理的。

"8 号文"中的信托法理

(1)关于"投资非标产品必须一一对应"

《通知》的核心是要求理财产品均须与其所投资资产(标的物)相对应,做到每个理财产品单独管理、建账和核算。"单独管理"指对每个理财产品进行独立的投资管理;"单独建账"指为每个理财产品建立投资明细账,确保投资资产逐项清晰明确;"单独核算"指对每个理财产品单独进行会计账务处理,确保每个理财产品都有资产负债表、利润表、现金流量表等财务报表。按照该要求,应坚持资金来源一一对应,真实反映每一项理财产品的真实情况。同时,理财产品投资非标债权资产类业务的对应要求更加严格。根据"8 号文"的规定,对于本通知印发前已投资的达不到"一一对应"要求的非标债权资产,商业银行应比照自营贷款,按照《商业银行资本管理办法(试行)》要求,于年底前完成风险加权资产计量和资本计提。该要求不仅有助于监管机构对理财资金流向的监管,也利于投资者对其投资风险的预见。此项机制的目的是确保银行固有财产和理财财产之间的风险隔离,既避免银行将有关资金与银行自有资金混同,也避免不同理财资金之间混淆,防止银行理财资金错位错配可能引发的各种风险。

上述要求的经济和金融含义已经被深入解读,但人们一般并不了解其法律含义。从信托法原理上看,受托人名下的信托财产必须首先是确定的或可以确定的,且独立于自己的固有财产,受托人的信托财产和固有财产之间也不得进行交易;而且,同一受托人名下的不同信托财产之间也要进行分别管理,多个信托财产之间不得进行交易,这些行为构成自己交易,违反了忠实义务(《信托法》第 26～28 条)。因此,"8 号文"要求"投资非标产品必须一一对应"不仅是降低金融产品风险的要求,也符合信托法原理的要求。

(2)关于"资金池"

此次《通知》规范的非标债权资产包括通过银信通道操作的投资业务。通道业务增长过快确实有隐患,但仅仅规范通道业务是不能够解决问题的。银行可以不通过通道进行投资,因而银监会要规范的是银行直接或间接投资非标债权资产的行为,而不是简单的限制通道。一般认为,银监会希望解决的问题是银行的理财产品必须投向清晰,标的明确,这也有助于防范理财产品形成"资金池",从而达到防范风险的目的。

“8 号文”要求对非标准化债权分开建账，单独管理，增加管理的程序和环节，并且厘清各个产品风险，独立测试，对于混合打包以及资金池对接一揽子的类非标准化债权产品进行了厘清。

从法理上看，成立资金池并非为法律禁止。如果承认银行理财业务作为一种泛信托业务，须知现代信托投资的重要方式之一是要建立资金池。重要的是资金池一定要边界确定，风险和收益之间建立固定和清晰的联系，这样来确保理财产品客户的利益，确保不同理财产品的理财客户之间的公平。和此相对应的是信托法上的分别管理义务和公平义务。如果任由商业银行任意腾挪资金，混淆各个资金池之间的界限，就无法真正保护投资者利益。

(3)表内业务和表外业务

“新规”并非禁止各类通道业务，而是要规范银行投资非标债权的行为。“新规”的意图并非会计转表，而是风险转表。上述非标债权投资业务如果没有按时达标，并非要将其从表外转入表内，但要增提资本。如果做不到一一对应，其风险承担后果是分不清楚是投资者自己承担还是要由银行自行承担的，会模糊了理财的本质，成为银行或有的风险[①]。在某种意义上，非标债无非就是广义的表外业务的一种。如果确立了信托法的观念，在银行从事出表业务的时候，可以认为从事的即为类信托业务，或者说是一种资产证券化的业务，即应适用资产证券化信托原理，对投资者进行保护。如果表内业务和表外业务不是完全的泾渭分明，比如，表外业务赚了钱，可以划到表内，而表内亏了钱，可以放到表外处理，表内和表外是联动的，违反了信托法上禁止在受托财产和固有财产之间进行交易和转化的法理。一笔资金的法律地位应是确定的，不能同时既是固有资金，又是受托财产。

(4)信息披露和投资者保护

理财产品有关信息披露问题不仅涉及投资者权益的有效保护，也涉及监管当局对理财产品监管的有效性。既有的理财业务监管规范对信息披露问题均有所涉及。《商业银行个人理财产品管理暂行办法》《关于进一步规范商业银行个人理财业务投资管理有关问题的通知》《商业银行理财产品销售管理办法》在信息披露方面都有明确规定。“8 号文”虽然仅有第三条涉及信息披露，但具有较强的针对性和时效性。该条规定：商业银行应向理财产品投资人充分披露投资

① 史进峰：“银行理财监管升级：一一对应＋名单制管理”，21 世纪网 2013－03－27。

非标准化债权资产情况，包括融资客户和项目名称、剩余融资期限、到期收益分配、交易结构等；理财产品存续期内所投资的非标准化债权资产发生变更或风险状况发生实质性变化的，应在5日内向投资人披露。清晰化理财产品的投向，尤其是对非标准化债权投资进行披露，并且要披露给银行理财产品投资人，因为目前银行理财产品通过长期以及风险溢价错配，模糊理财产品投向，从而获得高收益。该规定可在一定程度上限制银行滥设产品。

这一要求亦能证明出表的理财产品具有信托产品的属性。如果理财产品中银行和客户的关系按委托代理关系处理，客户作为被代理人，应有广泛的指示权和决定权，受合同法保护，不需要特别的披露义务进行保护。如果客户和商业银行仅仅是债权债务关系，商业银行更没有必要向储户对投向等进行信息披露。

(5)禁止担保或回购和理财产品的信托性质

“8号文”要求，银行今后将不得为非标债权或股权性资产融资提供任何直接或间接、显性或隐性的担保或回购承诺。这是针对部分银行在发行某些理财产品时直接或间接提供所谓的担保或回购承诺所实施的管制，其目的在于促成理财业务与银行信用风险的真正隔离，有助于真实、准确地反映银行的整体风险。这也是要求理财产品必须坚持“买者自负、卖者有责”原则。商业银行理财产品在这一点上和信托产品的要求并无二致。

“8号文”对信托业的影响

(1)较大冲击单一资金信托规模

银行资金对接主要是单一信托产品，对集合类固定收益信托影响不大。由于单一信托占所有信托业务的很大比重，因此“8号文”会对整个信托行业特别是银行系信托公司有较大冲击，可能会出现原本的单一资金项目改为集合类信托，或增加集合类信托。“8号文”要求商业银行不得为非标准化债权资产或股权性资产融资提供任何直接或间接、显性或隐性的担保或回购承诺，涉及银行承保的部分单一信托也受此影响。实际上，在业务层面，通道型的“银信合作单一资金信托”已经具有明显的挤出效应，大量被“银证合作”和“银基合作”所取代。虽然自2010年下半年银监会出台一系列规范银信合作的监管文件以来，“银信合作单一资金信托”的比例一直在下降，但资产管理新政的实施，显然加快了下降的幅度。2011年四季度末，“银信合作单一资金信托”占比为34.73%，2012

年一季度末占比为 33.83%，环比仅下降 0.9 个百分点；而 2013 年一季度末，“银信合作单一资金信托”占比已经下降到 24.20%。截止到 2013 年第三季度，低端客户驱动的银信合作单一信托占比继续下降为 21.39%①。

(2)银行代销信托或被分化

“8 号文”第 7 条也会对信托公司产生重要影响。该条规定，商业银行代销代理其他机构发行的产品投资于非标准化债权资产或股权性资产的，必须由商业银行总行审核批准。过去信托和分行就可以合作，而现在必须由总行审核批准，审核的程序必将更严，耗时更长。银行这条代销通道受阻，会在一定程度上迫使信托公司提升直销能力。

银监会还要求商业银行实行合作机构名单制管理，明确合作机构准入标准和程序、存续期管理、信息披露业务及退出机制。理财投资合作机构的声誉和风险管控能力直接关系到理财业务风险的防控，而这些机构往往归属不同的监管体系，银行监管机构借助银行渠道来适当对其进行约束。“8 号文”要求：“商业银行应加强理财投资合作机构名单制管理，明确合作机构准入标准和程序、存续期管理、信息披露义务及退出机制；商业银行应将合作机构名单于业务开办 10 日前报告监管部门；本通知印发前已开展合作的机构名单应于 2013 年 4 月底前报告监管部门。”尽管强调了银行应明确准入标准、程序、存续管理和信息披露、退出等事项，但是具体要求还是由银行自主决定。

(3)“8 号文”的积极后果

“8 号文”的直接目的虽然是规范银行的理财业务，但客观上对信托公司的银信合作或部分通过银行代销的业务进行规范，意在压制银行与信托公司合作过程中不规范操作的灰色空间。长远来讲，整个市场在增长，规范业务更有益于行业健康发展。当前融资方式多元化是大趋势，这对信托公司的健康发展具有积极意义。

原来银行通过理财做一些非标准化债权资产业务将被限制，但市场仍有需求，这将给包括信托公司、券商、保险公司在内的金融机构以分一杯羹的机会，如资金池类信托。

加强投资合作机构名单制管理，可能会淘汰一些不规范的第三方渠道，从而对信托的发行和直销构成利好；要求银行代销代理其他机构发行的产品投资于

① 周小明：“2013 年中国信托业发展评析（1—3 季度）”，中国信托业协会网站。

非标准化债权资产或股权性资产的，必须由商业银行总行审核批准，或限制信托产品走银行渠道销售，间接印证国务院鼓励信托公司开展异地展业以及直销业务。

“8号文”还要求银行理财产品与投资标的一一对应，并且加强风险审查。理财产品与标的物对应的要求可能会增加银信产品发行的难度，但是会增加产品的透明度；加强风险审查也会对部分信托公司主动管理的项目造成影响，这对信托公司的投资能力提出了更高要求，长远来看有利于信托业成长。

资产管理新政促使信托公司加快了转型和创新的步伐。一季度有三个重要的业务创新，已经显示了其良好的发展趋势。开放式信托计划明显增多。一季度以来，多家公司发行了现金管理类开放式信托基金，不仅增强了信托产品的流动性，满足了流动性偏好的投资者，而且替代了原有不规范的“资金池信托业务”。

2.3 家族信托初见端倪

资产管理新政促使信托公司加快了转型和创新的步伐。在泛资产背景下，银行、保险、基金等纷纷开展资管业务，竞争加剧促使信托向事务管理类信托转型。信托公司未来业务的逻辑起点必须进行切换，即从融资方的融资需求切换到投资方的投资需求上来，更多地立足于委托端客户的理财需求开发、设计相适应的信托产品。未来驱动业务发展的核心因素将不再是简单的外部机会，而是精细的内部专业化能力，而开拓家族信托业务可谓是向“受人之托、代人理财”的信托本源回归的一种探索。

我国家族信托的现状和特点

（1）家族信托的实践

2013福布斯中国富豪榜单显示，当年净资产超过10亿美元的亿万富豪人数达到创纪录的168位；排名前400位的富豪，总财富达到34746亿元，同比飙升35%；前100位富豪的净资产总计19276亿元，激增44%。而《2013高净值人群另类投资白皮书》显示，中国已有6.45万人资产过亿元，高净值人群的扩大将推高对家族信托的需求。家族财富管理和传承已经是第一代成功创业者迫切需要解决的棘手问题，深度挖掘信托的制度优势，满足家族财富管理需求，无疑有着巨大的市场前景。

2013 年，平安信托、招商银行、北京银行等金融机构都开始在境内涉足此项业务。除了少数信托公司所受托的家族信托之外，目前市场上比较多的是由商业银行主导的家族信托。例如：北京银行推出了门槛为 3000 万元的家族信托业务；中国银行在广州启动“家族理财室”服务，其中包括家族信托业务；建设银行已经选定合作信托公司开展家族信托业务，而招商银行私人银行青岛中心也设立了山东省首单家族信托。商业银行因没有信托牌照，在投资端受到很多限制，所以多与信托公司有合作。

另外，家族信托因受托人没有对公众的信息披露义务，不少还负有保密义务，所以不为公众知情。但是整体上，我国的家族信托并不发达。

(2)目前我国家族信托的主要特点和问题

第一，针对超高净值客户。中国的家族信托尚处于起步阶段，因其业务主要针对现金以及金融资产展开，目标客户的净资产至少过亿元。中国目前家族信托门槛多设定在 5000 万元以上，部分信托门槛价位在 3000 万元，客户定位于资产规模在数亿元级别，具有一定的风险管理和财富管理理念、重视规划的高收入人群。

我国家族信托定位为高端客户，但随着竞争的加剧、项目管理的成熟化和管理成本的降低，信托公司似有必要降低家族信托的门槛。而且，家族信托属于信托法上的“民事信托”，应扩大信托公司之外的主体成为民事信托的受托人，以促进民事信托的发展。

第二，资金信托。初期受托的财产类型限于现金存款，未来将有望逐步引入股权、房产等作为信托财产。

第三，信托目的较为单一，受托人管理能力亟待提高。我国家族信托的主要目的是为客户提供身家保障或特定用途保障，以稳步增值为目标，主要配置风险稳健的资产，而非追求高收益。家族信托项目大多只是对现金类以及金融资产进行管理分配，能为委托人实现的信托目的仍非常有限。而且，这类业务的盈利模式未明，短期内对信托公司的业务贡献度有限。

第四，银信合作比较常见。我国的家族信托业务多和商业银行合作，其具体操作主要包括两个方面：其一，目前客户对商业银行更为信任，且银行掌握的客户源较广，因此银行为信托公司挑选目标客户，同时作为家族信托的托管银行和财务顾问，从专业的角度为委托人的资产进行合理分配，确保委托人资产保值升值，并参与投资决策。其二，信托公司接受委托人委托，挑选专业投资顾问代为管理资产；投资顾问根据客户不同风险偏好建立投资组合，满足家族信托投资功能。例如，北京银行家族信托为单一信托，委托人限单个自然委托人，受托人为北京信托，北京银行担任信托财产托管银行及财务顾问角色，受益人可由委托人事先指定。受托资产门槛为3000万元，存续期限5年以上，为不可撤销信托。

第五，制度基础薄弱。目前的家族信托在产品设计、法律基础、税务环境方面存在不足。目前信托公司在设计家族信托产品的时候没有任何可以借鉴参考的合同文本及模板，完全处于探索阶段。

例如，《信托法》规定，使用存在登记制度的财产设立信托，需要进行信托登记，以此确保信托资产的独立和交易安全，但目前信托登记制度尚阙如，例如，家族信托如果以股权和不动产为信托财产，就会因无法登记而无法设立；另外，由于私有财产的观念还没有扎下根，公权对私权的剥夺和侵害还时有发生。此亦成为阻碍家族信托业务发展的瓶颈之一。

第六，具有比较优势。基于目前家族信托的这种法律制度现状，有不少高净值人士会考虑在域外设立离岸家族信托，但操作起来也十分麻烦，不容易安排国内资产，长期看也有安全隐患。所以境内家族信托仍然是存在比较优势的。

家族信托的功能

与其说是家族信托的功能，不如说是信托法在家族资产管理方面的功能。

（1）财产的代际转移功能

委托人可灵活约定各项条款，包括信托期限、收益分配条件和财产处置方式，灵活传承财富，根据委托人需求定制受益权分配方案。例如，2007年10月，香港明星沈殿霞去世前秘密订立信托书，将名下近亿元资产转以信托基金方式运作，并交由合法的信托人管理，沈殿霞去世之后，女儿郑欣宜面对任何资产运用和工作等大事，最后决定都要由信托人负责审批、协助，保障女儿的未来生活。

家族信托还可以通过设立约定条款约束后代行为、延续家风。例如，父母在设立家族信托的同时，附有约束性条款。这些条款包括，如果孩子考不上某几个指定的名牌大学之一，他将丧失受益权。如果他在考上委托人列出的几所知名学府，或是选择不断深造，他能获得更多的受益权。他的父母还要求他毕业后必须找到全职的工作，并对全职的工作进行明确规定：一个礼拜必须上班超过5天，一天必须超过8个钟头。如果他失业，信托也将停止支付。等到他结婚，还会有一笔结婚基金，每生育一个后代，孙辈也将享有信托收益等。家庭信托能够传承先辈意愿和价值观念的功能，正是其有别于其他金融工具的魅力所在。

家族信托还可以设计反挥霍条款，保护信托受益人。

(2) 紧锁企业股权功能

家族信托还有助于实现高效、平稳的家族股权转移和管理，尽量避免无谓的股权结构变动，防止股权传承导致不合格股东进入企业。很多家族企业都由家族信托经营管理或由其持有股权。

例如，在龙湖地产在香港上市之前，其控制人吴亚军成立了两个信托，一个信托是吴氏家族拥有 40% 的龙湖地产股份，她先生的家族拥有 28% 的龙湖地产股份，上市以后他们是通过两个信托加在一起 68% 的控股权控制在香港上市的龙湖地产。因为信托的设立，他们的离婚对于上市没有影响，因为两块资产已经独立地分开，离婚以后也是吴管理她的吴氏家族信托，她先生管她先生家的信托，而两方面的亲戚都没有利益的冲突，避免了无休止的官司和因此带来的股价大幅度波动。另外，信托公司还可以承接委托人企业的股权，但不进入企业的董事会。对委托人和子女来说，这种安排让他们享受了双重利益，一方面实现了所有权的转移，另一方面家族保留了公司的经营和管理权。这尤其符合亚洲人家族经营的传统观念①。

(3) 破产隔离财产和避债功能

根据信托法规定，当委托人出现破产或者其他意外情况，由于信托财产归受益人所有，不作为委托人的破产财产。例如：光电行业企业在 2005 年上市之时，不少公司控制人上了福布斯的富豪榜。近几年光电行业产能过剩，一些企业进入破产程序。其中的一些企业家通过跟金融机构合作建立家族信托，即便现在进入破产程序，其家族的部分资产受到信托法律的保护，其债权人也不能追索设立信托的财产。一旦家族信托设立，信托财产权已经转移至信托公司名下，从法律层面看，被划入家族信托的资产就被分割出企业与家族之外，这此谓信托的破产隔离功能。

因房产是高风险的资产，如果因火灾等波及他人安全的事件而发生侵权纠纷，信托公司可以把委托人的资产分类并做不同方式处理。例如会把委托人的房地产资产放入一个有限责任公司，再将该公司的股权放入信托公司，这样，侵

① 王磊燕："财富传承可借助外力 信托和保险"，第一财经日报 2010-09-04。

权责任只会由这个有限责任公司来承担，而不会影响到信托公司内其他客户的资产。需要注意的是，信托所谓的避债功能并不能用于逃避债务，而只是运用信托等法律制度的财产规划(estate planning)功能，提前处置财产，使之进入安全地带。

(4)节税功能

目前国内家族信托业务开展还处在探索阶段，遗产税开征的传言或将加速推动家族信托的发展，因为家族信托不仅可以实现财富传承，还能够有效将资产隔离，从而达到节税的功能。至于信托能否达到对其他税种的避税功能，由于目前信托税制不完善，尚不明确。

(5)私密性

家族信托设立后信托财产管理和运用都以受托人名义进行，除特殊情况外(如反洗钱、反欺诈等特别法律的要求)，受托人无权向外界披露信托财产的运营情况，所有工作都必须要保证信托相关的隐私不被泄露出去。

民事信托的具体操作内容

(1)信托财产的灵活性、多样性和个性化(非标准化)

在民事信托中，信托财产不像普通的信托产品那样主要是资金，逐渐多元化，可包括动产、不动产、股权、经营权等。但是由于我国信托财产登记制度的不配套，对非资金信托的登记目前还存在着一些盲区，设立民事信托面临法律障碍。不过，民事信托更尊重当事人的意愿，在信托财产转移中，更强调合同安排的重要性及其与法定规则的关系，当事人可以采取公证等措施而非登记等公示措施，因多数情况仅限于家族成员权利的转移和分配，即使法律要求采取登记生效主义的，似乎也可以不采取。

(2)复合受托人和复合受益人安排

在民事信托中，为了取信于委托人和受益人，为了降低委托人对转移财产(特别是不动产)于受托人的担心，可以运用信托法第43条所允许的复合受托人和复合受益人制度，把信托财产转移至破产风险比较低的受益人的名下，此受益人为共同受托人，既解决了不动产等的产权变更难题，又有利于对受托人的信赖。或者设计财产保护人，作为产权名义人，避免产权变更带来的不稳定性。

（3）受益人保护策略——“反挥霍信托”“裁量信托”及“保护信托”

原则上，信托受益人可以拿信托受益权进行转让、设定担保，在受益人破产的时候可以成为其破产财团。委托人可能愿意授予受益人信托利益，但是如果受益人破产，或者产生某种恣意的、挥霍性的运用其受益权的时候，受益人可能被迫用信托受益权偿还债权人的话，这可能违背委托人的初衷。因此，英美法上就出现了反挥霍信托、保护信托和教养信托等形态。

①反挥霍信托（spendthrift trust）。反挥霍信托最初产生的目的就是为保护挥霍者的利益而设定的信托，但后来在很大程度上予以扩张，成为限制受益人转让信托利益之信托条款的代名词。

在英国普通法及美国早期普通法中，反挥霍条款是无效的。这一规则由英国衡平大法官埃尔登勋爵在1811年Brandon v. Robinson案[①]中确立。在该案中，遗嘱规定信托利益“不得赠与，转让或以其他方式让渡”，这种“反转让条款”无效。后来，美国马萨诸塞州最高法院1882年的Broadway Nat'l Bank v. Adams案确立了新的立场。当今美国所有法域都认可反挥霍信托。不过，许多州通过立法对反挥霍条款的有效性施加了限制。例如，纽约州立法规定，债权人可以追索“超过维持受益人生活和教育所必须的那部分收益”[②]；加利福尼亚法律允许债权人追及超过维持生计和教育所需的部分——但仅限于可支付总额的25%[③]；还有许多州认定某些债权人可以追及受益人的信托利益，即使其中存在反挥霍条款[④]。根据多数观点，反挥霍条款不能保护受益人的信托利益免受赡养费和子女抚养费请求权的追索[⑤]。而在1997年，密西西比州最高法院关于Sligh v. First Nat'l Bank案[⑥]的判决指出，反挥霍条款不能保护信托受益人免除侵权之债的追索。

---

① Brandon v. Robinson, (1811) 34 Eng. Rep. 379 (Ch.).

② N. Y. EST, Powers & Trusts Law § 7-3.4, McKinney, 2002.

③ California Probate Code § § 15306.5(b), 15307 (West 2002).

④ 信托法重述（第二版）包含了一个分款，该款列举了可追及挥霍信托受益人利益的“特定权利人类别”。Restatement (Second) of Trusts §157 (1959). 信托法重述（第三版）包含了一个类似但并不完全相同的条款。Restatement (Third) of Trusts § 59 (2003).

⑤ “多数规则是，如果无明确的制定州法规定，以前夫为收入受益人的挥霍信托，其前妻可追索该信托收入以满足其赡养……或小孩抚养的需要。Hurley v. Hurley, 309 N. W. 2d 225, 227 (Mich. Ct. App. 1981)；“受益人的孩子、配偶、前配偶若拥有法院对受益人发布的有关抚育或赡养的判决或指令，挥霍信托条款对这些人不具有执行力…”，Uniform Trust Code § 503(b)(1) (amended 2005), 7C U. L. A. 525 (2006)。为满足那些对受益人可以执行的权利，允许受益人的妻子或孩子基于抚养或妻子基于赡养而追索信托受益人的利益。Restatement (Second) of Trusts § 157(a) (1959)。

⑥ Sligh v. First Nat'l Bank, 704 So. 2d 1020 (Miss. 1997).

②教养信托（support trust）。这种信托要求受托人须依受益人“教育及生活”的需要分配信托利益。由于该信托利益专属受益人的特殊性质，因此不得转让（包括意定及非意定转让）。教养信托不同于反挥霍信托的地方在于，前者并未明文规定信托利益不得转让，仅限于“教养”所必要的金额限制其转让。

③保护信托（protective trust）经常与自由裁量信托联合使用。保护信托是结合确定的终身受益权和裁量信托来保护信托财产免受受益人之债权人的追索①。尤其在不承认反挥霍信托的地区（如英国及美国少数州），两种信托联合使用可达到或者接近反挥霍信托的效果。英国在1925年的受托人法案（The Trustee Act）明文承认保护信托。保护信托的特征在于“没收条款”（Forfeiture Provision）。该条款规定，如果受益人企图转让其信托利益，或其信托利益为债权人追索之时，受益人的信托利益立即终止；而该信托即自动转换为“自由裁量信托”。且通常除原受益人外，并纳入其配偶、子女、兄弟等为共同受益人。这两种信托的联合使用旨在当受益人开始挥霍无度时，信托立即转为“自由裁量信托”，以保障信托财产不致为债权人追及。

反挥霍信托等虽然是来自英美法的制度，但可以认为，《信托法》第47条但书和第48条但书为承认英美法上的反挥霍信托等信托类型提供了制度空间，在家族信托中加入反挥霍信托条款能起到保护受益人的目的。

民事信托的监督——取信委托人

在民事信托中，由于信托计划更具个性，委托人多是单一主体，更有意愿也更重视对信托进行主动监督。即使法律规则已经十分健全，在信托中信赖的因素仍然起到十分重要的作用。为了取信委托人，可以在信托的结构中适当设置制衡主体。

（1）民事信托监察人

我国仅在公益信托部分规定了监察人为公益信托的必设机关。但是，在普通的私益信托中，虽然信托成立，但是在受益人不特定或者尚未存在的时候，受益权仍然处于不确定状态，就没有人能强制执行信托，也没有人能监督受托人履行信托职责。由于信托法为私法，为保护受益人利益，私益信托的关系人自然可

① J E Penner, The Law of Trusts, fourth edition, Oxford University Press, 2005, p86.

以约定设立类似公益信托中监察人的机关。“台湾信托法”第五章专章规定了信托监察人制度，可同时适用于公益信托和私益信托。

(2) 信托管理人

在受益人现时不存在的场合，为了受益人行使权限，可以设置信托管理人。所谓受益人不存在的场合，指的是不仅包括事后再指定受益人的情形，而且还包括以还未出生的人为受益人的情形。不过，只要有一个受益人存在就不能选任信托管理人。信托管理人可以在信托文件中指定；在没有指定或者被指定的人不就任之时，法院可以根据利害关系人的申请选任。当然，管理人在行使职务的时候，应当尽到善管注意义务，注意做到诚实公平。

(3) 信托监督人

信托监督人是在存在受益人之时，根据信托文件而指定的人。在没有指定信托监督人或者指定的人不就任的时候，如果出现受益人不能对受托人进行适当的监督的特别情况，法院可以根据利害关系人的申请选任信托监督人。

信托监督人在行使职务的时候，也应尽到善管注意义务和诚实公平义务。而且，信托监督人被选任之后，是为了全体受益人的利益行事，并没有预定仅为某个特定的受益人而选任信托监督人。

(4) 受益人代理人

信托管理人和信托监督人是为了全体受益人利益而设的类似监护的制度。而受益人代理人，是在受益人是多数人的场合，或者受益人有变动的场合，为了能使受益人顺利行使权利行使，也能使受托人顺利地处理信托事务，根据信托文件选任的人。

实际上，在存在多个受益人的信托中，如果每个受益人单独行使受益权，比如成千上万的受益人都要主张行使文件阅览请求权，受托人应对的难度就可想而知了。即使对仅为投资而享有受益权的受益人而言，虽然无法自己进行监督，但是在制度上也希望对受托人进行很好的监督。这样就出现了由受益人代理人集中行使受益人的权利的必要性。

(5) 信托保护人(protector)

事实上，委托人还可以在信托文件中为他所选择的任何人保留权利。特别的例子是在离岸信托(off – shore trust)中，信托的管理是在其他的法域(避税港)，委托人可以授予其选定的人很多的职权，以确保信托最初设定的目的能得以实现,这些被授权的人通常被称为"保护人(protector)"①。在美国法上,保护人又被称为超级受托人或者受托人控制人,其权利来自信托文件,其权利内容既可以是肯定的,例如作出投资决定、分配决定,增加或者减少受益人,变更受托人甚至是变更信托的司法域(jurisdiction);也可以是消极的,例如否决受托人的某项决策。

民事信托的运作和发展前景

在我国,由于当事人缺乏对民事信托的认识和运用信托的意识,很多人甚至不知道有这样的制度可资利用;再加上我国的信托法制度本身存在不少缺陷,使得信托制度不能成为顺心应手的制度工具。例如,第一,我国的信托法制度没有培养出范围广泛的适格受托人。在我国,除了作为营业(商事)信托的受托人的信托公司(机构)之外,其他的自然人、法人和组织如何成为受托人,如何履行受托职责,法律规则仍然处于未明状态,理论上对现行信托法也缺乏有力且系统的解释。而且,非机构受托人还不能赢得委托人的信任。第二,出于效率的考虑,信托公司把自己的客户定位于高端的高净值客户,不愿意接受小额的非标准化的、非金钱的信托,这构成民事信托无法普及的重要原因。第三,信托登记制度不完善,虽然主管机构正在努力构建信托登记制度,但是目前仍然会出现不知道到哪里进行信托(财产)登记,甚至登记机构拒绝提供登记的情形。第四,我国的信托税制不完善,对信托的征税环节和征税种类都没有合理的规定,特别是对公益信托缺乏有效的税收优惠作为激励机制。正因为如此,《信托法》虽然颁行12周年有余,但是信托观念并没有为大众所知,民事信托的发展还刚刚起步。

实际上,除了应对高净值人士的财产管理需求之外,在老年人的赡养、未成年人②和残疾人的抚养等领域,民事信托制度也应能发挥其独特的功能。

自1999年中国步入老龄化社会以来,人口老龄化加速发展,老年人口基数大、增长快并日益呈现高龄化、空巢化趋势,需要照料的失能、半失能老人数量剧增。第六次全国人口普查显示,中国60岁及以上老年人口已达1.78亿,占总人

① J.E. Penner, The Law of Trusts, fourth edition, Oxford University Press, 2005, pp21-22. David I Faust, Asset Protection Trusts: Some Practical Guidlines, in Trusts in Prime Jurisdictions(3d edition), edited by Alon Kaplan, Globe Business Publishing Ltd, 2010, p452.

② 例如,在夫妻离婚之时一方需要支付对方对未成年子女的抚养费的场合,虽然可以一次性支付,但是支付人担心子女的监护人会把抚养费用于其他的目的,此时设立信托,从信托基金中定期支付抚养费。

口的13.26%，其中，我国城乡失能和半失能老年人约3300万，占老年人口总数的19%。加强社会养老服务体系建设的任务十分繁重①。

根据第六次全国人口普查我国总人口数，及第二次全国残疾人抽样调查我国残疾人占全国总人口的比例和各类残疾人占残疾人总人数的比例，推算2010年末我国残疾人总人数8502万人。② 年事渐高的父母为了自己的残疾人子女的利益，以自己作为委托人，以有关机构作为受托人，把金钱和房屋等作为信托财产转移给相关机构，使其承担对残疾人子女进行抚养的职责。这种安排在课征赠与税的国家还能得到免税的待遇。通过这种安排，让专业的、长期存在的机构作为残疾人子女的抚养人，这对能力渐衰的父母而言是一个福音。

2.4 土地信托开局：基于法律角度的分析

农地承包经营权作为信托财产的合法性与可行性③

(1)农村土地承包经营权是否是适格的信托财产

我国《信托法》第七条规定："设立信托，必须有确定的信托财产，并且该信托财产必须是委托人合法所有的财产。本法所称财产包括合法的财产权利。"据此，一项财产要成为信托财产，必须具备四个要件，即信托财产的合法性、信托财产的权利性、信托财产的流通性和信托财产的确定性。④

①农村土地承包经营权是合法的财产权。所谓信托财产系指受托人因信托行为取得的财产权，即委托人移转给受托人作为信托法律关系之标的，由受托人以自己之名义为受益人的利益而管理和处分的财产。⑤ 我国农村土地承包经营权具有用益物权的一般特性，是一种用益物权。而根据《物权法》第2条规定："本法所称物权，是指权利人依法对特定的物享有直接支配和排他的权利，包括所有权、用益物权和担保物权。"可见，农村土地承包经营权是一种物权类型，农村土地承包经营权毫无疑问是一种财产权。

同时，我国《农村土地承包法》第9条规定："国家保护集体土地所有者的合

---

① 参见：国务院办公厅印发《社会养老服务体系建设规划（2011—2015年）》。

② 数据来源于：中国残联网站：http://www.cdpf.org.cn/sytj/content/2012-06/26/content_30399867.htm，最近登录日期：2012/10/30。

③ 本标题和下一同级标题的内容由中国政法大学罗翀提供初稿。

④ 周小明：《信托制度：法理与实务》，中国法制出版社2012年版，第127页。

⑤ 徐孟洲：《信托法》，法律出版社2006年版，第135页。

法权益，保护承包方的土地承包经营权，任何组织和个人不得侵犯。”由此可得，农村土地承包经营权是为我国法律所承认并受其保护的合法权利。因此，农村土地承包经营权符合我国《信托法》第7条规定，是委托人合法所有的财产权利。

②农村土地承包经营权具有权利性。所谓的信托财产的权利性是指“委托人用以设立信托的财产必须在法律上具有独立的权利形态或者权利外观”。信托财产的这一特性是由信托的本质决定的。[①] 因此，信托财产应当具有法律上的权利，而且应当具有法律上的独立的权利形态。如前文所述，我国农村土地承包经营权作为用益物权的一种，是一种法定的物权。它的权利内容和范围在法律上都有明确的规定，是一种具有独立形态的权利。因此，土地承包经营权具有权利性。

③农村土地承包经营权是具有流通性的财产权。《信托法》第14条规定：“法律、行政法规禁止流通的财产，不得作为信托财产。”可见，信托财产必须是可以流通的财产。根据我国现行法律、法规的规定，禁止流通物主要包括专属国家所有的财产，如矿藏、水流等自然资源，以及淫秽的书刊、影片、录像带、录音带、图片等。[②] 土地承包经营权显然不在禁止流通之列。

而《农村土地承包法》第三十二条规定：“通过家庭承包取得的土地承包经营权可以依法采取转包、出租、互换、转让或者其它方式流转。”第四十九条规定：“通过招标、拍卖、公开协商等方式承包农村土地，经依法登记取得土地承包经营权证或者林权证等证书的，其土地承包经营权可以依法采取转让、出租、入股、抵押或者其它方式流转。”《物权法》第一百二十八条规定：“土地承包经营权人依照农村土地承包法的规定，有权将土地承包经营权采取转包、互换、转让等方式流转。”第一百三十三条规定：“通过招标、拍卖、公开协商等方式承包荒地等农村土地，依照农村土地承包法等法律和国务院的有关规定，其土地承包经营权可以转让、入股、抵押或者以其它方式流转。”

因此，我国的农村土地承包经营权具有可转移性，是可以依法流转的财产权，而非国家法律规定的限制流通或者禁止流通之物，符合《信托法》关于信托财产的要求。

④农村土地承包经营权是确定性的财产权。根据《信托法》第7条和第11

---

① 周小明：《信托制度：法理与实务》，中国法制出版社2012年版，第130页。

② 全国人大《信托法》起草工作组：《中华人民共和国信托法释义》，中国金融出版社2001年版。

条的规定，设立信托必须要有确定的信托财产，否则信托无效。所谓确定，是指信托的标的必须确定，即信托财产具有明确的种类、范围或者数量，一般应当能以金钱衡量其价值，并且能够和受托人自己的财产独立分开。① 也有学者提出信托财产的确定性包括三个方面，即信托财产存在的确定性、信托财产范围的确定性和信托财产权属的确定性。②

根据《物权法》第 125 条、126 条、127 条，土地承包经营权的内容、期限、权属确认方式都有法律的明确规定。毫无疑问，农村土地承包经营权是由承包人与集体经济组织在平等协商的基础上，通过签订承包经营合同而设立的，由农村土地承包经营权人在承包期限之内对承包地拥有的占有、使用、收益与进行特定形式的处分的权利，这种权利是确定的法定权利。农村土地承包经营权一旦设定，农地使用权人的权利便获确定，不待他人行为的介入便可直接行使对土地的占有、使用和收益，他人不得干涉。且基于物权的效力，农地使用权人享有此种权利，不仅可以对抗社会的一般人，而且可以对抗土地的所有人。③ 因此，土地承包经营权具有确定性。

（2）农村土地承包经营权作为信托财产的可行性

以农村土地承包经营权作为信托财产在理论上并无不妥，但是，将土地承包经营权作为信托财产在实践操作当中存在着诸多障碍。

依照《信托法》第二条，委托人基于对受托人的信任将其财产"委托给"受托人。根据《信托法》起草小组专家的解释，此处"委托给"应当解读为将信托财产移转给受托人，④与各国信托制度的普遍原理相一致，即土地信托中同样也要求委托人将信托财产移转给受托人。要将农村集体成员所有的土地承包经营权移转给集体组织成员以外的信托公司，在立法上有特别的程序规定。农村土地承包经营权的流转具有其特殊性，不能理解为一般物权的流转。在 2005 年 3 月施行的《农村土地承包经营权流转管理办法》中，第九条规定："农村土地承包经营权流转的受让方可以是承包农户，也可以是其他按有关法律及有关规定允许从事农业生产经营的组织和个人。在同等条件下，本集体经济组织成员享有优先权。"其受让方范围仅限于"有关法律及有关规定允许从事农业生产经营的组织

① 参见扈纪华，张桂龙 主编：《中华人民共和国信托法条文释义》，人民法院出版社 2001 年版，第 39 页。
② 周小明：《信托制度：法理与实务》，法律出版社 2012 年版，第 137 页。
③ 梁慧星，陈华彬：《物权法》（第二版），法律出版社 2003 年版。
④ 周小明：《信托制度：法理与实务》，法律出版社 2012 年版，第 41 页。

和个人”，而《农村土地承包法》第三十七条则规定“土地承包经营权采取转包、出租、互换、转让或者其他方式流转，当事人双方应当签订书面合同。采取转让方式流转的，应当经发包方同意；采取转包，出租，互换或者其他方式流转的，应当报发包方备案。”上述规定意味着除非农村承包经营权流转采用债权流转地方式，否则就应当得到发包方的同意。而《农村土地承包法》第四十八条更是进一步规定，“发包方将农村土地发包给本集体经济组织以外的单位或者个人承包，应当事先经本集体经济组织成员的村民会议三分之二以上成员或者三分之二以上村民代表的同意，并报乡（镇）人民政府批准。”农村土地承包经营权向集体组织以外的主体移转需经本集体经济组织成员的村民会议三分之二以上成员或者三分之二以上村民代表的同意，并报乡、镇人民政府批准。且承包方的承包资格需要经过审核方可签订合同。

可以看出，要获得土地物权的受让人就必须满足苛刻的程序以及身份限制。在上述现行立法框架中，很难相信这种土地权利在市场经济的高流动性中能够有效实现资源优化配置和集约经营，更难想象基于身份限制、物权功能不完整的不动产物权能够具有良好的经济效益。

土地承包经营权的收益权是否是适格的信托财产

如前文所述，以土地承包经营权作为信托财产是当前的主流。虽然土地承包经营权作为一种（他）物权符合信托法上的作为信托财产的要求，但在商业信托模式之下，要将土地承包经营权移转给农村集体组织以外的主体在实践中具有较大的身份和程序上的限制，对于高流动性的市场经济活动而言存在实践中的障碍。于是有了土地承包经营权的收益权的探讨，不移转土地承包经营权，而是以土地承包经营权的收益权作为信托财产。

以“资产收益权”作为信托财产的信托在实践中并不鲜见，[①]特定资产收益权交易有逐渐扩大之势，虽然目前法律法规未明确禁止该类交易，但该交易同时也缺乏明确的法律支持，存在着很大的争议空间。在土地信托当中，是否可以将作为土地承包经营权的权能之一的收益权分离出来，作为土地信托的信托财产，从而更好地突破信托财产的移转当中的诸多限制，同时又使农户不丧失土地承

① 实践中存在着不少信托公司发行的“特定资产收益权信托产品”，其法律性质和风险监管机制存在诸多探讨和争议，以2013年安信信托诉“昆山纯高”案为典型，资产收益权信托越发受到关注和热议。

包经营权。然而，土地承包经营权的收益权作为土地承包经营权权能之一，其作为信托财产的确定性和权利形态受到一定的质疑。

信托的成立需要有确定的信托财产。我国《信托法》第十一条关于信托无效的规定中，明确规定信托财产不能确定是导致信托无效的原因之一。可见，信托财产的确定性是信托成立和生效不可或缺的要件。就资产收益权信托而言，在实践中饱受争议的主要原因就在于其不能满足信托财产“确定性”的要求。笔者认为对于《信托法》中信托财产确定性的理解不应当过于刻板、一成不变。从鼓励信托的创新发展分析，可以对其进行扩张性解释。该确定性并非是指自始完全确定，只要以一定的方法和标准可以确定即可。允许资产所有人或第三方以抵押、质押或回购协议作为财产确定性的担保。资产收益权在本质上属于一种“将来债权”，其属于法律意义上的权利，只是其实现需要在将来才能确定。美国信托法允许其作为信托财产。[①] 我国信托法中没有明确禁止，依据信托法原理也应当可以作为信托财产设立信托。

还有学者提出，资产收益权作为对应财产权的权能之一，不具有法律上独立的权利形态，“如果设立信托的财产不具有独立的权利形态或者权利外观，该财产便无法进行转移，信托也无从设立。”[②]一方面该类财产难以移转给受托人，另一方面该权能应附属于对应的财产权，不能发生独立性的效果。关于如何确保财产移转和财产的独立性的确是资产收益权信托实践操作中的一个难点，但并不能以此一概否定特定资产收益权作为信托财产本身的合法性。

将土地承包经营权的收益权作为信托财产的优点是显而易见的。土地承包经营权的收益权作为信托财产可以简化实践中移转信托财产的程序、不受过多主体限制等。这一方式在高速流动的市场当中显得更加高效、灵活，真正实现土地的“权”和“利”的分离，使农民既享有土地承包经营权的利益保障，同时又不被土地所束缚。

现代意义上商业性质的土地信托在我国才刚刚起步，关于土地信托领域的具体规范性文件尚未出台，其信托财产的确定同样处于实践探索阶段。我国农村土地承包经营权的流转制度正在走向开放和完善。将土地承包经营权的收益权作为信托财产的方式存在着许多理论和实践中有待完善的空间。

---

① 参见《美国信托法重述（二）》第 85 条。

② 周小明：《信托制度：法理与实务》，法律出版社 2012 年版，第 130 页。

此处讨论的基本上是土地承办经营权设立信托的问题，设立农民宅基地流转信托也存在类似的问题。

■ 其他法律问题

（1）土地管理公司的法律地位：转委托的受托人

在“中信·农村土地承包经营权集合信托计划1301期”中，由安徽帝元现代农业投资有限公司作为服务商提供服务。安徽帝元现代农业投资有限公司主要为该信托提供专业的技术支持。在这类信托计划中，农业投资服务商的作用类似于证券投资信托中由信托公司转委托的投资顾问，就其法律关系和法律地位可适用信托法第30条关于转委托的规定。

（2）受益人（农民）的浮动收入

中信信托的项目中没有明确的预期收益率，初步付给农户浮动性的基本地租收入，是每年每亩获得相当于一千斤中等质量小麦的价钱。同时，随着资金注入，土地、产品匹配提升，也会增加农民的浮动收入，扣除服务费用、管理费用后，农民可以分享的增值部分初步定为70%。农民转化为工人，也可以获得工资收入。如果经营不成功，风险如何承担？例如，如果在土地上种有机蔬菜却不能适销对路，就可能无法按合同向农民支付信托利益。农业受气候、虫害、水利等条件的影响很大，因此信托公司在引入专业的农业管理公司和改善农业基础设施之外，还应通过保险等措施减少歉收等带来的风险。

而且，在土地信托的领域，受益人（委托人）因对信托项目的事务管理有着较高的参与度、监督权和知情权，似乎能成为打破刚性承兑的一个突破口。

（3）土地登记制度

土地流转信托在推广过程中面临一些制度障碍，比如我国土地的信托登记制度不健全，信托配套制度建设也不够完善，土地流转信托在某种程度上依靠政府的行政权力推行，缺乏稳定的规范依据和保障。

不过，如果运用土地收益权（经营权）设立信托，信托生效并不以登记为要件。因农村土地权利的特殊性，即使土地权利不做变更登记也不会产生保护第三人利益不足的问题。

（4）土地权益证券化

条件成熟下，将受益权做资产证券化，推出受益权凭证，该凭证可上市流通、可抵押融资，实现真正的财产权收入以及财产权流通带来的溢价收入。

2.5 我国信托立法的展望

由于信托法为英美法制度，立法当时坚持“宜粗不宜细”的原则，再加上对“法律移植”和“本土化”如何进行衔接客观上有难度，因此，十多年前我国制定的《信托法》存在比较大的欠缺，操作性较差，仅仅依靠出台行政法规和其他规范性法律文件，无法从根本上解决信托法律制度的完整性问题，更不能满足社会发展对民事信托、营业信托及公益信托的多样化需求。现行《信托法》除了大量细节性条款需要修订外，还有三个制度性问题亟须解决：

一是信托登记制度。《信托法》第十条规定的信托登记制度，与我国现行法律规定的特定财产或财产权的设立、变更或终止的登记或注册制度之间缺少衔接和配套的法律制度。目前，我国尚未形成统一规范的信托登记制度，但在信托实践中，涉及信托登记的领域越来越多。《信托法》对于信托的登记机构、登记主体、登记内容、登记程序等问题均没有明确规定，现行财产登记机构一般以没有相关规定为由，对于相关信托活动的财产登记均不予办理，导致许多需要登记才能设立信托的财产和财产权，被排除在信托活动之外，严重抑制了信托功能的发挥和信托活动的开展。

二是公益信托制度。公益信托是促进社会公益事业发展的重要制度，但是，由于《信托法》对相关制度规定过于粗略，十余年来，没有达到立法的预期效果。比如，对公益事业管理机构缺乏明确的规定、对公益事业管理机构审批公益信托的权限、程序和标准缺乏规定、对公益事业管理机构在公益信托的日常监督方面欠缺具体的程序和制度、对公益信托的税收优惠措施没有具体规定，等等。由此，导致了实践中公益信托的设立和运行困难重重，严重抑制了信托制度对于公益事业发展本来应该具有的促进功能。

三是信托业法制度。现行《信托法》没有对信托业作出具体规定，仅在第四条中授权国务院制定具体管理办法，但是国务院至今尚未出台信托业的管理办法。信托是国际上资产管理活动的基础制度安排，信托业是我国发挥信托功能、从事资产管理活动的主要组织，《信托法》对于信托业规定的长期缺位，导致资产管理行业“政出多门”，目前各金融部门均在从事信托或者类似信托的资产管理业务，但在市场准入、监管规则等方面，极其不统一，致使行业竞争环境不公平，不利于行业的健康发展。同时，也不利于投资者保护。具有信托本质的各类资产管理产品，由于缺乏统一的法律标准，导致实践中对于管理人的责任机制、投资者的权利保护机制具有巨大的差异性，宽严不一，极不利于投资者的保护。目前，我国资产管理市场“乱象丛生”，与信托业立法内容的欠缺，有着直接关系。

另外，信托法为资产管理基本法的观念还没有确立起来。众所周知，我国目前从事营业信托活动的机构有三大类：第一类是信托公司。被称为“信托综合店”，根据《信托法》和《信托公司管理办法》等法律法规开展各种形式的营业信托活动。第二类是基金管理公司等。属于“信托专营店”，根据《信托法》《证券投资基金法》和《基金管理公司管理办法》等法律法规开展公募的证券投资基金信托业务。第三类是保险公司、银行等。它们也可以成为企业年金信托的受托人，也可以兼营部分信托业务，被称为“信托兼营店”。事实上，保险公司从事的资产管理业务以及商业银行从事的理财活动在本质上也属于信托关系。但是，值得关注的是，基金公司、资产管理公司、保险公司、银行甚至信托公司在现实中适用的基本上是监管部门制定的相关行政规范和部门规章，信托法基本上被闲置。一个排除了受托人忠实义务的信托，一个排除了受托人善管注意义务的信托，似乎很难构成真正的信托，这违背了信托的本质。说其违背了信托的本质在于：完全通过约定排除法定的义务，这等于将信托关系降格为合同关系，违背了信托关系原本并非平等意义的法律关系、受托人是“利他”的这样的信托法的基本教条。这样把委托人和受益人仅靠合同法来保护，把信托关系仅仅视为一种新型的有名合同，这对于受益人（金融投资者）的保护是十分不充分的。资产管理行业整体上属于广义上的信托业，其各个行业在功能划分、监管体制、监管规则上应有一个统一的、高阶位的规划，否则法出多门，无法保证规则的统一和体系的协调，也会导致业界适用规则方面的混乱，无助于整个行业的健康有序发展。

因此，应修改和完善信托法的规则，确立信托法作为资产管理领域的基本法地位，并在时机成熟之时制定《信托业法》，统一规划资产管理行业的业务类型、市场划分、监管模式等，完善资产管理行业的顶层设计。

为此，应在行业内外澄清以下基本观念：

第一，应逐步确立《信托法》作为资产管理领域的基本法地位。并在时机成熟之时制定《信托业法》，统一规划资产管理行业的业务类型、市场划分、监管模式等，完善资产管理行业的顶层设计。

第二，应确立资产管理行业整体上遵守的法理为信托法理。信托关系多是根据合同关系设立，但是并非合同债权债务关系，而是一种财产管理关系，资产管理行业从业者的责任为受托人责任，而非简单的约定的合同责任。

第三，受益人原则上为资产的剩余受益人；资产管理者（受托人）原则上仅能取得固定报酬。

第四，相应地，根据权责一致原则，除非受托人违反义务，受益人也是资产最终风险的承担者，此即“买者自负”原则；受托人亦无所谓“刚性兑付”责任。

虽然在全国人大的五年立法规划中没有列入信托法和信托业法，但是，为了适应社会对信托制度的急迫需求，充分挖掘和发挥信托制度的经济和社会促进功能，促进信托业的健康发展，充分保护资产管理产品投资者权益，防范金融风险，法学理论界、实务界和监管部门应在民众特别是投资者中普及信托法的原理和观念，信托法修改工作也应尽早提上日程。

第六章

焦点探析：信托公司风险缓释机制[①]

① 该章系中国信托业协会研发课题内容节选。主笔人为王玉国、邢成；执笔人为程显敏、和晋予、简永军、俞春梅、李艳会、黄健、白云、王建广、胡学成等。王玉国，中诚信托研究发展部总经理。

1. 基本概念和研究范围界定

1.1　风险、金融风险及信托风险

风险

帕尔格雷夫经济学词典将风险(risk)定义为一种"现象",一种"不确定性或不完全信息"的现象。奈特(Knight,1921)①首次提出了风险与不确定性的关系问题:如果一个经济行为者所面临的随机性能用具体的数值概率来表述,那么,就可以说这种情况涉及风险。另一方面,如果该经济行为者对不同的可能事件不能(或没有)指定具体的概率值,就说这种情况涉及不确定性。美国学者A.H.威特雷认为"风险是可测定的不确定性"。美国项目管理协会定义风险为:"风险是指不确定的事件或条件,一旦发生的话,可能对项目的目标带来积极或消极的影响。"以上对于风险的定义偏向于强调风险的不确定性,但并未说明风险产生的结果(有可能带来损失,也有可能获利),属于广义的风险。金融风险符合此类风险的定义。

另一种对于风险的定义强调"损失的不确定性",忽略风险可能带来获利的情形,只考虑风险带来损失的可能性,属于狭义风险,美国学者海尼斯(Haynes,1895)②曾有过经典的表述:"风险一词在经济学中和其他学术领域中,并无任何技术上的内容,它意味着损害的可能性。某种行为能否产生有害的后果应以其不确定性界定,如果某种行为具有不确定时,其行为就反映了风险的负担。"日本学者武井勋认为"风险是在特定环境中和特定时间内自然存在的导致经济损失的变化"。

① Frank H. Knight, "Risk, Uncertainty, and Profit", Ph. D. First edition, 1921.

② J. Haynes, "Risk as an Economic Factor", 1895.

■金融风险

(1)金融风险的含义

狭义的金融风险(financial risk)指一定量金融资产在未来时期内预期收入遭受损失的可能性。广义的金融风险指在金融活动中，由于各种经济变量，主要是金融变量的不确定性而导致各金融主体金融资产价值变动的不确定性。从这个定义中，我们至少可以理解金融风险的三层含义：一是金融风险作为一种风险，指的是一种不确定性；二是狭义的金融风险所描述的不确定性侧重于各种负面影响或损失事件的发生；三是金融风险所描述的不确定性仅限于金融活动之中。

有人把金融比喻成硬币的两面，一面是金融的收益性，另一面是不稳定性、损失性。而金融活动就像投掷硬币的过程一样，获利与损失的机会都有，只是概率不同，结果不同。

金融风险来源可概括为两类：一是外生风险来源，源于宏观经济扰动和突发事件冲击；二是内生风险来源，主要源于金融机构风险积累、金融市场动荡和金融基础设施不完善。

(2)金融风险的种类

根据研究的需要，人们可以从不同角度，根据不同的分类标志对金融风险进行分类：

①从从事金融活动的主体来分，有政府风险、金融机构风险、企业风险、个人风险和国际风险。对以上五个从事金融活动的主题可再细分，如金融机构风险又可分为银行业风险、信托业风险、证券业风险、基金业风险和保险业风险。银行业风险可再分为千百个单个银行风险。

②从地域上来分，有全球性风险、国际地区性风险、全国风险、省市风险等。

③从金融风险的影响范围来分，有系统性风险、非系统性风险。

④从金融风险产生的原因来分，可分为自然风险、社会风险和经济风险。

⑤从金融业务来分，有信用风险、流动性风险、资本风险、投资风险、表外业务风险、利率风险、汇率风险等。

除上述分类外，金融风险还有许多分类方法，如从金融风险本身的性质来分，有静态风险和动态风险；从金融风险的表现形态来分，有有形风险和无形风险；从金融风险的作用强度来分，有高度风险、中度风险和低度风险等。

信托风险

（1）信托风险的含义

广义的信托风险指由于宏观、政策、区域、行业、企业运营等不可预测因素发生变化，导致信托各方主体由于信托交易而产生的可能获利或损失的不确定性。狭义的信托风险指信托财产在一定期限内遭受损失的可能性。下文主要研究狭义的信托风险。

从理论上说，在受托人没有主观故意和失职行为的情况下，委托人和受益人所承担的信托风险包括：一是信托财产原值的损失；二是信托本金没有损失，但没有获得信托收益；三是获得信托收益，但所获得的信托收益低于机会成本，如低于银行存款或国债等收益。其中对委托人和受益人负面影响最大、最不能接受的是第一种情况，尤其理论上信托财产原值的损失可以大到信托财产原值全部损失的程度，即类似于证券投资。同时，在信托财产原值没有损失的情况下，信托收益率也是不确定的，既受信托资金运用的具体产业、项目等因素的影响，也受运用方式、受托人的财产管理水平等多种因素的影响，并且信托收益率的高低往往也难于衡量和比较。

信托风险区别于证券投资、基金投资的一个特有风险是信托财产到期交付风险。按照委托人与受托人签订的信托合同约定，信托合同到期时，可能出现受托人无法按照信托合同约定的期限、方式（通常以现金方式）向信托财产归属人交付信托财产的问题，但是，这只能说出现了潜在的信托风险或者说仅是出现了流动性风险，还不能确定信托财产是否真正发生了损失。之所以发生上述问题，可能是由于信托财产的形态转换（如股权变现为现金财产）存在技术性的问题，或者受托人采取的财产保全措施尚未完成（如拍卖借款人或者担保人的抵押财产的程序尚未完成）等等，所以发生信托财产及收益延期支付的情况，在信托公司采取必要措施（如拍卖抵押物、执行保证人的资产等）后，全部或部分信托财产及其收益才能得以分配。

作为信托计划的受托人，信托公司是风险厌恶者，通过风险控制、风险管理、风险缓冲，信托公司希望将信托计划运行过程中的不确定性降到最低。

(2)信托风险的种类

由于信托财产运用方式既可以是债权投资、股权投资，又可以是收益权投资、夹层融资、组合投资；既能进行资本市场投资、货币市场投资，又能进行实业投资，因此，风险来源较为复杂。参照金融机构的风险类别，考虑到信托业的特征，下文从风险来源的角度来分析，各信托主体所面临的风险主要有以下几种类型。

①经营风险或操作风险。信托公司为了形成竞争优势，增加股东的价值，往往通过不断推出高回报的、热销的信托产品，扩大销售，增加管理信托财产的规模，以赚取更多的信托报酬。但在业务扩张的同时风险也在增加，制度不健全、决策失误、管理不力、控制不当，甚至人为欺诈等都会造成信托财产损失。从目前我国已发生的信托风险来看，大多数是此类风险造成的。

操作风险关注内部风险，特指业务运营过程的相关风险。内部操作失误、内部业务流程缺陷、系统脆弱是重要的操作风险源，内部人员效能和内部人员欺诈在操作风险中起重要作用，而外部欺诈、自然灾害、交通事故、外包缺陷也是风险源。现阶段信托公司的业务模式，决定了操作风险为信托公司风险防范的重点之一。操作风险管理涉及每一个产品、每一个流程、每一个渠道、每一名员工，而且操作风险很难量化，绩效并不能立竿见影地展现，管理最具挑战性。

②市场风险。信托公司经营信托业务活动是在金融市场和产业投资市场环境里进行的。金融市场要素价格变化，产业投资市场要素价格变化，均对信托投资的收益和信托产品的价值产生影响，导致信托投资的风险。具体包括利率风险、汇率风险、有价证券的价格风险等。信托公司缺乏有效的市场风险规避手段，信托资产流动性较差，也很难通过调整敞口等方式来规避风险。信托合同在签订与到期之间市场上资金成本的变化往往不能够体现在信托计划的资金成本上，信托公司也普遍缺乏对信托计划资金成本动态调整的能力。

③信用风险。一方面是指信托资金使用人的违约风险，由于资金使用方对市场把握不准，经营不善，资金周转失灵，甚至恶意欺诈，不能还款或缺乏还款意愿，致使信托财产受损；另一方面主要是指与信托活动有关的其他利益方的违约行为使信托财产遭受损失的风险，如虚假担保或无力提供还款保证等合作机构的违约致使信托财产遭受损失。

④流动性风险。本报告研究狭义的信托风险，重在从信托公司角度把资金

与信托投资形成的资产相互转换。以此出发，本书说的流动性风险指信托财产因其资产形态和性质的特殊性，使信托公司无法在短期内快速、按预期价格出售信托财产以获得资金，继而无法按时实现向投资者交付资金的风险，主要有两种表现形式：一是信托公司在短期内无法找到合适的信托财产购买方；二是信托财产在特定期限内的出让价值低于其实际价值。

⑤政策性风险。指因国家政策、法规变化导致信托财产损失的风险。一方面是由于国家的宏观经济政策调整，引起金融市场、产业市场的经济变量发生变化，从而影响信托产品的收益，比如房地产行业的政策调整（投资于房地产领域的信托产品比重较大）。另一方面，相关的新法规颁布实施后，对原有信托产品的收益产生损失的风险。如当拓展的业务因法规的调整而被勒令提前终止时，信托财产因此可能遭受损失等。

⑥舆情风险。指因信托公司经营、管理及其他行为或外部事件，导致利益相关方对信托公司负面评价，或导致信托投资者因投资恐慌而降低投资信心。这些引发因素包括信托公司或其投资的项目公司涉诉、信托项目兑付、信托公司不利报道等。在目前信托业“刚性兑付”压力下，投资者、媒体对信托行业的不利报道异常敏感，直接影响投资者对信托产品的选择、对信托公司专业度的信任等诸多方面。

信托风险与金融风险的异同

信托风险具有很强的行业性，与信托公司及信托业务运营当中的诸多不确定性相关；而金融风险更为宏观，可覆盖到与金融相关的机构、行业、地域、国家及全球。信托风险是金融风险的一部分，其本身就是一种金融风险。由于金融各行业之间的相互合作，信托风险可能会波及其他金融行业或非金融产业，进而扩大风险的范围，从而演变为系统性的金融风险。信托公司及信托事务也可能受到其他领域的金融风险的殃及，而爆发信托风险。此外，信托风险的重要特征之一是，由于委托人投资信托理财产品，与受托人之间并非债务债权关系，因此，在受托人尽职履约的前提下，所发生的信托风险并由此导致的信托财产损失，均由委托人全部承担。随着信托业管理资产规模的不断扩大，信托风险缓释已成为金融风险缓释的重要一环。

1.2 风险缓释的内涵与外延

风险缓释与风险缓释机制

（1）风险缓释

缓释（mitigation）最初是个医药学术语，主要指通过延缓药物的释放速率，降低药物进入机体的吸收速率，从而起到更佳的治疗效果。而风险缓释（risk mitigation）主要是指通过风险控制措施来降低风险的损失频率或影响程度。

（2）风险缓释机制

风险缓释机制（risk mitigation mechanisms）是指针对不同的风险，可以采取不同的风险缓释工具。各种风险缓释工具的有效配置与有机整合，即形成风险缓释机制，包括风险缓释各子元素的基础安排、过程变化以及相互关系。

风险缓释包括单体机构风险缓释，即信用风险缓释、操作风险缓释、市场风险缓释，以及行业风险缓释等，相应的有信用风险缓释机制、操作风险缓释机制、市场风险缓释机制和行业风险缓释机制等。

信用风险缓释主要指债权人运用合格的抵质押品、净额结算、保证和信用衍生工具等方式转移或降低信用风险，最终体现为违约概率、违约损失率或违约风险暴露的下降。

操作风险缓释主要指在量化分析风险点分布、发生概率和损失程度的基础上，采用适当的缓释工具，如保险、系统安全技术和服务外包等，限制、降低或分散操作风险，并形成统一的管理规范，对风险缓释工具的效果进行系统跟踪和评价，对外包服务质量进行严格控制，对各种意外冲击制定备用方案。

市场风险缓释是指运用风险评估与预警指标体系、风险限额管理和公开市场交易等工具转移或降低市场风险。市场风险缓释工具的有机整合，即构成市场风险缓释机制。

行业风险缓释是指运用投资者保护基金、逆周期监管、净资本监管和压力测试等工具来转移或降低行业风险。行业风险缓释工具的有机整合，即构成行业风险缓释机制。

风险缓释与风险管理

(1)风险管理

风险管理(risk management)指如何在一个肯定有风险的环境里把风验减至最低的管理过程，在降低风险的收益与成本之间进行权衡并决定采取何种措施的过程。风险管理是对不确定性的管理，是识别、评估、处理、监测和控制各类风险的全过程。

美国学者 Russell Gallagher 在《哈佛商业评论》发表的论文《Risk Management: A New Phase of Cost Control》被认为是最早使用风险管理观念的文献之一。19 世纪 60 年代初，学界和业界开始对风险管理进行定义，这一时期风险管理理论发展迅速。梅尔与赫尔奇斯的《企业风险管理》(1963)、威廉姆斯与汉斯的《风险管理与保险》的出版标志着风险管理的系统研究的开始。

Vaughan(1997)将风险管理定义为："一种处理纯风险的科学方法，这种方法通过预先识别可能的潜在损失，并设计和实施各种措施来减少损失的发生或减少所发生损失的财务影响"。同时 Vaughan 认为，由于管理的对象和技术非常不同，所以风险管理在可预见的将来主要是对纯粹风险进行管理，对投机风险的管理则仍是一般管理的职责。Vaughan 的观点具有很强的代表性。

(2)风险缓释与风险管理的区别

风险缓释与风险管理在对风险的处理过程、处理方法上有相互交叉以及相通之处，但这两个概念又存在较大的差别。Williams JR(1998)将风险管理列为企业三大管理活动之一。风险管理适用于各行各业，范畴和适用性更加广泛，比如医疗风险管理、税收风险管理、财务风险管理等，项目风险管理和产品风险管理等，而风险缓释更多的是一个金融学的概念。风险缓释是实现风险管理目标的有效途径之一，但风险缓释的有效实施又需要以风险管理为基础。

风险管理强调的是一种管理职能，更多地考量和衡量个体对风险的全面性和全局性的管理，这项职能贯穿于个体的生产经营过程始终。而风险缓释则强调的是通过风险缓释技术、风险缓释工具实现风险的缓冲和释放的一种机制，它既包括个体风险的缓释，也包括整体风险的缓释。

风险缓释与风险控制

（1）风险控制

风险控制（Risk Control）是指根据风险控制目标、计划和标准，采取的消灭或减少风险事件发生的各种可能性，或者减少风险事件发生时造成的损失的各种措施和方法。风险控制的对象一般是可降低风险，如操作风险、清算风险等。风险控制的基本方法包括风险回避、损失控制、风险转移和风险保留。

风险回避是投资主体有意识地放弃风险行为，完全避免特定的损失风险。简单的风险回避是一种最消极的风险处理办法，因为投资者在放弃风险行为的同时，往往也放弃了潜在的目标收益。

损失控制不是放弃风险，而是制订计划和采取措施降低损失的可能性或者是减少实际损失。控制的阶段包括事前、事中和事后三个阶段。事前控制的目的主要是为了降低损失的概率，事中和事后的控制主要是为了减少实际发生的损失。

风险转移，是指通过契约，将让渡人的风险转移给受让人承担的行为。通过风险转移过程有时可大大降低经济主体的风险程度。风险转移的主要形式是合同和保险。

风险保留，即风险承担。也就是说，如果损失发生，经济主体将以当时可利用的任何资金进行支付。风险保留包括无计划自留、有计划自我保险。

（2）风险缓释与风险控制的区别

从概念上看，风险控制是一种系统化的方法，是风险评估完成后实施的行为，如何用最小的成本方法来实现最合适的控制，将风险降低到一个可以接受的范围。一般而言，金融机构会有内部的风险控制制度、风险控制流程以及风险控制机构等。风险缓释技术和风险缓释工具属于风险控制措施和方法，风险控制强调对风险的掌控，风险缓释更加强调对风险的疏导和释放。风险缓释的前提是风险已然存在，如风险控制中采取了风险回避，则不需要进行风险缓释。风险缓释可以避免发生风险控制中的风险无计划自留。

风险缓释与风险缓冲

（1）风险缓冲

风险缓冲（Risk Buffer）指风险发生之后，通过延长负面影响的冲击时间、转移负面冲击的影响主体、分散冲击的直接作用点等方法和措施，以降低瞬时冲击带来的巨大损失，为接下来的风险释放提供足够的时间、空间和维度。

（2）风险缓冲与风险缓释的关系

风险缓释包括风险的缓冲和风险的释放。风险缓冲是风险得以顺利释放的基础，缓冲是方法和过程，风险的释放才是最终目的。

综上，我们可以得出结论，即风险缓释与风险管理、风险控制以及风险缓冲等范畴之间是既相互关联、交叉、融合、重叠，又相互区别、侧重、补充、独立的关系。其间有外延宽泛、特指的差异关系，有事前、事中、事后递进管理的关联关系，也有策略性和工具性的不同侧重的关系等。总体比较而言，风险缓释更加侧重事中和事后，尤其是事后的风险管理和处置；更加侧重风险微观环节的管理与处置；更加侧重工具性、平台性操作层面的风险管理与处置；更加侧重组合运用多种缓释工具对风险进行管理与处置。

1.3 信托公司风险缓释机制

总体框架

我国信托行业已经成为金融业支柱行业之一，随着信托业务规模的不断扩大和国内外金融环境的不断变化，信托公司面临的风险也日趋复杂，信托风险作为金融风险的重要组成部分，可谓牵一发而动全身。风险缓释机制应该既包括信托公司机构本身的风险管理要求，同时也包括信托行业风险管理的要求。而后者侧重于当某个别信托公司出现风险外溢时，为避免发生行业性系统性风险而作出的风险缓释安排。

作为以资产管理为核心主业定位的信托公司单体机构，应重点考虑从履行受托人义务的角度出发，以谨慎、尽职、有效管理的专业投资管理机构标准为目标，借鉴巴塞尔资本协议的核心思想和商业银行的做法经验，重点从信用风险、操作风险、市场风险等角度探讨在信托业务管理中引入不同的缓释机制安排，强化风险管理能力。

从信托行业角度看，信托公司风险具有较强的外溢性、社会性，发展呈现较明显的顺周期性特征，有必要将风险缓释机制的重点放在保护信托投资者、化解顺周期效应、维护金融稳定方面，结合其他金融同业行业风险缓释和投资者保护工作经验，最新的国际金融监管政策变动，以及重点从行业性投资者保护基金或稳定基金机制、信托赔偿准备金计提机制、净资本监管指标动态调整机制、压力测试机制等方面展开。

综上，信托公司风险缓释机制的逻辑思路框架如图 6－1 所示。

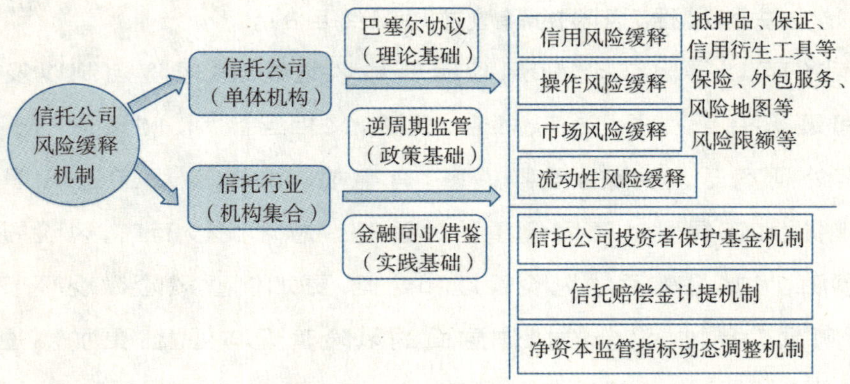

图 6－1　信托公司风险缓释机制图

基本要求

（1）可持续性

信托公司风险缓释机制的构建是一项复杂的系统工程，既要均衡机制对风险的积极作用和对业务开展的抑制作用，又要考虑短期企业发展目标与长期行业稳定的关系。另外，理论的完备性与操作的时效性亦需要综合考虑。所以信托公司风险缓释机制必须具有可持续性，不同层次、不同侧面必须互相呼应、相互补充，各项体制和制度的改革与完善不是孤立的，需要发挥机制的整体合力。

（2）全面性

由于信托风险处于不断变化中，众多因素的影响途径和机理非常复杂，而信托业务的同质性使得各种因素对所有信托公司的影响具有一定的趋同性，任何一个风险点的暴露都可能牵扯到整个信托行业，所以信托机构风险缓释机制的全面性就显得尤为重要。风险缓释机制应该覆盖行业监管、信托公司内部控制、信托项目操作运行环节和新业务新产品开发等全流程。

（3）长效性

信托行业的长远发展需要经受住经济周期、行业和客户资信变动的长期考验，信托公司风险缓释机制需要具备长效性的特点。通过风险缓释机制的保护，减少和消除外部环境变动所引起的信托业务的波动，使得风险和收益相匹配，保障信托风险在产生、聚集、缓冲和释放过程中形成良性机制，保障信托业务的长期稳定发展。

(4)能动性

由于内外部环境的不断变化，新产品、新业务、新模式不断涌现，信托风险亦不断发生变化，信托公司风险缓释机制必须具备能动性，任何在外部条件发生不确定变化时，能够根据反馈信息自动地迅速作出反应，调整原定的策略和措施，优化目标，以提高管理效率，降低运行成本，提高措施的针对性和适用性。

2. 信托公司风险缓释机制运用现状及问题

2.1　基于业务类型的风险缓释机制运用现状分析

信托公司风险缓释机制一般可以从微观和宏观两个角度加以分析，微观角度实际就是针对单体信托公司具体业务运行中出现的相关风险及其缓释机制，而所谓宏观角度则是指整体信托业行业潜在的系统性风险以及缓释机制。

融资类信托业务风险缓释机制运用现状

融资类资金信托业务面对的最大风险是信用风险。当信用风险发生时，如信托项目不能被及时处置以收回资金，会导致发生流动性风险。从信托管理资产规模分布来看，规模占比较大的房地产融资信托、政信合作融资信托和金融权益融资信托主要是以融资方式运用的，具有相当的代表性。

(1)房地产融资信托

长期以来，房地产一直是信托公司运用信托资金的主要领域。过去十年，房地产行业处于发展的黄金时期，房地产开发商手中普遍持有大量房地产相关资产，且其价格不断走高。基于房地产行业发展状况和对风险的管理，信托公司倾向于以融资方式进行合作，采用融资方持有的土地、房屋等实物资产抵押担保和融资方股权质押担保以及关联单位的连带责任保证担保方式来管理风险，仅以债权人的身份提供简单的融资服务，避免复杂而又事故频发的施工建设环节。

从房地产融资信托业务实践来看，处于向上发展期中的房地产项目盈利能力较强，基本能按时还本付息，即使个别项目因规划、定价等经营管理问题，暂时无力按时还款，融资方的实际控制人由于担心抵质押资产被“拍卖”或“贱卖”，也会最大限度地调动资金保证房地产信托的按时足额兑付。

目前，过快上涨的房价与居民的收入之间存在着差距，针对房地产的宏观调控和新的信贷与利率政策将加快房地产开发商的优胜劣汰，房地产行业将由高速成长向稳健发展过渡。在此背景下，小型房地产开发商或大中型房地产开发商的个别项目公司因经营不善，导致自身无法按时还款，也无法从他处筹得资金，出现融资逾期，信托公司不得不直接面对信用风险，被动接受抵质押资产处置。

虽然房地产行业发展变缓，但房地产相关资产的价格仍处于上升通道，由于信托公司普遍按照40%的抵、质押率向融资方发放融资，经过司法程序后，抵质押资产拍卖所得基本可以保证房地产信托还本付息，关键在于最初抵质押物评估价值的准确性。若担保物评估价值不高于市场价格，处置担保物后所得应该可以覆盖融资本金及对应利息。反之，房地产信托很可能无法足额兑付投资者本金及相应利息。另一方面，从融资方出现逾期到协商解决方案，再到处置抵质押担保物，流动性风险是影响受益人利益的又一大风险，为此大多数信托公司都为融资相关文书办理了强制执行公证，这提高了债权债务关系的司法认定效率，缩短了司法审判时间，在一定程度上缓释了流动性风险。

（2）政信合作融资信托

除房地产外，政府合作项目是信托公司运用信托资金的另一个主要领域。与房地产项目不同，政信合作融资项目的还款来源主要依靠财政，信托公司不会过多考察融资项目，而会综合评估地方财政的还本付息能力，通常采用地方人大将还款资金纳入相应年度财政预算的书面文件和地方财政局出具债权债务确认书、承诺还款函以及国有土地储备预期收入偿还债务、第三方连带责任保证担保等方式管理风险。

由于地方政府信用较高，地方财政资金统筹运作能力较强，在财政收入达到一定规模、负债率不高的前提下，政信合作融资项目安全性较好，鲜有耳闻政信合作融资项目发生兑付风险。目前，我国地方政府承担较多的基础设施建设任务，资金需求量较大，但承建的基础设施建设项目往往现金回流较慢，不能平衡自身现金流，需要地方财政调动资金还款的项目较多。而地方财政收入主要依赖于土地收入，在经济增速放缓和房地产宏观调控的背景下，地方财政收入恐难完全覆盖所用财政支出。

基于上述考虑，2012 年 12 月，财政部、国家发改委、人民银行和银监会四部联合发布《关于制止地方政府违法违规融资行为的通知》（财预〔2012〕463 号），禁止政府融资平台公司因承担公共租赁住房、公路等公益性项目建设举借需要财政性资金偿还的债务，通过信托公司获得直接或间接融资；地方政府不得出具担保函、承诺函、安慰函等直接或变相担保协议，不得为其他单位或企业融资承诺承担偿债责任。

较大的市场需求使得 2013 年上半年政信合作信托业务依然火爆。但不同于以往，目前政信合作融资信托在发行时，为规避合规性风险，原先的“承诺函”变身为“明示函”“对账函”“证明函”等说法，此举只是为了明确双方的债权债务关系，加大地方政府责任，信托公司是在赌，赌地方政府不会破产，而且为了自身信誉，不得不“刚性还款”。但如果真的有一天地方政府无力或不愿还款，除了处置抵质押担保物，地方人大批准的财政担保合同很可能被判为无效担保合同，让信托公司处于尴尬的地位。

（3）金融权益融资信托

受经济增速放缓和信贷规模收紧影响，越来越多的企业出现融资困难。许多企业不得不以其所持有的金融企业股权、上市公司股票等流通性较好的金融资产为质押物向信托公司申请融资。信托公司一般发行资金信托向融资方购买金融资产收益权，按照质押金融企业最近一期净资产或上市公司股票某个均线市值的 40% 确定融资规模，融资方将金融资产质押至信托公司名下。一旦融资方不能按时还款付息，信托公司就可以处置质押物保全投资者利益。

以金融企业股权质押融资的，信托公司应关注融资方的经营情况和现金流变化，以防融资方将金融企业股权变相卖给信托公司；同时，信托公司还应积极了解所质押的金融股权净资产变化及重大经营变化，若发生不利影响，信托公司应及时通知融资方追加担保物。

以上市公司股票质押融资的，信托公司通常会办理强制执行公证，设定警戒线和止损线，确保质押股票市值不低于一定规模，由融资方签订委托书，将股票账户交易权交付信托公司，并与融资方、质押股票所在券商、第三方存管银行签订四方操作协议，明确一旦通过二级市场减持，卖出股票所得款项划至信托保管账户。

金融权益融资信托最突出的特点就是质押物的评估价值相对公开透明，准确性较高，流动性较好，在缓释风险、处置质押物的过程中，易于变现，基本能够控制住风险。

投资类信托业务风险缓释机制运用现状

投资类信托业务风险相对较大，管理能力要求较高，投资收益存在较大的不确定性，产品规模一直相对较小。在发行此类产品时，信托公司主要需要面对市场风险、管理风险和政策风险，一般通过行使股东权利或结构化设计，去降低或缓释风险，但风险管理效果却好坏不一。

（1）股权管理型投资信托

除房地产等少数行业外，目前，我国实体企业经营效益普遍不高。而其中，优质的客户资源基本被银行垄断，不符合银行贷款条件的项目才可能寻求信托融资。对于符合业务准入标准和风控条件的项目，信托公司一般倾向于以融资的方式向其提供资金，只有当极度看好一家企业的发展前景时，信托公司才会采取股权管理型投资信托，通过选派董事、监事，派驻财务、印章等现场管理人员的方式，行使股东权利，参与企业的重大经营决策，最终，通过分红清算、协议转让股权、上市等途径，实现信托资金的退出。

由于股权管理型投资信托管理风险较大，信托公司在入股时一般会与其他股东或实际控制人签订对赌协议，一旦企业经营困难或失败，信托公司无须经其他股东允许，可以独立向其他股东或指定第三方溢价转让所持有的全部股权。这在一定程度上缓解了信托公司股权管理型投资信托的业务风险。但在其他股东拒不履行转让义务或无力承担转让价款时，信托公司的投资风险敞口依然较大。

（2）证券投资信托

证券投资信托是信托公司少数真正属于投资业务的业务品种之一，不管是自主管理类证券投资信托，还是事务类证券投资信托，都是以投资管理能力为业务核心的，不同的是自主管理类证券投资信托由信托公司独立完成证券投资分析、自主决策，独立完成投资管理与风险管理，而事务类证券投资信托仅需要审核投资顾问发起的投资指令无异议时给予执行。在风险控制方面，一般来说，证券投资类都设有警戒线和止损线，一旦信托净值触发某个临界线，信托公司根据信托合同约定，变现证券资产，终止信托或召开受益人大会民主决定信托计划的存续与否。

除此之外，为了满足委托人的风险偏好和更好地缓释风险，信托公司可以通过结构化设计将证券投资类信托分额分为优先受益信托份额和劣后受益信托份额，优先受益人认购优先受益信托份额，劣后受益人认购劣后受益信托份额。在信托财产出现亏损时，劣后受益人以其所持有的劣后受益信托份额为限，确保优先受益人本金安全，并能达到一定的固定收益；反之，信托资产出现大幅盈利时，优先受益人也只能获得本金及一定的固定收益，剩余的财产需按比例分给劣后受益人。在信托公司合理设计预警线、止损线和严格执行合同条款的前提下，结构化证券投资信托能够最大限度地缓释优先受益人的投资风险，但也在一定程度上加大了劣后受益人的收益波动。

(3)私人股权投资信托

私人股权投资信托属于创新型信托业务，但由于风险较大、人才缺乏、监管政策不明朗、资本市场不断走弱等因素的影响，一直不能成为信托公司的重点业务，只能偶尔做一笔，以积累资源、维护合作伙伴，满足部分投资者的投资需求。

为降低投资风险，私人股权投资信托一般采用了基金化投资概念，一只信托基金往往投资多个项目，分散投资风险，并灵活设计信托期限，信托合同规定信托公司有权提前终止信托，也可以根据市场情况适当延长信托期限。

政策风险是私人股权投资信托发展的关键所在。从目前的实践来看，无论是信托资金直接投资标的公司股权，还是信托资金入股合伙企业间接投资标的公司股权，信托资金持股上市暂时没有成功的先例，所以，信托公司在选定投资标的公司时，都会未雨绸缪，积极和标的公司股东或与标的公司业务存在业务关联关系的上市公司建立股权转让意向，在缓释政策风险的同时，尽可能地获得高额收益。

事务管理类信托业务风险缓释机制运用现状

最典型的事务管理类信托业务就是银信合作业务。银信合作业务是商业银行出于自身调整信贷结构和服务客户需要而开展的一种同业业务。商业银行掌控资金和项目两个端点，在整个业务中起到核心推动作用，而信托公司仅仅作为业务链条中的一个平台，提供通道作用，收取较少的佣金。由于商业银行不仅是信托资金提供方，也是信托资金运用对象的指定方，信托公司在审查项目时，一般会在信托合同中将潜在的风险做详细的风险揭示，并约定信托终止时可以“以现金、维持信托终止时财产原状或二者混合的方式清退”或“信托期限延长至贷款实际偿清日”，以降低受托人责任，潜在的突出风险在于信托公司经办人员在履行信托事务管理义务时发生的操作风险。由于目前信托公司普遍拥有高水平的信息化系统和支持力较强的合规与审计部门，信托公司发生操作风险，且带来较大经济损失的可能性相对较低。

显然，作为严格意义的信托公司风险缓释机制构建而言，上述信托公司的做法还处在相当粗放和含混的阶段，对信托风险缓释机制既缺乏清晰、准确的概念和判断，也缺乏严谨、科学、规范、系统的制度和体系，更缺乏先进、高科技、创新的手段和工具。

2.2 基于整体行业视角风险缓释机制的现状

信托净资本管理机制

中国银监会于2010年9月正式颁布了《信托公司净资本管理办法》（以下简称《办法》）。《办法》规定信托公司开展业务，应当计算风险资本，要求净资本满足监管机构风险控制要求的持续性指标。[①] 与《办法》相配套，银监会又于2011年1月印发《关于信托公司净资本、风险资本计算标准和监管指标的事项通知》，强调了净资本监管框架下的具体操作要点。信托公司实施资本监管，主要借鉴了对银行进行审慎监管的成功经验，其意义在于通过对资本充足率的约束，营造公平的竞争环境，降低单体机构倒闭的概率和风险水平，提高整个行业体系的安全性。从监管当局的角度看，资本监管实质上是以资本为定量和定性衡量手段对机构风险管理能力和水平进行的监管。[②]

尽管《办法》及其配套措施以实施净资本管理为监管核心，是信托业监管模式的一次重要转型，强调风险管理的导向性作用颇为明显，对于中国信托业务发展的影响是正面的，但是在实践和操作过程中也存在着信托公司利用净资本监

① 中国银监会：《信托公司净资本管理办法》，2010年9月颁布。
② 张磊：“中国信托业监管之反思”，今日中国论坛，CHINA－TODAYFORUM。

管套利、业务结构集中化趋向、经营机构差异化管理、资本补充机制建立等方面的潜在缺陷和问题。

第一，信托公司净资本管理主要是基于监管资本的概念，监管资本是监管机构基于行业风险状况而设定的最低资本要求，由监管部门规定固定的风险系数或权重，将信托公司的业务与信托公司应承担的成本相互挂钩，提供资产配置及绩效衡量、风险管理方面的服务。这种实施监管资本管理的主要缺陷是对各类业务的风险权重指标设置较为固定，因此对具体风险程度的识别尚不够敏感，可能导致信托公司资产组合的真实经济风险与监管部门的风险评价之间存在巨大的差异。监管资本与信托公司具体经济资本需求的不匹配，可能会诱发信托公司利用两者的差异通过产品、交易结构创新等手段实施监管资本套利行为，以达到谋取自身利益的目的。这种监管资本套利可能引起的后果是信托公司为提高资产收益率或者监管资本回报率，变相降低风险标准，由此使得信托公司对风险的容忍度降低，可能出现监管指标符合法定要求但仍不足以覆盖风险的情况。因此实施净资本核算的风险监管，有时不能使监管资本充足性要求有效地约束和反映信托公司真实的综合风险，并且可能造成反向约束和激励的影响。

第二，回顾《信托公司净资本管理办法》出台的背景，监管部门旨在引导信托公司控制总体业务规模、调整现有业务结构，促进信托公司顺利实现转型。净资本管理强调的参考变量是信托公司的业务范围和资产结构，对不同类型的业务有不同的风险系数。比如，从风险资本计算表中可以观察到，固有业务的风险系数基本上处于5%以上的高位，而信托业务的风险系数普遍低于固有业务，因此监管部门的意图是要求信托公司集中做好信托业务。同时，融资类信托业务的风险资本系数相对较高，而投资类信托业务的风险资本系数较低，比重设计也体现了监管层一直以来对信托公司提高主动管理资产能力的要求。风险资本调整表的规定，对于信托业务扩张过快、固有业务比重较高的信托公司影响确实较大，但净资本管理能否督促信托公司解决业务结构集中度过高的问题却值得商榷。

第三，现有以净资本为核心的监管，没有充分考虑到我国信托公司不同业务规模、资产质量、管理水平及客户资质等的不同，在比例设置和资本监管上均使用相类似的标准和门槛，缺乏灵活性。另外，以净资本为核心的风险监管尚未体现激励理念。强调紧紧依靠市场监督，通过权利与义务、风险与收益的合理分配来引导，对风险管理体系完善、竞争力优势明显的信托公司在净资本标准选择、资本配置额度上缺乏一定的激励。

第四，净资本管理办法的重要效果之一是建立信托资产与自有资本风险管理的连接阀，将信托公司的风险业务规模基本控制在净资本总额之内。相关数据表明，目前受托管理的信托资产即将达到10万亿元，个别信托公司资本金严重不足，已经出现了严重的“小马拉大车”的状况。解决业务规模与风险不对称的问题除了需要信托公司在调整和优化内部业务结构下功夫外，建立和适合信托公司现状和特点的动态资本金补充机制，也是提高信托公司应变能力、促进信托公司长远发展的重要环节，因此净资本与风险资本的动态监控模型、多层次的融资渠道、动态的资本金持续补充制度都是应后续考虑的重要方面。同时，在增资扩股的情况下，信托公司还需要考虑可能产生资本回报率稀释、控制权或股权调整方面的影响。①

信托赔偿准备金制度

我国信托赔偿准备金制度是在多次信托业清理整顿的大环境下，借鉴商业银行风险防范的成熟经验而设立，并从2001年后开始实施的行业风险缓释制度。相关法规都有明确规定，《信托投资公司管理办法》规定：信托投资公司每年应当从税后利润提取5%，作为信托赔偿准备金，但该赔偿准备金累计总额达到公司注册资本的20%时，可不再提取。信托投资公司的赔偿准备金应存放于经营稳健、具有一定实力的境内中资商业银行或者购买国债。2007年修订后的《信托公司管理办法》依然保留了这一条规定。《金融企业会计制度》第163条规定，“从事信托业务时，使受益人或公司受到损失的，属于信托公司违反信托目的、违背管理职责、管理信托事务不当造成信托资产损失的，以信托赔偿准备金赔偿”。

从理论上来说，信托赔偿准备金对出现的信托风险具有一定的风险缓释功能，然而，纵观我国信托赔偿准备金的发展现状，以及部分信托公司因违规经营被停业整顿或被关闭的事实，可以看出我国信托赔偿准备金的风险防范作用并未充分发挥。

首先，缺乏系统完整的信托赔偿准备金制度。目前，关于信托赔偿准备金的

① 贾永军：“信托公司净资本监管体系评价及改进建议”，《金融监管》，2011(1)。

制度规定散见于《金融企业会计制度》《信托公司管理办法》，以上制度比较片面地限定了信托赔偿准备金的计提原则、比例和使用范围，没有形成完整系统的制度体系。

其次，信托赔偿准备金来源途径单一，缺乏有效的“造血”机制。信托赔偿准备金的来源局限于信托公司每年从税后利润中提取，对于信托赔偿准备金的管理运用，只是规定了信托赔偿准备金应存放于经营稳健、具有一定实力的境内中资商业银行或者购买国债，并未规定信托赔偿准备金新的来源渠道。这已成为制约信托赔偿准备金风险防范功能充分发挥的“瓶颈”问题，也是导致目前信托赔偿准备金缺口大的重要因素之一。

最后，近年来不断攀升的信托规模，降低了信托赔偿准备金风险防范功能的发挥。随着信托规模的进一步增长，信托赔偿准备金由于受最高提取限额的约束，信托财产规模与信托赔偿准备金比例悬殊的矛盾会越来越大。信托赔偿准备金对于超出自身金额几十倍甚至几百倍的信托产品，一旦发生信托赔偿事件，很难形成有效的赔偿效果，只能起到“杯水车薪”的作用①。

股权整合与资产置换机制

目前银监会正在起草《金融资产管理公司收购信托公司不良资产业务指引》，2013 年 3 月，银监会曾与四家金融资产管理公司座谈，研究金融资产管理公司收购信托公司发行的到期不能偿付信托计划等问题，但是由于该指引尚在研究过程中，目前业界对于不良信托的转让并没有统一的标准。截至 2012 年 6 月末，四家金融资产管理公司收购信托公司不良资产余额已近 300 亿元，在没有银监会相关指引的前提下，这项收购行为更多体现的是金融资产管理公司的一种市场行为，对于整个信托行业风险缓释的作用表现不明显。

2.3 当前我国信托风险缓释机制运用存在的主要问题

观念僵化，认识不清

由于信托产品不能做公开营销宣传，信托公司一直是顶着公募的牌子做着私募的事情，这使得部分信托公司过度在乎“刚性兑付”，风险缓释意识淡薄，即

① 金新建：“完善我国信托赔偿准备金制度初探”，《金融理论与实践》，2006(12)。

使个别信托产品发生信托风险，也会在信托产品到期前不计成本地积极采取自有资金垫付、转让信托项目或信托受益权等处置方式保证“刚性兑付”，借此保住信托公司经营业绩和品牌声誉，而把风险缓释工具束之高阁。还有部分信托公司将办理抵质押担保、连带责任保证等风险防范措施视为唯一的风险缓释工具，在信托产品风险发生后，没有针对信托项目进行细致的调查和分析，草率地将信托风险公布于众，马上启动抵质押物的处置程序，反而增加了投资者的恐慌和不满情绪，不利于事情的向好解决。由此可见，信托公司对于风险管理在思想认识上还存在误区，在体系建设上也存在盲点，还没有形成正确的风险缓释机制运用观。

法规滞后，制度缺位

随着经济发展，信托公司的业务日新月异，2001 年实施的《中华人民共和国信托法》等原有的规章制度已经不适应信托业长远发展的客观需要，虽然期间监管部门也出台了部分业务监管法规，但都没有从根本上解决信托登记和统一信托监管等问题，给整体资产管理行业的风险缓释留下了隐患，掣肘信托行业风险管理水平的提升。在微观方面，各家信托公司经营风格迥异，部分信托公司业务发展相对激进，信托公司忽视或没有建立起与业务发展相适应的风险管理制度体系。在过去的经济快速发展期内，激进与稳健的信托公司或许看不出差别，但在经济发展趋缓的形势下，激进的信托公司业务发展中潜在的风险因素容易暴露出来，在缺乏科学、严谨和系统的风险缓释制度的情况下，风险不但得不到有效控制，甚至会扩大，引起连锁风险，最终对投资者、信托公司乃至信托行业造成无法估量的损失。

手段单一，技术落后

不同于其他金融机构，我国信托公司的经营发展相对保守，与国外同行交流、学习相对较少，风险管理主要采用传统的抵质押担保和连带责任保证，管理方式较为落后，风险处置的时效性和效果大多也不能满足信托项目风险处置的需要。虽然信托公司在产品结构设计、信托期限灵活性和基金化产品等方面进行了有益的创新，但与已存续的庞大信托资产管理规模相比，存在着较大的差距。因此，信托公司不仅需要在新产品设计发行环节建立明确的风险缓释机制安排，而且对于已经存续的信托产品的后续处置，也应该制定多种风险缓释预案，及时了解信托项目进展信息，深入研究行业和公司经营风险，适时引入国内外先进的风险缓释技术和工具，提高国内信托公司自身风险缓释管理水平，丰富风险化解手段。

■ 机构缺失，人才匮乏

尽管信托业发展取得了较好的成绩，2012 年末信托资产管理规模赶超了保险业，但不可否认，信托业综合实力与银行业、保险业、证券业等仍存在着较大的差距，尤其是在人才方面。在人员数量方面，信托行业现有从业人员 1.5 万余人，如果单论风险管理相关人员，数量差距与商业银行相比更加明显。而且信托公司风险控制和合规管理人员多为简单的书面审查和法律核实等事前防控，多属事务性工作，专业技术能力有待提升。在机构设置方面，其他金融机构业务分工相对较细，机构设置较为完善。以工商银行为例，除各地分行设有对应的风险管理部门外，总行还拥有 8 个直属的风险管理部门，并且设有产品创新管理部和城市金融研究所，能够为风险管理提供强有力的智力支持。

■ 制度缺失，监管模糊

近年来，监管部门根据市场变化陆续出台的法规政策，为信托公司业务的健康平稳发展提供了有力支持，取得了难得的成绩。但是这些法规政策主要针对业务事前和事中的风险防范，《信托公司管理办法》虽然提到了对信托赔偿准备金的安排，但对于事后的风险缓释与化解却提之甚少。随着信托资产管理规模的迅猛增长，关于信托项目发生风险的报道频见报端，信托公司采取了不同的处理方式，履行受托人责任和义务，帮助受益人避免或减少投资损失，效果也是有好有坏。随着市场和业务的变化，监管部门应考虑制定完善相应的风险缓释与化解法规政策，实现常规化动态监管。

3. 信托公司风险缓释机制构建

3.1　商业银行风险缓释机制借鉴

从巴塞尔协议 Ⅰ 到巴塞尔协议 Ⅲ，资本协议随着国际经济和金融发展态势也在不断地升级改革。巴塞尔协议 Ⅰ 掀开了国际金融监管的重要一幕，提出了统一的国际资本充足率标准，而且覆盖了信用风险和市场风险，使得全球银行经营从注重规模转向注重资本、资产质量等因素，为国际银行间的竞争创造了一个相对公平的外部环境，促进了银行强化风险管理能力。面对90年代以来银行创新的层出不穷，金融衍生产品的大量使用以及利用表外业务进行监管套利的大环境，巴塞尔Ⅱ构建了资本充足率、外部监管和市场监管三大支柱来应对银行间的新情况、新问题，提升协议的有效性。2007年初巴塞尔Ⅱ开始全面实施的时候，2008年席卷全球的金融危机又将其迅速推向了巴塞尔Ⅲ。危机暴露了巴塞尔Ⅱ中对系统性风险、顺周期效应和杠杆率考虑不足的缺点，为最新的制度协议的改进和修订指明了道路。新巴塞尔协议将银行风险进一步进行分类，除去信用风险，还增添了市场风险和操作风险两大内容。

信用风险缓释

在商业银行所面对的所有风险中，信用风险是最大的一个类别。2006年4月，巴塞尔银行监管委员会发布了统一资本计量和资本标准的国际协议：修订框架提出用内部评级法计量信用风险资本金，内部评级法有高级法和基础法，内部评级法下的信用风险包括四要素：违约概率PD、违约损失率LGD、违约风险暴露EAD以及期限。[①] 新巴塞尔协议中将信用风险缓释工具分为四类：抵押交易、担保交易、信用衍生工具、表内净扣。

（1）抵押交易

银监会一直在积极参与、学习借鉴巴塞尔委员会所指定的制度规范，并将最新改革成果转换和再创造利用到我国银行业监管实际情况中来，明确了宏观审慎与微观审慎监管齐驱、资本监管和流动性监管兼顾、杠杆率和风险资本并重的改革方向，形成了我国银行业当前的资本充足率、杠杆率、拨备率和流动性比率四大监管工具的指标体系，意图以此来降低银行业风险发生的频率和影响程度。

抵押交易下缓释工具的类别如表6－1所示。

① Rule. D. Risk Transfer between Banks, Insurance Companies and Capital Market: an Overview, Financial Stability Review, 2001(12), p137－159.

表6-1 抵押交易下缓释工具的类别

<table>
<tr><th>方法工具</th><th colspan="2">标准法</th><th rowspan="2">内部评级法</th></tr>
<tr><th></th><th>简单法</th><th>综合法</th></tr>
<tr><td>抵押工具</td><td>a. 现金存款
b. 黄金
c. 主权和公共部门发行的BB-及以上级别的证券；或其他机构发行的BBB-及以上级别，或短期债务工具评级在A-3/P-3的短期债务工具。
d. 银行发行、认可的交易所挂牌、具有优先债务性质、发行银行发行的同一级别债券经认可的外部信用评估机构评定为BBB-或A-3/P-3、监管当局相信证券有充分流动性的债券。
e. 包含在主要市场指数中的股票。
f. 符合一定条件的集体投资可转让证券和共同基金单位。</td><td>除了简单法的所有工具外，还包括：未包含在主要市场指数中，但在认可的交易所挂牌的股票。</td><td>同综合法，但是包含的内容更广，扩展到金融抵押品、应收账款、商用房地产、居住用房地产和其他抵押品。</td></tr>
</table>

资料来源：《统一资本计量和资本标准的国际协议》。

我国商业银行信用风险缓释工具——抵押品类型如表6-2所示。

表6-2 我国商业银行信用风险缓释工具——抵押品

抵押品类型	包括内容
金融质押品	（一）以特户、封金或保证金等形式特定化后的现金； （二）黄金； （三）银行存单； （四）我国财政部发行的国债； （五）中国人民银行发行的票据； （六）我国政策性银行、商业银行发行的债券、票据和承兑的汇票； （七）我国中央政府投资的公用企业发行的企业债券、票据和承兑的汇票； （八）其他国家或地区主权以及由该国或地区监管当局认定为主权的公共企业所发行的BB-及以上级别的债券，其他机构发行的BBB-及以上级别的债券；评级在A-3/P-3及以上的短期债务工具； （九）同时满足以下条件的金融债券： 1. 银行发行；2. 交易所交易；3. 具有优先债务的性质；4. 具有充分的流动性；5. 虽没有外部评级，但发行人发行的同一级别债券外部评级为BBB-或A-3/P-3及以上。 （十）公开上市交易股票及可转换债券； （十一）依法可以质押的具有现金价值的人寿保险单或类似理财产品； （十二）投资于以上股票或债券的可转让基金份额，且基金应每天公开报价。

续表

抵押品类型	包括内容
应收账款	原始期限不超过1年的财务应收账款： （一）销售产生的债权； （二）出租产生的债权； （三）提供服务产生的债权； 合格的应收账款不包括与证券化、从属参与或信用衍生工具相关的应收账款。
商用房地产和居住用房地产	（一）依法有权处分的国有土地使用权及地上商用房、居民住房，不含工业用房； （二）以出让方式取得的用于建设商用房或居民住房的土地使用权。
其他抵质押品	金融质押品、应收账款、商用房地产、居住用房地产之外，经中国银行业监管管理委员会认可的符合信用风险缓释工具认定和管理要求的抵质押品。

（2）担保交易

巴塞尔协议明确了合格担保人的范围，合格担保人有主权、公共部门（国际清算银行、国际货币基金组织、欧洲中央银行和欧洲共同体以及某些适用0%风险权重的多边开发银行）、银行和风险权重比交易对象低的证券公司，评级为A－及以上的其他实体，这包括具有较低风险权重、能提供信用保护的母公司、子公司和附属公司。

（3）表内净扣交易

新巴塞尔协议规定银行的贷款和存款的净头寸可以作为按照公式计算资本要求的基础，资产作为风险暴露，而存款作为抵押品。为了确保风险能得到监测和控制，表内净扣有一定的前提条件限制其实施。

（4）信用衍生工具

信用风险衍生工具是通过一方交付权利金，从而将信用风险转嫁到另一方身上的。在众多的信用衍生工具中，巴塞尔协议只认可两种信用衍生工具：信用违约互换和总收益互换。

市场风险缓释

商业银行的市场风险分为价格风险和流动性风险两大因素。价格风险是指因未曾预料的市场价格变动而导致银行表内外头寸损失的风险，包括利率风险、外汇风险、股权风险和商品风险。流动性风险指因市场成交量不足或缺乏愿意交易的对手,导致未能在理想的时点完成买卖的风险。当市场上出现流动性风险时,商业银行无法为负债的减少或资产的增加提供融资,极有可能引起经济损失或破产等严重后果。巴塞尔协议 III 弥补监管漏洞,更全面地覆盖了各类风险,对市场风险的框架做出了根本的改革,特别是加强了那些与资本市场活动相关的领域:交易账户、证券化产品、场外衍生工具交易对手的信用风险和回购交易等。通过交易账户和银行账户处理一致性、增加复杂结构化产品的风险权重、减少对外部评级的依赖、动态反映交易对手的信用质量的恶化等措施,将交易账户的风险监管提到一个新的高度。

在巴塞尔协议中,市场风险的测量主要采用 VaR(Value at Risk)方法。VaR 的测算方法是:首先,确定衡量回报波动性和关联性的持有期限,在巴塞尔协议中规定为两周(10 个交易日);其次,观察一年期回报的关联性和波动性;最后,按照规定将置信水平选择设为 99%。此后就能够确定银行资产组合在既定的持有期限内的回报的概率密度函数。在我国,银监会借鉴并吸收巴塞尔协议 II 和 III,结合中国银行业的实际,制定了《商业银行资本管理办法》,并于 2012 年 6 月正式颁布,规定商业银行可以采用标准法、内部模型法或组合采用内部模型法和标准法计量市场风险资本要求,使商业银行市场风险监管框架持续完善。

操作风险缓释

操作风险是指由于不适当或失效的内部操作流程、人员、系统或外部事件导致直接或间接损失的风险。1994 年在巴塞尔委员会的文件中正式提及操作风险。在巴塞尔协议 II 商议之初,委员会认为处理操作风险的方法应同处理信用风险的方法一样,要参考银行内部评估技术,并为银行进一步开发这类技术提供支持,促进银行不断提高操作风险的管理水平。2002 年 6 月公布了《操作风险管理和监督的有效实践》,对操作风险概念进行了更细致的解释,并对操作风险的度量、调查结果和已经进行的数据收集提出了建议。巴塞尔协议 II 通过指标法、标准法、内部度量法使其对监管资本的计算更加精确。巴塞尔协议Ⅲ对操作风险管理进行改善,从公司治理、风险管理环境、信息披露的作用等方面提出了监管的良好做法,并提炼出了操作风险管理的 11 条原则。2007 年 5 月银监会颁布《商业银行操作风险管理指引》,是我国第一个关于操作风险的纲领性文件,随后在中国商业银行中,关于操作风险管理的工作逐步开展起来。

操作风险的类型及因素如表 6-3 所示。

表 6－3　操作风险的类型及因素

风险类型	内部流程	人员管理	业务系统	外部事件
风险因素	支付清算/传输风险	雇员欺诈/犯罪	科技投资风险	法律/公共责任
	文件/合同风险	越权行为/欺诈交易/操作失误	系统开发和执行	犯罪
	定价风险	违反用工法	系统功能	外部采购/供应商风险
	内部/外部报告风险	劳动力中断	系统失误	灾难/外部开发风险
	执行风险	关键人员流失或缺乏	系统安全	政策调整风险
	策略风险/管理变动			

流动性风险缓释

当商业银行缺乏流动性时，它就不能依靠负债增长或以合理的成本迅速变现资产来获得充裕的可以运用的资金，因而会影响其盈利能力，甚至可能倒闭。巴塞尔委员会在流动性风险的计量方面设置了两个监管标准：流动性覆盖率指标和净稳定融资比例指标，同时还提供了一套用于提高不同国家监管一致性的通用检测指标，包括合同期限错配、融资集中度、可用的无变现障碍资产、与市场有关的监测工具，以帮助监管当局识别和分析单个银行和银行体系的流动性风险趋势。通过这样的安排，银行可以优化资金结构，减少短期融资的期限错配，增加长期稳定资金来源。在流动性风险缓释方面，商业银行通过着力加强资产负债管理，多方拓展资金来源，优化信贷投向结构，改善资产负债期限错配加剧的局面，不断增强资产的流动性和负债来源的稳定性，对流动性风险实施持续、动态的监测，按月度监测日均存贷款流动性水平，切实规范存款业务经营与考核行为。

流动性监管指标如表 6－4 所示。

表 6－4　流动性监管指标

	流动性覆盖率	净稳定融资比例
公式	优质流动性资产储备 未来 30 日的资金净流出量	可用的稳定资金 业务所需的稳定资金
监管目标	短期流动性风险的监测	调整期限错配、稳定资金来源

续表

	流动性覆盖率	净稳定融资比例
作用	保障银行基本的短期流动性	促进银行使用更长期的结构性资金来源以支持资产负债表内、表外风险暴露和资本市场业务活动
目的	通过确保机构拥有足够的优质流动性资源来提高应对短期流动性风险的能力	防止银行在市场繁荣、流动性充裕时期过度依赖批发性融资

2009 年银监会颁布的《商业银行流动性风险管理指引》分别从流动性风险管理的治理结构、管理政策、内部控制、管理信息系统和信息披露等三大方面对商业银行流动性作出了规定。[①] 目前信托公司化解流动性风险的方法主要有项目重组、借旧还新等，在前面两种方法都不奏效的情况下还可争取投资者同意延期兑付，或者用自有资金接盘。

相对于商业银行来说，信托公司在面对流动性风险方面显得更为被动，虽然商业银行的防范体系不一定完全适合信托公司，但是信托公司应更为主动地进行流动性的压力测试，以免在风险真正到来时措手不及。信托公司的经营特点决定了对资金的流动性有较高要求，流动性差的话信托公司就没有足够可运用的资金进行业务运转，无法及时履行对客户的经营承诺。如果无法像商业银行一样从规章制度层面对信托公司的流动性进行规范，那么信托公司自身在操作中应注意项目的金额、周期以及抵押物的变现能力，特别要重视不动产信托项目的流动性风险缓释准备。

■ 资本标准和计量借鉴

（1）资本充足率和拨备率标准

巴塞尔协议 III 作为国际性标准，强化了资本工具的损失吸收能力，扩大了资本覆盖风险的范围，提高了资本充足率监管标准，并提出了一系列应对系统性风险的资本措施，以进一步增强金融和经济环境不利情况下银行体系的风险承受能力。从风险抵补看，银监会督促商业银行通过项目剥离、公司重组、增加新的借款主体和担保主体、补充抵质押等各种方式做好风险缓释工作。如果遇到

① 巴曙松、朱元倩：《巴塞尔资本协议Ⅲ研究》，北京：中国金融出版社，2011 年 5 月。

确实还款来源不足的贷款，银行业可通过变更贷款主体、增加押品或追加担保等措施改善风险状况。针对系统重要性商业银行和中小银行的区分，在最低资本要求、储备资本要求和逆周期资本要求方面设定了不同要求。

在分业经营、分业监管的体系下，信托公司作为目前我国唯一可以横跨货币、资金、产业领域的金融机构，承担着关联风险的压力。《信托公司净资本管理办法》中也对不同级别的信托公司的风险资本计算系数进行了划分，办法的出台在于落实，在实践中采取一整套具有针对性和操作性的差异化监管措施确保信托公司资本充分覆盖可能存在的系统性风险和个体风险，扩大风险覆盖范围，提高行业的风险敏感性。

(2)资本计量方法

巴塞尔协议Ⅱ和巴塞尔协议Ⅲ对商业银行使用资本计量高级方法设定了一系列定性标准和定量标准，以此来避免银行使用模型进行资本套利，也为银行审慎使用风险计量模型提供了标杆。反观信托行业，目前我国鲜少有信托公司对风险进行定量分析，大多数都是依赖于经验的定性分析。在信用风险技术方面，信托公司可以借鉴商业银行在风险识别、测量、转移和控制等方面的一系列控制方法，提升自身风险管理技术。

3.2　信托公司信用风险缓释安排

抵、质押交易

抵、质押交易是《商业银行实施新资本协议信用风险缓释处理指引》中规定的信用风险缓释标准工具之一，也是信托公司比较传统且比较倚重的信用风险缓释安排机制，充分有效的抵、质押交易能够使信托公司信用风险得到有效的化解。目前可用于信用风险缓释的抵（质）押物（权）分为金融质押品、应收账款、商用房地产和居住用房地产，以及其他抵（质）押物（权）。

(1)合格抵（质）押物（权）的认定

①我国《担保法》《物权法》规定可以接受的财产或权利。

②权属清晰。

③满足可执行的必要条件，如经国家有关主管部门批准或者办理登记。

④存在可及时、经济、有效处置抵（质）押物（权）的流动性强的市场，并且可

以得到抵（质）押物（权）的市场价格。

⑤抵（质）押物（权）价值与借款人风险不具有实质的相关性。

⑥对于法律法规规定必须移交占有的质物，不得约定由出质人或其代理人代为占有质物，也不得在质权存续期间将质物返还出质人。

⑦如果抵（质）押物被托管方持有，信托公司必须采取合理的措施，确保托管方将抵（质）押物与其自有资产分离。托管方必须建立一套科学完备的托管资产信息管理系统，实时高效地监控托管资产实物与账目的动态管理。

⑧在交易对象违约、无力偿还或破产时（或其他在借款合同中已定义的信用事件），信托公司能有权及时地对交易对象的抵（质）押物（权）进行清算或收为己有。

（2）抵（质）押物（权）的有效管理

信托公司运用抵（质）押物（权）进行信用风险缓释需要对抵（质）押物（权）进行有效管理，必须满足如下要求：

①抵（质）押协议必须包括对抵（质）押物（权）的详细描述。

②信托公司必须将抵（质）押物（权）进行登记、备案或记载。

③信托公司内部应建立对抵（质）押物（权）评估价值的审定程序。

④信托公司应根据抵（质）押物（权）的价值波动特性决定重新估值的方式和频率。

⑤抵（质）押物（权）的收益必须反映优先留置权（即成为债权的所有法律要求都已经完成）。

⑥信托公司应当定期检查抵（质）押物的管理和变化情况，并督促出质人或抵押人按照抵（质）押合同的约定履行各项义务，对抵押物应防止抵押人采用非合理方式使用抵押物而使其价值产生减损。

⑦在抵（质）押权存续期间，抵（质）押物发生贬值、毁损或灭失，足以危害信托公司权利时，应当要求抵押人或出质人补充相应的担保。

⑧信托公司必须建立明确和严格的程序，以确保遵守宣布交易对象违约和进行清算的法律规定，同时具备清晰且健全、及时清收抵（质）押物（权）的程序。如信托公司采取的强制执行公证措施。在融资类信托业务项目成立之前，针对可能出现的风险，信托公司就在信托方案中规定了信托各方当事人的责任，在出现风险的时候，信托公司可以直接利用强制公证书申请法院执行，从而避过诉讼程序。

目前信托公司在融资类信托业务的结构设计中都要求融资方提供比较充足的抵、质押物，比如土地抵押、在建工程抵押、上市公司股票质押等，基本上信托公司对抵、质押物认定、管理和处置都有比较具体的要求。项目成立后，信托公司对信托项目的贷后管理措施，包括对项目进程的监督、项目资金流的监管、项目资金归集的管理等，以及抵押物的价值管理和再评估也是信用风险缓释的重要内容。

■ 担保增信

除了抵、质押措施外，担保增信措施也是信托公司信用风险缓释的常用安排。

（1）担保增信措施分类

目前信托公司的担保增信措施主要分两类：一是融资方内部担保，比如融资方的控股集团担保，或者融资方大股东个人担保，或者融资方的关联方提供担保。二是外部担保增信措施，比如外部担保公司在收取一定费用之后提供的担保增信，如信用担保公司、资产管理公司以及实力较强的金融机构和企业等都可以成为担保提供方。它们通常是在突发极端情况下，信托计划的交易对手不能按时或有效兑付时，自己兜底承担向投资者兑付的责任。担保增信措施的实质是将一部分项目风险向外转移和外包，缓解信托公司的信用风险水平。

（2）合格担保的最低要求

①保证人资格必须符合《担保法》规定，具有足够代为清偿贷款本息能力；

②保证必须为书面的、有效的（在保证的数量和期限范围内），直至债务被完全偿付；

③担保必须为无条件不可撤销的；

④信托公司应当对保证人的资信状况、代偿能力等事项进行审批评估，确保担保的可靠性；

⑤对关联公司或集团内部的互保及交叉担保应从严掌握，具有实质风险相关性的担保不应作为合格的风险缓释。

■ 结构化设计

在信托项目成立之前，可以通过对项目结构进行创新型的设计，在项目机构中内置风险缓释机制。如在项目方案中，信托公司通过将信托份额分为优先份额和劣后份额，这样项目在成立之初，信托公司已经将风险在委托人之间进行分散，委托人按照自己的风险偏好，可以选择适合自己的信托份额。当项目真正出现风险的时候，劣后份额的委托人首先承受风险，保证优先份额委托人的利益。通过优先/劣后的机构化设计，如果信托项目的投资不能足额收回，这一风险缓释机制就会发生作用，从而使信托公司得以降低自身承受的风险压力。

信托基金化

基金化信托产品具有标准化、投资分散、专业团队管理等优势，有募集资金来源不确定、项目投向不确定以及投资期限不确定等特点，可以实现分散投资、资产配置、长期管理、提升流动性等功能，能有效缓解信用风险。

①主动管理分散风险。信托公司业务的开展不是简单提供融资服务，而是在相关领域的组合投资基金，资金募集在先，项目投放在后，管理人与投资人先行约定投资策略，进行主动投资管理，并不约定收益，从而减轻信托公司的信用风险。比如发一个能源基金，信托公司可以进行主动管理，把钱投放到不同的项目，为投资人分散风险，创造收益。

②根据客户风险的承受能力进行分层，优先受益人可以享受较低的收益率，承担较小的风险，而劣后受益人则承担高风险、获得高收益。

③基金化产品项目投放遵循分散投资的原则，把创造收益和风险管控合二为一，需要在基金期限内，通过取得、持有、处置可能具有不同风险收益特征的资产和项目，持续性地使资产组合获得策略要求的定性和定量风险特征，这有别于传统信托业务中受托人对单一资产或项目的风险跟踪和处置。

交易对手信用评级

对于交易对手信用风险的事前控制，信托公司可以借鉴银行业管理模式，增加和引入信用评级体系，在信托业务发展中逐步积累交易对手的信用数据，还可以利用银行贷款卡信息等其他第三方数据完善评级体系。在信用评级体系建立后，每个交易对手都会被赋予信用级别，信托公司可根据项目风险权重和风控手段的不同，对不同业务条线设置不同的交易对手信用级别底线。交易对手及其实际控制人在信托投融资行为中的信用表现都会被记录，进而动态影响其信用级别评价。在信用评价体系完善后，各信托公司可建立评价体系共享平台，减少信息不对称，进而促进和监督交易对手重视商业信誉。

信用衍生品对冲

信用风险缓释工具(CRM)是典型的传统场外金融衍生交易工具和风险缓释工具，它由信用保护卖方就约定标的的债务向买方提供信用风险保护，而买方则按照约定的标准和方式向卖方支付信用保护费用，从而达到风险分散的目的。信托公司可以参照商业银行的信用风险缓释工具，设计自己行业的风险缓释工具，通过可交易、一对多、标准化、低杠杆率的风险缓释工具，将信托公司自身承担的风险通过市场公开交易来进行分散。

(1)CRM 创新的原则

信托行业设立 CRM 需要立足信托行业的实际情况，对 CRM 进行创新，主要原则有以下几点:

①明确信用保护针对的具体债务，使每笔交易合约都与具体债务或类似债务对应，在交易结构上要简单明确，在交易结构上比国际通行的 CDS 更加简单明确，充分体现标的债务的"穿透性"原则。同时 CRM 采用开放式的产品结构，随着市场的发展，可根据实际情况，丰富相关产品结构。

②明确市场参与者。CRM 作为金融衍生品工具，要根据市场参与者的风险管理和承担能力进行甄别，将风险适当地在具备相应风险管理和承担能力的机构之间进行分散。在欧美发达金融体系中，正是由于参与信用衍生品的种类和数量足够丰富，才能起到在不同机构之间合理配置风险的作用。促进信用风险分担者范围稳步扩大，利用差异化的风险承担需求，由银行、保险、证券、基金、信托、非金融企业等不同类型的投资者共同参与信用风险的市场化管理，既能避免风险过于集中，也使不同类型的机构能够通过这一高效的市场化工具来经营风险、获取收益。

③确保市场透明。CRM 作为金融衍生品，可以分散风险。但是如果市场不透明，风险容易在某处积累，就可能最终引发金融风险。因此，统一的信息披露和报告，不仅可以保证 CRM 发挥其风险缓释的金融功能，而且保障 CRM 市场的健康运行。因此，信托行业 CRM 应该有专门机构负责接受交易集中报备、定期披露信息，清算机构负责交易的清算、市场交易规模等信息披露，各类机构各司其职，确保市场透明度，为 CRM 市场的健康运行提供重要保障。

④控制 CRM 杠杆。作为信用风险管理工具，CRM 是把双刃剑，如果运用得

当，参与者可以很好地分散风险，但是如果过于激进，杠杆率过高，则会适得其反，美国金融危机就是前车之鉴。因此 CRM 市场需要从市场主体、客体、总体规模等方面建立风险控制指标，控制 CRM 的规模，防止 CRM 杠杆过高而引发市场风险。

⑤完善 CRM 市场基础建设。CRM 的会计和税收制度存在模糊地带，在会计制度方面，市场参与者对 CRM 会计属性的判断不明确，因而其会计处理方法也相应存在不一致性。此外，市场参与者，通过 CRM 进行信用风险对冲和套期保值的经济效果尚无法通过会计手段在财务报告上得到体现。在税收征收管制制度方面，基于交易目的对金融衍生品进行分类征税的做法一直被市场广泛讨论但尚无定论，这在一定程度上会影响 CRM 市场的发展。

(2)信托公司 CRM 的创设和交易要求

CRM 的创设机构需要具备相应的资格条件，经专家委员会的认可，并在监管机构备案，方可成为 CRM 创设机构。

①创设机构需提交 CRM 说明书，内容包括标的实体、标的债务、名义本金、保障期限、信用事件、结算方式等，CRM 的披露文件包括创设公告、创设机构的信用评级报告和财务报告等，以及监管机构要求提交的其他文件。

②参与者应对披露文件和报备信息的真实性、准确性、完整性负责，不得有虚假记载、误导性陈述或者重大遗漏。参与者进行 CRM 交易时，除及时向交易对手提供与交易相关的必要信息，并确保所提交信息的真实、完整、准确，不得欺诈或误导交易对手。

③CRM 交易时应明确信用事件发生时的结算条件和方式。结算方式包括实物结算、现金结算和拍卖结算，拍卖结算规则需由监管机构的委员会明确机制。

④交易双方可以按照交易对手的信用状况协商建立履约保障机制。

⑤当交易双方就信用事件存在争议时，可提请专业委员会提出相关意见，当发生纠纷时，双方可以按照有关约定申请仲裁或者向人民法院提起诉讼。

3.3 信托公司操作风险缓释安排

内部控制体系

内部控制的基本思想早在西方的 18 世纪产业革命后期就产生了，经过长期的发展，特别是经过制度基础审计的建立和深入研究，以及西方企业界对内部控制的重视和实践探索，已经发展得比较完善。2004 年，COSO 新的《企业风险管理：整合框架》奠定了全面风险管理导向型的内部控制体系的总体框架。内部控制体系是以专业管理制度为基础，以防范风险、有效监管为目的，通过全方位建立过程控制体系、描述关键控制点和以流程形式直观表达公司经营业务过程而形成的管理规范。

近年来，信托行业发生了翻天覆地的变化，信托公司的内部实践也在逐步向全面风险管理为导向的内控体系框架转变。有调查显示，大部分信托公司已经基本建立了内控报告制度，能够进行自评，并根据自评报告纠正内部控制缺陷。全面风险管理为导向的内控体系五要素也正在逐步建设中。其中，控制环境以建立必要的规章制度为主，多数被调查者认为自己所在的信托公司控制环境不佳，有待优化。风险评估方面，调查结果显示：建立风险预警制度的公司占比为56.6%，建立控制流程但不能识别主要风险的公司占比高达49.02%。控制活动主要为业务流程控制、授权审批控制、业务合规合法性控制、不相容职务分离控制、会计系统控制等。在监控和信息与沟通两方面，各家信托公司水平差异较大。未来信托公司内部控制体系应立足自身特点，准确定位，构建科学的内控机制，并充分借助和发挥科学的工具和方法提升效率，实现操作风险缓释效果。

（1）完善公司治理结构

健全的公司治理是内部控制有效运行的保证。考虑到信托公司控制权相对集中、决策风险较高等特点，为了加强公司治理层面的分离制衡与监督，信托公司可按需设立专业委员会，辅助决策，以加强对公司长期发展战略、高管任职与考核、重大投资风险控制、重大关联交易的审议、信息披露等方面的管理和监督。

（2）业务流程标准化

信托公司业务范围广泛、产品架构灵活，信托业务不仅面临较大的市场风险和信用风险，同时也由于其业务流程的非标性，面临更大的内控漏洞，操作风险较高。因此，信托公司应及时梳理业务流程，为业务人员开展业务活动提供标准和规范，加强销售环节、尽调环节、决策环节和投资交易等环节的监控。

通过将政策和程序与战略流程、核心流程和操作流程相结合，将对风险的识别、管理与流程相关联，将风险揭示在每个流程中，并对风险进行有效的监测、评估，并采取措施进行控制，同时明确岗位职责要求和绩效考评要求，可提高内控的有效性。

(3) 操作风险地图

通过识别重点控制领域，形成多维度操作风险地图。风险地图是一种用图形表示识别出的风险信息的技术，直观地展现风险的分布、概率和影响程度，方便风险管理者考虑采取怎样的风险控制措施的操作风险管理工具。借助于风险管理信息系统的支持，风险地图广泛地应用于风险监控和风险报告中。

风险地图按照频率和强度两个维度分成四个象限（见图 6－2），其中①“高频率、高强度”，表明风险状况非常严重，应引起管理层的高度重视，并力争避免；②对于“低频率、高强度”的风险情况，应保持警惕，注意进行风险转移；③对于“高频率、低强度”的风险事件，应进行积极管理，以降低风险的发生；④对于“低频率、低强度”的风险，作为日常管理的部分，常被列入成本控制的范围。

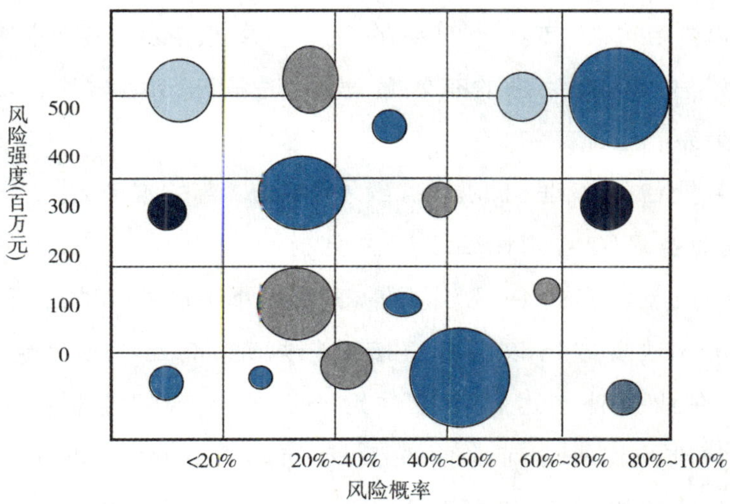

图 6－2　风险地图应用示例

服务外包

2010 年，银监会发布了《银行业金融机构外包风险管理指引》，为规范我国金融机构外包活动，保障金融业务持续经营提供了指导。近年来，我国信托行业逐步开始了这方面的尝试。通过服务外包，信托公司可以集中有限的资源，建立并强化自己的核心能力、提升组织机构效率、规避经营风险、降低经营成本等优势，同时也可能面临着外包失败、成本增加、外包收益分配不确定、核心能力培养机会流失、商业秘密泄露等风险。

（1）服务外包类型

信托公司服务外包是指信托公司在持续经营的基础上，利用外包供应商来实施原由自身进行的业务活动。信托公司外包的服务通常有如下几种类型：①信息技术，如信息技术的应用开发、编程、编码；②专业评估，如外部评级、外部审计、外部认证、外部律师咨询等。

（2）外包服务的关键点

为保障信托公司外包活动的顺利进行，实现信托业务的可持续性管理。在外包服务过程中，信托公司应注意：

①明确外包服务需求。识别最适合外包的业务，既能保证信托公司本身的核心竞争力，又能充分发挥外包服务的专业性。

②慎重选择外包供应商。外包商的业务水平直接关系到外包活动的成败。通过对信托公司与供应商关系的有效管理，促进信托公司与外包商结成稳固的、有弹性的伙伴关系，达到双赢。

②完善业务外包的管理机制。包含外包供应商的准入机制、外包供应商的评估机制、外包业务风险监测和后续评价机制。

③利用合同控制服务外包风险。信托业务外包的合同模式灵活，没有也不可能有具体的法律法规或行政规章直接进行规范，而且许多外包业务往往有较长的周期，因此在业务外包过程中要注意充分利用合同控制服务外包的风险。通过谈判与外包商签订一个可操作性强、尽可能完备的合同，准确、清楚地表述涉及外包的所有实质性要素，包括权利、义务、各方预期和责任。

④加强外包过程中业务部门的参与度。以信息项目外包为例：业务部门作为系统的提出方，提出 IT 项目立项报告，提交 IT 部门和公司领导审批，审批通过后方可立项。业务部门作为系统的需求方，在需求阶段全程参与，并对用户需求进行最终确认。业务部门作为系统的用户方，在测试阶段，参照需求开展用户验证测试，评估系统是否具备上线条件。业务部门作为系统的使用方，在系统交付之后，按照需求变更流程，通过需求变更管理不断完善系统功能。

⑤加强外包业务道德风险监控。外包业务通常涉及金额较大，市场竞争激烈，寻租机会较多，因此在信托公司开展业务外包过程中要加强监督管理，注意通过运用招投标等方式确保业务外包公平、公开和公正，尽可能通过集体决策方

式避免被个别人尤其是负责人滥用权力,黑箱操作,寻取租金,影响外包业务的质量,并产生法律风险。

投资者服务

对于成熟金融机构,客户纠纷或投诉往往不可避免,信托公司应侧重于如何减少纠纷和投诉,并且在出现纠纷和投诉后及时处理和积极总结。

信托公司应持续加强对销售行为的规范要求,加强销售流程的梳理,加强对客户识别的管理,对风险进行充分揭示,确保公司将合适的产品推介给合适的客户,防范销售过程中误导客户。对于高风险产品,应在信托产品成立前对客户进行电话回访,确认客户的产品购买意向,并向客户揭示产品投资风险。对于委托其他金融机构推介信托产品的,应注重准入管理和规范管理。

创新风险缓释工具(损失数据库 LDC)

根据操作风险事件的发展演变、损失金额,以及事件的发现和挽回方式,操作风险数据涉及以下几项定义:①操作风险事件,指由出现问题的内部程序、员工和信息科技系统,以及外部因素可能导致公司发生损失的事件;②操作风险损失事件,指公司最终发生净损失的操作风险事件;③零损失操作风险事件,指损失最终全部挽回,净损失为零的操作风险事件;④几近损失事件,指事件发生时就得以及时避免,或虽未构成操作风险事件但已经出现若干控制环节失效且在这种情况下很可能形成操作风险的事件。

信托公司应通过对操作风险事件的跟踪采取应对措施,减少损失,并进行归因分析,查找问题发生的根源,从源头加强制度和流程以及管控措施的落实,规避类似风险事件再次发生。

3.4 信托公司市场风险缓释安排

限额管理

(1)市场风险限额体系

市场风险限额就是指信托公司为了把市场风险控制在可接受的合理范围内而对一些衡量市场风险状况的指标所设定的限额。目前市场风险限额体系可以分为对风险敞口限制以及对损失限制两大类。

①对风险敞口限制分为直接限额和间接限额。直接限额是指对交易头寸进行限额,包括总交易头寸限额、净交易头寸限额以及交易头寸集中度的限额。在头寸限额管理下,绩效的考核标准可以使用 **RAROC**[(利润－预期损失)/经济资本]。对于信托资产的市场风险限额可以采用直接限额的方法。间接限额是指对某些计量市场风险的指标设定的限额,比如针对内部模型计量的市场价值设定的 **VaR** 限额、**NIIaR** 限额、**EVE** 限额等。在实际操作中,间接限额比直接限额优势更为明显,一方面适用于所有金融产品和金融交易,能够全面、综合地反映业务的实际风险状况;另一方面能够方便地对不同业务和部门的经验状况进行比较,同时还可以考虑资产配置领域分散化的效应,提高固有资产和信托资产的配置效率。

②对损失的限额主要是止损限额,对某项交易头寸所允许的最大损失额度。对于信托公司而言,通常在进行证券投资的时候在一定时期内的累积损失达到或接近止损限额时,就必须对该头寸进行对冲交易或者平仓。另外,由于很多信托计划涉及股票质押或者固定资产抵质押,当该项抵质押物价值发生变动,导致处置后的现金流无法覆盖信托财产时,信托公司也应该设定一个止损限额,然后采取追加抵质押或者直接处置资产的方式来控制损失。相对来讲,信托公司更应该关注的是风险敞口的限额,因为止损限额是在风险敞口限额的框架下为动态管理风险敞口而附设的指标。

(2)信托公司市场风险的分类限额管理

①根据风险来源进行分别管理。巴塞尔委员会将市场风险按照风险来源分为四类,包括利率风险、股票价格风险、汇率风险和商品价格风险。信托公司进行市场风险管理配置和缓释安排时,可以根据这四类不同种类的风险来设置预警指标以及相应的市场风险限额,每类风险再根据具体的特点进行进一步的分解,建立层次评估预警与限额管理体系。这样操作的好处是能够分离出不同风险因素对信托公司的影响,从而方便信托公司管理者对风险状况进行分析,并采取相应的风险管理措施。

②按照交易账户和非交易账户来进行分别管理。从信托公司经营实务来看,信托公司固有资产可以视为交易账户,因为信托公司的固有资产往往投向证券市场或者金融机构,持有可以自由交易的金融工具或者产品头寸;而信托公司的信托资产则可以视为非交易账户,信托计划并非标准资产,属于交易非常困难

的业务，与银行的存贷款业务具有一定的相似性。信托公司按照固有账户和信托账户来设置市场风险限额，能够与市场风险计量相对应，对总额设定与进一步分解比较方便。

当然，在实践层面，信托公司进行市场风险管理与缓释安排时，可以把上述两种思路结合起来，对固有账户和信托账户分步设置总的风险限额，再在固有账户和信托账户内部按照市场风险类型将限额进一步细化。

(3)信托公司市场风险限额管理体系构建

鉴于信托公司在市场风险尤其是限额管理方面处于刚刚萌芽的阶段，在市场风险管理组织架构上，应该采用以董事会和高管层为决策层，以中台的风控部门为主要执行与监督部门，以财务部与托管部为辅助部门，各业务部门进行配合的组织管理架构。在限额结构上，完整的信托公司市场风险限额管理体系从上至下应该主要包括四个层次（见表6－5）：

①公司层面，反映信托公司整体的市场风险状况与限额管理。与这个层面的市场风险管理有关的是公司的股东背景、股东要求、经营理念与风险管理理念。董事会应该直接关注整体市场风险状况，或者由董事会授权的风险管理部门主管公司层面的市场风险状况与限额管理。

②资产层面。按照固有资产和信托资产两个独立账户，分别设置市场风险评估与预警指标以及进行独立的限额管理。考虑到固有资产和信托资产下产品的差异性，对于两个账户的市场风险评估与限额管理可以采用差异化的手段进行操作。

③因子层面。按照市场风险的四个因子（利率、汇率、股票价格或者商品价格）引入评估与预警指标，同时分别设置限额。

④业务部门层面。根据信托公司业务部门的设置，一方面由各业务部门按照市场风险因子计算本部门的市场风险评估指标数值与阀值，定期报送风控部；另一方面根据董事会的市场风险限额分解与分配，安排自己的业务组合，并且报备风控部，以保障该部门及时对限额执行情况进行监控，并且协助风控部及时有效地应对和解决可能出现的超限额情况。

由于信托公司资金交易业务相对简单，并且市场风险对具体信托业务的影响有限，从业人员的市场风险管理经验也相对不足，信托公司可以采用可变VaR限额以及灵活VaR限额的管理方式。但也由于信托公司尚未对VaR和EaR方法进行谨慎的模型验证，建议信托公司在当前阶段参考商业银行的初级国际惯例盈利预算法来为公司层面的固有资产设置 VaR 限额。等到完成数据准备以及 VaR 系统设置以后，可以转用相对更为先进的技术进行限额管理。

表 6－5　信托公司市场风险限额结构示意

公司层面	XX 信托公司整体市场风险限额							
资产层面	固有资产				信托资产			
因子层面	利率	汇率	股权	商品	利率	汇率	股权	商品
业务部门层面	各业务部门							

公开市场交易

目前我国并不存在信托产品发行后的二级市场，或者说，这个二级市场并没有公开进行交易。信托产品市场以私募为特点，信托产品的信息往往是不对外公开的，只有购买信托产品的投资者才能够接触到具体的信托合同、尽调报告等。在产品定价的时候，一方面没有一个基准的市场参考利率，从而存在定价上的困难，价格可能会严重偏离价值；另一方面由于缺乏公开市场，信托产品的交易往往停留在一对一的阶段，从而影响交易效率。同时，信息不对称让信托公司在做项目的时候要承担一定的市场信息成本，信托公司可能由于对市场情况不了解造成产品定价上的失误。

理论上，信托产品是可以进行转让交易的，信托受益权是一种财产权利，信托受益人在未来一定期限内可以获得一定的收益，因此将受益人未来可获得的收益按照一定的贴现率折为现值，得到的就是信托产品的基础价值。由于信托产品的收益率是一种预期的收益率，随着市场情况的变化，信托产品的价值也在发生变化，因此也存在着一定的交易空间和投机空间。

信托二级市场存在着交易基础，既能够促进信托产品合理定价，也能够促进信托产品的标准化和证券化。从信托产品的供给方来看，参与公开市场交易有着以下动机：一是规避风险，对于信托产品所投向领域或者所投向企业的前景持悲观看法，希望通过出让信托受益权来规避风险；二是变现需要，由于急需资金而转让信托受益权；三是组合调整，通过出让信托受益权，将本来长期的投资变为短期投资，转投其他收益率更高的金融产品。从信托产品的购买方来看，交易动机包括投资动机，也即参与到信托产品以期获得投资回报；其次是投机动机，一方面对方出让受益权过程中可能带有溢价，另一方面公开市场交易的信托产品定价可能存在一定的波动和价差，从而能够进行投机。如果信托产品完全不能转让，那么信托受益权完全没有流动性，自己的资金在投资期间会被锁定，因此他们可能会放弃购买信托产品。

建立这个市场可以利用现有的证券交易平台（包括三板市场），也可以另外建立一个完全独立的技术交易平台，所需投资由各信托公司按股份制原则认缴。除了需要一定的硬件外，最关键的是信托产品信息的公开化，并且允许投机者的存在。相应的配套措施包括：信托产品的标准化、信托产品推介方式的规范化及信托产品的评级等。一开始可能只能按照场外交易的模式，需要一个中立的第三方来承担做市商的角色。慢慢随着信托产品的标准化和证券化，信托资产也可能将在各类交易所进行公开交易。此外，信托公司还可以通过利用现金管理产品来提升信托产品流动性。

3.5 信托公司流动性风险缓释安排

项目公司现金流管控

信托公司面临的流动性风险，主要集中在信托资金投资后，因所投资产的长期性和投融资期间的短期性的不匹配问题，导致项目公司无法按期产生足够现金流应对信托财产的变现要求，因此项目公司的现金流管控是核心。

在信托资金投入前，信托公司应测算流动性风险指标，对产品的运行做到持续监控，通过流动比率、流动性累计缺口、久期缺口等财务指标，严格项目用款管理和资产负债管理，并定期进行压力测试，确保项目公司现金流和后续融资安排匹配信托收益和本金兑付的时间节点。

资产证券化

资产证券化包括两层含义：存量证券化即对信托受益权进行证券化，增量证券化即开展资产证券化业务。

（1）信托受益权证券化

信托受益权证券化是解决产品流动性的发展方向。因为建立全国信托产品转让市场始终受到投资者人数及特定转让金额的限制，而资产证券化则不受此限。通过资产证券化，可以把非标准的信托产品变为标准化的债券产品，引入律师事务所、会计师事务所增强透明度，通过日常交易中的价格变化来反映基础资产风险状况的变化。在操作实践中，信托公司可以统计一定期间内的转让需求信息，将客户拟转让信托资产进行打包，对于打包资产进行批量资产证券化。信托受益权的资产证券化，通过分级、评级等方式进行增信，可以在交易所市场进行销售，也可以在银行间市场进行。

(2)资产证券化业务

信托公司开展资产证券化业务对风险缓释也有着重要意义。利用信托制度安排，“标准化”特征突出的资产证券化建立了有效的风险隔离，并通过资产重组和信用增级等结构安排保护了参与各方的利益；通过增加基础资产类型，降低了综合融资成本，有利于金融市场系统稳定；利用多层次、多类型的交易市场，促进了信贷和企业资产的规范性流动。

3.6 信托公司舆情风险缓释安排

舆情监测与分级

舆情风险作为一种传导出来的后置风险，在管理好操作、信用等基本风险时，舆情风险的实际发生概率会降低，但因舆情风险对投资者信心和选择会产生巨大影响，信托公司应有专门人员负责舆情监测，监测范围包括但不限于平面媒体、互联网、广播电视以及其他新媒体等。根据舆情信息内容、传播影响力、被误读和曲解程度、点击量等指标，将舆情分成不同等级分别处理。

舆情应急预案程序和机制

对于不良、有害舆情，信托公司应建立应急处置预案，包括触发处置预案的条件、处置责任人、处置流程、发言人机制等。有效的应急处置预案应保证其完备性和可操作性，使信息得到通畅沟通，及时制止或缓释不真实、不准确、不完整报道给信托公司带来的负面影响。

3.7 风险交叉转化的风险缓释补充

在《信托法》框架下，作为受托人的信托公司在尽职履约的前提下，所发生的信托风险并由此导致的信托财产损失，均由委托人全部承担。但在现实环境和目前的市场发育水平下，信托风险呈现出一定的特殊性和复杂性，也对信托公司单体机构的风险缓释提出了更高的要求。一是由于信托公司开展的信托业务种类众多，在融资类、投资类、事务管理类等信托业务中面临的重点风险差异巨大，如融资类信托业务以信用风险、操作风险为主，投资类信托业务以市场风险、操作风险为主等，事务管理类信托业务以操作风险为主，对风险缓释的要求和侧重也各有不同。二是从受托关系角度看，信托公司作为受托人以自己的名义进行财产的管理运用，主要承担的是尽职履责的义务，最主要的风险构成为操作风险，而信用风险、市场风险则按照"买者自负"的原则，应由信托委托人、受益人自行承担。但由于现有法规和监管政策中仅明确了受托人履职的义务，并未明确相应的履职标准，而且信托产品非标准化运作、信息披露不充分等问题的存在，使得本应由信托委托人、受益人承担的信用风险、市场风险等向信托公司蔓延转化。三是根据金融行业统计数据显示，如将金融行业三大风险独立来看，失的55%来源于信用风险、25%来源于市场风险、20%来源于操作风险，但由于操作风险属于底层风险，估计80%风险都源于操作风险①。信托公司在信托项目运作中尽职管理不到位，很可能导致其他风险以操作风险形式表现出来。四是由于信托产品缺乏必要的流动性安排，作为一类金融产品的"三性"基本属性存在缺陷。

因此，信托公司在根据信用风险、市场风险、操作风险等不同风险的特征，构建完善的风险缓释安排同时，也必须对不同风险类型之间的蔓延、交叉、转换、迁移等特殊性保持高度警觉，从风险源头上通过完善尽职调查、建立风险预警机制等形成对风险缓释机制的必要补充。

尽职调查

一个信托项目成功与否的起点在于对交易对手和项目的尽职调查。基本上各家信托公司的尽职调查都有规定，包括调查规范、重点和材料完备性要求等，有些信托公司已经做到了规范的程序、重点和方法；部分信托公司要求业务部门和风险管理部门共同开展现场尽职调查，调查交易对手的真实信息，包括但不限于交易对手的财务报表、市场信用状况、经营管理状况、对外借贷状况、实际控制

① 温宾娜："信用衍生品及其在商业银行信用风险管理中的应用"，上海：复旦大学，2005。

人信用状况等。通过对项目的尽职调查，信托经理可以熟悉项目的具体情况，再加上信托经理对交易结构的设计，以及之后的风控、合规措施，可以将信托项目的风险扼杀在萌芽阶段。尽职调查是信托公司风险缓释机制的基础，如果行之有效，也是信托公司控制信托项目风险的第一道屏障。

风险评估和预警体系

准确分析和评估风险是风险预警的关键和前提。近几十年来，大量的风险度量模型和技术在信用风险、市场风险管理中被广泛应用。KMV 模型与 Creditmetrics 模型是目前最流行的两个信用风险管理模型。与 Creditmetrics 从授信企业的企业信用评级变化及其概率的历史数据中分析出企业的信用状况不同，KMV 模型采用了一种从授信企业股票市场价格变化的有关数据来分析相关企业信用状况的信用风险计量方法。而市场风险的 VaR（Value at Risk）方法，已成为目前测量市场风险的主流方法。下文以市场风险为例简要概述信托公司风险评估和预警体系的构建思路。

（1）风险评估

通过随时掌握信托公司动态，并且有效评估风险，可以及早发现信托公司问题及有问题的业务线条，并采取适当的处理措施，更能够提高管理层和风控部门的市场风险管理效率。在企业日常管理中，可采用风险和控制自我评估 RCSA 流程，该流程分为固有风险评估、控制措施评估、剩余风险评估三个阶段。随着信托创新业务不断涌现、业务体量不断增大，容易出现规章制度和岗位操作规范滞后于业务实际操作的情况。信托公司可定期开始 RCSA 评估，形成固有风险识别、现有控制手段评价、分析和指定管理措施、实施和监督的闭环管理流程。

建立信托公司市场风险评估机制要坚持三个原则：一是设置相应的量化指标体系。目标是能够形象突出地反映出公司所处的市场情况，作出会计判断，并采取及时措施。二是突出核心指标，体系设置必须有重点、分层次，并且以辅助指标来支持、补充核心指标，以求在反映市场风险监控内容上的完整性。三是结合现代化信息技术，建设市场风险监测预警体系。

表 6－6 是一个可供参考的评估指标体系结构。

表 6-6　市场风险评估指标体系参考

一级指标	二级指标	三级指标
市场风险预警指标	宏观经济预警指标	宏观经济一致指数波动率
		消费者信心指数波动率
		制造业指数波动率
		通货膨胀率
	利率风险预警	M2 变动率
		央行基准贷款利率波动率
		SHIBOR 隔夜利率波动率
		银行间同业拆解利率波动率
		央行准备金率波动率
	汇率风险预警	人民币兑美元汇率环比变动率
		外汇占款波动率
	股价风险预警	上证指数波动率
		深证指数波动率
		公司所持有股票净值波动率
	商品风险预警	现货价格波动率
		期货价格波动率
		现期价偏离率
		现货市场总产量同比波动率
		净进口环比增长率
	信托市场风险预警	信托产品成立总额变动率
		信托产品平均成立金额变动率
		信托产品加权平均预期收益率

（2）风险预警

针对公司自身业务数据，建立关键风险指标体系 KRI 的价值在于及时监测和反映重大风险领域的变化趋势，提供预防风险的手段。KRI 通过挑选高风险领域的关键风险指标，定期收集数据，进行及时跟踪和趋势分析，进行监控预警，能尽早发现问题，有助于将风险管理由定性转为定量，变事后为事前，变被动管理为主动应对。

由于信托公司市场是利率市场化的市场，还可以锁定几家公司，参考相应信托计划的收益率变动情况是行之有效并且比较容易实施的方法。尤其是对于同处于一个地域范围内的信托公司，或者业务模式相近的信托公司。另外，行业比较有代表性的大型信托公司的信托计划配置情况、发布情况以及收益率情况也是比较敏感的可以反映市场变动的参考预警指标。宏观市场波动对信托业的影响并不是会马上体现，相比之下，采取锁定预警的方法，可能更能够及时把握市场的动向。然而，宏观预警体系能够反映未来的趋势，因此两种方法可以结合起来考虑。

锁定预警方法的指标体系设计，既可以采取单一对标的方式，也可以采取综合锁定的方式，锁定几个典型的公司情况，进行综合判断。标杆企业选择业内比较有代表性、业务能力较强的公司进行跟踪；周边竞争企业主要考虑同地域或者同业务空间或者同业务类型的典型竞争对手进行跟踪；特色企业预警可以选择在某个领域有特色业务的企业进行跟踪，比如能源信托、矿产信托、艺术品信托等特别的公司进行跟踪。这些企业往往是比较活跃或者有特别资源的企业。

表 6－7 锁定预警体系框架

一级指标	二级指标	三级指标
锁定预警体系	标杆企业预警	风险事件、媒体曝光
		新增项目总额变动
		新增项目平均预期收益率变动
		领域变动
	周边竞争企业预警	风险事件、媒体曝光
		新增项目总额变动
		新增项目平均预期收益率变动
		领域变动
	特色企业预警	风险事件、媒体曝光
		特色业务预期收益率变动
		特色业务总额变动

压力测试机制

风险计量指标通常只能反映按规律有可能随着市场变化而发生的潜在损

失，并不能帮助信托公司规避突发性的极端事件导致的意外损失。因此，信托公司也可以参考商业银行评估与量化极端事件下市场风险的方法，引入压力测试方法来评估极端市场风险。然而，压力测试方法的优点是能够考虑历史数据所无法覆盖的事件风险，但是其缺点则是主观性比较强，并且受信托公司的风险偏好影响较大，场景设定如果不太合理，那么测量的在险价值就完全是错误的。

（1）一般流程

按照中国银监会有关商业银行压力测试的定义，信托行业的压力测试也应作为一种以定量分析为主的风险分析方法，通过测算信托行业在遇到假定的小概率事件等极端不利情况下可能发生的损失，分析这些损失对信托公司盈利能力和资本金带来的负面影响，进而对单家信托公司和信托业体系的脆弱性作出评估和判断，并采取必要措施。压力测试的一般流程如表 6－8 所示。

表 6－8　压力测试的一般流程

序号	主要工作内容
1	选择压力测试方法：敏感性分析法，情景分析法，最大损失分析法，极值分析法
2	构建情景：历史模拟情景，假定特殊情景，蒙特卡洛模拟情景
3	确定冲击：单个市场变量的冲击，内在波动率的冲击，相关关系的冲击
4	选择模型：市场风险模型，信用风险模型，流动性风险模型，操作风险模型
5	界定被冲击的资产，冲击的大小和时间区间
6	进行数值分析，并考虑第二轮效应
7	风险加总，资产组合的重新界定和比较，对资产组合和风险技术的调整

压力测试的一个基本假设是资产组合的值依赖于风险因子，给定市场状态，可以用风险因子来表示资产组合实际值。因此，压力测试的关键一环在于风险因子的选取，并不是所有的资产组合都受到同样风险因子的影响，所选的风险因子应该包含影响资产组合值的所有因子。如果风险因子突然发生改变，资产价值将会有什么改变呢，此时的风险因子就表示为情景的改变。一般来说，“情景”是指潜在可能发生的情况，因此，情景指的是结果而不是过程。

（2）技术方法

在压力测试中，首先要根据某种准则选取情景，然后计算资产组合在这些情景下的实际值，可以估计当市场突然从实际状态变到某种状态时，资产组合价值的变化。因而压力测试的技术方法主要有情景分析和历史模拟。

①情景分析。设立和使用可能的未来经济情景来度量它们对资产组合损益的影响。压力测试的基础是确定情景，一般有两种确定情景的方法：历史情景法和最坏情景法。这里的情景分析主要指的是最坏情景法，这种分析法是利用测试者认为将来可能发生的状态作为情景，不论这些状态过去是否发生过。这些将来可能发生的状态可以是平均状态，也可以是组合特征的最不利结果。

②历史模拟。即把真实的历史事件运用到现在的资产组合中。所使用的历史事件可以是发生在一天或者一个更长的时段内的风险因子波动。值得注意的一点是，通过历史数据构造压力情景依赖于“过去的危机和将来近似”的假设。历史模拟相对于最坏情景法的一大优点是前者描述了已经实际发生的事件，只是对信托公司而言因为其数据相对有限，其效果不明显，而且该方法缺乏对未来的预期风险进行估算的能力，一方面由于历史不可能被完完全全复制，另一方面由于该方法无法覆盖在历史事件之后，只有由于行为特性的改变和风险资产的创新而产生的新型风险。

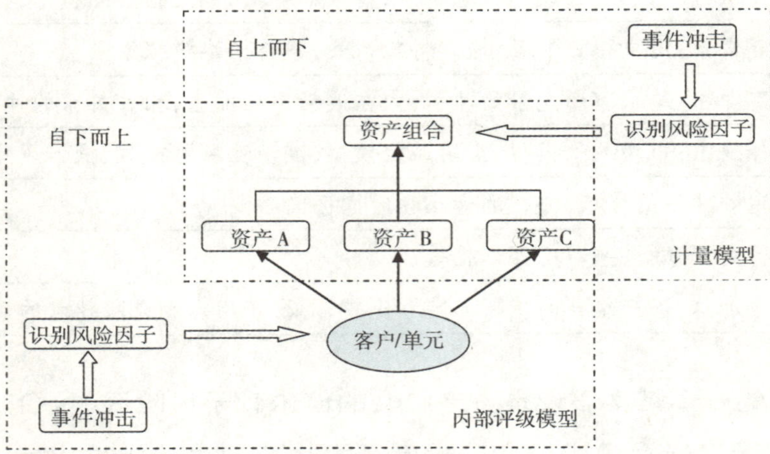

图 6－3　压力测试结构

从压力测试的实践来看，在将宏观经济冲击或者情景假设转化为金融部门的变量的过程中有下述两种方法，分别为“自上而下法”和“自下而上法”（见图 6－3）。“自上而下法”是先设定一个压力情景，分析该情景下市场、经济、内部各个风险因素的情况和变化。在汇总了各个风险承担者之后，我们需要分析这些事件是被多元化地分解了还是被恶化了。而“自下而上法”正是依赖于进行压力情景的变化可能导致损失分布的计算从而进行的加总分析。由于“自上而下法”

采用总量数据进行测试，因此忽略了单个机构的风险暴露以及机构之间的相互关联，特别是缺乏对于某些小机构的风险可能对系统内其他机构产生风险传播的衡量。所以考虑了个体风险及其传染性的“自下而上法”的测算结果更为精确。但是由于明细数据的充分性和计算复杂性的限制，在国际上的实际操作中，大部分机构会选择将两种方法的优点结合并尽可能降低两者的缺点。然而对于历史数据有限的中国信托业来说，当然选择“自上而下法”更为合适，但是在数据允许的情况下，尽量辅助以“自下而上法”衡量个体的风险和风险传染性也非常必要。

信息披露

目前，信托行业存在的“刚性兑付”是信托业的阶段性发展特征，但因为“刚性兑付”，信托公司事实上承担了本应由投资者承担的信用风险、市场风险，而投资者着眼于兑付问题，对信息披露缺乏监督。作为针对各类风险缓释的综合安排，信息披露是打破信托业“刚性兑付”的重要手段，通过充分、准确的信息披露，引导风险由投资者自担，信托产品的信用风险和市场风险向投资者转移，完成信托公司相应的风险缓释。

在信托产品存续期间，信托公司应加强投资者信息披露管理：对于证券投资类项目，按照合同约定的期限或频率进行估值并及时向客户进行披露；对于融资类项目，业务部门应定期向客户寄送信息披露报告，并且在信息披露报告中使用客观语言进行描述；在发生重大舆情风险时，通过发言人对不实报道进行澄清，让投资者了解更准确和真实的信息。

总之，信息披露的目的是为投资者风险自担架设条件，信托公司在充分信息披露的基础上，从信托合同出发，完全可以要求投资者风险自担。虽然目前依然是“刚性兑付”的现状，但信托公司有必要为打破刚性兑付做好准备，夯实信息披露工作基础，通过充分的、准确的信息披露，最终引导客户承担其本应承担的投资风险。

4. 基于风险赔偿准备金的信托行业风险缓释制度设想

目前我国关于信托投资者保护相关的赔偿制度仅有信托赔偿准备金制度。从事信托业务时，使受益人或公司受到损失的，属于信托公司违反信托目的、违背管理职责、管理信托事务不当造成信托资产损失的，以信托赔偿准备金赔偿。但是在目前的信托资产规模急剧增长的情况下，每年税后利润的5%提取作为信托赔偿准备金显然已经不足以应付信托行业性风险与投资者保护。目前，《信托法》第三十八条、第三十九条、第四十条、第四十一条，以及《信托公司管理办法》第三十七条、第三十九条、第四十条明确了信托公司辞任、选任新受托人的规则，以保持信托财产管理的连续性；明确了信托公司违背管理职责或者处分信托事务不当对受益人造成的损失以其固有财产承担。此外，《信托公司管理办法》第五十五条规定，“信托公司已经或者可能发生信用危机，严重影响受益人合法权益的，中国银行业监督管理委员会可以依法对该信托公司实行接管或者督促机构重组”。因此，从政策和实务操作便利性的角度考虑，通过完善现有信托赔偿准备金制度，出台专门的管理办法，是健全行业风险缓释机制较为现实可行的出路。

4.1 基本前提

①基金制度原则上与监管政策框架和导向、行业发展趋势等保持一致，并在合法合规的前提下运作。

②基金按照取之于市场、用之于市场原则，采取集中管理、统筹使用方式，发挥行业互助功能，不以营利为目的。

③基金制度必须充分考虑各信托公司由于股东背景、规模、风险偏好、业务特点等差异造成的不同利益诉求。

④基金引入惩罚性使用机制，防范信托公司道德风险和逆向选择问题，应有利于促进行业风险管理水平的提升。

4.2 方案设计

信托赔偿准备金制度作为信托行业风险缓释的核心机制，根据不同的功能界定，可以有不同的设计方案供选择。

方案一：集中统筹，分账户管理

(1)功能定位

核心功能定位于能够有效保护信托委托人和受益人的合法权益，增强信托行业的风险防范能力，促进信托公司规范经营和持续发展。结合《金融企业准备金计提管理办法》等有关法规规定，借鉴证券投资基金管理公司风险准备金制度，信托赔偿准备金应主要用于赔偿因信托公司违法违规、违反信托合同、技术故障、业务操作差错等给信托财产或者受益人造成的损失。信托风险赔偿准备金不足以赔偿上述损失的，信托公司应当使用其他自有财产进行赔偿。

（2）管理模式

中国银监会依法对受托人信托风险赔偿准备金的提取、投资运作、使用等活动进行监督管理。中国信托业协会对信托公司风险赔偿准备金的提取、投资运作、使用活动实行自律管理。中国信托业协会设立信托行业信托风险赔偿准备金管理中心（简称"准备金管理中心"），对信托公司信托赔偿准备金的提取、投资运作、使用等活动进行集中统一管理。信托公司应当在准备金管理中心指定的信托赔偿准备金存管银行开立专门的信托赔偿准备金账户，用于信托赔偿准备金的归集、存放与支付，该账户不得与其他类型账户混用，不得存放其他性质资金。

"集中统筹，分账户管理"模式示意图见图6－4所示。

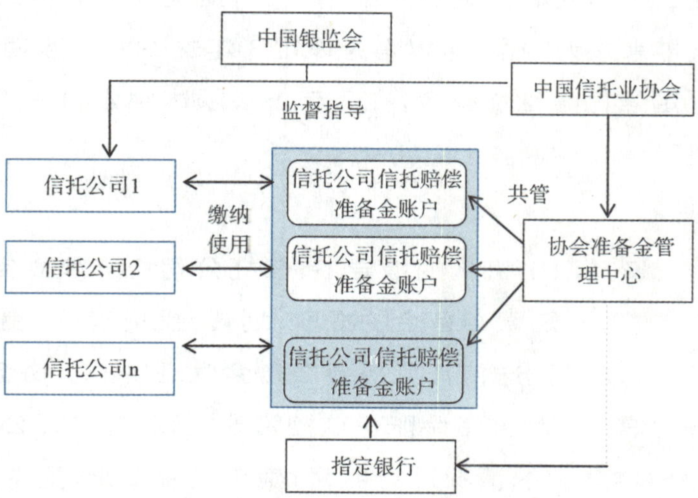

图6－4　"集中统筹，分账户管理"模式示意图

（3）提取和缴纳

根据不同机构的风险偏好、业务规模、管理能力、监管评级等因素，进行差异化提取和管理已成为行业风险缓释机制构建和监管的重要发展方向，目前证券投资者保护基金、期货投资者保障基金和基金公司风险准备金都引入了差别提取的做法。对不同风险管理水平的公司使用不同的监管标准，既保证了公平，防范了道德风险，又提高了管理效率。至于提取比例的高低，针对目前信托赔偿准备金分散管理的现状，普遍存在提取额度不足，即使足额提取但与业务快速扩张的规模相比明显不匹配，难以达到有效的风险缓释作用. 但是也必须考虑到风险赔偿准备金属于股东所有者权益的一部分，在保持较高流动性需求的前提下投资收益必然受到影响，因此设定过高的提取比例不利于股东利益保护。

综合上述考虑，未来信托赔偿准备金提取的标准可以适当提高，与受托管理的信托资产规模挂钩或者与公司信托资产占用的风险资本规模进行挂钩，在提取上延续每年从税后利润中提取不低于5%的基本做法，将“达到公司注册资本的20%”作为过渡期结束的提取下限，将提取上限调整为“达到公司信托资产风险资本的10%”或者“信托赔偿准备金余额达到上年末受托管理信托资产的1%”等。

中国银监会可以根据信托公司的综合评价（或监管评级）结果，要求综合评价较低、风险较为突出的信托公司提高信托赔偿准备金的计提比例或者一次性补足一定金额的风险准备金，以鼓励信托公司审慎经营。

在目前存在信托赔偿准备金制度的情况下，避免制度转换给信托公司经营和股东短期利益带来较大冲击，可以考虑设定3年左右的过渡期，要求信托公司在此期间逐步补足信托赔偿准备金，在3年末必须达到公司注册资本20%的下限或银监会的提取标准要求。

（4）管理运用

在中国银监会及其派出机构的指导下，信托公司应当建立完备的信托风险赔偿准备金管理制度，对赔偿准备金的提取、划转、投资管理、使用、支付等方面的程序进行规定，并及时报送信托业协会准备金管理中心。协会准备金管理中心应当制定完备的信托赔偿准备金账户监控管理规则，对信托公司提取、投资运作和使用信托赔偿准备金的情况进行监督，确保资金安全，提取、投资运作和使用符合相关规定。

信托公司发生违法违规、违反信托合同、技术故障、操作错误等自身重大错误而导致投资者利益受损，发生需要支付信托赔偿准备金的情形时，信托公司应当严格履行内部信托风险赔偿准备金管理制度相关程序后，将申报资料提交协会准备金管理中心办理。在使用信托赔偿准备金后5个工作日内信托公司应将相关情况书面报告中国银监会。

信托风险赔偿准备金在被人民法院依法查封、扣押、冻结或强制执行的，协会准备金管理中心以及相应信托公司应当立即报告中国银监会。由此影响信托风险赔偿准备金的使用或者准备金减少的，信托公司应在5个工作日内予以补足。信托风险赔偿准备金属特定用途资金，信托公司未经许可不得以任何形式擅自占用、挪用或借用。

由于信托赔偿准备金主要用于投资者保护，但仍需权衡股东利益，参考证券、保险等其他金融行业风险缓释和投资者保护机制，信托风险赔偿准备金的投资运作必须在保证安全性和流动性的前提下适度追求收益性。在投资范围上，由原有银行存款和“购买国债等低风险高流动性证券品种”可以适度扩展到各种货币市场工具；允许进行不超过20%的商业银行理财产品、信贷资产支持证券、信托公司集合资金信托计划、证券公司专项资产管理计划等金融产品投资，且应保持不低于10%的现金比例；不得运用于股权投资、房地产投资等。

（5）监督管理

协会准备金管理中心应当于每年结束后，向中国银监会提交上年度信托行业信托赔偿准备金的提取、投资管理、支付使用、年末结余等情况的专项报告。信托公司应当在年度报告中披露上述信息。对没有按照规定提取、管理或使用风险准备金的信托公司，中国银监会可以依法对相关机构及直接负责的主管人员采取相应的行政监管措施，依法应予以行政处罚的，依照有关规定进行行政处罚；涉嫌犯罪的，依法移送司法机关，追究刑事责任。

方案二：统一账户，理事会管理

（1）功能定位

从信托行业持续发展角度考虑，信托赔偿准备金除发挥方案一中承担先行赔偿信托公司违背受托义务而使受益人遭受损失的功能外，还应考虑更丰富的功能内涵，可以扩展到第二个层次：发挥行业互助功能，为信托公司提供临时流动性支持，进行信托公司救助，避免个别机构破产倒闭对整个行业和社会造成的冲击，促进信托市场有序、健康发展。

（2）管理模式

借鉴保险保障基金早期的管理模式，比较适宜采取建立行业统一的信托赔偿准备金专门账户，进行资金集中缴纳，在内部按照信托公司进行分户核算。信托赔偿准备金由中国银监会集中管理，统筹使用。中国信托业协会对信托公司风险赔偿准备金的提取、投资运作、使用活动实行自律管理。信托赔偿准备金的管理和使用遵循公开、合理、有效的原则，行业组建专门的理事会负责对信托赔偿准备金的管理和使用实施监督，理事会由中国银监会、信托业协会、信托公司、行业专家等代表共同组成。理事会具体工作办法由中国银监会另行制定，理事会专门工作办公室可设在信托业协会内部，负责日常工作。

“统一账户，理事会管理”模式示意图如图6－5所示。

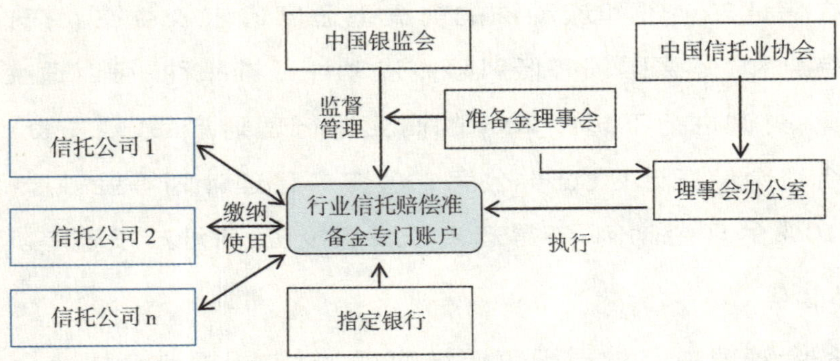

图6－5 “统一账户，理事会管理”模式示意图

(3)基金的提取、缴纳、投资运作和使用

信托赔偿准备金提取的方式、缴纳、投资运作的政策调整思路基本与方案一保持一致。但在资金的使用方面，有必要根据功能不同进行相应的区分。

对于各家信托公司因发生违法违规、违反信托合同、技术故障、操作错误等自身重大错误而导致投资者利益受损，发生需要支付信托赔偿准备金的情形时，由信托公司向行业信托赔偿准备金理事会办公室进行申报，理事会办公室履行内部审批决策程序后进行办理。信托公司应于使用信托赔偿准备金后5个工作日内信托公司将相关情况书面报告中国银监会。

对于信托公司发生流动性困难，可以向行业信托赔偿准备金理事会办公室提出申请紧急救助资金，由理事会召开专门会议表决通过后，报经中国银监会同意后进行资金的支付。信托公司向行业信托赔偿准备金承借资金，借款利率可以参考人民银行相应期限的再贷款利率，并进行适度浮动。

(4)监督管理

中国银监会及其授权机构负责对信托公司申请使用紧急救助资金进行最终

审查和批准，监管资金的合规使用和协调指导。中国银监会应当在每个会计年度结束后4个月内完成经审计的信托赔偿准备金财务报告，并向理事会及其成员单位公布。

方案三：独立公司，专业化运作

（1）功能定位

①进行行业救助。当个别信托公司因重大过失发生危机时，基金发挥行业救助功能，为信托公司提供流动性支持或接管公司进行重组，避免个别机构破产倒闭对整个行业和社会造成冲击。

②保护信托委托人和受益人的合法权益。如果信托公司违法违规、违反信托合同、技术故障、业务操作差错等给信托财产或者受益人造成损失，其自有资金尚不足以弥补上述损失的，由基金对受益人先行赔付。

（2）组织管理模式

设立国有独资的中国信托风险缓释基金有限责任公司（以下简称"信托风险缓释基金公司"），依法负责信托风险缓释基金的筹集、管理和使用。信托风险缓释基金公司按照《中华人民共和国公司法》的规定设立有关组织机构，完善公司治理。公司设立董事会，对信托风险缓释基金的合法使用以及安全负责。董事会成员由中国银监会、财政部、中国人民银行、信托业协会、信托公司代表、行业专家等代表组成。董事长为公司法定代表人，由中国银监会推荐。

（3）基金提取和缴纳

①基金的主要资金来源包括：信托公司依法缴纳的信托风险缓释基金；信托风险缓释基金依法从破产信托公司清算财产中获得的受偿收入；捐赠；上述资金的投资收益；其他合法收入。

②信托公司经营信托业务，以提取的风险赔偿准备金为基础，应于每季度末按照月度加权平均风险资本余额的5%，及时、足额缴纳到信托行业风险缓释基金专门账户。信托公司风险资本余额变化或应缴纳的信托风险缓释基金余额减少时，可以从信托风险缓释基金中退回。

③银监会对信托公司实行差别化缴纳要求，根据信托公司的监管评级（或综合评价）结果确定缴纳的具体比例和规模，并按年度进行调整，以鼓励信托公司审慎经营。

④其他资金来源创新。为了保障投资者的权益，信托公司可以在发行的信托计划条款中增加信托计划投资者认购行业救济性质的信托风险缓释基金份额，此条款以自愿为主，由投资者自由选择。投资者认购基金份额可以按照投资者所购买信托计划份额或者信托计划收益的一定比例，如此则投资者类似于为信托计划的投资收益支付了一定的保费，当信托计划出现风险的时候，认购了信托风险缓释基金份额的投资者具有从信托风险缓释基金获得更高金额赔付的权利。通过此项设置可以培养投资者的投资意识，逐渐打破信托刚性兑付的市场桎梏。

(4)基金的使用

①基金使用的情形：一是信托公司已经或者可能发生信用危机，严重影响受益人合法权益，危及社会公共利益和金融稳定，被依法实行接管、促成机构重组或者撤销；二是信托公司发生违法违规、违反信托合同、技术故障、业务操作差错等给信托财产或者受益人造成损失。

②信托公司被依法实行接管或督促进行重组时，由中国银监会拟定风险处置方案和使用办法，商有关部门同意后可以动用基金。信托风险缓释基金公司按照风险处置方案和使用办法的规定，负责办理登记、发放、资金划拨等具体事宜。

③信托公司被依法撤销或者依法实施破产的，其运营中的信托项目必须依法转让给其他信托公司；不能同其他信托公司达成转让协议的，由中国银监会指定信托公司接收。基金依法参与信托公司的清算工作，并根据基金资金状况向信托投资者提供救助，以维护信托市场稳定。具体救助金额和比例由中国银监会确定，会商有关部门同意实施，并适时调整。

④当信托公司单个信托计划出现风险，信托公司决定向基金申请救助时，信托风险缓释基金公司启动相应决策机制，判定信托公司是否对信托计划进行了尽责管理。如果确实由于信托公司没有履行受托人责任造成信托风险，经董事会成员2/3以上表决通过后，基金可以先对投资者进行相应的赔付，然后形成对信托公司债权进行追偿。如果信托公司不存在履行受托人责任问题，原则上基金不应予以救助。

⑤对信托投资者予以救助的，按照下列顺序从基金中扣减：第一，被依法撤销或者依法实施破产的信托公司缴纳的信托风险缓释基金余额。第二，其他信托公司缴纳的信托风险缓释基金余额。其他信托公司在信托风险缓释基金余额的扣减金额，按照各公司上一季度风险资本的市场份额计算。

⑥基金实行“有偿限期使用”原则，信托公司应当在期限届满前(如1年)及时归还基金；对使用超出其缴纳的信托风险缓释基金部分，实行较高资金成本(如同期央行1年期定期贷款利率)或罚息。

(5)基金日常管理

基金资金运用在保证安全性与流动性的前提下，实现保值增值。运用限于银行存款、购买国债、中央银行债券(包括中央银行票据)、中央级金融机构发行的金融债券和货币市场投资基金，以及中国银监会批准的其他资金运用方式。

基金应遵循分散化组合投资原则，事先约定各投资品种的投资比例等限制；可以进行自主投资管理或开展一定形式的委托投资，并对委托投资管理的信托保障基金实行第三方托管。

(6)基金监督管理

中国银监会依法对信托风险缓释基金公司的业务和信托风险缓释基金的筹集、管理、运作进行监管。财政部负责信托风险缓释基金公司的国有资产管理和财务监督。

信托风险缓释基金公司预算、决算方案由公司董事会制定，报财政部审批。公司应当建立科学的业绩考评制度，并将考核结果定期报送中国银监会、财政部等有关部门。

信托风险缓释基金公司应当与中国银监会建立信托公司信息共享机制。信托风险缓释基金公司应当按月向中国银监会、财政部、中国人民银行等有关部门报送保险保障基金筹集、运用、使用情况，按期报送经审计的公司年度财务报告，定期向信托公司披露信托风险缓释基金的相关财务信息。

方案四：信托专户，行业共同管理

该方案设计中，行业性信托风险赔偿准备金制度的功能定位与前述基本保持一致，在资金的提取方式、缴纳、投资运作的政策等方面亦同，区别在于账户的设置方式，充分体现行业互助基金的特性和信托公司优势，可以考虑以设立信托专户的形式，受托人由中国银监会指定或行业会员单位共同推选，发起设立专门的信托计划，各信托公司将信托赔偿准备金作为委托资金进行认购，并享有相应的权益。

(1)功能定位

信托行业风险缓释基金的功能定位是：有效保护信托委托人和受益人的合

法权益，增强信托行业的风险防范能力，促进信托公司规范经营和持续发展。主要包括：一是对信托公司因违法违规、违反信托合同、技术故障、业务操作差错等给信托财产或者受益人造成的损失先行赔付；二是化解信托项目的流动性风险，进行不良信托项目的收购和风险处置；三是进行信托公司救助，避免个别机构破产倒闭对整个行业和社会造成的冲击，促进信托市场有序、健康发展。

（2）组织运作模式

信托行业风险缓释基金采取信托模式设立，各信托公司以信托赔偿准备金进行认购，基金实行行业集中管理，统筹使用。

中国银监会指定或者信托行业推选产生的1～2家信托公司担任受托人（或共同受托人），在相关监管法规制度框架下负责信托计划的发起、设立、管理运作、财务核算、信息披露等。中国银监会对各家信托公司信托风险赔偿准备金的提取、缴纳认购、申请、使用、偿还行业风险缓释基金等活动，以及信托行业风险缓释基金的管理运作进行监督管理。中国信托业协会对信托公司参与信托行业风险缓释基金运作进行自律管理。受益人大会为信托行业风险缓释基金（信托计划）的决策机构，根据缴纳出资享有的相应信托受益权份额，按照信托文件中约定规则就资金的投资运作等进行决策，由受托人（共同受托人）负责具体执行。

“信托专户，行业共同管理”模式示意图如图6－6所示。

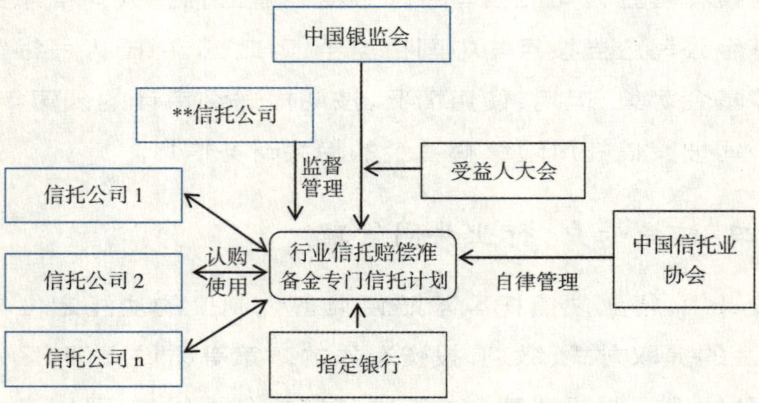

图6－6 “信托专户，机构共同管理”模式示意图

（3）基金的缴纳

信托公司以提取的信托赔偿准备金进行信托行业风险缓释基金的认缴，并依法享有相应的信托受益权。信托赔偿准备金提取标准和比例需要在优先保障受益人利益、切实发挥风险缓释功能、平衡股东利益的前提下，对原有计提方案适当调整。

考虑将风险赔偿准备金提取标准与各公司信托业务风险资本规模挂钩，如达到信托业务风险资本规模的10%［或者与各信托公司受托管理的主动管理类（或集合类］信托资产规模挂钩，如计提余额应达到集合类信托计划规模的0.2%左右）。中国银监会对信托公司实行差别化缴纳要求，根据信托公司的综合评价（或监管评级）结果确定缴纳的具体比例和规模，并按年度进行调整。中国银监会可以要求综合评价较低、风险较为突出的信托公司一次性补足一定金额的风险赔偿准备金，以鼓励信托公司审慎经营。

在目前各家信托公司信托赔偿准备金提取进度不一的情况下，考虑设定3年左右的过渡期，要求信托公司按50%、75%、100%逐步提足并缴纳行业信托风险缓释基金。

信托公司应于每年5月31日前完成信托行业风险缓释基金的缴纳和认购，中国银监会及其派出机构负责督促信托公司按时足额缴纳和认购基金。

（4）基金的使用

①操作风险补偿。当信托公司发生违法违规、违反信托合同、技术故障、业务操作差错等给信托财产或者受益人造成的损失，需要动用信托行业风险缓释基金时，信托公司在缴纳认购的信托赔偿准备金额度范围内直接向基金受托人提出申请，由受托人负责办理信托受益权的赎回和资金划付，并将资金使用情况在5个工作日内向中国银监会报告。

②不良信托收购。当信托公司因项目流动性风险出现不良信托情况时，可以向信托行业风险缓释基金提出救助申请。行业风险缓释基金应按照商业可持续、市场化运作原则，可以在超过该机构缴纳的信托风险赔偿准备金额度的一定范围内（如1.5倍）进行救助。信托公司向基金受托人提出援助申请并提交信托项目的基础资料，基金受托人聘请外部专业中介机构进行项目尽调、评估等，并将设计的救助方案提交受益人大会审议，经受益人大会所持表决权的50%以上通过后可以进行救助。受托人负责后续具体操作，基金依法享有相应的不良信托处置权益。经受益人大会同意，受托人可以聘请专业不良资产处置机构参与运作，以提高基金的投资运作效率。

③信托公司救助。信托公司发生信用危机，严重影响受益人合法权益等情形，中国银监会依法对该信托公司实行接管或者督促机构重组时，信托行业风险

缓释基金可以参与信托公司救助和重组。基金受托人制定基金使用方案，报经受益人大会审议，经受益人大会所持表决权的2/3以上通过后，基金受托人办理基金入股重组等具体事宜。

④基金使用和偿还的限制。为提高资金运作效率，防止信托公司的道德风险，更好地发挥信托行业风险缓释基金的行业"最后资金提供人"的作用，对基金的使用和偿还进行一定的限制。一是信托公司使用信托行业风险缓释基金应有一定的时间限制（如不超过半年、一年），在期限届满前信托公司应及时归还基金；二是信托行业风险缓释基金实行有偿使用（如资金成本不低于同时期央行一年期定期存款或贷款利率），对超出规定偿还的资金占用实行较高资金成本或罚息；三是对信托行业风险缓释基金收购的不良信托，应加强与专业资产管理机构合作，以提高资金回收变现效率。

（5）基金的管理与监督

基金受托人应依法合规运作，按照相关法律法规履行受托管理职责，保证基金的安全运作。基金运营中的受托管理费、资金托管费、外聘中介机构服务费等具体的范围、标准等由信托文件约定，并报中国银监会批准。

基金的投资运作必须在保证安全性和流动性的前提下适度追求收益性，投资范围可适度扩展到各种货币市场工具，允许不超过20%的商业银行理财产品、信贷资产支持证券、信托计划、证券公司专项资产管理计划等金融产品投资，且应保持不低于10%的现金比例。基金受托人制定年度基金日常投资管理策略和基本方案，经受益人大会所持表决权的2/3以上通过后具体实施。

基金受托人应当依照法律法规的规定和基金信托计划文件的约定按时披露信息，并按季度、年度向中国银监会、信托业协会提交信托行业风险缓释基金的提取、投资管理、支付使用、年末结余等情况的专项报告，并保证所披露信息的真实性、准确性和完整性。

信托公司应当在年度报告中披露信托行业风险缓释基金的缴纳、使用等信息。对没有按照规定提取、缴纳或使用信托行业风险缓释基金的信托公司，中国银监会可以依法对相关机构及直接负责的主管人员采取相应的行政监管措施，依法应予以行政处罚的，依照有关规定进行行政处罚；涉嫌犯罪的，依法移送司法机关，追究刑事责任。

4.3 配套政策建议

以现有信托赔偿准备金制度为基础，设立信托模式的信托行业风险缓释基金，实行行业集中管理、统筹使用，需要以下配套政策支持：

制定《信托风险缓释基金管理暂行办法》

建议参照《保险保障基金管理办法》《证券投资者保护基金管理办法》和《期货投资者保障基金管理暂行办法》等法律法规，考虑由银监会联合人民银行、财政部共同制定《信托风险缓释基金管理暂行办法》，对信托风险缓释基金的管理机构，以及基金的筹集、使用、管理和监督等内容作出明确规定。

修改信托赔偿准备金的相关现行法规政策

以现有信托赔偿准备金制度为基础，设立信托风险缓释基金，需要对《信托公司管理办法》等相关监管法规内容进行适当修改。具体建议是：一是拓宽信托赔偿准备金的运用范围，用途不仅限于信托公司对投资者发生的赔偿义务，还包括行业救助等内容；二是调整信托赔偿准备金提取方式，与信托公司风险资本规模进行挂钩；三是调整信托赔偿准备金的存放、投资运作方式，实行集中管理，行业统筹管理使用。

建立使用信托风险缓释基金的惩罚机制

建议修改《信托公司监管评级与分类监管指引》，信托公司发生使用信托风险缓释基金情形的，应予以监管评级扣减分或调降监管等级，采取暂停业务、限制股东权利等监管措施；对负有直接责任的董事、高级管理人员和其他直接责任人员，采取罚款、取消任职资格或从业资格等处罚措施。

积极争取相关税收优惠政策支持

由于现有信托赔偿准备金在税后利润中进行提取，实行行业集中统筹管理后，对现有股东权益有较大影响。建议参考保险、证券、基金等其他金融行业的行业投资者保护和救助基金，积极与财政、税收部门协调，争取直接从税前收入中提取信托风险缓释基金，并就信托公司缴纳的信托风险缓释基金免征营业税、企业所得税，对信托风险缓释基金公司运作产生的收入免征营业税、企业所得税，以及印花税等。

参考文献

[1] Rule. D. Risk Transfer between Banks, Insurance Companies and Capital Market: an Over View, Financial Stability Review, 2001, 12.

[2]中国银行业监督管理委员会.巴塞尔新资本协议(第三稿).2003.

[3]证券投资者保护基金管理办法.

[4]证券投资者保护基金申请使用管理办法(试行).

[5]证券公司缴纳证券投资者保护基金实施办法(试行).

[6]保险保障基金管理办法.

[7]关于基金管理公司提取风险准备金有关问题的通知.

[8]关于修改<关于基金管理公司提取风险准备金有关问题的通知>的决定.

[9]梁世栋.商业银行风险计量理论与实务[M].北京:中国金融出版社,2009.

[10]刘堃.我国商业银行信用风险预警与缓释研究[M].长沙:湖南人民出版社,2010.

[11]李仲仕.我国信托业风险缓冲机制研究[D].苏州:苏州大学,2007(4).

[12]王保平.企业内部控制操作实务与案例分析[M].北京:中国财政经济出版社,2010.

[13]加里.加斯蒂尼、马克.克里茨曼,湛季强译.金融风险管理词典[M].北京:华夏出版社,2007.

[14]巴曙松,朱元倩.巴塞尔资本协议Ⅲ研究[M].北京:中国金融出版社,2011.

[15]胡剑.基于利率、汇率、股价联动性商业银行市场风险综合度量的阶段性研究[D].北京:北京交通大学,2010.

[16]孙继伟. 我国商业银行风险评价指标体系研究[D]. 上海：复旦大学,2011.

[17]刘晓曙. 商业银行市场风险限额设置与管理[M]. 北京：清华大学出版社,2012.

[18]陈公越,于盟,许威. 金融风险测量和全面风险管理：理论、应用和监管[M]. 上海：上海科学技术出版社,2011.

[19]温红梅,姚凤阁,娄凌燕. 金融风险管理[M]. 大连：东北财经大学出版社,2012.

[20]吴世亮,黄东萍. 中国信托业与信托市场[M]. 北京：首都经济贸易大学出版社,2013.

[21]周晔. 金融风险度量与管理[M]. 北京：首都经济贸易大学出版社,2010.

[22]黄甜源,周浩明. 银行风险管理研究 · 以民营商业为例[M]. 北京：中国书籍出版社,2013.

[23]郭晨. 银行间市场的风险传染与免疫[M]. 北京：经济管理出版社,2012.

[24]楼文龙. 非银行金融机构发展研究[M]. 北京：中国金融出版社,2012.

[25]卢亚娟. 金融风险与管理[M]. 北京：中国金融出版社,2012.

[26]傅志超,陈正光. 风险控制与自我评估在寿险公司操作风险管理中的应用[J]. 保险研究. 2011.

[27]常叶青. 信托公司内部控制特点及完善措施的探讨[J]. 财务与会计,2011.

[28]刘睿、李金迎. 商业银行关键操作风险指标构建问题研究[J]. 金融与经济,2009(6).

[29]徐琨. 浅析信托公司内部控制[J]. 财经界(学术版),2013(1).

[30]李文泓. 关于宏观审慎监管框架下逆周期政策的探讨[J]. 金融研究,2009(7).

[31]巴曙松、朱元倩. 压力测试在银行风险管理中的应用[J]. 经济学家,2010(2)。

[32]杨鹏. 压力测试及其在金融监管中的应用[J]. 上海金融,2005(1).

[33]贾永军. 信托公司净资本监管体系评价及改进建议[J]. 金融监管,2011(1).

[34]包香明，罗志云，等. CRM 相关问题研究[EB/OL]. http://www.nafmii.org.cn，2012－07.

[35]包香明，罗志云，等. CRM 参与者多元化研究[EB/OL]. http://www.nafmii.org.cn，2012－07.

[36]包香明，罗志云，等. CRM 拍卖机制研究[EB/OL]. http://www.nafmii.org.cn，2012－07.

[37]包香明，罗志云，等. CRM 会计税收问题研究[EB/OL]. http://www.nafmii.org.cn，2012－07.

[38]包香明，罗志云，等. CRM 估值定价研究[EB/OL]. http://www.nafmii.org.cn，2012－07.